イスラーム法研究入門

［監修］
柳橋博之
［編集委員］
小野仁美／狩野希望／
早矢仕悠太／堀井聡江

成文堂

刊行にあたって

本書の目的

本書は、シャリーア（イスラーム法）研究の国際的な権威の１人である柳橋博之（東京大学名誉教授）の退職を記念して企画された。だが、本人の希望により、退職者の同僚・弟子筋による記念論集というこの種の企画の慣例には従わず、読みやすいサイズにまとまった汎用性の高いハンドブックの刊行を目指すことにした。その目的は以下の通りである。

「シャリーア」という言葉は、日本では欧米諸国におけるほど人口に膾炙していないものの、メディアでは散見されるようになった。実際、報道の種になるようなイスラームの話題は、ヴェールに象徴される女性差別やイスラーム過激派の「聖戦（ジハード）」といった、どちらかといえばネガティブな意味でシャリーアに結びつけられるものが多い。だがこれらはシャリーアの解釈の所産である以上に、現代社会におけるイスラーム的価値をめぐる論争の所産であって、これをもって同法を語ることはできない。シャリーアは宗教的な道徳だけでなく、財産法、家族法、刑法等に相当する裁判規範を含む精緻な法の体系をなし、前近代のムスリム社会で広く適用されていた。

本書は、この歴史的な意味でのシャリーアに関心をもつすべての読者を対象とする。それでもあえて「研究入門」と銘打ったのは、最新の知見に基づくシャリーアとその歴史および関連する諸問題の概説にとどまらず、これらがどのような資料・方法論によって考察されてきたかという部分に重点を置いているからである。同法の約1400年にわたる法発展を知るには、アラビア語等で記された万巻の法学書を含む膨大な一次・二次資料を紐解かねばならないが、初学者の意欲を挫くに充分なこの状況を打開する一助となれば幸いである。

もっとも、本書の内容には一定の制約があることをお断りしておかねばならない。この長きにわたる法発展はスンナ派（ムスリム多数派）とシーア派のそれに分かれ、さらにはシャリーアを啓示から導かれた実定法たらしめる各派の法理学（uṣūl al-fiqh. 3, 6頁参照）の展開がある。シーア派法学研究はスンナ派のそれと比較すると数は少ないが、固有の課題や論点があり、シーア派の歴史や教義についてもある程度まとまった記述を割かねばならない。法理学については恐らく実定法を凌駕する研究の蓄積があり、これだけで一冊の入門書ができるだろう。ゆえにハンドブックとしての本書の紙数の制約上、また企画の趣旨に照らし、柳橋博之の研究対象に合わせて、基本的にはスンナ派（例外は4－4）の実定法学を扱うことにした。

本書の構成

本書にいう「イスラーム法研究」は、主として法学書を基にしたイスラームの教義またはムスリム社会の法としての古典的なシャリーアの研究と、その制度・運用に関する歴史研究に大別され、近年はとくに後者を通じて裾野が広がっている。この現状をふまえ、本書の内容も古典法研究（第1－第3章）と歴史研究（第4章）に分かれる。

1．「イスラーム法とその研究史」

本書の前提として、シャリーアとその歴史を基本的な術語と共に概観したうえで、実定法学を中心に、最終的にはシャハト（J. Schacht）に代表されるオリエンタリストの諸テーゼとその後の研究によるこれらへの反証の展開を辿り、今日の研究動向の功罪と展望を論じる。またその一環として、国内外のイスラーム法研究において前例のない手法によりシャリーアの諸規定の起源に関する新たな視点を提示した柳橋の代表的研究を概説する（堀井聡江）。

2．「イスラーム法学研究」

シャリーアはイスラーム法学を通じて形成された学説法であるため、同法の研究はまずもってイスラーム法学の研究となる。イスラーム法学は、スンナ派では四法学派ごとに展開し、各派のイスラーム法体系が生み出された。本章ではこれら四法学派、すなわちハナフィー派（早矢仕悠太）、マーリク派（同左）、シャーフィイー派（柳橋博之）、ハンバル派（小野仁美）に加え、消滅したが歴史的には重要な法学派であるザーヒル派（狩野希望）の成立・発展史を軸として、各派の代表的な法学者および実定法を知るための必読書を紹介する。

3．「ハディース研究」

聖典『クルアーン』と共に啓示を構成する預言者ムハンマドの言行（スンナ）を伝える伝承（ハディース）は、オリエンタリストによってその史料的価値が否定されていたが、近年では欧米の学界においてもイスラーム法学の初期段階に関する重要な資料として活用されている。本章では、ハディースの成立やその収集と編纂に関するイスラーム世界の伝統的な見方と欧米の学界における見解をごく簡単に解説する（柳橋博之）。

4．「文書研究」

最終章は、まず総論において従来の研究のなかで誤解が見られたシャリーア法廷文書関係資料の分類・呼称について整理しつつ、法廷の制度・機能・運用に関する文書研究の意義と方法および展開を概観する（三浦徹）。これをふまえた各論では、オスマン帝国史の文脈におけるトルコとアラブ圏（大河原知樹）、ロシア帝国の近代植民地法制下の中央アジア（磯貝健一）、カージャール朝期のイラン（阿部尚史）における主としてシャリーア法廷関係資料と、モロッコにおける契約文書（佐藤健太郎）を扱う。

最後に、本書は東京大学大学院イスラム学研究室で柳橋の指導を受けた狩野、小野、早矢仕が発起人となり、これに堀井が加わって企画案を作成し、各方面で活躍する歴史研究者の協力を得て実現した。第４章を担当されたこれら諸氏が本書の趣旨に賛同し、綿密に協議しながら作業を進めてくださったことは幸甚に堪えない。また、イスラーム法学研究というマイナーな分野に属する本書の出版を快諾され、当初の刊行スケジュールの大幅な遅延にもかかわらず、作業を温かく見守ってくださった成文堂には、心から感謝を申し上げたい。

編集委員一同

注記

・アラビア語等のアルファベット転写および日本語によるカタカナ表記は、原則として『岩波イスラーム辞典』の方式に従うが、若干の例外がある。
・本文中におけるイスラーム法学の用語や法学書の書名等の日本語訳については、支障のない限り各執筆者による訳語を採用し、巻末の索引で整理した。

目　次

刊行にあたって……………………………………………………………… i

第1章　イスラーム法とその研究史　1

1．イスラーム法とは　1
2．研究史　10
3．文献目録　36

第2章　イスラーム法学研究　43

2-1．ハナフィー派……………………………………………………43

1．ハナフィー派学祖と法的推論　43
2．「ハナフィー派」の形成　46
3．中央アジアにおける法学派拠点の形成：学説整理と選択　48
4．権威学説を評価する　52
5．オスマン帝国法制と後期ハナフィー派　54
6．文献目録　58

2-2．マーリク派……………………………………………………64

1．マーリク派法学の背景とその方法論　64
2．エジプトにおけるマーリク派法学　66

3．イフリーキヤへのマーリク派法学の導入　66
4．マーリク派法学の二次的発展　68
5．地域固有の法学説の展開　72
6．文献目録　77

2-3．シャーフィイー派……83

1．シャーフィイー　83
2．主要な法学者と著作　85
3．シャーフィイー派の拡大　92
4．他の学問分野との関係　95
5．文献目録　96
column：ペダンチックなシャーフィイー派　100

2-4．ハンバル派……102

1．現代の研究者によるハンバル派研究　103
2．アフマド・ブン・ハンバル　105
3．ハンバル派の主要な法学者と著作　107
4．現代へのハンバル派の影響　111
5．文献目録　114
column：法学派としてのハンバル派の認知　117

2-5．ザーヒル派……120

1．消滅した法学派　120
2．ザーヒル派法学の特徴　121
3．ザーヒル派の学派史　124
4．ザーヒル派の研究史　135
5．文献目録　137

第3章　ハディース研究　141

1．はじめに　141
2．イスラーム世界における理解　142
3．著　作　149
4．欧米におけるハディース研究　154
5．文献目録　159

第4章　文書研究　167

4-1．総　論……167

1．法廷文書　167
2．19世紀ダマスクスの法廷文書　170
3．法廷文書研究の拡大と深化　174
4．訴訟と裁判　178
5．むすび――イスラーム法の刷新　181
6．文献目録　182

4-2．オスマン時代のシャリーア法廷関係史料……188

1．はじめに
――オスマン時代のシャリーア法廷関係史料の性格と様式　188
2．シャリーア法廷台帳　188
3．シャリーア法廷文書　196
4．オスマン時代のシャリーア法廷関係史料の所蔵・
アクセス環境　202
5．おわりに――シャリーア法廷関係史料の研究と注意点　208

6．文献目録　211

4-3．ロシア帝政期中央アジアのシャリーア法廷文書 ……217

1．帝政期法廷文書研究の意義　217
2．文書へのアクセス　218
3．法廷文書の種別と書式　222
4．研究状況と今後の課題　232
5．文献目録　238

4-4．カージャール朝期法廷文書（イラン） ……243

1．はじめに　243
2．カージャール朝期の法廷史料の研究動向　244
3．カージャール朝期イランの法学者　246
4．カージャール朝期のシャリーア法廷　248
5．カージャール朝期のシャリーア法廷文書　250
6．結びにかえて――カージャール朝法廷文書を用いた研究の現状　261
7．文献目録　263
column：アミールカビーリヤーン文書　266

4-5．モロッコの公証人文書 ～東洋文庫所蔵皮紙文書を中心に ……268

1．はじめに　268
2．モロッコの公証人文書　268
3．東洋文庫所蔵皮紙文書の来歴と概要　271
4．証書の構成　272
5．証書の内容　274
6．他料紙の参照　277

7．カーディーの認証　280
8．文書の成立と展開過程　282
9．おわりに　288
10．文献目録　289
column：インテリアとしての古文書　290

事項人名索引……293
あとがき……307
執筆者紹介……309

第１章
イスラーム法とその研究史

堀井聡江

１．イスラーム法とは

（１）シャリーアとイスラーム法学

イスラーム法という概念は、アラビア語でシャリーア（sharīʿa）という。この言葉は「水場（またはそこへの道）」という原義から転じて、広義には神が人類に授けた法一般を指す。イスラームの開祖となったメッカの商人ムハンマド（570-1頃—1/632年）に対する神の啓示を集めた聖典『クルアーン』によれば、神は人類の「紛争を裁断」する目的で数々の預言者を遣わし、神の啓示に従う人々のウンマ（umma）すなわち宗教共同体が形成されていったという（同書２章213節参照）。このようにイスラームでは神の啓示が人間社会の法を含むとされ、法と宗教が結びついている。

ムハンマドは人類最後の預言者とされるが、それはイスラーム（al-Islām. 神への「絶対的帰依」を指す）がアブラハムから継承された一神教の原点にして最終真理と目されるからである（同書３章65-68節、33章40節）。ユダヤ教徒、キリスト教徒およびムスリムは、同じ一神教徒であっても各々の啓示に従い、別々の法（shirʿa）に従うものとされる（同書５章48-49節）。ゆえにムスリムにとってシャリーアは第一義的にはイスラーム共同体という意味でのウンマの法を指す（堀井 2004a: 3-6）。もっとも歴史的には、シャリーアはイスラーム共同体の唯一の法ではなく、国家の法と併存していた。

622年におけるムハンマドと信者たちのヤスリブ（以後メディナ）への移住（ヒジュラ hijra）は歴史的な意味でのイスラーム共同体を誕生させ、イスラーム（ヒジュラ）暦元年となった。『クルアーン』においては以後のメディナ期啓示においてようやく法的な内容が規定されるようになる。イスラーム法という意味でのシャリーアが『クルアーン』を淵源とすることは自明であり、事実、同書はムハンマド没後からわずか20余年後の650年代初めに結集された。だが、同書だけでは信者の宗教的・社会的生活全般を律するにはおよそ不十分であるのみならず、個々の啓示が法律の条文としての形式を備えているわけでもない。神の啓示からあらゆる法的問題に対する解決を、法として適用可能な形で導き出すことは、そのための知的な「努力」という意味でイジュティハード（ijtihād）と呼ばれる法解釈の営みによってはじめて可能となる。こうしてフィクフ（fiqh）、つまりイジュティハードを通じた神の法の「理解」を意味するイスラーム法学が誕生した。その担い手はファキーフ（faqīh. 複数形 fuqahāʾ）こと法学者となるが、以下ではより汎用性の高いウラマー（ʿulamāʾ. ʿālim「知識ある者」の複数形）の語を用いる。ウラマーとは法学を中心とするイスラーム諸学を修めたムスリム宗教知識人層を指し、ゆえに全てのウラマーはファキーフだからである。今日の通説的見解によれば、フィクフはイスラーム神学より半世紀以上も早く、遅くとも7世紀末には誕生した（堀井 2004a: 7-8; 大河原・堀井 2014: 5-8）。

古典的な意味でのシャリーアは、このようにイスラーム法学の枠内において構築された学説法を指し、その点でローマ法やユダヤ法と類似する。シャリーアはスンナ派（ムスリム多数宗派）とシーア派とで異なるが、以下ではスンナ派を中心に記述する。後述のように、スンナ派のシャリーアは最終的には4つの法学派（ハナフィー派、マーリク派、シャーフィイー派、ハンバル派）の法体系に分かれた。他の法学派は淘汰され、これら4つは事実上、スンナ派公認四法学派と呼び得るものとなる。だが各派の法も前近代を通じて完全に統一されることはなかった。それは同法が複数の法源から、時代や地域に応じた法解釈を通じて導き出されてきた結果である。

四法学派の法理論の通説的立場は『クルアーン』をあくまで第1位として、以下スンナ、イジュマー、キヤースの順に4つの法源を定めている。第2法源のスンナ（al-sunna, al-sunna al-nabawīya）とは、ムスリムにとって「従われるべき慣行、模範」とされる預言者ムハンマドの言行を指す。個々の言行の伝承はハディース（ḥadīth）という。スンナは『クルアーン』と共に啓示の明文（naṣṣ）に含められる。その根拠は同書4章59節においてムハンマドが神から委ねられたイスラーム共同体の宗教的・政治的指導者としての判断権にある。神は同じ箇所でムハンマドに次ぐ信者の拠り所として彼らの中の「権威を持った者」に言及しているが、これはウラマーを指すとされ、多数説はこれを根拠として彼らの「合意」ないし学説の一致（イジュマー ijmāʿ）を第3法源かつ明文とする。第4法源のキヤース（qiyās.「測り」）とは、明文に則した一定の推論形式を総称する。その中心をなす類推解釈は、法に定めのある事項（例えば『クルアーン』で禁止されるブドウ酒）と類似する未規定の事項（例えばナツメヤシ酒）に前者の法的判断の立法理由（イッラ ʿilla）があてはまる場合、同じ判断（禁止）を転用することである。狭い意味でイジュティハードといえば、キヤースを指す（堀井 2004a: 8-10; 大河原・堀井 2014: 8-10）。

そのことが示すように、キヤースはイスラーム法の多くの規定の実質的な法源である。ただし各法学派の法理学は、キヤースに基づく厳格な法規を衡平の観点から修正する原理も認めている。例えばハナフィー派が認めるイスティフサーン（istiḥsān）は、明文上の根拠または必要不可欠性（ḍarūra）に基づいてキヤースに反する法判断を「良いとみなすこと」であり、マーリク派および一部のハンバル派は同じ目的のため、明文で正当化されるマスラハ（maṣlaḥa）すなわち公の利益を根拠とするイスティスラーフ（istiṣlāḥ）という方法をとる。また下記に述べるように、慣習ないし慣行（ʿāda）は学派を問わず法解釈に反映され、とりわけハナフィー派においてはイスラーム法の原理原則に反する法慣行がその必要不可欠性に基づいて容認された例が多い（堀井 2004a: 99-102, 158-167）。

（2）歴　史

イスラーム法学は、法理学（uṣūl al-fiqh.「法学の根」）と実定法学（furūʿ al-fiqh.「法学の枝」）の2分野から成る。法理学は主としてイジュティハードの方法論を定立し、これに基づいてシャリーアを実定化し、体系的に記述するのが実定法学であるから、両者はその名の通り根と枝の関係にある。もっともその歴史的にはその関係は逆転し、イスラーム法学は実定法学として出発した（堀井 2004a: 10）。それは預言者ムハンマド没後のイスラーム共同体の急速な拡大による。最初の4人のカリフ（khalīfa. ムハンマドの「後継者・代理人」としてのイスラーム共同体の指導者）の治世にあたる正統カリフ時代（632—661年）とウマイヤ朝期（661—750年）におけるアラブ・ムスリムの2度の大征服活動の結果、東はインド北西部から西はマグリブ（al-Maghrib. 「日の沈む場所」。主に今日のアルジェリア、チュニジア、モロッコを含む北西アフリカ）を経てアンダルス（al-Andalus. イベリア半島）まで達した。

多くの場合、預言者ムハンマド時代のアラビア半島とはおよそ異なる生活環境に置かれた各地のムスリム社会では、信者が日常的に直面したであろう宗教的な疑問と取り組むウラマーが登場し、彼らによる「合法・不法判断の学（ʿilm al-ḥalāl wa-l-ḥarām)」としてイスラーム法学が始まった。2/8世紀には多くの「法学者」の存在が知られ、イスラーム生誕の地ヒジャーズ（アラビア半島の紅海沿岸北西部）と新たな領土イラクは初期法学の中心地となった。この時期のウラマーのものとされる法学書は現存しないが、彼らに帰される学説やファトワーは後世に伝承されている。ファトワー（fatwā）とは、ウラマーが具体的な法的案件に関する質問・相談に対して請託に応じて発行する私的な法学意見書であり、発行者はムフティー（muftī)、請託者はムスタフティー（mustaftī）と呼ばれる（堀井 2004a: 141-142)。後述のように、ファトワーはイスラーム法の発展において重要な役割を果たした。ウマイヤ朝期を通じて実定法はほぼ整備されたと考えられる。だがこの過程でウラマーの間では、法整備のため推論を駆使するか、むしろなるべく啓示から法を導くことに努めるかという立場の相違が現れる。

他方で国家も法を制定したが、これらはシャリーアから区別してカーヌーン（qānūn. ギリシア語のカノンに由来）と呼ばれる。もっとも正統カリフやウマイヤ朝のカリフに帰せられる法的判断の中には、イスラーム法の一部となった例も少なくない。この時期における国家がイスラーム法の形成において果たした役割をどう評価するかは、後述のようにイスラーム法学研究の1つの論点となる。少なくともウマイヤ朝までは制定法とは異なる次元でのシャリーアの適用が制度的に担保されてはいなかったと考えられる。

ウマイヤ朝を倒したアッバース朝（750—1258年）は国家体制の整備とイスラーム化を進めた。その一環としてシャリーアを裁判規範とする司法制度が確立し、原則として1都市とその周辺を管区としてカーディー（qāḍī.「裁き手」）と呼ばれるイスラーム法官が配置された。彼らは常設の裁判所ではなく、任意の適正な場所（例えばモスク）をフォーラムとして紛争を処理した。これらは主体に着目してカーディー法廷とも、適用法に着目してシャリーア法廷とも呼ばれる。だが制定法がシャリーアと併存し続けたように、カーディーとは別に行政権者がシャリーアに拘束されることなく司法権を行使する余地も残された。このことは、「国事のシャリーア適合性原則（al-siyāsa al-shar'īya）」に基づく政教関係に含まれる。すなわち政治や軍事・公共政策といった国家の管轄に属する「国事（siyāsa）」とウラマーが代弁するイスラーム法の領域が区別され、国事についてはイスラーム法に抵触しないことを条件に国家の裁量権が承認された（大河原・堀井 2014: 19）。ただし理論上は別として、歴史的には「国事」とイスラーム法の領域が常に厳然と区別されていたわけではない。

イスラーム司法の確立は、カーディー予備軍となったウラマーの間で、特定の師の法学上の「道、立場」に従う集団という意味でマズハブ（madhhab）と呼ばれる法学派の形成を促した。上述のように、スンナ派では最終的に前述の四法学派が事実上公認されることになる。各派の名称はイスラームの教義によればその学祖とされる学者に由来するが、近年の研究によれば彼らは歴史的な意味での学派創設者ではなく名祖にすぎない（下記（3）B参照）。最も古いハナフィー派とマーリク派はそれぞれイラク、ヒジャーズという初期法学の二大中心地に発する。ハナフィー派の名祖はクーファのアブー・ハニーファ（80/699頃—150/767年）であるが、実質的には彼の高弟であるアブー・ユースフ（113/731—182/798年）とシャイバーニー（132/750—187-9/803-5年）を併せた3人が学祖として扱われている。アブー・ハニーファを含む同派の父祖はラーイ（ra'y）すなわち推論を重視する合理主義者であり、「ハディースの徒（ahl al-ḥadīth, aṣḥāb al-ḥadīth）」によって「個人的見解の徒（aṣḥāb al-ra'y, ahl al-ra'y）」として批判された。「ハディースの徒」はスンナと呼び得る規範を預言者の言行に限定し、かつこれを啓示に含めてハディースの収集・編纂に努め、啓示から法を導く余地を拡大しようとした（この立場を以下「ハディース主義」と呼ぶ）。マーリク派の名祖であるメディナのマーリク・ブン・アナス（90/708―179/795年）は、ハディースを含む伝承を収録した『ムワッター（踏みならされた道）』の著者であるゆえに、後世においてしばしばハディース主義と結びつけられた。だが、彼はヒジャーズ、特にメディナの学説的伝統という意味でのスンナ（メディナの「実践」や「慣行」という意味でアマル ʿamal とも呼ばれる）を重んじ、彼がその構成要素とするハディースを伝えたにすぎない。ハディース主義の影響はシャーフィイー派、またこれより強い程度でハンバル派に及んだ。前者の名祖シャーフィイー（150/767―204/820年）はイスラーム法学史上最初の法理学の書である『論稿（リサーラ）』において四法源論を提示し、また『ウンム（模範の書）』においてこれに基づく実定法の体系化を試み、エジプトで学派の礎を築いた。後者の名祖アフマド・ブン・ハンバル（164/780―241/855年）は当時のバグダードでハディース主義の中心人物であり、法学レファレンスとしての実用性より情報源（伝承者）の信頼性を重視したハディース集『ムスナド』を編んだ。

4/10―5/11世紀には、ハディース主義に合理主義的要素を加味したスンナ派の教義が確立した。法学においては法理学が実定法学と双璧をなすジャンルとなり、この教義に従って四法源論が定められた。スンナ派ではこれらに基づく実定法の再編に成功した四法学派それぞれによって、イスラーム法の古典的体系が完成した（堀井 2004a: 33-113; 大河原・堀井 2014: 12-18）。

その前後にかけて四法学派は新たな発展段階に入る。ハナフィー派は5/11世紀までに中央アジアに中心を移した後、オスマン帝国（1299―1922年）の公式法学派となった。マーリク派は西方（マグリブ・アンダルス）で優勢となる。シャーフィイー派は16世紀のオスマン帝国によるエジプト征服により中東での影響力を減じるが、東南アジアに浸透した。ハンバル派は前近代を通じてシリア地方を中心としたが、18世紀に興ったスンナ派厳格主義のセクト、ワッハーブ派に影響を与え、その教義を国是とするサウジアラビアの公式法学派となった。

このうち中東で最も広い法的影響力を残したのは、中東の大部分を支配したオスマン帝国の公式法学派となったハナフィー派である。「公式法学派」の指定は、この時代における政教関係の大きな変化の１つの象徴であった。ウラマーはイルミエ（ilmîye）と呼ばれるカーディー・教授の職階制に組み込まれて序列化され、その頂点に立つ「イスラームの長」ことシェイヒュルイスラム（Şeyhülislâm）は国家ムフティーとしてイスラームの教義を統一し、国政への参与によって皇帝の支配を正統化する役割を担った（秋葉1998等）。こうした状況下でハナフィー派の学説も大きな変化を被ることになる。

（3）実定法の体系

イスラーム実定法は、神の権利（ḥuqūq Allāh）と人間の権利（ḥuqūq al-ʿabd/al-ʿibād/al-nās, ḥaqq ādamī）に分かれる。従来の研究はしばしば神の権利を公法、人間の権利を私法とする（例えばSchacht 1964: 113）。だがより正確には、神の権利は強行法規（刑罰規定のように当事者の意思にかかわらず適用される法規）、人間の権利は任意法規（当事者の意思によって適用を排除できる法規）と解するべきであろう。手続法の上では、人間の権利がその権利者による請求の訴えを要するのに対し、神の権利はこれを要しない点で区別される（堀井2021: 1-20; Horii 2023）。

ハナフィー派の説明に従えば、シャリーアに定める事項は、①神の権利のみに服するもの、②人間の権利のみに服するもの、③双方の権利が複合するが、神の権利が占める割合が高いもの、④その逆の形で複合するもの、という４つの範疇に分かれる（Ibn al-Humām n.d.: 6:246-247; Ibn Nujaym 1413/1993: 5:276-277; 柳橋2012: 3）。他の法学派も神と人間の権利の区別に加え、双方の権利が複合する余地を認めている（Bājī 1403/1983: 5:188-189; Ibn ʿArabī 1428/2007: 6:236-265; Māwardī 1414/1994: 3:152-153; Ibn Qudāma 1405/1984: 10:218-219）。

第１の範疇に含まれる事項の１つは神事（ʿibādāt. 神への「奉仕」）であり、神を称揚する行為を指す。オスマン帝国期16世紀の同派を代表するウラマーの１人イブン・ヌジャイム（926/1520—970/1563年. 本書53頁以下参照）は、礼拝、ザカート（zakāt. 公共福祉税ないし浄財）、斎戒、巡礼、ジハード（jihād. 異教徒との戦闘）の５つを神事と定義する（Ibn Nujaym 1413/1993: 1:7）。

第1の範疇には、姦通罪（zinā）と酩酊物摂取罪（shurb）に対するハッド刑（ḥudūd. 単数形 ḥadd）および贖罪（kaffāra）も含まれる。ハッド刑とは『クルアーン』やスンナで処罰が予定されている重罪に対する刑罰を指す。重罪の種類については争いがあるが、上記の2つに姦通誹謗罪（qadhf）、窃盗罪（sariqa）、追剥罪（qaṭʿ al-ṭarīq）を加えた5つが含まれる点では学説の一致をみている。姦通（有効な婚姻関係ないしこれに準じる「右手の所有」、すなわち男性とその所有する女奴隷との内縁関係を欠き、かつ不法性につき疑義のない性交）の禁止は親子関係（nasab. 字義的には「父子関係、父性」）の保護、酒を含む酩酊物の快楽目的での摂取の禁止は理性の保護を目的とする。対して姦通誹謗罪と窃盗罪のハッド刑はこうした社会的利益だけでなく、被害者の利益の保護も目的とする点で第3の範疇に分類される。ハッド刑は厳罰であるため、犯罪の成立を主観的ないし客観的に疑わしめるような何らかの曖昧性（shubha）の存在により適用が回避されるという謙抑主義に服する。

同じ刑罰であっても、同害報復刑（qiṣāṣ）および裁量刑（taʿzīr）は第4の範疇となる。同害報復刑は故意の殺人・傷害罪に対する「目には目を」の刑罰であり、『クルアーン』5章45節はユダヤ法の影響を示唆している（『出エジプト記』21: 24、『申命記』19: 21、『レビ記』24: 20参照）。この刑罰は被害者またはこれに代わる者の権利であるため、放棄することも、血の賠償（diya）に代えることもできる。裁量刑は、法定の刑罰が存在しないか、上記のような回避またはその他の事由で科すことができない違法行為について、裁判官が相当と認める方法・量刑を定めるものである。

第2の範疇は、神事の対概念である人事（muʿāmalāt）から成る。人事は文字通り信者相互の法的な「やりとり、関係」という意味で私法にほぼ相当する。再びイブン・ヌジャイムによれば、人事は有償双務契約（al-muʿāwaḍāt al-mālīya）、婚姻（al-munākaḥāt）、訴訟（al-mukhāṣama）、預託（al-amānāt. 質や寄託等）、遺産（相続）（al-tarakāt）の5つと定義される（Ibn Nujaym 1413/1993: 1:7）。ただし、例えば婚姻法において夫により撤回の余地なく離婚された女性が待婚期間中に婚姻の住居に居住する権利は法律上当然に付与され、合意により排除されない点で「神の権利」とされるため、第3の範疇に含まれる。このように私法においても一定の強行法規が存在するのは近代法と同じである。

有償双務契約は財産法の中心を占め、リバー（ribā）すなわち利息を含む不当な利得や射幸性（gharar）の禁止等の売買（bayʿ）から導かれる契約法の一般原則に服する。有償・無償を問わず、契約の目的となる物は、物自体（raqaba）とその使用利益（manfaʿa）に分かれ、それぞれが所有の客体となり得る。売買は目的物の完全な所有権、つまり物自体とその使用利益の所有権の有償移転を指す。これに対し、賃貸借と雇用を含む賃約（ijāra）は、被用者または賃借物の使用利益のみの所有権の有償移転である。使用利益の無償移転契約には使用貸借やワクフ（waqf）がある。ワクフはハブス（ḥabs）とも呼ばれ、いずれも私有財産（原則として不動産）の所有の自発的な「停止」による寄進を指す。ただしハナフィー派によれば使用利益はその所有権の移転のために特に定められたこれらの契約の目的になり得るのみで、独立の財物ではない（柳橋 2012: 48-50）。

イスラーム法学の原理原則に照らせば、これらの契約は使用利益という契約の締結時点では存在しないものを目的とするため、射幸性の禁止に基づき本来は無効となるはずだが、慣習や高度の社会的必要性によって正当化される。特にオスマン帝国期にはこれらの根拠に基づき、イスラーム法学の原則からの大きな逸脱が容認された。例えば買戻付売買（bayʿ al-wafāʾ）は、売買を装ったローン契約において借主たる売主が土地等の目的物（担保）を期限までに買い戻す権利を留保しつつ譲渡するもので、かかる留保が売買契約の本質に反し、また貸主たる買主による目的物の用益がリバーに相当することから無効とされていた（堀井 2004a: 160）。また現金を含む動産のワクフもこの例に含まれる。特に現金ワクフの多くは消費者金融のような機能を果たしていた（大河原・堀井 2014: 27-31）。だが後述のように、こうした一部の例に限らず、イスラーム法の変化・発展が研究者の注目を集めるようになったのはそれほど遠い昔ではない。

物それ自体と使用利益を区別する恐らく最大の実益は、エジプト、シリア、イラクといった征服地の農地を国有地とし、その用益権のみが個人に属するとする法学理論にある。この土地国有理論は用益地代としての地租（kharāj）の収奪を最大化するための擬制に過ぎず、この目的が達成される限り「用益権者」による土地の譲渡や相続を妨げることはなかった。実際には前近代の中東の土地保有形態は複雑で、本来の意味での国有地と私有地の区別に加え、家族・部族・村落共同体の共有・共同利用地が存在した。だが法学書ではこれらに関する規定は乏しく、少なからず慣習法に委ねられていたと考えられる。永代賃貸借（ḥikr）のように、ワクフ地の用益慣行を基に容認されるようになった契約もある。

婚姻もまた妻の性的な使用利益の所有を目的とし、これと夫が支払う婚資が対価関係にある有償契約と定義される（柳橋 2001: 12）。婚姻は親子関係、ひいてはイスラーム共同体の核となる家族の基礎をなす点で人事の中で最も神事に近いとされるため、ハナフィー派やマーリク派の法学書では神事の次に論じられる。婚姻法は、その基層においてイスラーム以前のアラブ慣習法を改正しつつ継承している。例えば離婚宣言（ṭalāq）つまり夫の一方的な意思表示による婚姻の解消とその撤回は無制約であったが、『クルアーン』２章229-230節はその上限を３回とし、うち２回目までは撤回が可能であるが、３回目の解消後は元配偶者間の復縁を困難とした。同じことは相続法にもあてはまる。『クルアーン』４章11-12節は、男系男性血族（ʿaṣaba）を中心とするアラブの指定相続制度と並行しつつ、そこから除外されていた配偶者や女性を含む一定範囲の親族に法定相続分を付与した。またこれら法定相続人の権利を保護するため、預言者ムハンマドのスンナに基づき、特定の相続人に対する遺贈および財産の1/3を超える限りで第三者に対する遺贈が原則として無効とされた。上記のワクフは、こうした相続法の原則を回避しつつ財産を承継する手段として活用されたため、近代においては家族法の領域に含められるようになった。

２．研究史

（１）黎明期

上述のように、イスラーム法学は「根の学」（法理学）と「枝の学」（実定法学）に分かれ、それぞれにつき研究の蓄積があるが、本書の趣旨に照らして、以下では主として実定法の研究を取り上げる。また本項の主眼は、近代以降のイスラーム法研究の国際的な主流をなす文献学的研究の動向を示すことにあるため、欧米の学界に少なからぬ影響を与えた研究が記述の中心を占めている。紙数の制約もあって割愛したが、この他にもイスラーム圏における研究を含めて個々の主題に関する地道に優れた研究が多々あることをお断りしておく。

イスラーム法研究史の端緒は、中東・アフリカのムスリム社会を植民地化したヨーロッパ列強の行政官および彼らに協力した東洋学者（オリエンタリスト）による現地の法整備に求められる。ドイツのカール・ザッハウ（1845—1930年）は彼らの視点を代弁し、この作業が「ムスリム臣民のために安全な司法制度を創設し、かつ彼らの法をキリスト教国による統治に適する形で法典化しようというヨーロッパ諸国の努力」の賜物であると評する。18世紀に遡るこの「努力」の嚆矢は、英領インドにおけるイングランド法をベースに現地法としてのイスラーム法の適用を目指す司法制度の創設（1772年）であった。その結果、英印法（Anglo-Muhammadan law）と総称される諸法が制定されることになるが、これに先立つ実務的な必要性から、ハナフィー派の規範的法学書の出発点をなすマルギーナーニー（511/1117—593/1197年）『ヒダーヤ（導き——『ビダーヤ（始源）』注釈）』（Marghīnānī 1791）が翻訳され、英語による最初のイスラーム法マニュアルの１つとなった（Sachau 1897: IX）。オランダの東洋学者ローデウェイク・ファン・デン・ベルフ（1845—1927年）は同国政府のため、シャーフィイー派（オランダ領東インドつまり現インドネシアで優勢な法学派であった）の最も権威ある法学書の１つである、ナワウィー（631/1233—676/1277年）の『ミンハージュ（学生の導きとムフティーの手引き）』の校訂・フランス語訳をバタヴィアで刊行した（Nawawī 1882—1884）。広く普及した同書は英訳もされている（Nawawī 1914）。彼はまた、アブー・シュジャー（434/1042-3—500/1106-7年より後）による名高い『ムフタサル（シャーフィイー派法学提要）』に対する15世紀の注釈書も校訂・仏訳している（Ibn Qāsim al-Gazzī 1894）。上記ザッハウは『ムフタサル』およびその注釈の内容を『シャーフィイー派の学説によるムハンマド法』にまとめている（Sachau 1897: XX-XXI, XXV）。

これに先立つ約４半世紀前、ウィーン大学の東洋学教授であった彼は、

「ムハンマド法の最初期の歴史」（Sachau 1870）という論文を著している。この論文は、西欧におけるイスラーム法学史についての原典資料を用いた最初の研究であるとされる（Motzki 1991: 8）。ザッハウ自身は彼の同時代までの通史を企図していたが、そのための調査・研究に適したイスラーム圏の植民地はオーストリアまた祖国ドイツにもなかったため、考察の範囲は法学初期までにとどまった（Sachau 1897: XVI）。ここで示されたイスラーム法の成立過程は、彼が利用し得た雑多なジャンル（歴史書、分派論、辞典・事典類）から成る史料数点から導かれている。すなわち1/7世紀のイスラーム法は『クルアーン』およびスンナという2つの法源を基礎とした。特にスンナは預言者の没後、彼の「教友（al-ṣaḥāba）」と呼ばれる人々（この語の定義については本書142頁参照）の判断が『クルアーン』に規定のない問題について判断する際の基準とされた。教友の「後継者（al-ṭābiʿūn）」の時代には、スンナに規定のない問題について教友のイジュマーが第3の法源とされた（Sachau 1870: 699-700）。こうした法的発展の必要性を背景として、法学という学問分野が『クルアーン』やハディースの研究から独立したのは2世紀前半のことだとされる（Sachau 1870: 702-704）。彼がそのメルクマールとしたのは、法学的営為の本質をなし、後に第4法源キヤースへと発展する推論（ラーイ）という概念や、「個人的見解の徒」と「ハディースの徒」の区別の登場である（Sachau 1870: 707-709）。

四法源論を歴史的展開としてなぞるザッハウの説明は、彼が用いた史料に反映されたイスラーム法理学の立場とほぼ重なるが、重要な相違がある。それは後者が預言者ムハンマドによる『クルアーン』に基づくイジュティハードを法学の起点とするのに対し、ザッハウはこれと専門的な意味での法学を区別し、その起源は2/8世紀に遡り得るにすぎないと主張する点である。この主張は後世の東洋学者に継承されることになる。他方で、『クルアーン』とスンナが理論的のみならず歴史的にも初めからイスラーム法の至高の基礎をなしていたという考えは放棄された。この方向性に道を拓いた1人がオランダの東洋学者クリスティアーン・スヌック・ヒュルフローニュ（1857—1936年）である。キリスト教神学生から東洋学者に転じ、オランダ領東インド政庁の研究・調査官を経てライデン大学教授となった彼は、同時代の聖都メッカに関する貴重な研究でも知られる。しかし、彼の業績はほとんどがオランダ語で著されただけでなく、しばしばファン・デン・ベルフやザッハウを含む同時代の研究者に対する辛辣な批判を伴っていたこともあってか多くが散逸し、外国語で著されたか翻訳された研究が一部現存するにすぎない（彼の生涯と業績については Hurgronje 1957: XI–XXI 参照）。

ヒュルフローニュはイスラーム法学についても体系的な著述を残していないが、シャリーアの啓示的法源、とりわけスンナの権威やハディースの信頼性への懐疑および大征服期の国家の立法者としての役割の強調といった以後の法学史研究のテーゼを先取りしている。1882年の論稿によれば、預言者のまねびという素朴な意味でのスンナがムハンマドの生前から存在したのは当然としても、普遍的な法規範としてのスンナの地位は彼の死後徐々に確立したにすぎず、ハディースはその間の政治的・宗教的対立の中で様々な主義主張の正当化の手段として登場した（Hurgronje 1957: 268–271）。1886年の論稿によれば、そもそも預言者の死の直後から神授法（al-sharʿ）の解釈や整備を主導したのはカリフであり、ウラマーは対抗を試みるが、役割分担という妥協に応じて「国事」を断念した。彼らはこの世俗的領域からシャリーアの領域を聖別すべく、（前述のリバーや射幸性の禁止といった）およそ実現不可能な宗教的理想に基づいて法を構築した。その結果、イスラーム法は「法」ならざる義務論（déontologie）と化し、人智を超えた神の命令・禁止として正当化されたその諸規定においてはローマ法や近代法のような体系性・論理性は一貫して拒絶された。実社会から乖離したこれら諸規定はついぞ完全に適用されることはなく、特に商取引には何ら影響を与えなかった（Hurgronje 1957: 256–260）。イスラーム法の実効性に対するこうした否定的な評価はとりわけ後述のシャハトに継承された。

ヒュルフローニュの影響を受けつつ、より実証的な方法で四法源論的な法学史観を否定したのが、ハンガリーのイグナーツ・ゴルトツィーエル（1850—1921年）である。彼は今日では専らスンナ派四法学派によって淘汰された法学派ザーヒル派に関する先駆的な研究で知られるが（本書135頁参照）、この書は同派を代表するイブン・ハズム Abū Muhammad ʿAlī b. Aḥmad b. Ḥazm（384/994—456/1064年）のキヤース論駁書を含めた、ザッハウ論文より豊富な史料に基づくイスラーム法学の初期段階に関する考察も含んでいる。ここで彼は「個人的見解の徒」に対する「ハディースの徒」の登場を証左として、イスラーム法の主要な素材となったのは推論（ラーイ）であったと主張する。推論はつとに教友世代により、つまりは1/7世紀から、啓示の途絶後のイスラーム共同体の急激な変化に対応すべく大々的に行使され、2/8世紀にはキヤースへと定式化された（Goldziher [1884] 1967: 11）。「ハディースの徒」は推論の実際的必要性を無視してこれを排除しようとした結果、信頼性が低いハディースに権威を認めただけでなく、推論に基づく学説を正当化するためのハディース自体の捏造、つまるところハディースを装ったラーイへの依拠を招くという自己撞着に陥った（Goldziher [1884] 1967: 6-7）。

つまりゴルトツィーエルによればハディースは実定法を後追いする形で発達したことになるが、彼は後年の著『ムハンマド教研究』においてこの説の文献学的立証を試み、実定法学書の存在は2/8世紀に確かめられるのに対し、ハディース集というジャンルが確立したのは3/9世紀に過ぎないと主張している（Goldziher 1890: 208-212）。彼はここでマーリク・ブン・アナスの『ムワッター』が当時の一般的な見方とは異なり、ハディース集というよりは「法大全」（*corpus juris*）であると正しく指摘し、現存する最古の法学書として位置づけた（Goldziher 1890: 213-220）。

同時に、彼はイスラーム法学に対するローマ法の多大な影響を自明視し、フランスの宗教史家エルネスト・ルナン（1823—1892年）に依拠しつつ、法学の最初期つまり2/8世紀前半における成果は「アラブ人の才能から」（aus dem arabischen Genie）産み出されたものではないと主張する。その根拠は多分に憶測的であり、「ラーイ」という語自体がローマ法における法学意見（opinio prudentium）の翻訳である可能性や、アブー・ハニーファを含む最初期の法学者の多くが非アラブ系の出自であったことが挙げられている（Goldziher 1890: 76）。何より、1/7世紀の段階では量的に乏しかったはずのスンナをあえて法源とした「ハディースの徒」よりも「個人的見解の徒」の方が「自然で良心的とさえいえる」というゴルトツィーエルの観点からすれば（Goldziher 1890: 74-75）、後者による征服地の遺産の活用は当然の理となろう。

（2）シャハトの研究

A．初期イスラーム法学史

ゴルトツィーエルの考察の射程を広げ、イスラーム法学史の完成図を描いたのがヨーゼフ・シャハト（1902―1968年）である。彼は第二次大戦を契機に母国ドイツを離れ、主として英米で研究生活を送り、イスラーム法・法学に関して長らく欧米の学界における定説となる見解を唱えた（詳しくはHourani 1970参照）。本稿では主として代表的な2つの著作を基にこれを概観する。『ムハンマド教法学の起源』（Schacht 1950）は上記『ムワッター』を含む2/8世紀後半の実定法学書だけでなく、これらと後世の法学書、特にシャーフィイーの『論稿』との比較考察によってイスラーム法学史の再構成を試みた。後年の『イスラーム法入門』（Schacht 1964）は近現代までをカヴァーし、同法の概説書として広く普及した。

シャハトはイスラーム法学史における1/7世紀の重要性を認めつつ、「同時代資料の欠如ゆえに最も不明瞭な時期」（Schacht 1964: 15）であって、専門的な意味でのイスラーム法はほぼ存在しなかったとする（Schacht 1964: 19）。彼はいくつかの例を基に、法的な問題に関する『クルアーン』の規定の倫理的性格を強調する（Schacht 1964: 11-14）。これらのうち宗教儀礼や家族・相続法に関するものを除けば、法源としての同書の第一次的地位は始原的ではなく、後世の副次的なものである（Schacht 1964: 18）。他方で、宗教の枠外にある法の専門技術的な側面は「ムスリムにとってはどうでもよい問題」であったため、イスラームが征服した先進地域の法・制度が抵抗なく受容された（Schacht 1964: 19）。シャハトがその好例とするのが前述のワクフである。彼はこの制度がメディナにおける戦費調達のための寄付制度、東方諸教会の慈善財団、ムスリムの慈善活動やザカート、さらにイスラーム相続法の脱法という4つの淵源をもつほか（Schacht 1964: 19）、ローマ法、教会法、ユダヤ法およびササン朝ペルシアの法の影響もあり得るとする（Schacht 1950: 83, 99, 182, 187 n.2, 189 n.1, 216, 268 n.4; Schacht 1964: 19-22）。結論として、イスラーム法に主たる原料を提供したのは『クルアーン』やスンナではなく、大征服期を通じて受容され、ウマイヤ朝の社会・行政慣行として確立した慣習法とされる。これに宗教的観点から修正を施してシャリーアたらしめるべくイスラーム法学が誕生したのは、同朝末期の2/8世紀初めに過ぎない（Schacht 1950: 190–192; Schacht 1964: 27）。

このイスラーム化プロジェクトは、「初期（ないし前期）法学派（the ancient schools of law）」によって遂行された。シャハトはこの語に対し、「確たる組織や各派内の学説の統一性、教理教条や公認の地位はおろか、西洋的な意味での法の体系すら含意しない」という見事に否定的な定義しか与えていない（Schacht 1964: 28）。つまりこれらは「法学派」という語から連想されるいかなる実体も有しない、地域単位で認められるウラマーの一定のまとまりに過ぎず、イスラームの二大聖地であるメッカとメディナ、イラクのクーファとバスラ、シリアに代表される（Schacht 1950: 6–9）。なかでもイラクは、シャハトによればイスラーム法学の創始における主導的役割を果たしたとされる（Schacht 1950: 222–223）。初期法学派は、当該地域の法学権威とされる教友や後継者に帰せられる学説によって、各地の法的プラクシスを「生ける伝統」（living tradition）として正当化した。「スンナ」とは元来この「生ける伝統」を指していたが、シャーフィイーは『論稿』においてこの概念を啓示的法源としての預言者ムハンマドの言行に限定し、ハディースの教友・後継者伝承に対する優位を主張した。

シャハトは、教友・後継者伝承に対するハディースの優位がシャーフィイー以降の法的革新であったと主張し（Schacht 1950: 40）、２つの論拠を挙げる。第１は、標準的ハディース集が編纂される3/9世紀前半までの間の法的ハディースの劇的増加である。それはゴルトツィーエルが唱えたように、ハディース主義の影響下で法学説が預言者に仮託されるようになったからにほかならない（Schacht 1950: 140–149; Schacht 1964: 34）。第２は、シャハトによればこれと同時期に、偽造・改竄された預言者の言行に真正な外観を与えるべく、個々のハディースにおいてその伝承者たちの名前を列挙する伝承経路（イスナード isnād）が付記されるようになることである（Schacht 1950: 36–37, 63–65）。なお、彼はここで伝承経路が多くの場合、１人または複数の共通の伝承者から分岐していく現象に着目し、これを「結節口伝者」（common link）と呼んでハディース年代推定の手がかりとし（Schacht 1950: 171）、以後の欧米のハディース研究に影響を与えた（本書156–57頁参照）。

B．10世紀以降の法発展

このようにシャハトはシャーフィイーをイスラーム法学史に一大転換期をもたらした法理学の祖とみなし、彼の没後の3/9世紀半ばには、イスラーム法がその形成期を終えたと考えた。初期法学派もその役割を終え、アッバース朝初期には特定の師の学説を奉じる属人的な（personal）法学派（マズハブ）へと変容した。こうしてクーファ学派からハナフィー派、メディナ学派からマーリク派が形成される。これに対し、ハディース主義の影響下でメディナ学派から分離したシャーフィイーは自らの学派を創設し、イブン・ハンバルを支持したハディース主義者の集団を基にハンバル派が形成された（Schacht 1964: 57-63）。続く4/10世紀のウラマーの間では、イジュティハードの有資格者という意味でムジュタヒド（mujtahid）と呼ばれる前世紀までの偉大な先達によって、実定法の根幹をなす論点が議論し尽くされたという共通認識が生まれた。ムジュタヒドの反対語は、特定のムジュタヒドの学説に「追随」して受容すること（タクリード taqlīd）を義務づけられる者、すなわちムカッリド（muqallid）である。この時代以降、ウラマーは自らをムカッリドと規定し、古のムジュタヒドのように独自の解釈に基づき法源から直接に法規定を導き出すことは自分たちには不可能であるばかりか、もはや必要でもなく、爾後のあらゆる問題は既存の学説の解釈・適用によって解決されるべきであるとの合意が形成された。シャハトによればこれが「イジュティハードの門の閉鎖」（insidād bāb al-ijtihād）と呼ばれる現象である。この語は元来、初期法学派の間で教友を指す慣用句であった（Schacht 1964: 69-71）。

彼は「門の閉鎖」によってイスラーム法が「一層硬直化し、最終的な形に固まった」とし、「この本質的な硬直性」ゆえに「完全に不変というわけではなかったが、変化が起きたとしても実定法よりは理論や制度の表層に関するものであった」と主張する（Schacht 1964: 75）。つまり同法は4/10世紀以降、時代や社会の変化に対応していなかった。もっともシャハトによればそれはこの時代に始まったことではなく、同法は最初から現実離れしていた。それはウマイヤ朝の法的慣行の「イスラーム化」を目指したウラマーが、その宗教的情熱の「結果としての理想主義的理論」に基づく規範を盛り込んだからである。ヒュルフローニェも主張したように、こうして実社会から乖離したイスラーム法は額面通りに適用されなくなり、カリフや地方総督、カーディー等の公権力者のみならず、法律行為の当事者たちによって、「実践的に読み替えられねばならなかった」(Schacht 1964: 27)。

この「読み替え」の具体的手段の1つが、彼の博士論文のテーマであったヒヤル（ḥiyal. ḥīlaの複数形）とされる。ヒヤルとは例えば税負担を減らすために節税対策を講じるように、直接的な手段（脱税）によれば違法となる目的を合法的に達成する方法を指し、今日であれば我々が税理士や弁護士等に教えを請うようないわば法律活用術というべきものである。事実、四法学派のウラマーはいずれも悩める信者のため、各派の基準から適正と認めるヒヤルを伝授している（堀井 2001; 堀井 2002; Horii 2002)。だが、シャハトはなかでも商取引を装って高利貸しを行うような法的トリック（Rechtskniffe）ないし脱法行為（evasion）をヒヤルの本質とし、イスラーム法と実社会との「一時的妥協（*modus vivendi*)」を実現する必要悪とみなした（Schacht 1926: 211-213; Schacht 1964: 77-78)。シャリーアにおけるこうした「理論と実務(theory and practise)」の関係はシャハトの一貫した問題関心であった。両者は隔絶した別個の世界ではなく、「相互作用・双方向的影響の関係」にあるという彼の指摘自体は正しいが、彼はもっぱら実務を後追いする理論の「強力な同化作用」の方に着目していたといえる（Schacht 1964: 84)。

このように彼はイスラーム法と現実の乖離や齟齬を強調しがちではあったが、同法を構成する学説規定が前近代のムスリム社会においてどのように適用されていたかという極めて重要な問題提起を通じて、欧米の研究者として初めて本格的にイスラーム実定法の研究に取り組んだ功績は大きい。今日では改訂の余地があるものの、『入門』の簡にして要を得たイスラーム実定法の概説（Schacht 1964: 116-198）はその1つの証左である。彼の影響を受けた実定法研究の例として、比較社会経済史的な関心からイスラーム法学における各種の組合に着目したエイブラハム・ウドヴィッチの一連の研究を挙げることができる。もっとも彼は実定法をひもとくだけではこうした法的制度の実態を明らかにするには不十分であり、文書等の資料に基づく新たな研究の地平を拓く必要性を説いている（Udovitch 1967: 79-80)。

つとにシャハト自身もイスラーム法学において実定法の基本書から独立した実務的な専門分野の重要性を指摘し（Schacht 1926: 216–217）、なかでも上記のヒヤルと共に契約文書の書式集（shurūṭ. sharṭ「約定・約款」の複数形）に着目していた。イスラーム法学においては元来、立証手段はその適格要件を満たす証人の法廷における証言に限定され、文書の証拠能力は否定されていた。だが実社会においては万一に備え、法律行為に際して証人がこれを確証する文書を作成するのが慣行となっていた。学説は原則を維持しつつもこの慣行を前提として議論をしており、事実上はこれを容認していた。前近代のイスラーム国家の司法制度に関する基礎研究として今なお重要な大作『イスラーム諸国における司法組織の歴史』を著したレバノン人研究者エミール・ティアン（1901—1977年）は法制度史観点から文書の重要性にいち早く着目し（Tyan 1945）、カーディー法廷における公証実務の詳細を論じている（Tyan 1960: 236–237, 245–250, 346）。

契約文書の書式集の歴史も古く、2/8世紀に遡る（Schacht 1964: 82–83）。現存する最古のものは、ハナフィー派のタハーウィー（321/933年没）が3/9世紀末に著した長短２つの書式集であるが、長い方の『契約書式大集成』は恐らく全32章あったなかで４章のみが伝わっている。シャハトはそのうち債務訴訟の章と先買権（shufʿa）の章（Ṭaḥāwī 1927）を校訂・出版した。同書の第１章にあたり、内容的にも重要な「売買の章」の写本は彼が発見していたが、その校訂・出版は彼の弟子ジャネット・ウェイキンに引き継がれた（Wakin 1972: vii–viii）。

ウェイキンの研究は、シャハトの主張とは逆に、様々な時代・地域において法学書の規定が現に適用されていた事実に関する以後の実証的研究の１つの布石となった。なかでも文書研究の展開については本書第４章を参照されたい。以下、本章では叙述資料に基づく研究のみを取り上げる。

（3）今日の研究動向

今日の欧米におけるイスラーム法研究の動向を一言で表すならシャハト説のアンチテーゼとなろう。この傾向は特に80年代以降顕著になったが、最初に脚光を浴びたのが10世紀以降のイスラーム法の変化（changes）や発展

(developments) であり、特に法学と実社会をつなぐファトワーの研究が1つのトレンドとなった（例えば Masud et al. eds. 1996)。そこで研究史の時系列に沿って、まずはこのテーマに関する代表的な研究を紹介しておく。

A．イスラーム法の変化と発展：イジュティハードとファトワー

前述のように、シャハトは4/10世紀までにウラマー間で法解釈という意味での「イジュティハードの門の閉鎖」という合意が成立したことで、以後のイスラーム法の発展が停止したと主張した。この主張は、時期に関する多少の異論はあれ、欧米の研究者に概ね受容された。例外的に、英国人研究者ノエル・コールソン（1928—1986年）はその『イスラーム法の歴史』において、民事取引（civil transactions）に関する限り「イスラーム社会の内在的な力が厳格な古典学説に相当な変化をもたらした」と主張し、その1つの要因としてファトワーの重要性を指摘しているが、「門の閉鎖」自体は認めている（Coulson 1964: 80–81, 142–143, 148)。

こうした言説に対し、例えばエジプトのハナフィー派法学者で、スンナ派宗教諸学の最高権威であるアズハルおよび現カイロ大学法学部で教鞭を取ったアブー・ザフラ（1898—1974年）は、イスラーム法学の立場から異議を唱えている。彼の『イスラームの諸教派』によれば、法理学上、イジュティハードには、四法源から独自の学説規定を導き出せるウラマー（後述の独立ムジュタヒド）による「完全イジュティハード」(ijtihād kāmil) と、これらの規定の時代に応じた適用という2種類の区別がある。後者を実践するムジュタヒド（後述の学派内ないし限定ムジュタヒド）が消え去ることはない点で学説は一致している。完全イジュティハードについてはいつか断絶し得るとする立場が多数説ではあるが、ハンバル派を中心とする否定説も存在する。アブー・ザフラ自身は神が人間に開いた理性の門を閉ざすのはイスラームに反することであるとして、否定説を支持している（Abū Zahra n.d.: 306, 323)。

欧米の研究界で最初に「門の閉鎖」説に明示的に反論したのは、イスラエルのヤコヴ・メロン（1939—2008年）であろう。彼はパリ大学でエジプト人法学者シャフィク・シェハタ（1938—1981年に活動）の指導下に博士号を取得した（Islamic Law and Society 2009: 113)。シェハタ自身はカイロ大学で後

に現行エジプト民法典（1949年施行）の主たる起草者となるアブドゥッラッザーク・サンフーリー（ʿAbd al-Razzāq al-Sanhūrī, 1895—1971年）等からフランスを中心とする近代法学・比較法学を学んだ。彼の博士論文『ムスリム法における債権総論の試論』（Chehata 1936［2005］）は、近代法の概念と体系に基づいてハナフィー派法における債権の主体と客体、原因、効力、消滅および移転を論じ、イスラーム法学に関する指導教官であったアブー・ザフラの『所有権および契約理論』（Abū Zahra 1939）や、サンフーリーの『イスラーム法学における権利の淵源』（Sanhūrī 1953—1954）を含むアラブ圏における類似の試みの先駆者となった（Wood 2016: 233-237）。シェハタはその後も近代法の分類と概念に基づくイスラーム実定法の比較法学的研究の数々を著した。だが、アラブ圏での影響に比して欧米、特に英語圏においてはこれらのほとんどがアラビア語かフランス語の著述であることに加え、法学畑のイスラーム研究者の少なさや近代法中心主義を回避する傾向も手伝って、イスラーム法の研究としては限定的な受容にとどまっているという印象を受ける。シェハタ自身もシャハトを含む英語による研究をほとんど参照していない（例えば博士論文の改訂版であるChehata 1969）。

メロンの「ハナフィー派文献における法思想の展開」は、シェハタが『ムスリム法研究』において提示したイスラーム法学の発展段階（Chehata 1971: 15-27）を精緻化し、ハナフィー派法学の展開を2/8世紀から4/10世紀までの古法（ancient law）、5/11—6/12世紀までの古典法（classical law）、以降の後古典法（post classical law）に区分し、同時期のユダヤ法とも比較しつつ考察したユニークな論文である。この中でメロンはシェハタと同様、ハナフィー派法学は古典期で頂点に達し、その後は大きな発展はなかったと論じた。彼はこの立場から、シャハト等による4/10世紀におけるイジュティハード停止の主張について、「ハナフィー派法学における古典期の存在こそ、かかる神話に対する最も有力な反論である」と明確に指摘している（Meron 1969: 90）。

だが「門閉鎖」説反駁の決定版となるのは、カナダを経て現在は北米を拠点とするパレスティナ出身の研究者ワーイル・ハッラークによる「イジュティハードの門は閉じたのか？」である。タイトルの反語法の通り、答えは

「理論上も実践上も閉鎖されなかった」となる（Hallaq 1984: 3-4）。その副次的な論拠はやはり古典期における実定法の発達であるが、この点についてはメロン自身の上記指摘を飛び超えて、わざわざ「メロンによって補足されたシェハタの研究」が引き合いに出されている（Hallaq 1984: 18-20）。ムジュタヒドの存在が理論上否定されるようになるオスマン帝国期については、この立場を代弁したハナフィー派自身の学説の大きな変動をもってイジュティハードが事実継続していたとされる（Hallaq 1984: 29-33）。

ハッラークの主たる論拠はスンナ派の古典的法理論そのものであるが、アブー・ザフラの研究にもふれられていない。彼によれば、たしかに4/10世紀以降のスンナ派ウラマーの議論からは、四法学派の正統性、ひいては新たな学派創設の禁止に関するコンセンサスが確認できる。これにより彼らは一般に所属する学派の権威ある学説の解釈という形で自説を展開するようになったが、このことはイジュティハードの態様に変化をもたらしたに過ぎない。すなわち特定の学派の学説の枠内でイジュティハードを展開する「学派内ムジュタヒド（mujtahid fī al-madhhab）」ないし「限定ムジュタヒド（mujtahid muqayyad）」と、既存の学説にとらわれず、むしろ独自の学説によって新たな学派を創設し得るような「独立ムジュタヒド（mujtahid muṭlaq）」が理論的に区別されるようになった（Hallaq 1984: 10-12, 15-18）。

「イジュティハードの門の閉鎖」は元来この「独立ムジュタヒド」がイスラーム共同体から消滅し得るか否かという法理学上の論点であった。だがこの論争の起源は概ね6/12世紀に遡り得るにすぎず、また専門用語の誤解・誤用も手伝って、10/16世紀までこの問題に関する何らかの合意は見出せない（Hallaq 1984: 20-26）。むしろ重要なのは、「独立ムジュタヒド」が過去の偉大なウラマーに限定されたわけではなく、例えばシャーフィイー派のジュワイニー（419/1028—478/1085年．本書289頁参照）のように、四法学派体制確立後であってもこの種のムジュタヒドと目される学者が存在したことである（Hallaq 1984: 16）。そもそもイジュティハードは一般に集団的義務（farḍ kifāya）、つまり礼拝や斎戒のような信者個人に課される宗教的義務とは異なり、履行能力のある一部の信者に課せられる義務とされる。事実「独立ムジュタヒド」ではなくとも、各世紀につき「革新者（mujaddid）」と称されるムジュタヒドの存在が少なくとも１人は確認できる（Hallaq 1984: 5, 17, 26–28）。

10世紀以降も実定法が具体的にどのように変化したかだけでなく、これらが政治や社会の変化を反映していたことを実証したのが、ドイツの研究者バーベル・ヨハンセンの『地租と地代に関するイスラーム法』である。同書はイスラーム法の体系的な確立後の本質的な変化を否定するシャハトやシェハタの見解、およびファトワーによる法の変化を認めつつも私法に限定するコールソンの見解に対し、7/13世紀半ば以降にハナフィー派の地代と税に関する学説を例として、私法のみならず公法における根本的な変化を実証した。この変化はとりわけ16—19世紀のシリアとエジプトのファトワーから明らかとなる（Johansen 1988: 1–2）。

イスラーム法学の多数説に基づく土地国有理論が地租を用益地代と定義するのに対し（上記１（３）参照）、ハナフィー派はこれを所有の対価とし、納税者を土地所有者とみなした。他方で地代は賃貸借や分益小作（muzāraʿa）といった契約によって商品化される土地の用益の対価とされた。地租を私有地に限定し、地代と明確に区別するこの立場は4/10世紀まで中東の農業で一般的であった自作農の小土地所有に有利であった（Johansen 1988: 17–19）。だが4/10世紀以降のイクター（iqṭāʾ）制（主に軍人に対しイクターと呼ばれる分与地の徴税権と管理権を付与し、税収から俸給分を天引きさせる制度）の拡大およびそのオスマン帝国期における徴税請負制（iltiẓām）への転化の中で、地租と地代の区別は事実上また法的にも失われた（Johansen 1988: 80–82）。地代の発生原因を契約とする立場は11—12世紀の中央アジアにおいて緩和され始め、地主は契約なくして小作人からの地代徴収が可能となる（Johansen 1988: 32–39, 66–68）。15世紀のエジプトのハナフィー派においては、元来土地所有者であった農民は相続人なく死に絶えたため、現に農民が負担しているのは地租ではなく地代であると唱えられるようになった（Johansen 1988: 83–85）。同派の学説はこのように地主層の既得権益を利する方向へ変化した。

90年代におけるファトワー研究ブームの火付け役となったのが、またしてもハッラークである。彼の「ファトワーから実定法学へ」は、イスラーム法が実社会から乖離した宗教的理念の産物とする見解をシャハトではなくコールソン（Coulson 1957: 57）に帰して後年の彼によるファトワーの評価への言及を避け、ヨハンセンを含む先行研究はファトワーの重要性を指摘しつつもいまだ実証していないと断じる（Hallaq 1994: 29-30）。ハッラーク自身はファトワーないしファトワー集の形式的特徴に着目し、これらがすでにファトワーと実社会、法実務および実定法との関連性の証左であると論じるが、個々の指摘については前述のティアン（Tyan 1945: 219-236）および、特にオスマン帝国期に関してはウリエル・ヘイド（Heyd 1969）やロナルド・ジェニングス（Jennings 1978）による制度史的研究に負うところも少なくない。ハッラークはまずファトワー集を二分し、請託者による質問とムフティーによる回答の原型が比較的保たれているものを「一次ファトワー集」、編纂により原型が失われたものを「二次ファトワー集」と呼んで区別する。前者の内容の抽象化（tajrīd）と要約（talkhīṣ）を経て成立した後者は、ファトワーの実定法への編入プロセスそのものを示す（Hallaq 1994: 42ff.）。前者はその性質上、当該案件が実際に起きたことを示す特定の人・物・地域に関する情報を含む反面、やはりファトワーの学説への転化を目的とする編集（人名の「甲、乙」表記や質問の法的観点からの校正等）が施されている（Hallaq 1994: 32-35）。

ファトワーが仮定でなく現に起きた問題のみを対象とすることは、法学上の原則としても確立しているが、その収集・編纂を促した実用的意義のなかでも特に重要なのが訴訟制度との関連性である。ファトワーの多くは訴訟当事者の求めに応じて発行されたことから、シャリーア法廷でも記録された（Hallaq 1994: 35, 37-38）。こうした訴訟制度・慣行におけるファトワーの役割は法・社会制度史上の重要な研究テーマとされ、オスマン帝国以外の時代・地域についても研究が進められている（例えば本書4－3および4－4）。

B．法学派

シャハト説の修正という意味ではこれほど劇的ではないが、法学派もまた新たな研究動向で注目を集めるようになったテーマである。米国のイスラーム史研究者ジョージ・マクディシー（1920―2002年）の「中世法制史における法学ギルド」はイスラーム法学研究からは外れるが、このテーマに関するシャハト後の最初の専論であるだけでなく、マズハブの構造や機能に照らした概念再考を促した点でまず言及すべきであろう。ムスリム社会におけるギルドの存在が確認できるのは中世末期以降であるとする従来の研究に対し、マクディシーはエジプトを中心とする近代中東社会史研究で知られたイスラエルのガブリエル・ベール（Gabriel Baer, 1919—1982年）に従ってギルドを「職能組織（professional organization）」と定義し、法曹の育成・管理のシステムとしてのマズハブはこれに一致すると論じた（Maksidi 1985: 5）。各法学派の名祖がいわばギルドの守護聖人であるとすれば、学生が徒弟、卒業生が職人、教授・ファトワーの資格を得たシニアが親方に相当する。法曹ギルドの組織化はスンナ派主義の醸成と共に9世紀半ばから始まり、11世紀には頂点に達した（Makdisi 1985: 6-9）。

さらにマクディシーは、「世代伝記集——古典イスラームにおける法と正統派」においてタバカート（ṭabaqāt）ないし世代伝記集（本書153頁参照）の発達を基に法学派の成立過程の分析を試みた。世代伝記集は宗教諸学、特に法学とハディース学の分野におけるウラマー列伝として始まり、やがて他の分野にも広がった。世代伝記集は特に「ハディースの徒」にとって正統信仰を代弁するウラマーの選別手段となった（Makdisi 1993: 373）。ある法学派における世代伝記集の出現は、当該学派内におけるハディース主義の浸透を意味するとされる。彼は法学派の発達を①初期（地域的）学派、②属人的学派、③ギルド学派の3つの段階に分けるが、シャハトのいう①から②への転換パターンを否定し、②をハディース主義運動の所産と位置づけた点が重要である。ハンバル派は3/9世紀後半、マーリク派は4/10世紀前半に成立し、スンナ派のギルド学派の先駆けとなった（Makdisi 1993: 388-391）。つまり四法学派の成立は概ね4/10世紀以降とされる。

シャーフィイー派の成立時期については、ハッラークが「シャーフィイーはイスラーム法学の立役者だったか？」において同様の見解を示している。この論文は題名の通り、シャーフィイーをイスラーム法学史に変革をもたらした法理学の始祖にして独自の学派の創設者とするシャハトの見解に対する反論である。ハッラークによれば、シャーフィイーの『論稿』は後世の法理学の体系・内容に比して原初的に過ぎるだけでなく、誕生から約1世紀間にわたり反響を呼ばず、厳密な意味での注釈も著されなかった。それはハディース主義と合理主義を折衷する同書の立場が時期尚早に過ぎ、シャーフィイー派法学の『提要』を著したムザニー（175/791-2—264/877-8年）を含む彼の弟子たちにすら忠実に継承されなかったためである。スンナ派法理学はかかる立場が地歩を得た4/10世紀以降に確立し、『論稿』もにわかに脚光を浴びるようになった。学祖をこの分野の創始者と仰ぐシャーフィイー派のアイデンティティーは、イブン・スライジュ（249/863-4頃—306/918-9年）を最初の代弁者とする（Hallaq 1993: 590-598）。

その後、マクディシーの弟子クリストファー・メルチャートが今日のマズハブ研究の基礎となる『スンナ派諸法学派の形成』を著した。同書は全体的にはマクディシー説をふまえた修正シャハト主義的図式に基づき、ハディース主義の影響が一方では地域的学派から属人的学派への転換（原ハナフィー派と原マーリク派）、他方では新たな属人的学派（原シャーフィイー派、原ハンバル派）の形成を促したと論じるが、方法論はシャハトのそれとは大きく異なる。まずシャハトの考察範囲がシャーフィイー以前の時代に偏っている点に加え、彼が法学派というものを専ら学説体系を基準に定義している点で不十分であることに鑑み、これに支持者および規則的な学説相伝手段（メルクマールとして体系的な法学教育課程やこれに伴う『提要』のような教材的な学説書群、学派長の地位等の存在）を加えた3つを法学派の構成要素とする（Melchert 1997: xxi-xxii）。第2、第3の要素の考察にあたってはやはり伝記資料が活用されている。また同書は法学の地域的諸相よりも、その根本に横たわる「個人的見解の徒」と「ハディースの徒」の対立とその止揚という観点から、イスラーム法学の成立後から古典的確立までの歴史の統一的な説明を試みている。

この対立は両陣営の法学的手法のみならず、神学的立場の相違が明確となった2/8世紀末頃のイラクに起源を有する。結果として「個人的見解の徒」がハディース主義への順応を迫られた一方、ハディース主義者も伝承の山に代わる学説体系を構築せざるを得なくなった（Melchert 1997: 8-12, 22-31）。クーファ学派は3/9世紀を通じて、アブー・ハニーファ個人の学説の権威ある相伝という、メルチャートによれば漠然たる地域の学的伝統よりハディース伝達に近似するシステムに従うようになると共に、これら基幹学説の啓示的根拠に基づく体系化を進めた（Melchert 1997: 36-38, 51-53）。シャーフィイー派についてはやはりイブン・スライジュが実質的な創設者とされる（Melchert 1997: 87）。ハナフィー派は彼に相当するような特定の創設者をもたず、エジプトではタハーウィー（239/853―321/933年）、バグダードではカルヒー（340/952年没）といった4人の学者が古典的法学派の要件にあてはまる事績を残す（Melchert 1997: 116-123, 125-129）。ハンバル派はイブン・ハンバルの命に反して彼の学説が収集された後、アブー・バクル・ハッラール（Abū Bakr Aḥmad b. Muḥammad b. Hārūn al-Khallāl, 234/848？―311/923年）によって創設された（Melchert 1997: 137, 143-149）。マーリク派のケースは複雑である。メディナ学派のうち西漸した学統は3/9世紀までには属人化し、ムスリム政権の庇護下で原マーリク派が確立した。特に後ウマイヤ朝期（756―1031年）のアンダルスの同派においては学派長の地位がカーディー等の公職への任命に特徴づけられたが、3/9世紀の段階では東方の分家にとどまり、古典的様相を備えるのは4/10世紀以降とされる。これに対し、国家の支配と深く結びつかなかったマグリブの同派は学派長制度も欠き、同派の実定法学の基本書となる『ムダウワナ（撰集）』を著しカーディーも務めたサハヌーン（160/777―240/855年）を例外として、古典的学派の成立には寄与しなかったとされる（Melchert 1997: 39-40, 156-164）。メディナにおけるマーリクの学統は3/9世紀半ばには重要性を失い、バグダードではイスマーイール・ブン・イスハーク（200/819―282/896年）によって古典的法学派に発展したものの、4/10世紀までに消滅した（Melchert 1997: 164-165, 170-177）。同じく消滅したザーヒル派についての議論は、本書2-5に譲る。

以上に対して、ハッラークは「地域的法学派から属人的法学派へ？」において地域的法学派なるものはそもそも存在せず、よってその属人化という変容もあり得ないと論じている。なぜなら初期の学派は例えば「イラク学派」ではなく「イラクの学者たちの学派（madhhab al-ʿIrāqiyīn ないし ahl al-ʿIrāq）」と呼ばれ、その個々人の学説が伝承・議論されることはあれ、イラクの法学と呼び得るものはなかったという点では、始めから属人的というべきだからである（Hallaq 2001: 5-19）。変容が起きたとすればむしろそれはイスラーム法のあり方としてイジュティハードに基づく個人の学説から、これを統制する学派の教義への転換であった（Hallaq 2001: 26）。たしかにメルチャートによる属人化プロセスの説明はしばしば説得力を欠き、特にクーファ学派がハディース主義に順応すべく属人化したとすれば、アブー・ハニーファという看板は最も不適切であったというハッラークの指摘は頷ける。もっともメルチャートの研究が「存在しない問題を解決する試み」（Hallaq 2001: 4）であるなら、つとにシャハト自身が否定表現を尽くしていかなる実体もないと定義している地域的法学派が現に存在しなかったと力説するのも同じ轍を踏むものといえる。

C．イスラーム法・法学の起源と初期段階

シャハト後のイスラーム法研究にとっての最大の課題は、イスラーム法・法学の起源を含む初期イスラーム法学史の再構築であった。コールソンは、シャハトの主張によってムハンマドの没後からイスラーム法学の誕生まで1世紀近い法的な空白が生じることを問題視し、かかる空白が「実際的な観点から、また歴史的状況を考慮しても」想定し難いとした。だがこの空白を埋めるためには、シャハトが否定したハディースを含む伝承の史料的価値の再評価が必要となる。コールソンは日常的な法的問題に関する限り、ムハンマドに帰せられたそれらの判断に伝承経路の改竄はあっても、内容的には真正な要素を含むと推測し、シャハトとは逆に、ハディースは反対の証明がない限り真正と見なし得ると主張した。同様に彼はカリフその他の行政官・カーディーに帰せられる法的判断も真正と見なし、法学前史の再構築を試みた（Coulson 1964: 23–35）。だが彼の議論は多分に憶測的であり、またこの問題を別とすれば、彼自身もシャハトによる初期イスラーム法学史が「大筋において反駁しがたい」と認めている（Coulson 1964: 64–65）。

空白の1世紀におけるシャリーアの非イスラーム的起源については、英米で活動したデンマーク出身のイスラーム史研究者パトリシア・クローン（1945—2015年）が『ローマ・属州・イスラーム法』においてシャハト説を批判的に継承している。すなわちウマイヤ朝の行政慣行をイスラーム法の基礎とするシャハトの見解は、イスラーム法学の成立前にはカリフが立法者であったという意味では正しい（この問題はCrone and Hinds 1986で扱われてい

る）。だが、ゆえにこそイスラーム法の創成において重要な役割を果たしたのは彼が主張するようにイラクではなく、むしろメソポタミアからシリア地方にかけての「肥沃な三日月地帯」であったと考えるべきである。また、古代末期の中東の法的状況に鑑みれば、ゴルトツィーエルやシャハトがほぼ先験的にその直接的な影響を確信しているローマ法よりも、属州法（ローマ帝国属州で適用されていた、多かれ少なかれローマ法の影響を受けた地域の法）を考慮すべきである（Crone 1987: 7-16）。この観点から彼女は庇護関係（walāʾ）、つまり第一義的には解放奴隷とその元所有者の間に発生する疑似的な親子関係（ハナフィー派のみそれ以外の当事者間での庇護契約を原因とする発生を認める）を考察の材料とし、イスラーム法は中東の共通法（juristic *koinē*）となった属州法を基層とし、支柱をなす法的概念の上ではユダヤ法、個々の規定の上では同法およびその他の多数の外的要素の影響の下に形成されたと結論する（Crone 1987: 93）。この結論の妥当性はともかく、イスラームをその発祥地である古代末期の中東の文脈から切り離し、自己完結的なシステムのように論じることは、今日のイスラーム研究の大きな問題点であるという彼女の指摘は重要である。

シャハトが描いたイスラーム法の発展図式に対する決定的な反論は、ようやく90年代に入ってドイツの研究者ハラルド・モツキの『イスラーム法の起源』により提起された。モツキはシャハト未見の最古のハディース集の１つであるアブドゥッラッザーク・サンアーニー（126/743-4―211/827年）の『ムサンナフ』（この語および同書については146、149頁参照）に収録された伝承のうち、これまで初期法学史の研究において注目されてこなかったメッカを起源とする伝承に着目し、独自の方法論に基づいてこれらが概ね真正であると判断した。彼はこの分析から、『クルアーン』とスンナが歴史的にもシャリーアの第１の基礎であり、イスラーム法学は670年代から遅くとも1/7世紀の終わりまでには誕生していたと結論する（Motzki 1991: 262-264）。モツキの方法論によるハディース分析は、イスラーム法学研究の可能性を広げるものとして欧米の研究者の間で広く受け入れられている（第３章参照）。

ムスリムの立場に限りなく近いこの結論の対極に位置するのが、英国の研究者ノーマン・カルダー（1950—1998年）の『初期ムスリム法学の研究』である。同書の前6章は5つの代表的な初期法学書、すなわちサハヌーン『ムダウワナ』、マーリク『ムワッター』、シャーフィイー『ウンム』、ムザニー『提要』、アブー・ユースフ『地租の書』のテキスト分析に充てられ、残りの3章ではイスラーム法学誕生の文化的・社会的背景についての一読に値する考察が示されている。この中でカルダーはシャリーアの起源についてはクローンの研究を批判し、他の法的伝統が同法の形成に影響を与えた可能性はあるとしても、確実な論証が不可能である以上は考察する意味がないとする（Calder 1993: 209-217）。他方で、彼はテキスト分析からイスラーム法学がラーイから出発し、啓示に基づく古典的学説体系は後発的に構築されたというシャハトの図式を追認しただけでなく、専門的な意味でのイスラーム法学は2/8世紀どころか、3/9世紀前半にもいまだ存在しなかったと主張した。彼によれば、これらの法学書はいずれもその表見的な著者やその他の特定人の作ではなく、概ね3/9世紀後半から4/10世紀にかけて度重なる改訂を経て成立した。ただし例外的に『地租の書』は、アッバース朝カリフ、ムフタディー（在位255/869—256/870年）の命によりハッサーフ（261/874年没）が著した同名の書とされる（Calder 1993: 19, 37, 43, 146-147）。諸学派の基本書のかかる「有機的成長（organic growth）」は、アラビア半島の伝統的な口承文化がハディース、半島周辺の文字文化が『クルアーン』に象徴される形でイスラームの権威のもとに統合され、啓示に基づく学説体系を産みだす過程であった（Calder 1993: 186-195）。

だが、カルダーのこうした所論は欧米のイスラーム法研究で広く受け入れられることはなかった。モツキ以降、同様に「イスラーム法学（ないし法）の起源」やこれに類する標題を掲げる一連の研究書が現れるが、これらはいずれもモツキの見立てに従ってイスラーム法学史の再構築を目指している。英国の研究者ヤースィーン・ダットンの『起源』は、『ムワッター』が3/9世紀後半にコルドバで成立したというカルダー説に対して、同書が150/767-8年頃のマーリク自身の著書であり（Dutton 1999: 22-31）、かつ「イスラーム法の最初の記述というだけでなく、後世の学者の理論的構築物ではない生きた現実としての法の最初の記録」（Dutton 1999: 4）であると主張する。なぜなら同書にいうアマルは預言者の言行という意味でのスンナや『クルアーン』に基づくイジュティハードを内包する概念であり、ゆえにイスラーム法学はアマルを介してこれらの啓示的法源から出発したからである (Dutton 1999: 1-3)。イスラーム法学史についてムスリムの古典的見解とも、ゴルトツィーエルおよびシャハトに代弁される西欧の支配的学説とも「根本的に異なる観点」を提示するこの「第3の説」はしかし、十分に論証されているとはいいがたい。というのもダットン自身が認めているように、『ムワッター』による『クルアーン』の援用のほとんどは明示的ではなく (Dutton 1999: 178)、何より同書においては「スンナ」への言及はあれ、これと互換的な「アマル」の用例はほとんど見られず、彼も「人々の実践」という以外にこの語に明確な定義を与えていないからである。

ハッラークの『起源』は、彼の近年の関心事であるオリエンタリズム批判の観点から、欧米のイスラーム法学研究者の関心が長らく近現代と共に法学の形成期に偏重してきたと指摘する。なぜなら、彼らがムスリムによる西洋法ないしその源流とされる法・文化の「借用」、ひいては西洋の文化的優位を主張するうえで、この2つの時代がもっとも好都合であったからである (Hallaq 2002—2003: 3-5参照)。法学の形成期については、同書に先立つ諸『起源』の考察はいずれも不十分であり、そもそもこれを3/9世紀半ばまでとするシャハトの判断基準がその後の研究によって否定された以上、再定義が必要である。彼は形成期の終了を画するメルクマールを訴訟法と司法制度の完成、実定法学、法理学および法学派の確立の4つとし、これらが全てが出揃うのが4/10世紀半ばであるとする。だが問題はむしろ形成期の始まりである (Hallaq 2005: 1-3)。

ハッラークによれば、『クルアーン』は宗教共同体毎のシャリーアの相違に関する5章48節（1頁参照）の啓示（5/626年頃とされる）をもって、イスラーム共同体の法的基盤の構築を目指す同書の一連の立法の開始を告知した。その基層はローカルな部族法というより、古代の中東法システムの一環としてのアラブ法であった (Hallaq 2005: 21-25)。イスラーム以前のアラビア半島ですでに醸成されていた文化的ハイブリッド性は、経済的・宗教的・知的中心地であったメッカに顕著であった (Hallaq 2005: 15)。彼はこうして大征服期における被征服地の法の「借用」論を回避する。だがこの点および諸々の年代確定を別とすれば、彼の議論はシャハト説にむしろ回帰している。

ハッラークは、『クルアーン』の法的権威が確立するのはムハンマド世代の後であり、およそ60/680年から90/708年に活動したウラマー（つまり教友世代の最後から後継者世代）がムスリム社会の教化に乗り出したとする（Hallaq 2005: 40-42）。つまり明言はされていないが、イスラーム法学の起源は1/7世紀末となろう。預言者の言行という意味でのスンナの法的権威については同書と全く同じことがあてはまる。彼によれば、生成過程のイスラーム法の法源は同書のほか、少なくとも2/8世紀半ばまで「地上における神の代理人」としての立法権を主張したカリフの慣行を含む「スンナ」およびラーイの3つであった（Hallaq 2005: 43-46）。1/7世紀末（715年頃）までには「スンナ」の中での預言者の言行の優位性が承認されるようになり、2/8世紀後半以降、さらにその排他的権威を主張するハディース派の影響力が増すにつれて、ハディースの量も増加していく（Hallaq 2005: 69-78）。これは概ね教友の権威をまとっていた各地の「スンナ」が預言者の言行に逆投影される過程でもあり、大量のハディースが偽造されたとされる（Hallaq 2005: 102-103）。

永らく「シャハト的なるもの」の否認を至上命題としてきたイスラーム法研究の動向は、曲がり角に来ているといえよう。イスラエルの研究者レナ・サライメの標題からして論争的な『イスラーム法の始まり――古代末期のイスラミケートな法的諸伝統』はその意味で注目に値する。「イスラミケート（islamicate）」とは、北米の研究者マーシャル・ホジソン（1922—1968年）がイスラームという宗教およびその核をなす教義や制度それ自体の属性としてのイスラミック（islamic）と区別して、イスラームと歴史的に関連し合った社会・文化（通常はこれらもイスラミックと形容される）の属性として提唱した概念である（Hodgeson 1974: 57-59）。

サライメによれば、イスラーム法（および他の全ての法的伝統）には「起源」ではなく「始まり（beginning）」とその後の変化があるのみである。だがシャハトを先駆者とする「起源」志向の研究は、古典的形態をモデルとするイスラーム法の本質主義的理解に基づき、要はその「誕生」(birth) から幼児期 (「初期」や「形成期」に暗示される) を経て古典期の「成熟 (matuaration)」を迎えるという、擬人化された単線的な発達史を提示してきた (Salaymeh 2016: 4-5, 22-23)。こうしたアプローチに対抗するため、彼女はイスラーム法を古代末期 (イスラーム史においてはその開始から2/8世紀末) および中世 (同じく3/9世紀から9/15世紀) の西南アジア (「中東」という近現代の人為的な地理概念は回避される) の文脈で考察する必要性を説く (Salaymeh 2016: 6-9)。彼女はハッラークと同様に、イスラーム法がこれらの文脈における「ハイブリッドな社会・歴史的空間で始まった」(Salaymeh 2016: 101) と指摘する。ここに明確な境界を引いて一方による他方の「借用」や「影響」、あるいはそれぞれの「起源」を求める思考法は、「アーリア系／セム系」の二分法に基づく19世紀の比較言語学の悪しき遺産とされる (Salaymeh 2016: 85-93)。彼女によれば、ムスリムを含む様々な宗教共同体間に共通する近東の法的伝統を生み出した諸文化間の動的関係性は、「借用」や「影響」より中立的で、かつ異文化の単なる受容ではない創造的なニュアンスを含み得る「同化 (assimilation)」にあてはまり、そこでは諸文化の類似性よりも差異が問題となる (Salaymeh 2016: 96-102)。

ただし、本書の半分を占める以上のような理論的考察を例証する事例はわずか３つにとどまり、これらが選択された理由も明らかではない。まず戦争捕虜の処遇 (第２章) については、イスラーム古代末期の学説は処刑に消極的であったが、中世には為政者の裁量の範囲内として処刑が肯定されるようになった。それはムハンマドによるクライザ族 (メディナのユダヤ教徒の有力部族) の討伐が歴史的文脈から切り離され、宗教間の「戦争」の事例として再解釈された結果であるとの主張は、著者が自認する通り憶測的であるし (Salaymeh 2016: 78)、学説の変化の歴史的説明としても物足りない。イスラーム法に対するユダヤ法の影響の典型とされてきた割礼 (第４章) は、古代末期における曖昧な法的位置づけから中世に義務化され、同時にユダヤ教からの差異化 (例えばユダヤ教で一般的な生後７日目の実施を避けること) が図られた「同化」の例である (Salaymeh 2016: 128-129)。逆に妻からの離婚請求 (第６章) は、これに寛大であったゲオニーム (単数形ガオン。７—11世紀にイラクの学院で活動したユダヤ教指導者たち）の教令が西方ユダヤ人社会ではイスラーム法の影響であるとの理由で16世紀までに無効化された（Salaymeh 2016: 168–172, 179–180）。だが、こうした自覚的な「借用」や「影響」をみな「正統派ナラティヴ」における自他の境界と排除の論理に帰してよいものだろうか。

歴史研究の中では、ムスリム文献に限られない多様な史料に基づき、古代末期の中東の複合的な社会的・宗教的文脈においてイスラーム初期を考察する試みがすでに始まっている（例えばドナー 2014）。だがイスラーム法・法学における同様の研究は、ポストコロニアルな反「借用／影響」論のしがらみから一歩を踏み出せていないようである。シェハタのような比較法的研究が下火になったのも、欧米の学界のこうした知的状況が関わっているように思われる。

D．柳橋博之の業績

以上の研究史において、柳橋博之のイスラーム実定法に関する研究は少なくとも３つの点で異彩を放っている。第１に、これらの研究は欧米の学界における問題関心やイデオロギーに対して見事に無関心であり、その足枷から免れている。第２に、従来の研究の多くが特定の法学派の法の特定の規定や制度に焦点を当てているのに対し、柳橋の研究はスンナ派の財産法・家族法に関する限り、網羅的で精緻な全体像を明らかにしている（ただし、柳橋の関心はイスラーム法学のいわゆる形成期から古典期にあるため、以降の学説の変化はあまりフォローされていない）。第３に、柳橋は方法論的にはハディースを含む法学資料のみによって初期イスラーム法に関する重要な知見の提示に成功している。以下では彼のあくまで代表的な研究を紹介するにとどめる。

『イスラーム家族法――婚姻・親子・親族』では、相続を除くスンナ派家族法について、シャリーアの最後の影響圏にして同法の「改革」の最前線であるこの分野をめぐる近現代の論争を離れた、古典法の概要と沿革について網羅的かつ正確な解説がなされる。例えば一夫多妻制は、妻の数が上限たる４人に達したときに発生する一次的な婚姻障害の問題となるが、その主たる論拠とされる『クルアーン』第４章３節は、そもそも婚姻制度とは無関係な規定であった可能性がある（柳橋 2001: 131–32）。また、男女の合法的な性的結合の原因となる婚姻は姦通罪と表裏一体の関係にあることから、本書は刑法上の重要原則である曖昧性の法理についても、無効な婚姻について姦通罪の成否を分ける基準として詳しく論じている（柳橋 2001: 159–170）。

『初期イスラーム財産法史』（Yanagihashi 2004）は、『イスラーム財産法の成立と変容』（柳橋 1998）を発展させた英語による最初の著作であり、初期法学書とハディース集に基づき、7世紀から9世紀の主としてイラクとメディナにおける民事責任、直接代理、リバーの禁止に関する学説の展開を明らかにしている。これらのいずれも、特定の取引や状況に対する法学者の解決の積み重ねが後世において整合的な説明を与えられ、より普遍的な原理として定式化される過程を示している。例えばリバーの禁止の法源となったハディースは、ウマイヤ朝の通貨改革において旧貨幣とこれより金銀の含有量が少ない新貨幣の額面での等価交換を強制する政策がその本来の趣旨を離れ、別の要素を取り込みながら流布したものである。

『イスラーム財産法』（柳橋 2012）はこれらの成果をふまえたスンナ派財産法のほとんど事典といってもよい解説書である。すなわち人や能力に関する総則に始まり、物権（所有権、地役権、先買権）、契約総論と各論（売買とその特別類型、賃貸借、雇用、その他の労務契約、組合、匿名組合、贈与、寄託、消費貸借、ワクフ）、債権の履行確保（強制履行、債権譲渡・債務引受、保証、質、債権の消滅）、不法行為責任が論じられる。これらの分類には異論があり得るだろう。例えば物権がイスラーム法学には「正確に対応する言葉も概念も」なく、「西欧法における概念を便宜的に借用したまで」であるとすれば（柳橋 2012: 47）、先買権それ自体は物権ではなくむしろ所有権の取得原因というべきである。

柳橋の近年の関心は、イスラーム法学よりむしろその史料としてのハディースの生成過程およびそこから得られる歴史的知見にある。その研究の一端は本書第3章に譲り、ここでは2つの近著を紹介する。『法学ハディース研究』（Yanagihashi 2019）は、儀礼行為から3つとムアーマラートから4つの大きな主題を選び、それらに関わる合計58個のハディース群（同じ原本に由来すると推定されるハディースの集合）のイスナードとマトン（matn. ハディース本文）を対照して分析することにより、ハディースの異本の生成過程を追跡した。その結果、スンナ派四法学派の成立以前からその成立期にかけて、非常に多くの学説が提唱されては廃棄されたこと、またその多くがスンナ派四法学派の学説とは多少とも異なることを示した。

『ハディースの異本生成過程の再構築』（Yanagihashi 2023）は後半において、引き続きハディースの分析に基づき、スンナ派四法学派とは異なる法学説の展開を示している。ただし本書の目的は、ハディースの異本生成の原理を説明するための数理モデルを提示することである。イスラーム法研究という本書の趣旨からは外れるが、今後の人文学研究の新しい方法論としてその一例を挙げておきたい。

『ハディースの異本生成過程の再構築』の前半は、ブハーリー『真正集』の分析に充てられている。ここで柳橋は、特定の数の異本を有するハディース群の数がほぼ等比数列をなすという事実に着目して、この事実を説明するための数理モデルを提示した。次頁の図は、このモデルに基づいて計算された f（220, n）、g（220, n）、B（220, n）を示す。ここで f（220, n）とは、220/835年において流布していたハディース群のうち n 個の異本を含むものの理論上の個数である。g（220, n）とは、その時点である伝承家がブハーリーとほぼ同数のハディースを採録するハディース集を編纂したと仮定した場合に、そのハディース集に含まれるハディース群のなかで異本数を n 個含むものの数である。B（220, n）とは、ブハーリーの『真正集』に含まれるハディース群のなかで、220/835年時点で異本数を n 個含んでいたと推定されるハディース群の数である。

3．文献目録

Abū Zahra, Muḥammad, n.d., *Taʾrīkh al-madhāhib al-islāmīya fī al-siyāsa wa-taʾrīkh al-madhāhib al-fiqhīya*, Cairo: Dār al-Fikr al-ʿArabī.

Abū Zahra, 1939 [n.d.], *al-Milkīya wa-naẓarīyat al-ʿaqd*, Cairo: Dār al-Fikr al-ʿArabī.

秋葉淳、1998、「オスマン帝国近代におけるウラマー制度の再編」『日本中東学会年報』13: 185-214。

Bājī, Abū al-Walīd Sulaymān b. Khalaf b. Saʿd b. Ayyūb b. Wārith al-, 1403/1983, *al-*

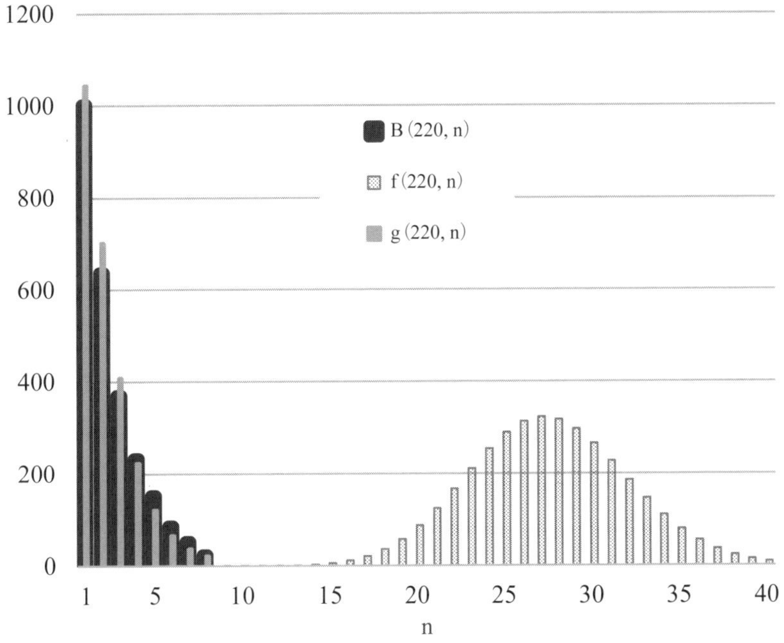

Muntaqā sharḥ Muwaṭṭa' al-imām Mālik, 7 vols., Beirut: Dār al-Kitāb al-ʿArabī.

Calder, Norman, 1993, *Studies in Early Muslim Jurisprudence*, Oxford: Clarendon Press.

Chehata, Chafik, 1936［2005］, *Essai d'une théorie générale d'obligation en droit musulman*, Cairo: F. E. Noury et Fils（Reprinted: Paris: Dalloz）.

Chehata, Chafik, 1969, *Théorie générale de l'obligation en droit musulman hanéfite: les sujets de l'obligation*, Paris: Éditions Sirey.

Chehata, Chafik, 1971, *Etudes de droit musulman*, Paris: Presses Universitaire de France.

Coulson, Noel J., 1957, "The State and Individual in Islamic Law," *International and Comparative Law Quarterly*, 6（1）: 49–60.

Coulson, N.J., 1964, *A History of Islamic Law*, Edinburgh: Edinburgh University Press.

Crone, Patricia and Martin Hinds, 1986, *God's Caliph: Religious Authority in the First Centuries of Islam*, Cambridge: Cambridge University Press.

Crone, Patricia, 1987, *Roman, Provincial and Islamic Law: The Origins of the Islamic Patronate*, Cambridge et al.: Cambridge University Press.

Dutton, Yasin, 1999, *The Origins of Islamic Law: The Qur'an, the Muwaṭṭa' and Madinan ʿAmal*, Surrey: Curzon.

ドナー、フレッド・M 著、後藤明監訳、亀谷学・橋爪烈・松本隆・横内吾郎訳、2014、『イスラームの誕生――信仰者からムスリムへ』慶應義塾大学出版会。（Donner, Fred M.,

2010, *Muhammad and the Believers: At the Origins of Islam*, Cambridge: Belknap Press.)

Goldziher, Ignaz, 1884, *Die Ẓāhiriten: ihr Lehrsystem und ihre Geschichte: ein Beitrag zur Geschichte der muhammedanischen Theologie: mit einem Vorwort von Joseph Desomogyi*, Leipzig: O. Schultze. Reprinted in 1967, Hildesheim: Georg Olms Verlagsbuchhandlung.

Goldziher, Ignaz, 1890, *Muhammedanischen Studien, Zweiter Theil*, Halle a. S.: Max Niemeyer.

Hallaq, Wael B., 1984, "Was the Gate of Ijtihād Closed?," *International Journal of Middle Eastern Studies* 16: 3-41.（奥田敦訳、2003、『イジュティハードの門は閉じたのか――イスラーム法の歴史と理論』慶應義塾大学出版会、3-71。）

Hallaq, Wael B., 1993, "Was al-Shāfiʿī the Master Architect of Islamic Jurisprudence?," *International Journal of Middle East Studies*, 25: 587-605.（奥田訳、73-107。）

Hallaq, Wael B., 1994, "From Fatwas to Furūʿ: Growth and Change in Islamic Substantive Law," *Islamic Law and Society*, 1(1): 29-65.

Hallaq, Wael B., 2002―2003, "The Quest for the Origins or Doctrine? Islamic Legal Studies as Colonialist Discourse," *UCLA Journal of Islamic and Near Eastern Law*, 2(1): 1-31.

Hallaq, Wael B., 2005, *The Origins and Evolution of Islamic Law*, Cambridge: Cambridge University Press.

Heyd, Uriel, 1969, "Some Aspects of the Ottoman Fetva," *Bulletin of the School of Oriental and African Studies*, 32: 35-56.

Hodgson, Marshall G. S., 1974, *The Venture of Islam: Conscience and History in a World Civilization*, vol. 1, Chicago, London: University of Chicago Press.

堀井聡江、2001、「サイード・ブン・アッサマルカンディーの『司法の寄るべと争訟人らの護り』――ハナフィー派の学説相伝にみるヒヤル（ḥiyal > s. ḥīla）研究の新視点」『東洋学報』83(2): 59-83。

堀井聡江、2002、「マーリク派におけるヒヤルの適用――サハヌーンの『ムダッワナ』より」『オリエント』45(1): 56-74。

Horii, Satoe, 2002, "Reconsideration of Legal Devices in Islamic Jurisprudence: The Ḥanafīs and Their "Exits" (makhārij)," *Islamic Law and Society*, 9(3): 312-357.

堀井聡江、2004a、『イスラーム法通史』山川出版社。

堀井聡江、2004b、「ハンバル派によるヒヤル論――イブン・ハンバルの法学を目指して」『東洋学報』86(2): 1-28。

堀井聡江、2021、「イスラーム法学における「神の権利」と「人間の権利」の概念の再考――私法を中心に」小野仁美・細谷幸子・堀井聡江・森田豊子『中東イスラーム圏における社会的弱者の権利を考える』（SIAS Working Paper Series 33）上智大学イスラーム研究センター、1-20。

Horii, Satoe, 2023, "Ḥaqq Allāh/al-ʿAbd as Mandatory/Directory Rule in Islamic Jurisprudence: A Study of Sunnī Private Law," *Memoir of the Research Department of the Toyo Bunko*, 81: 77-97.

Hourani, George F., 1970, "Joseph Schacht, 1902-69," *Journal of the American Oriental Society*, 90(2): 163-167.

Hurgtonje, Christiaan Snouck, 1957, *Selected Works of C. Snouck Hurgronje: Edited in English and in French by G.-H. Bousquet and J. Schacht*, Leiden: E. J. Brill.

Ibn al-ʿArabī, al-Qāḍī Abū Bakr Muḥammad b. ʿAbd Allāh al-Maghribī, 1428/2007, *al-Masālik fī sharḥ Musaṭṭa' Mālik*, Muḥammad b. al-Ḥasan al-Sulaymānī and ʿĀʾisha bt. al-Ḥasan al-Sulaymānī eds., introduced by Yūsuf al-Qaraḍāwī, 7 vols., Beirut: Dār al-Gharb al-Islāmī.

Ibn al-Humām, Kamāl al-Dīn Muḥammad b. ʿAbd al-Wāḥid al-Sīwāsī al-Iskandarī, n.d., *Sharḥ fatḥ al-qadīr*, 10 vols., Beirut: Dār al-Fikr.

Ibn Nujaym, al-ʿAllāma Zayn al-ʿĀbidīn b. Ibrāhīm al-Ḥanafī, 1413/1993, *al-Bahr al-rāʾiq sharḥ Kanz al-daqāʾiq*, 6 vols., Beirut: Dār al-Maʿrifa.

Ibn Qāsim al-Gazzī, Muḥammad, 1894, *Fatḥ al-Qarīb, la Révélation de l'omniprésent, commentaire sur le précis de jurisprudence musulmane d'Abou Chodjâ' par Ibn Qâsim al-Ghazzî, texte arabe, publié et traduit par L. W. C. Van den Berg*, Leiden : E. J. Brill.

Ibn Qudāma, Muwaffaq al-Dīn Abū Muḥammad ʿAbd Allāh b. Aḥmad b. Muḥammad, 1405/1984, *al-Mughnī fī fiqh al-imām Aḥmad b. Ḥanbal al-Shaybānī*, 10 vols., Beirut: Dār al-Fikr.

Islamic Law and Society, 2009, "Yaʿkov Meron," *Islamic Law and Society*, 16: 113-114.

Jennings, Ronald C., 1978, "Kadi, Court, and Legal Procedure in 17th C. Ottoman Kayseri," *Studia Islamica*, 48: 133-172.

Johansen, Baber, 1988, *The Islamic Law on Land Tax and Rent: The Peasants' Loss of Property Right as Interpreted in the Hanafite Legal Literature of the Mamluk and Ottoman Periods*, London, New York, and Sydney: Croom Helm.

Maksidi, George, 1985, "The Guilds of Law in Medieval Legal History: An Inquiry into the Origins of the Inns of Court," *Cleveland State Law Review*, 34: 3-18.

Maksidi, George, 1993, "*Ṭabaqāt*-Biography: Law and Orthodoxy in Classical Islam," *Islamic Studies*, 32: 371-396.

Marghīnānī, Burhān al-Dīn Abū al-Ḥasan ʿAlī b. Abī Bakr al-, 1791, *The Hedàya, or Guide: A Commentary on the Mussulman Laws Translated by Order of the Governor General and Council of Bengal by Charles Hamilton*, London: Wm. H. Allen.

Masud, Muhammad Khalid, Brinkley Messick, and David S. Powers eds., 1996, *Islamic Legal Interpretation: Muftis and Their Fatwas*, Cambridge et al.: Harvard University Press.

Māwardī, Abū al-Ḥasan ʿAlī b. Muḥammad b. Ḥabīb al-Baṣrī al-Baghdādī, 1414/1994, *al-Ḥāwī al-kabīr fī fiqh madhhab al-imām al-Shāfiʿī*, ʿAlī Muḥammad Muʿawwiḍ and ʿĀdil Aḥmad ʿAbd al-Mawjūd eds., 19 vols., Beirut: Dār al-Kutub al-ʿIlmīya.

Melchert, Christopher, 1997, *The Formation of the Sunni Schools of Law, 9th-10th Centuries C. E.*, Leiden et al.: Brill.

Meron, Ya' akov, 1969, "The Development of Legal Thought in Ḥanafī Texts," *Studia Islamica*, 30: 73-118.

Motzki, Harald, 1991, *Die Anänge der islamischen Jurisprudenz*, Stuttgart: Kommissionverlag Franz Stainer. (Marion H. Katz, trans., 2002, *The Origins of Islamic Jurisprudence:*

Meccan Fiqh Before the Classical Schools, Leiden et al.: Brill.)

Nawawī, Muḥī al-Dīn Abū Zakarīyā᾽ Yaḥyā b. Sharaf b. Murī b. Ḥasan b. Ḥusayn al-, 1882—1884, *Le Guide des zélés croyant: manuel de jurisprudence musulmane selon le rite de Chāfi῾ī, texte arabe, publie par ordre du Gouvernement avec traduction et annotations par L.W.C. van den Berg*, 3 vols, Batavia : Imprimerie du Gouvernement.

Nawawī, Muḥī al-Dīn Abū Zakarīyā᾽ Yaḥyā b. Sharaf b. Murī b. Ḥasan b. Ḥusayn al-,, 1914, *Minhaj et Talibin: A Manual of Muhammadan Law According to The School of Shafii by Mahiudin Abu Zakaria Yahya b. Sharif en Nawawi: Translated into English from the French Edition of L.W.C. van den Berg by E.C. Howard W. Thacker*, London: W. Thacker & Co.

大河原知樹・堀井聡江、2014、『イスラームを知る17――イスラーム法の「変容」近代との邂逅』山川出版社。

Sachau, Karl E., 1870, "Zur ältesten Geschichte des muhammedanischen Rechts," *Sitzungsberichte der Kaiserlichen Akademie der Wissenschaften in Wien, Philosophisch-Historischen Klasse*, vol. 65, Wien: die K. K. Hof- und Staatsdrückerei, 699-723.

Sachau, Karl E., 1897, *Muhammedanisches Recht nach schafiitischer Lehre*, Stuttgart and Berlin: W. Spemann.

Salaymeh, Lena, 2016, *The Beginnings of Islamic Law: Late Antique Islamicate Legal Tradition*, Cambridge: Cambridge University Press.

Sanhūrī, ῾Abd al-Razzāq al-, 1953—1954, *Masādir al-ḥaqq fī al-fiqh al-islāmī*, Cairo: Dār al-Fikr.

Schacht, Joseph, 1950, *The Origins of Muhammadan Jurisprudence*, Oxford: Clarendon Press.

Schacht, Joseph, 1964, *An Introduction to Islamic Law*, Oxford: Clarendon Press.

Schacht, Joseph, 1926, "Die arabische *ḥijal*-Literatur; ein Beitrag zur Erforschung der islāmischen Rechtspraxis," *Der Islam*, 15: 211-232.

Ṭaḥāwī, Aḥmad b. Muḥammad al-, 1927, *Das Kitāb adkār al-ḥuqūq war-ruhūn aus dem al-Ǧāmi῾ al-kabīr fiš-šurūṭ des Abū Ǧa῾far Aḥmad b. Muḥammad aṭ-Ṭaḥāwī*, Joseph Schacht ed., Sitzungsberichte der Heidelberger Akademie der Wissenschaften, Philosophisch-Historische Klasse, vol. 17, 1926/27(4), Heidelberg: C. Winter.

Tyan, Émile, 1945, "Le notariat et le régime de la preuve par écrit dans la pratoque du droit musulman," *Annales d l'Étude Française de Droit de Beyrouth*, II: 3-99.

Tyan, Émile, 1960, *Histoire de l'organisation judiciaire en pays d'Islam*, 2nd ed., Leiden: E. J. Brill.

Udovitch, Abraham L., 1967, "Labor Partnerships in Early Islamic Law and Its Technical Terms," *Journal of the Economic and Social History of the Orient*, 10: 64-80.

Wakin, Jeanette A., 1972, *The Function of Documents in Islamic Law: The Chapters on Sales from Ṭaḥāwī's Kitāb al-Shurūṭ al-Kabīr: Edited with an Introduction and Notes by Jeanette A. Wakin*, State University of New York Press.

Wood, Leonard, 2016, *Islamic Legal Revival: Reception of European Law and Transforma-*

tions in Islamic Legal Thought in Egypt, 1875–1952, Oxford: Oxford University Press.
柳橋博之、1998、『イスラーム財産法の成立と変容』創文社。
柳橋博之、2001、『イスラーム家族法――婚姻・親子・親族』創文社。
Yanagihashi, Hiroyuki, 2004, *A History of the Early Islamic Law of Property*, Leiden et al.: Brill.
柳橋博之、2012、『イスラーム財産法』東京大学出版会。
Yanagihashi, Hiroyuki, 2019, *Studies in Legal Hadith*, Leiden et al.: Brill.
Yanagihashi, Hiroyuki, 2023, *Reconstructing the Variant Generation Process of Hadith*, Sheffield: Equinox.

第2章
イスラーム法学研究

2-1．ハナフィー派

早矢仕悠太

1．ハナフィー派学祖と法的推論

ハナフィー派の学祖の1人として、名祖アブー・ハニーファ（80/699年頃—150/767年）は、クーファの法学者にして伝承家ハンマード・ブン・アビー・スライマーン（Ḥammād b. Abī Sulaymān, 120/737-8年没）のサークル（ḥalqa）[1]を継いで、多くの学徒を惹きつけた。しかし彼個人に帰される法学著作は現存しないため、彼の法判断や学説は、彼の直弟子のうちアブー・ユースフ（113/731—182/798年）とシャイバーニー（132/750—187-9/803-5年）の著作など後世の資料から知るしかない（Yanagihashi 2013: 11-13）。

ハナフィー派法学は、他法学派と比較して、しばしば理性的な推論を重用する傾向があると言われる。このことの理由ないし意味を説明するために、アブー・ハニーファの議論の3つの傾向に触れておこう。第1は、同時代クーファの法学権威であったイブン・アビー・ライラー（Ibn Abī Laylā, 148/765年没）との間の学説対立に見られるような、アブー・ハニーファの学説を構成する論争的な性質である（Shāfiʿī 1422/2001: 8:217-390）。第2に、やはりイブン・アビー・ライラーと比較して、推論を根拠づけるために、アブー・ハニーファは預言者のみならず教友の伝承をも収集し、それらにもとづいて学説を構築する傾向がみられる（Shāfiʿī 1422/2001: 8:218）。彼

1）原義は「輪、車座」。学問を伝授する師とその弟子によって構成される。多くの場合モスクや師の私宅がサークルにおける教授の場となった。

の伝えるこの伝承群は、後述する2人の弟子によって『伝承の書』（Abū Yūsuf n.d.; Shaybānī 1429/2008）に収録された。第3は、イスティフサーン（istiḥsān.「好ましいとみなす」を意味する動詞 istaḥsana の動名詞形）やヒヤル（ḥiyal）にみられる功利主義的傾向である。クルアーンやハディースにもとづく厳格な推論は、必ずしも当事者間の利益に資さないことがあった。そうした帰結を回避するために、アブー・ハニーファは、しばしばイスティフサーンにもとづく解決を採った。すなわち、推論から得られる解決に代えて、当事者の利益になると思われる解決を「私は好ましいものとする（astaḥsinu）」として採用した（Shaybānī 1433/2012: 5:528）。一方ヒヤルは、「当事者にとって必要であるが、行えば法違反になる行為に代えて、それと同じ法的効果を、外観上は合法的に達成する」潜脱手段と定義され（堀井 1995: 184–185）、ハナフィー派法学を特徴づける解釈手法として受け継がれた（Horii 2002: 331）。またアブー・ハニーファは、クーファにおいて法学者であるよりも、ムフティーであると認識されていたことが伝えられている（Makkī 1321/1903: 2:94）。このことは彼が法理論の整合性以上に、現実社会の利益を増進・調整する役割を法判断に期待していたことを示唆する。以上の特徴のうち第2、3点は、アブー・ユースフとシャイバーニーにも共通する。

11世紀ごろまで、他の法学派や伝承家はハナフィー派を批判したが、その理由は2つある。第1に、既述の通り、アブー・ハニーファは推論のために伝承を収集していたが、そこでは預言者の言行だけでなく、特にクーファで活動した教友や後継世代の学説にも権威を認めていたためである。第2に、イスティフサーンやヒヤルの援用が、人間の都合に合わせて法を解釈したと見られたためである。これらの理由により、ハナフィー派は、理性に頼って恣意的な推論を行う「個人的見解の徒（ahl al-ra'y）」として、啓示的法源に絶対的な権威を認め、そこから導かれる結論に忠実であろうとする論者から厳しい糾弾を受けた（Shāfiʻī 1422/2001: 9:57–84）。ハナフィー派が理性的推論を重視するという評価はここに由来する。

アブー・ハニーファ以降、学祖にも数えられる2人の直弟子の事績に移ろう。アブー・ユースフは、『アブー・ハニーファとイブン・アビー・ライラーの学説相違』（Abū Yūsuf 1357/[1938-9]）で師の学説を、『伝承の書』（既述のようにシャイバーニーも同名の伝承集を編纂した）では師が収集した伝承を伝えた。しかし、アブー・ユースフとシャイバーニーの学説は多くの点で師と異なることが多く、後世のハナフィー派法学において権威学説が並列される余地を残した（たとえば、Samarqandī 1426/2005）。アブー・ユースフはクーファの他、バスラやメディナを遍歴し、法学の修養やハディースの収集に努めた。また彼は、ハナフィー派法学とアッバース朝間の政治的協働関係の嚆矢として、カリフ、ハールーン・ラシード（Hārūn al-Rashīd, 在位170/786—193/809年）によって大カーディー（カリフの法学顧問であり他カーディーの任免権をもつ）に任じられ、彼に『地租の書』（Abū Yūsuf 1399/1979）を献ずることで同朝の統治を理論的に支えた（Calder 1993: 105-106）。

シャイバーニーもアブー・ハニーファの直弟子の１人であるが、彼に直接師事したのは２年ほどで、その後はアブー・ユースフやマーリク・ブン・アナス（179/795年没）のもとで修養した。シャイバーニーは、後者からメディナ由来のハディースや学説を伝授され、それらは『ムワッター（踏みならされた道）』（Mālik n.d.）として編纂された。一方で彼の法学著作は、アブー・ハニーファからアブー・ユースフを介して彼に至る初期の学説を整理し、ハナフィー派法学の基礎を築いた。とりわけ、実定法規に関する『アスル（基本書）』（『マブスート（敷衍）』とも呼ばれる。Shaybānī 1433/2012）と『大集成』（Shaybānī 1356/1937-8）、『小集成』（Shaybānī 1411/1990）や、『大集成』のあとに個別の法規定について詳説した『補論（*al-Ziyādāt*）』、異教徒関係など渉外法規に関する『大スィヤル（*al-Siyar al-kabīr*）』と『小スィヤル（*al-Siyar al-ṣaghīr*）』の６つの著作ないしそこに収録された学説は、「正伝（zāhir al-riwāya）」として後世のハナフィー派法学者にとっての権威学説を形成した（Hallaq 2001: 47-48）。なかでも、両集成は12世紀までのイラクや中央アジアの同派法学者による数多くの注釈の対象となり、３人の学祖の学説の権威が確立した（Melchert 1997: 60-67）。またシャイバーニーには、ヒヤルに関する専論『ヒヤルに関する出口』（Shaybānī 1968）が帰されている。

2．「ハナフィー派」の形成

「ハナフィー派」集団の形成には、半ハナフィー派（semi-Ḥanafīs）による法学説の流布が一役買っている。半ハナフィー派とは、同派の人物伝において立項されながら（Ṣaymarī 1405/1985; Qurashī 1413/1993）、他法学派や伝承家からは伝承家として認識されている法学者を指す。彼らが伝承家として活動する一方でハナフィー派学説を各地にもたらした結果、イラクを中心とした各地域にハナフィー派学説に追従する集団が形成された（Tsafrir 2004: 34-38）。同時に同派法学集団の拡大は、アブー・ユースフに遡るアッバース朝との協働関係と深くむすびついている。中央集権を目指すアッバース朝は、支配領域に統一的な法体系を適用することを望んだ。イラクを中心に拡大していたハナフィー派集団は、各地域に固有の法伝統から脱却しようとするアッバース朝の要求に応えるかたちで、同朝カーディーとして各地に任官・派遣された（Tsafrir 2004: 116-119）。

一方でハナフィー派法学は、既述のクルアーンやハディースに依拠しない方法論を神の法の恣意的運用とする伝承家や他法学派からの批判を契機として、法学派としての正統性を整備していった。その１つが、アブー・ハニーファに関する讃（manāqib）[2)]著作（Ibn Abī al-ʿAwwām 1431/2010; Ḥārithī 1441/2020）による彼とその教説の宣伝活動である。同著作群では、アブー・ハニーファの学識を伝える逸話や、勤行や禁欲をはじめとする徳目を含む伝承を通して、その学統を預言者に遡る正統なイスラーム法学の系譜のなかに位置づけることが試みられた（柳橋 2009: 386-387）。また讃編纂には、ハディース学の知見が動員され、同法学派の伝承家との協調姿勢が示唆される（柳橋 2009: 402-404）。もう１つは、イスティフサーンをはじめとした法的推論の整備である。讃編纂にみられるように、10世紀になるとハナフィー派法学は、自派法学説が啓示的法源に由来することを示す必要に迫られた。そのためイスティフサーンも、法源論の整備と並行して、その主観的な法判断の性質を排除した客観的論拠を備えた法的推論へと発展した

2）教友や法学派の学祖をはじめとする偉人の徳や偉業に関する伝承を編纂した著作群。

(Jaṣṣāṣ 1414/1994: 4: 238, 248)。

法学派としての認識とともに、10世紀までにハナフィー派法学は、学祖学説を権威とするための法理論を整備し、彼らの間の学説の対立や欠缺に対しては、法規定の導出（takhrīj）を行った。それを特徴づけるのが、学祖学説に対する注釈伝統の確立と、彼らに帰せられる学説の序列化である。

学祖学説への注釈は、アブー・ハーズィム（Abū Khāzim ʿAbd al-Ḥamīd b. ʿAbd al-ʿAzīz, 292/905年没）によるシャイバーニーの『大集成』注釈に始まり、主に10世紀末までのバグダードのハナフィー派学統に引き継がれていった（Melchert 1997: 60-65）。なかでも、彼の弟子タハーウィー（321/933年没）による『法学提要』（Ṭaḥāwī 1370/1951）は、学祖学説を提示した上で、その間に対立があるときは採用すべき学説を示し、時として自ら法規定を導出した。またタハーウィーの『クルアーンの法規定』（Ṭaḥāwī 1416/1995―1418/1998）と『伝承注解』（Ṭaḥāwī 1414/1994）や、ジャッサース（305/917―370/981年）による『タハーウィー提要注釈』（Jaṣṣāṣ 1431/2010）は、学派初期の学説の根拠をハディースに求めることで、ハナフィー派学説が他法学派の学説よりも正しいことを論証することを試みた（Wheeler 1996: 100-112; Shamsy 2013: 205-207）。ジャッサースは、バグダードの学頭カルヒー（Abū al-Ḥasan al-Karkhī, 340/952年没）に師事する一方で、シャーフィイー派やハンバル派法学者のもとでハディースを法源とする学説を学び、ハナフィー派の法源論に大きく貢献した。彼の『法源論における諸問題』（Jaṣṣāṣ 1414/1994）や『クルアーンの法規定』（Jaṣṣāṣ 1412/1992）は、シャーフィイー以来の現存する最初の本格的な法源論著作として、後世のハナフィー派法学に対して法源論の基礎を提供した（Bedir 2013: 153-156）。

10世紀は、中央アジアにおいてもバルフを中心に、ハナフィー派法学に対して独自の貢献を行った法学者が現れる時期でもある（Kaya 2005: 26-28; Melchert 2015: 13-21）。アブー・ライス・サマルカンディー（373または393/983または1003年没）は『諸問答の泉』（Samarqandī 1419/1998）やファトワー集[3]（Samarqandī 1425/2004）において、従来のハナフィー派学説を整理した。彼は後者の序文において、『諸問答の泉』には『アスル』と両集成、『補論』にはないアブー・ハニーファの直弟子（ハナフィー派の資料中では

「al-aṣḥāb」と記されることが多い）の学説を収録し、一方で本書にはそれに加えて、後世の法学者らのファトワーを収録することを述べている（Mangera 2013: 111-112）。「正伝」中の学説、「異伝学説（nawādir）」、すなわち「正伝」にない学祖らの学説、それ以降の法学者の学説という三層構造は、学祖学説として伝わる学説群の間で対立するそれらの真正性や法体系との整合性を検証する優劣判断（tarjīḥ）の基底となった（Younas 2021: 13-14）。

3．中央アジアにおける法学派拠点の形成：学説整理と選択

（1）法規定の導出から優劣判断へ

11世紀のハナフィー派法学テクストは、学祖間に見解の対立が見られる案件についてそれらの見解の間で優劣判断を行い、その結果を通説として記述した。バグダードの学頭クドゥーリー（362/972—428/1037年）は、その優劣判断の定式化の先鞭をつけた。たとえば彼による『カルヒー提要注釈（*Sharḥ Mukhtaṣar al-Karkhī*）』では、「正伝によれば（fī ẓāhir al-riwāya）」という表現で権威学説が記述される（Younas 2021: 21-24）。彼の『提要』（Qudūrī 1418/1997）になると、「正伝」への言及を省略し、優劣判断の結果としてハナフィー派初期学説のうち通説とされるべき学説を簡潔に示している。その学説選択に関する理論は、以降の同派法学、特に中央アジアでの教育の基礎を提供した（Azem 2017: 65-66）。

時を経ずしてブハラにおいても、優劣判断にもとづくテクストが編まれるようになり、以後ハナフィー派法学の中心地として多くの高名な法学者が輩出された。ダブースィー（430/1038年没）は、ハナフィー派内外の学説相違に関して、タハーウィーとジャッサース、クドゥーリーの議論を下地に『堅牢なる視座』（Dabūsī n.d.）や『法源論のための秘示と漸進』（Dabūsī 1321/2001）を著した。彼は学説相違の原因を特定することで、他法学派に対しては自法学派の方法論の正統性を裏付けた。一方、法学派内部に対して

3）ハナフィー派法学においてファトワー集は、具体的な質疑に対するムフティーの回答を編纂したものではなく、それまでの法規定について、やや細部に踏み込んだ法解釈を列挙した体裁をとる。

は、学祖学説間の対立の原因となる特殊事情を特定することで、通説となる学説の優劣判断の議論に寄与した（Wheeler 1996: 132–150）。

11世紀後半、サラフスィー（483/1090年没）は「正伝」収録の学説を基準とした優劣判断の傾向を強くした。彼はハルワーニー（ʿAbd al-ʿAzīz al-Halwānī, 448/1056–7年没）のもとで法学の修練を積み、『マブスート』（Sarakhsī 2001）、『大スィヤル注釈』（Sarakhsī 1417/1997）、『法源論』（Sarakhsī 1372/1973）を残している。とりわけ『アスル』の注釈と謳いながら、事実上独立した体系を備える『マブスート』において、サラフスィーは中央アジアのハナフィー派や他法学派の学説に触れながら、ある学説を「正伝」と「異伝」に由来するものとに分類して優劣判断する方法を定着させた。このブハラの学統がハナフィー派法学説の優劣判断の伝統に与えた影響力は大きく、以下で挙げる13世紀半ばまでのブハラとサマルカンドといった中央アジアの著名なハナフィー派法学者の法学知識は、ハルワーニーとサラフスィーに由来する。

（2）優劣判断にもとづく「正伝」学説の編纂と法源論の発展

ブハラでは、「正伝」を含めさまざまなテクストから伝わる実定法学説の収集が行われ、それらを総合した著作が現存している。イブン・マーザ（616/1219年没）による『ムヒート（網羅集）』（Ibn Māza 1424/2004）は、同時代におけるハナフィー派法学説集成の結晶である。同書は「正伝」と「異伝」、後世のハナフィー派法学者によるファトワーというハナフィー派法学説の序列化された権威を整理した。その記述からは、彼以前の中央アジアのハナフィー派法学者らによる優劣判断の結果を看取できる。

カーディー・ハーン（592/1196年没）によるファトワー集（『ハーニーヤ』とも呼ばれる。Qāḍīkhān 2009）は、「正伝」や「異伝」に言及して優劣判断を経た学説を記述するが、学祖学説に対立があるときは、「これが選好されるべき（学説）である（huwa al-mukhtār）」、「これにもとづいてファトワーが発出される（ʿalay-hi al-fatwā）」という文言で以て、自らの学説選択を加えている。彼の選択は、時として学説相伝の過程を検証（tarjīḥ al-riwāya）することもある。学祖学説がどの高名な法学者によって伝えられたか、また彼らの間でその学説対立はどのように評価されていたのかを考慮した点に、彼の学説選択の特色が認められる（Wheeler 1996: 107-109）。一方で彼の学説選択は後述のように、権威学説が確定した後、異なる時代地域におけるその学説の妥当性や射程を議論する学説評定（taṣḥīḥ）の段階にあるとも評価される。『ハーニーヤ』は、ムガル朝君主アウラングゼーブ（Aurangzēb, 在位1068/1658—1118/1707年）による王朝統治のための『世界征服者のファトワー集』（『ヒンディーヤ』とも呼ばれる。Shaykh Niẓām 1421/2000）編纂にも影響を与えた。

ブハラの法学者らが実定法分野において、「正伝」を軸とする学説権威の確立に貢献したとすれば、サマルカンドの法学者らは法源論の分野で多大な業績を挙げた。アブー・ハサン・バズダウィー（400/1009-10—482/1089年）はサラフスィーに師事し、『法源論の知悉に至る至宝』（『バズダウィーの法源論』とも呼ばれる。Bazdawī n.d.）を上梓した。同書は以降の法源論議論の前提として人口に膾炙し、現代でも中央アジアを中心にハナフィー派法源論のテクストとして用いられている。本書に対する注釈としては、スィグナーキー（710/13105年頃没）の『バズダウィー注釈十全』（Sighnāqī 1422/2001）やアブドゥルアズィーズ・ブハーリー（730/1329年没）の『秘事の開示』（Bukhārī 1308/1890）が有名である。さらに、アブー・ハサンの弟アブー・ユスル・バズダウィー（421/1030—493/1100年）をはじめとして、11世紀後半以降のサマルカンドのハナフィー派法学者は、マートゥリーディー派の神学議論の影響を受けながら法源論を深化させた（Bedir 1999: 10-14; Zysow 2013; Hanif 2017: 32-35）。彼は『聖法上の論拠に関する知悉』にて、法学とは事例の集積でも、法源における知識でもなく、法源から規定を導出するための知的営為の所産であるとして、神の真意は理性によって到達可能であるというマートゥリーディー神学の影響を示唆する法学観を示した（Bazdawī 1420/2000: 23-30）。

ハナフィー派法学とマートゥリーディー派神学の接近は、アブー・ユスル・バズダウィーの弟子アラーッディーン・サマルカンディー（539/1144年没）によってさらに進行した。彼は『理性の到達点における法源論の天秤』において、啓示的法源に則った法規定やそのための推論を、アブー・マンスール・マートゥリーディー（260/873年以前—333/944年）の法源論を１つの範として理論化しようとした（Samarqandī 1404/1984: 3）。同時代に彼同様に法学問題の神学化に資した法学者として、ナジュムッディーン・ナサフィー（461/1067—537/1142年）も挙げることができる。彼はイスラーム世界内外でマートゥリーディー神学者としての評価が高いが、それ以上にカルヒーの法源論への注釈『法源論の支柱への注釈』（Nasafī 1439/2018）や、初期ハナフィー派法学者の間や法学派間の学説相違に関する『学説相違に関する道歌（*al-Manẓūma fī al-khilāfīyāt*）』（以下、『道歌』と略記）などの法学著作も残している。彼の法学議論では、サマルカンドの学説の他、ムゥタズィラ派、アシュアリー派、ハディースの徒等の学説が援用され、議論の俎上に挙げられた（Correa 2019: 121-122）。

もちろん、12世紀のサマルカンドにおいて法学議論がすべて神学の観点から再構築されたわけではない。なかでも実定法議論は、10世紀以来同地で争われていたシャーフィイー派法学との支持者獲得競争の影響を受けていたと見ることができる。サマルカンディーによる『法学者らの贈物』（Samarqandī 1405/1984）は、シャーフィイー派法学説との比較を通して、イスティフサーンやヒヤルといった理性的推論に対して、シャーフィイー派法学の理論に匹敵する論拠を提供した。

（3）２人の優劣判断の完成者

12世紀には、カーサーニー（587/1191年没）とマルギーナーニー（511/1117—593/1197年）が、従前の優劣判断の成果の上にハナフィー派法学史上極めて重要な法学書を上梓する。しかし、両者のハナフィー派法学史における影響は対照的である。

カーサーニーの評価は、唯一残された『諸聖法の整理に関する技芸の驚嘆』（Kāsānī 1424/2003）の評価に尽きる。同書は、師サマルカンディー『法学者の贈物』への注釈と銘打っているが、逐語的な注釈形式を離れた実質上独立した著作である（Brodersen 2008; Hanif 2021）。彼の学説整理は、各法行為についてその定義・要件・効果から始まり、詳細な事例と学説の対立が記述される形式は、クドゥーリーの『提要』に並ぶ整然さと彼に至る優劣判断の成果を含んでいる。また同書の議論は、権威学説の形成から確立に至る過程という観点からは、ハナフィー派法学の理論的完成段階にあった。しかし、『技芸の驚嘆』の注釈が編まれること、また彼の学説が後世の法学書の中で言及されることはほとんどなかった。

一方でマルギーナーニーは、12世紀までのブハラやサマルカンドの学統の結集点にある。このことは、13世紀以降のハナフィー派法学における注釈対象が、両集成や『提要』から、彼の『ビダーヤ（入門）』（Marghīnānī 1473/2016）に移ったことからも示唆される（Hanif 2017: 139-142）。マルギーナーニーは同書を通して、ハナフィー派法学における法学議論の要諦である『提要』への注釈伝統を受け継ぎながら、シャイバーニーの『小集成』での議論に再び依拠して学説の精査を図った（Hanif 2017: 145-146）。マルギーナーニーによるハナフィー派法学の権威学説の確立は、自らによる注釈『ヒダーヤ（導き）』（Marghīnānī 1433/2012）に結実する。彼は学説対立がみられる問題に対して、関連事例の間から通則を抽出し、それにもとづいて対立する各学説が依拠する原理原則を検証することで依拠すべき学説を選別した（Hanif 2017: 245-246）。

４．権威学説を評価する

13世紀以降のハナフィー派法学は、同世紀までに蓄積された優劣判断にもとづく学説選択に対して、新たな法学著作を通して権威を付与する一方で、その権威学説の時代・地域における通用性を検討・評定し、必要であれば優劣判断のうちで対立する学説を採用した（Azem 2016: 9, 16-17）。この学説評定の段階は、マルギーナーニーやクドゥーリーの実定法テクストへの注釈と、カーディー・ハーンのようにファトワー集の形式を通して検討が行われる２つに大別することができる（Azem 2016: 77-84）。

マルギーナーニーへの注釈のなかでも、ブハラのブルハーヌッシャリーア・マフブービー（673/1274-5年没）による『ウィカーヤ（*Wiqāyat al-riwāya fī masā'il al-Hidāya*, ヒダーヤの諸問題をめぐる相伝の防禦）』が、次世紀以降の注釈議論の基礎となった。彼の孫ウバイドゥッラー・マフブービー

（747/1346-7年没）も『ウィカーヤ注釈』と要諦『ヌカーヤ（選集）』を執筆して（Maḥbūbī 1441/2020）、マルギーナーニーに対する学説評定を受け継いでいる。14世紀になると『ヒダーヤ』への注釈における議論も成熟期を迎えた。なかでもバーバルティー（714/1314—786/1384年）の『イナーヤ（訓告）』（Bābartī 1428/2007）は、マルギーナーニーから彼の時代に至るまでの法学議論を反映させ、かつ他法学派の学説も紹介しながらハナフィー派法学説を総覧する点で、同時代の最重要テクストと目される。

他方で同世紀には、『ヒダーヤ』から派生し、後世の法学者によって頻繁に参照される独立した法学テクストも生まれた。ハーフィズッディーン・ナサフィー（710/1310年没）は、『ヒダーヤ』を下敷きに『十全（*al-Wāfī*）』とその梗概『嚙砕の至宝』（Nasafī 1432/2011）を上梓した。後書は、『ヒダーヤ』の議論を簡潔に追うことを可能にした点で多くの法学者の利用に供され、マムルーク朝期以降のエジプトやシリアにおいて数多くの注釈が施された。なかでもイブン・ヌジャイム（926/1520—970/1563年）の『清明なる海』（Ibn Nujaym and Ibn ʿĀbidīn 1418/1997）は、原テクストとあわせて重用された。ナサフィーは法源論に関しても著作を残している。彼の『マナール（法源論の灯台）』（Nasafī 1436/2016）と自らによる注釈『秘奥の開示』（Nasafī n.d.）は、15世紀後半から16世紀にかけて、ハナフィー派の拠点がエジプトやシリアに移動する時期に同地域でアブー・ハサン・バズダウィー以上の影響力を与えた。

また、13世紀の学説評定は『ヒダーヤ』の収録学説のみならず、従前の学説相違の議論についても行われた。イブン・サーアーティー（694/1294-5年没）の『両海集成と日月の交わり』（Ibn al-Sāʿātī 1426/2005）は、『道歌』と『提要』で論じられた学説相違に関して、その相違の原因を分析し、それぞれの学説の射程を示した。

15世紀は学説評定が総括される時期に位置づけられ、この動きはイブン・フマーム（790/1388—861/1457年）の『ヒダーヤ』への注釈『全能なる者による開扉』（Ibn Ḥumām 1424/2003）に端を発する。これに対して、弟子のカースィム・ブン・クトゥルーブガー（802/1399—879/1474年）は、『提要』への注釈『学説評定と優劣判断』（Qāsim b. Quṭlūbughā 1423/2002）において、師の優劣判断を評価しながら、同時代における従前の権威学説の正当性を検討して、それを修正する契機となる特殊事情を分析した（Azem 2016: 144-147）。

ファトワー集はカーディー・ハーン以降、ファトワー発出の際に考慮すべき学説の優劣判断や評定を体系化することに貢献した（Hallaq 1994: 39-44）。その議論の礎を提供したのは、マウスィリー（599/1203—683/1284年）の『ムフタール（ファトワーのための選集）』（Mawṣilī 1433/2012）と『ムフタール解釈のための選抜き』（Mawṣilī n.d.）である。彼の著作は、イブン・バッザーズ（827/1424年没）のファトワー集（『バッザーズィーヤ』とも呼ばれる。Ibn al-Bazzāz 2009）と並び、後述の後期ハナフィー派法学（late Ḥanafīs）の四大テクスト（al-mutūn al-arbaʿa）の一角を占めた（Laknawī 1418/1998: 23）。

5．オスマン帝国法制と後期ハナフィー派

（1）ハナフィー派法学の国家機構化

16世紀のハナフィー派法学は、オスマン帝国の官僚・司法制度の庇護のもと、同帝国の国家機構として従来の法学伝統からの転換を迫られた（Burak 2015: 135-159）。それは、従前のイスラーム法学において分離していた法学と政治（siyāsa）の関係を修正し、国家による立法をイスラーム法学の枠組みの中で正当化するイデオロギーへの転換でもあった。オスマン帝国以前、法学と政治は、アッバース朝におけるカーディーへの任官のように、統治者が法学者を司法や行政機関に任命し、統治の運営の一部を委任する関係があったが、一般には両者が距離を置く傾向が多くの時代と地域でみられた。法学者は適用される法規定について、イスラーム法学の伝統を固持し、現実の社会や政治への対応に消極的であった。一方で統治者も、行政事件や刑事事件を審理するマザーリム法廷（maẓālim）を自ら主宰した。そこで適用される法は、イスラーム法学にあまり従うことなく、カズイスティークな統治者の裁量に委ねられていた（Rapoport 2012: 75）。

イスラーム法学と統治の関係をめぐるイデオロギーの転換は、13世紀以

降の学統に連なると自認するオスマン帝国の後期ハナフィー派法学者（muta'akhkhirūn）によって成し遂げられた（Ayoub 2020: 9-11）。彼らにとって法学における関心は、「正統な」学説を適用することで現実のシャリーア上の問題を解決することではなく、現実にある統治者やその行為にシャリーアから正統性を与えていくことであった。その意味で13世紀以降の学説評定の議論は、同法学派における権威学説を保ったまま、柔軟な学説適用により統治者の施策に正統性を与えるための論拠を提供した。その主だったテクストは、マフブービー『ウィカーヤ』とマウスィリー『ムフタール』、イブン・サーアーティー『両海集成と日月の交わり』、ナサフィー『嚙砕の至宝』の４つに絞られる（Ayyoub 2020: 12）。さらに、これらの権威学説を集約したハラビー（956/1549年没）の『諸河川の交差路』（Shaykh Zāda et al. 1419/1998）は、ハナフィー法学史上重要であるだけでなく、オスマン官僚実務においても権威あるテクストとして参照された。

後期ハナフィー派法学は、イブン・ヌジャイムによって完成したと評されるが（Farrūkh 1408/1988: 77）、彼は同時に、君主による統治行為をイスラーム法体系の中に組み込もうとした嚆矢でもある。彼の業績は主として、２点に集約される。その第１は、『清明なる海』に求められる。イブン・アービディーン（1198/1784—1252/1836年）の『創造者の恩賜』（Ibn Nujaym and Ibn ʿĀbidīn 1418/1997）をはじめとして、多くのオスマン帝国期の法学者によって注釈が書かれた同書では、中央アジアからエジプトに至るまで、前述の４大テクストなどさまざまな時代の学説が収録され、その過程で同時代の法判断に対して事情変更や公益衡量しながら学説の射程が検討された。統治行為に関する学説変更も権威学説への評定の産物であり、統治者による処分行為を法学議論でみられる後見人関係をはじめとした法行為に擬えることで、伝統的な法学説から現実の統治行為の正当性を説明しようと試みられた（Ibn Nujaym and Ibn ʿĀbidīn 1418/1997: 5:114-115）。

彼に対する第２の評価は、『相等と相似』（Ibn Nujaym 1419/1999）を通して、法格言（qawāʿid fiqhīya）による法判断を広く定着させたことにある。学説評定の段階において、通則として抽出された法格言は、法適用の手続きを容易にしただけでなく、様々な原則が一般化された言辞で表現されることにより、個々の状況に対してどの原則が適用されるべきか、その解釈を容易にした。その点で『相等と相似』は、幾つかの事例を並べてそこから法原則を抽出し、それを法格言の形で要約し、それらの法格言がすべての法分野を網羅している。この法格言伝統は、オスマン近代民法典メジェッレ（Mecelle）冒頭の総則の条文化に影響を与えた。

イブン・ヌジャイムが現実の統治行為をイスラーム法の体系から理論化しようとしたのに対して、彼以降の法学者は統治者による立法（qānūn）をイスラーム法におけるムフティーやカーディーによる法判断の根拠として秩序立てる方向へとシフトした。この議論の先鞭を付けたエビュッスウード（Ebüʾssuʿûd Efendi, 898/1493—982/1574年）がスレイマン１世（Kanûnî Sultan Süleyman, 在位926/1520—974/1566年）に献じた『建議（*Maʿrūẓāt*）』では、勅令をはじめとしたカーヌーンが法判断に対して拘束力を有することが強調された（Ayoub 2020: 66）。同様に17世紀には、ハスカフィー（1025/1616—1088/1677年）が『精妙な真珠』において、自らの後期ハナフィー派法学の議論に関心を払いながら、妥当な学説を採用する際に考慮すべき根拠として、『建議』に収録されている学説や彼の時代に発出されていた統治者による立法を参照した（Ḥaṣkafī 1423/2002: 75）。

（2）後期ハナフィー派法学と慣習論

19世紀は、個々の規定には学説の伝統を採用しながら、西洋近代の影響下で法典編纂という体裁を整えた結果、イスラーム法の体系自体が変わっていった時代である。この流れは、1877年施行のオスマン民法典メジェッレによって一応の完成をみる。イスラーム法学では伝統的に、幾つかある権威学説のうち、どれを選択するかは個々の法学者（すくなくともムジュタヒド）に委ねられていたが、法典による成文法化に際し、ある解釈だけを条文として未来に向かって１つに定めること、また複数の学説のうち１つだけ選ぶ際の原則を確立することが必要となった。イブン・アービディーンは、同時代の慣習を考慮することをもってその原則とし、イスラーム法の変容の指針となる方法論を示した（堀井 2004: 159-160）。

彼はハラビーら後期ハナフィー派著作を通して法学を学んだが、彼自身は同法学派の権威学説に拘泥しない多数の著作を残している。中でもハスカフィーの『精妙な真珠』への注釈『迷える者に対する返答』（Ibn ʿĀbidīn 1423/2003）は、「正伝」として伝わるシャイバーニーから18世紀の法学者に至るまでのハナフィー派法学説に言及しながら、同派法学史上の解釈活動を見直すテクストとして、現代の研究においても意義を有している（Ayoub 2020: 98–99）。彼の慣習論については、同書がエジプトやシリア、アナトリアを対象としている一方、『諸論攷集』として編纂された彼の論攷のうち「慣習による法規範確立における芳香の放散」が、法源としての慣習に関する理論的な専論である（Ibn ʿĀbidīn n.d.: 2:114–147）。

彼の慣習を根拠とする学説変更は、イスラーム法が同時代の要請に対応した柔軟な解釈を採る道を示したが、その代償としてハナフィー派法学における権威や法源論における体系が共有されなくなったと指摘される（Hallaq 2009: 447–448）。一方でこうした法の断絶に対して、彼を後期ハナフィー派法学者として、権威学説を意識しながらも、その射程の分析・評定や統治者立法を正当化する観点から、現実に堪えうる学説変更の手法を整備した後期ハナフィー派法学の到達点とする評価もある（Ayoub 2020: 107）。事実、後期ハナフィー派における慣習の立場について、イブン・アービディーンに先立ってイブン・ヌジャイムは啓示的法源と並んで慣習を考慮すべきだとして、慣習にもとづく「正伝」の学説修正の有効性を主張していた（Ibn Nujaym and Ibn ʿĀbidīn 1418/1997: 3:188, 4:47）。イブン・アービディーンが推論による帰結に反する慣習の適用を有効として、慣習に法源としての地位を認めたと評価されるのも、イブン・ヌジャイムに始まるオスマン帝国後期ハナフィー派法学による学説評定の影響が大きい。とはいえイブン・アービディーンは、自らの法理論がアブー・ハニーファに遡る学統の一部として位置づけられるよう、注意を払っていた。そうした態度は、「もしアブー・ハニーファがここにいれば」という学説変更の正当性を学祖に仮託した彼の常套句にも象徴される（Ayoub 2020: 95–96; Ibn ʿĀbidīn n.d.: 1:44）。彼の慣習論は、後期ハナフィー派の学説評定と統治者立法の理論化を引き継ぎながら、メジェッレの編纂に向けた学説変更や取捨選択に対する柔軟な姿勢を形成する一助となった。

6．文献目録

Abū Yūsuf Yaʿqūb b. Ibrāhīm al-Anṣārī, 1357/[1938-9], *Ikhtilāf Abī Ḥanīfa wa-Ibn Abī Laylā*, Abū al-Wafāʾ al-Afghānī ed., Hyderabad: Lajanat Iḥyāʾ al-Maʿārif al-Nuʿmānīya.

Abū Yūsuf Yaʿqūb b. Ibrāhīm, 1399/1979, *Kitāb al-kharāj*, Beirut: Dār al-Maʿrifa.（A. Ben Shemesh, trans., with introduction and notes, 1969, *Abū Yūsuf's Kitāb al-kharāj*, Leiden: Brill and London: Luzac.）

Abū Yūsuf Yaʿqūb b. Ibrāhīm al-Anṣārī, n.d., *Kitāb al-āthār*, Abū al-Wafāʾ [al-Afghānī] ed., Beirut: Dār al-Kutub al-ʿIlmīya.

Ayoub, Samy A., 2020, *Law, Empire, and the Sultan: Ottoman Imperial Authority and Late Hanafi Jurisprudence*, New York: Oxford University Press.

Azem, Talal, 2017, *Rule-Formulation and Binding Precedent in the Madhhab-Law Tradition: Ibn Quṭlubughā's Commentary on the Compendium of Qudūrī*, Leiden: Brill.

Bābartī, Akmal al-Dīn Muḥammad al-, 1428/2007, *al-ʿInāya sharḥ al-Hidāya*, ʿAmr b. Maḥrūs ed., 6 vols., Beirut: Dār al-Kutub al-ʿIlmīya.

Bazdawī, Abū al-Yusr al-, 1420/2000, *Maʿrifat al-ḥujāj al-sharʿīya*, ʿAbd al-Qādir b. Yāsīn b. Nāṣir al-Khaṭīb ed., Beirut: Muʾassasat al-Risāla.

Bazdawī, Fakhr al-Islām al-, Qāsim b. Quṭlūbghā, and Najm al-Dīn Abū Ḥafṣ ʿUmar b. Aḥmad al-Nasafī, n.d., *Uṣūl al-Bazdawī wa-hāmishu-hu Takhrīj aḥādīth Uṣūl al-Bazdawī wa-yalī-hi Uṣūl al-Karkhī*, Karachi: Mīr Kutub Khāna.

Bedir, Murtaza, 1999, "The Early Development of Ḥanafī Uṣūl al-Fiqh," PhD. in University of Manchester.

Bedir, Murtaza, 2013, "al-Jaṣṣāṣ (d. 370/981)," Oussama Arabi, David S. Powers, and Susan A. Spectorsky eds., *Islamic Legal Thought: A Compendium of Muslim Jurists*, Leiden: Brill, 147-166.

Brodersen, Angelika, 2008, "ʿAlāʾ al-Dīn al-Samarqandī," Kate Fleet, Gudrun Krämer, Denis Matringe, John Nawas, and Devin J. Stewart eds., *Encyclopaedia of Islam, THREE*, Leiden: Brill, accessed on 1st July 2024 〈http://dx.doi.org/10.1163/1573-3912_ei3_COM_26318〉.

Bukhārī, ʿAlāʾ al-Dīn ʿAbd al-ʿAzīz al-, 1308/1890, *Kashf al-asrār ʿan Uṣūl Fakhr al-Islām al-Bazdawī*, 4 vols., Istanbul: Maṭbaʿat al-Sharika al-Ṣaḥāfīya al-ʿUthmānīya.

Burak, Guy, 2015, *The Second Formation of Islamic Law*, Oxford: Cambridge University Press.

Calder, Norman, 1993, *Studies in Early Muslim Jurisprudence*, Oxford: Clarendon Press.

Correa, Dale J., 2019, "Taking a Theological Turn in Legal Theory: Regional Priority and Theology in Transoxanian Ḥanafī Thought," Sohaira Z. M. Siddiqui ed., *Locating the Sharīʿa: Legal Fluidity in Theory, History and Practice*, Leiden: Brill, 111-126.

Dabūsī, ʿUbayd Allāh b. ʿUmar b. ʿĪsā al-, 1321/2001, *Taqwīm al-adilla fī uṣūl al-fiqh*, Khalīl al-Mays ed., Beirut: Dār al-Kutub al-ʿIlmīya.

Dabūsī, Abū Zayd ʿUbayd Allāh b. ʿUmar b. ʿĪsā al-, n.d., *Taʾsīs al-naẓar wa-yalī-hi Risālat al-imām Abī al-Ḥasan al-Karkhī fī al-uṣūl*, Muṣṭafā Muḥammad al-Qabbānī al-Dimashqī ed., Cairo: Dār Ibn Zaydūn.

Farrūkh, Ibn Mullā, 1408/1988, *al-Qawl al-sadīd fī baʿḍ masāʾil al-ijtihād wa-l-taqlīd*, Jāsim b. Muḥammad al-Yasīn and ʿAdnān Sālim al-Rūmī eds., Kuwait: Dār al-Daʿwa.

Hallaq, Wael B., 1994, "From Fatwās to Furūʿ: Growth and Change in Islamic Substantive Law," *Islamic Law and Society*, 1(1): 29-65.

Hallaq, Wael B., 2001, *Authority, Continuity and Change in Islamic Law*, Cambridge: Cambridge University Press.

Hallaq, Wael B., 2009, *Sharīʿa: Theory, Practice, Transformations*, Cambridge: Cambridge University Press.

Hanif, Sohail, 2017, "A Theory of Early Classical Ḥanafism: Authority, Rationality and Tradition in the Hidāya of Burhān al-Dīn ʿAlī b. Abī Bakr al-Marghīnānī (d. 593/1197)," Ph D. in University of Oxford.

Hanif, Sohail, 2021, "al-Kāsānī, ʿAlāʾ al-Dīn," Kate Fleet, Gudrun Krämer, Denis Matringe, John Nawas, Devin J. Stewart eds., *Encyclopedia of Islam, THREE*, Leiden: Brill, accessed on 22nd October 2024 〈https://doi.org/10.1163/1573-3912_ei3_COM_33055〉

Ḥārithī, Abū Muḥammad al-, 1441/2020, *Kashf al-āthār al-Sharīʿa fī manāqib al-imām Abī Ḥanīfa*, Laṭīf al-Raḥmān al-Bahr Aʾijī al-Qāsimī ed., 2 vols., Istanbul: Maktabat al-Irshād.

Ḥaṣkafī, Muḥammad b. ʿAlī b. Muḥammad b. ʿAlī b. ʿAbd al-Raḥmān al-, 1423/2002, *al-Durr al-muḥtār sharḥ Tanwīr al-abṣār wa-jāmiʿ al-biḥār*, ʿAbd al-Munʿam Khalīl Ibrāhīm ed., Beirut: Dār al-Kutub al-ʿIlmīya.

堀井聡江、1995、「ハナフィー派の学説にみるヒヤル（hiyal）の展開」『オリエント』38(1): 184-198。

Horii, Satoe, 2002, "Reconsideration of Legal Devices (Ḥiyal) in Islamic Jurisprudence: The Ḥanafīs and Their 'Exits' (Makhārij)," *Islamic Law and Society*, 9(3): 312-57.

堀井聡江、2004、『イスラーム法通史』山川出版社。

Ibn Abī al-ʿAwwām, 1431/2010, *Faḍāʾil Abī Ḥanīfa wa-akhbār-hu wa-manāqib-hu*, Laṭīf al-Raḥmān al-Bahr Aʾijī al-Qāsimī ed., Mecca: al-Maktaba al-Amdādīya.

Ibn ʿĀbidīn, 1423/2003, *Radd al-muḥtār ʿalā al-Durr al-mukhtār sharḥ Tanwīr al-abṣār*, ʿĀdil Aḥmad ʿAbd al-Mawjūd, ʿAlī Muḥammad Muʿwaḍ, and Muḥammad Bakr Ismāʿīl eds., 13 vols., Riyadh: Dār ʿĀlam al-Kutub.

Ibn ʿĀbidīn, n.d., *Majmūʿāt rasāʾil Ibn ʿĀbidīn*, 2 vols., Beirut: Dār Iḥyāʾ al-Turāth al-ʿArabī.

Ibn al-Bazzāz al-Kardarī, 2009, *al-Fatāwā al-Bazzāzīya aw al-Jāmiʿ al-wajīz fī madhhab al-imām al-aʿẓam Abī Ḥanīfat al-Nuʿmān*, Sālim Muṣṭafā Badrī ed., 2 vols., Beirut: Dār al-Kutub al-ʿIlmīya.

Ibn Ḥumām, 1424/2003, *Sharḥ Fatḥ al-Qadīr ʿalā al-Hidāya sharḥ Bidāya al-mubtadī*, ʿAbd al-Razzāq Ghālib al-Mahdī ed., 10 vols., Beirut: Dār al-Kutub al-ʿIlmīya.

Ibn Māza al-Bukhārī, Maḥmūd b. Ṣadr al-Sharīʿa, 1424/2004, *al-Muḥīṭ al-Burhānī li-masāʾil al-Mabsūṭ wa-l-Jāmiʿayni wa-l-Siyar wa-l-Ziyādāt wa-l-nawādir wa-l-fatāwā wa-l-wāqiʿāt mudallala bi-dalāʾil al-mutaqaddimīn*, Naʿīm Ashraf Nūr Aḥmad ed., 25 vols., Karachi: Idārat al-Qurʾān wa-l-ʿUlūm al-Islāmīya, Johannesburg: Majlis al-ʿIlmī, and Riyad: Maktabat al-Rushd.

Ibn Nujaym, Zayn al-Dīn and Ibn ʿĀbidīn, 1418/1997, *al-Baḥr al-rāʾiq sharḥ Kanz al-daqāʾiq wa-maʿa-hu hawāshī al-musammā Minḥat al-khāliq ʿalā al-Baḥr al-rāʾiq*, 9 vols., Beirut: Dār al-Kutub al-ʿIlmīya.

Ibn Nujaym, Zayn al-Dīn, 1419/1999, *al-Ashbāh wa-l-naẓāʾir ʿalā madhhab Abī Ḥanīfa al-Nuʿmān*, Zakarīyā al-ʿUmayrāt ed., Beirut: Dār al-Kutub al-ʿIlmīya.

Ibn al-Sāʿātī, 1426/2005, *Majmaʿ al-baḥrayn wa-multaqā al-nayrayn*, Beirut: Dār al-Kutub al-ʿIlmīya.

Jaṣṣāṣ, Aḥmad b. ʿAlī al-Rāzī al-, 1412/1992, *Aḥkām al-Qurʾān al-karīm*, Muḥammad al-Ṣādiq Qamḥāwī ed., 5 vols., Beirut: Dār al-Iḥyāʾ al-Kutub al-ʿArabīya and Muʾsassat al-Tārīkh al-ʿArabī.

Jaṣṣāṣ, Aḥmad b. ʿAlī al-Rāzī al-, 1414/1994, *al-Fuṣūl fī al-uṣūl*, ʿAjīl Jāsim al-Nashamī ed., 4 vols., Kuwait: Wizārat al-Awqāf wa-l-Shuʾūn al-Islāmīya.

Jaṣṣāṣ, Abū Bakr al-Rāzī al-, 1431/2010, *Sharḥ Mukhtaṣar al-Ṭaḥāwī fī al-fiqh al-Ḥanafī*, ʿIṣmat Allāh ʿInāyat Allāh Muḥammad, Sāʾid Muḥammad Yaḥyā Bakdāsh, Muḥammad ʿUbayd Allāh Khān, and Zaynab Muḥammad Ḥasan Falāta eds., 8 vols., 2nd ed., Beirut: Dār al-Bashāʾir al-Islāmīya and Medina: Dār al-Sirāj.

Kāsānī, ʿAlāʾ al-Dīn Abū Bakr b. Masʿūd al-, 1424/2003, *Badāʾiʿ al-ṣanāʾiʿ fī tartīb al-sharāʾiʿ*, ʿAlī Muḥammad Muʿawwaḍ and ʿĀdil Aḥmad ʿAbd al-Mawjūd eds., 10 vols., 2nd ed., Beirut: Dār al-Kutub al-ʿIlmīya.

Kaya, Eyyup S., 2005, "Continuity and Change in Islamic Law: The Concept of Madhhab and the Dimensions of Legal Disagreement in Hanafi Scholarship of the Tenth Century," Peri Bearman, Rudolph Peters, and Frank E. Vogel eds., *The Islamic School of Law: Evolution, Devolution, and Progress*, Cambridge: Harvard University Press, 26-38.

Laknawī, Abū al-Ḥasanāt Muḥammad ʿAbd al-Ḥayy al-, 1418/1998, *al-Fawāʾid al-bahīya fī tarājim al-Ḥanafīya*, Aḥmad al-Zuʿbī ed., Beirut: Dār al-Arqum.

Maḥbūbī, ʿUbayd Allāh b. Masʿūd al-, 1441/2020, *Sharḥ al-Wīqāya wa-maʿa-hu Muntahā al-nuqāya ʿalā Sharḥ al-Wiqāya*, Ṣalāḥ Abū al-Hājj ed., 4 vols., Amman: Markaz Anwār al-ʿUlamāʾ lil-Dirāsāt.

Makkī, al-Muwaffaq b. Aḥmad al-, 1321/1903, *Manāqib al-imām al-aʿẓam Abī Ḥanīfa*, 2 vols., Hyderabad: Maṭbaʿat Majlis Dāʾirat al-Maʿārif al-Niẓāmīya.

Mālik b. Anas, Abū ʿAbd Allāh, n.d., *Muwaṭṭaʾ al-imām Mālik*, riwāyat Muḥammad b. al-Ḥasan al-Shaybānī, ʿAbd al-Wahhāb ʿAbd al-Laṭīf ed., 2nd ed., Beirut: al-Maktaba al-ʿIlmīya.

Mangera, Abdur-Rahman, 2013, "A Critical Edition of Abū al-Layth al-Samarqandī's Nawāzil," PhD in Islamic Studies, School of Oriental and African Studies, University of London.

Marghīnānī, ʿAlī b. Abī Bakr al-, 1433/2012, *al-Hidāya sharḥ Bidāyat al-mubtadī*, Muḥammad Muḥammad Tāmir and Ḥāfiẓ ʿĀshūr Ḥāfiẓ eds., 4 vols., Cairo: Dār al-Salām. (Imran Ahsan Khan Nyazee, trans., with introduction, commentary and notes, 2019, *Al-Hidayah: The Guidance: A Translation of al-Hidayah fi Sharh Bidayat al-Mubtadi: A Classical Manual of Hanafi Law*, [s.l.]: Istinarah Press.)

Marghīnānī, ʿAlī b. Abī Bakr al-, 1437/2016, *Bidāyat al-mubtadī al-matn alladhī sharaḥahu muʾallifu-hu fī Kitāb al-hidāya fī al-fiqh al-Ḥanafī*, Sāʿid Bakdāsh ed., London: Muʾsassat al-Furqān lil-Turāth al-Islāmī and Markaz Dirāsāt al-Makhṭūṭāt al-Islāmīya.

Mawṣilī, ʿAbd Allāh b. Maḥmūd al-, 1433/2012, *al-Muḥtār lil-fatāwā ʿalā madhhab al-imām al-aʿẓam Abī Ḥanīfa al-Nuʿmān*, Sāʿid Bakdāsh ed., Beirut: Dār al-Bashāʾir al-Islāmīya and Medina: Dār al-Sirāj.

Mawṣilī, ʿAbd Allāh b. Maḥmūd al-, n.d., *al-Ikhtiyār li-taʿlīl al-Muḥtār*, Maḥmūd Abū Daqīqa ed., 5 vols., 2nd ed., Istanbul: al-Maktaba al-Islāmīya.

Melchert, Christopher, 1997, *The Formation of the Sunni Schools of Law, 9th-10th Centuries C. E.*, Leiden: Brill.

Melchert, Christopher, 2015, "The Early Spread of Hanafism in Khurasan," A.C.S. Peacock and D.G. Tor eds., *Medieval Central Asia and the Persianate World: Iranian Tradition and Islamic Civilisation*, London: I.B. Tauris, 13-30.

Nasafī, Abū al-Barakāt ʿAbd Allāh b. Aḥmad al-, 1432/2011, *Kanz al-daqāʾiq fī al-fiqh al-Ḥanafī*, Sāʿid Bakdāsh ed., Beirut: Dār al-Bashāʾir al-Islāmīya and Medina: Dār al-Sirāj.

Nasafī, Abū al-Barakāt ʿAbd Allāh b. Aḥmad b. Maḥmūd al-, 1436/2016, *al-Manār fī uṣūl al-fiqh*, Ilyās Qablān ed., Beirut: Dār al-Kutub al-ʿIlmīya.

Nasafī, Abū al-Barakāt ʿAbd Allāh b. Aḥmad al- and Mullā Jīwan b. Abī Saʿīd b. ʿUbayd Allāh, n.d., *Kashf al-asrār sharḥ al-muṣannaf ʿalā al-Manār maʿa sharḥ Nūr al-anwār ʿalā al-Manār*, 2 vols., Beirut: Dār al-Kutub al-ʿIlmīya.

Nasafī, Najm al-Dīn Abū Ḥafṣ ʿUmar al-, 1439/2018, *Sharḥ Madār al-uṣūl*, Ismāʿīl ʿAbd ʿAbbās ed., Baghdad: Iṣdārāt al-Majmaʿ al-Fiqhī al-ʿIrāqī.

Qāḍīkhān, Fakhr al-Dīn al-Ḥasan b. Manṣūr al-Ūzjandī, 2009, *Fatāwā Qāḍīkhān*, Sālim Muṣṭafā al-Badrī ed., 3 vols., Beirut: Dār al-Kutub al-ʿIlmīya.

Qāsim b. Quṭlūbughā, 1423/2002, *al-Taṣḥīḥ wa-l-tarjīḥ ʿalā Mukhtaṣar al-Qudūrī*, Ḍiyāʾ Yūnus ed., Beirut: Dār al-Kutub al-ʿIlmīya.

Qudūrī, Abū al-Ḥasan al-, 1418/1997, *Mukhtaṣar al-Qudūrī fī al-fiqh al-Ḥanafī*, Kāmil Muḥammad Muḥammad ʿUwayḍa ed., Beirut: Dār al-Kutub al-ʿIlmīya. (Ṭāhir Maḥmood Kiānī, trans., 2012, *The Mukhtaṣar of Imām Abū'l-Ḥusayn Aḥmad ibn Muḥammad ibn Aḥmad ibn Jaʿfar ibn Ḥamdān al-Qudūrī al-Baghdādī: A Manual of Islamic Law According to the Ḥanafī School*, rev. ed., London: Ta-Ha.)

Qurashī, Ibn Abī al-Wafāʾ al-, 1413/1993, *al-Jawāhir al-muḍīya fī ṭabaqāt al-Ḥanafīya*, ʿAbd al-Fattāḥ Muḥammad al-Ḥulw ed., 5 vols., 2nd ed., Giza: Hijr.

Rapoport, Yossef, 2012, "Royal Justice and Religious Law: Siyasah and Shariʿah under the Mamluks," *Mamlūk Studies Review*, 16: 71-102.

Samarqandī, Abū al-Layth Naṣr b. Muḥammad b. Ibrāhīm al-, 1419/1998, *ʿUyūn al-masāʾil fī furūʿ al-Ḥanafīya*, Sayyid Muḥammad Muhannā ed., Beirut: Dār al-Kutub al-ʿIlmīya.

Samarqandī, Abū al-Layth Naṣr b. Muḥammad b. Ibrāhīm al-, 1425/2004, *Fatāwā al-nawāzil*, al-Sayyid Yūsuf Aḥmad ed., Beirut: Dār al-Kutub al-ʿIlmīya.

Samarqandī, Abū al-Layth al-, 1426/2005, *Mukhtalaf al-riwāya*, ʿAbd al-Raḥmān b. Mubārak al-Faraj ed., 4 vols., Riyadh: Maktabat al-Rushd.

Samarqandī, ʿAlāʾ al-Dīn al-, 1404/1984, *Mizān al-usūl fī natāʾij al-ʿuqūl*, Muḥammad Zakkī ʿAbd al-Barr ed., Doha: Maṭābiʿ al-Dūḥa.

Samarqandī, ʿAlāʾ al-Dīn al-, 1405/1984, *Tuḥfat al-fuqahāʾ*, 3 vols., Beirut: Dār al-Kutub al-ʿIlmīya.

Sarakhsī, Abū Bakr Muḥammad b. Aḥmad b. Abī Sahl al-, 1372/1973, *Uṣūl al-Sarakhsī*, Abū al-Wafāʾ al-Afghānī ed., 2 vols., Beirut: Dār al-Maʿrifa.

Sarakhsī, Muḥammad b. Aḥmad al-, 1417/1997, *Sharḥ Kitāb al-siyar al-kabīr*, Abū ʿAbd Allāh Muḥammad Ḥasan Muḥammad Ḥasan Ismāʿīl al-Shāfiʿī ed., 5 vols., Beirut: Dār al-Kutub al-ʿIlmīya.

Sarakhsī, Abū Bakr Muḥammad b. Aḥmad b. Abī Sahl al-, 2001, *Kitāb al-Mabsūṭ*, Abū ʿAbd Allāh Muḥammad Ḥasan Muḥammad Ḥasan Ismāʿīl al-Shāfiʿī ed., 30 vols., Beirut: Dār al-Kutub al-ʿIlmīya.

Ṣaymarī, Abū ʿAbd Allāh Ḥusayn b. ʿAlī al-, 1405/1985, *Akhbār Abī Ḥanīfa wa-aṣḥābi-hi*, 2nd ed., Beirut: ʿĀlam al-Kutub.

Shāfiʿī, Muḥammad b. Idrīs al-, 1422/2001, *al-Umm*, Rifʿat Fawzī ʿAbd al-Muṭṭalib ed., 11 vols., Mansura: Dār al-Wafāʾ.

Shamsy, Ahmed El, 2013, *The Canonization of Islamic Law: Social and Intellectual History*, New York: Cambridge University Press.

Shaybānī, Abū ʿAbd Allāh Muḥammad b. al-Ḥasan al-, 1356/1937-8, *al-Jāmiʿ al-kabīr*, Abū al-Wafāʾ al-Afghānī and Raḍwān Muḥammad Raḍwān eds., Hyderabad: Lajnat Iḥyāʾ Maʿārif al-Nuʿmanīya.

Shaybānī, Muḥammad b. al-Ḥasan al-, 1968, *Das Kitāb al-maḫāriǧ fil-ḥiyal*, Joseph Schacht ed., Reprint ed., Hildesheim: G. Olms.

Shaybānī, Muḥammad b. al-Ḥasan al-, 1429/2008, *Kitāb al-āthār*, Khālid al-ʿAwwād ed., 2 vols., Kuwait: Dār al-Nawādir.

Shaybānī, Muḥammad b. al-Ḥasan al-, 1433/2012, *al-Aṣl*, Muḥammad Būynūkālin ed., 13 vols., Qatar: Wizārat al-Awqāf wa-l-Shuʾūn al-Islāmīya.

Shaybānī, Abū ʿAbd Allāh Muḥammad b. al-Ḥasan al- and Abū al-Ḥasanāt ʿAbd al-Ḥayy al-Laknawī, 1411/1990, *al-Jāmiʿ al-ṣaghīr maʿa sharḥi-hi al-Nāfiʿ al-kabīr*, Karachi: Idārat al-Qurʾān wa-l-ʿUlūm al-Islāmīya.

Shaykh Niẓām, 1421/2000, *al-Fatāwā al-Hindīya al-maʿrūfa bi-l-Fatāwā al-ʿĀlamkīrīya fī madhhab al-imām al-aʿẓam Abī Ḥanīfa al-Nuʿmān*, ʿAbd al-Laṭīf Ḥasan ʿAbd al-Raḥmān ed., 6 vols., Beirut: Dār al-Kutub al-ʿIlmīya.

Shaykh Zāda, ʿAbd al-Raḥmān b. Muḥammad b. Sulaymān al-Kalībūlī, Ibrāhīm b. Muḥammad b. Ibrāhīm al-Ḥalabī, and Muḥammad b. ʿAlī b. Muḥammad al-Ḥaṣnī al-Ḥaṣkafī,

1419/1998, *Majma ʿ al-anhur fī sharḥ Multaqā al-abḥur wa-ma ʿa-hu al-Durr al-mutaqā fī sharḥ al-Multaqā*, Khalīl ʿImrān al-Manṣūr ed., 4 vols., Beirut: Dār al-Kutub al-ʿIlmīya.

Sighnaqī, Ḥusām al-Dīn al-, 1422/2001, *al-Kāfī sharḥ al-Bazdawī*, Fakhr al-Dīn Yusr Muḥammad Qānat ed., 5 vols., Riyadh: Maktabat al-Rushd.

Ṭaḥāwī, Abū Jaʿfar Aḥmad b. Muḥammad b. Salāma al-, 1370/1951, *Mukhtaṣar al-Ṭaḥāwī*, Abū al-Wafā ʾ al-Afghānī ed., Hyderabad: Lajnat Iḥyā ʾ al-Ma ʿārif al-Nu ʿmānīya.

Ṭaḥāwī, Abū Jaʿfar Aḥmad b. Muḥammad b. Salāma b. ʿAbd Allāh b. Salima al-Azdī al-, 1414/1994, *Sharḥ Ma ʿānī al-āthār*, Muḥammad Zuhrī al-Najjār, Muḥammad Sayyid Jādd al-Ḥaqq, and Yūsuf ʿAbd al-Raḥmān al-Mur ʿashlī eds., 5 vols., Beirut: ʿĀlam al-Kutub.

Ṭaḥāwī, Abū Jaʿfar Aḥmad b. Muḥammad b. Salāma al-Azdī al-, 1416/1995—1418/1998, *Aḥkām al-Qur ʾān al-karīm*, Sa ʿd al-Dīn Ūnāl ed., 2 vols., Istanbul: Markaz al-Buḥūth al-Islāmīya.

Tsafrir, Nurit, 2004, *The History of an Islamic School of Law: The Early Spread of Hanafism*, Cambridge: Harvard University Press.

Wheeler, Brannon M., 1996, *Applying the Canon in Islam: The Authorization and Maintenance of Interpretive Reasoning in Ḥanafī Scholarship*, New York: State University of New York Press.

柳橋博之、2009、「初期アブー・ハニーファ美徳伝の編纂期における言い伝えの選別基準について」『宗教研究』83(2): 673-696。

Yanagihashi, Hiroyuki, 2013, "Abū Ḥanīfa (d. 150/767)," Oussama Arabi, David S. Powers, and Susan A. Spectorsky eds., *Islamic Legal Thought: A Compendium of Muslim Jurists*, Leiden: Brill, 11-25.

Younas, Salman, 2021, "Authority in the Classical Ḥanafī School: The Emergence & Evolution of Ẓāhir al-Riwāya," *Islamic Law and Society*, 29(1-2): 1-65.

Zysow, Aron, 2013, *The Economy of Certainty: An Introduction to the Typology of Islamic Legal Theory*, Atlanta: Lockwood Press.

2-2. マーリク派

早矢仕悠太

1. マーリク派法学の背景とその方法論

本節はまず、マーリク派学祖マーリク・ブン・アナス（90/708—179/795年）のメディナでの学問背景から始める。彼の主だった2人の師の一方、ズフリー（Ibn Shihāb al-Zuhrī, 50/670-1年以降—124/742年）は同地のハディースと法学の権威であった。他方ナーフィィ（Nāfiʿ, 117/735年没）は、メディナで流通するハディースの多くの発信者であった教友（al-ṣaḥāba）イブン・ウマル（Ibn ʿUmar, 612—73/693年頃）のマウラー（mawlā）であり弟子として、同地に伝わるハディースや学説をマーリクに伝えた（Wymann-Landgraf 2013: 40-42）。両師の薫陶を受けたマーリクは、メディナのハディースと法学説の最大の権威として位置づけられる。

彼の学説は、『ムワッター（踏みならされた道）』（Mālik 1420/1999）と『ムダウワナ（集成）』（Saḥnūn 1415/1994）において第一に参照される。以下では、『ムワッター』にあらわれるマーリクの学説の由来と特徴を、マーリク派法学者の伝記資料で補足しながら述べる。『ムワッター』は、3つの言説にもとづいて構成されている。1つは、狭義のハディースすなわち預言者伝承である。メディナは預言者の町として多くの教友がそのハディースを伝えており、『ムワッター』はそのコレクションとしての性格をもつ。そして、その教友に帰される伝承が次の要素であり、『ムワッター』収録の伝承の4割近くを占めている（Schacht 1967: 22; Brown 2007: 51）。最後の要素は、メディナの七法学者（al-fuqahāʾ al-sabʿa）をはじめとする後継世代（al-ṭābiʿūn）に属する伝承家にして法学者の学説である。彼らの学説は時として「我々の流儀（al-amr ʿinda-nā）」や「人々の慣行（ʿamal al-nās）」という定型句であらわれ、後世の法源論とは異なったマーリクの学説選択の法源となっている（Dutton 1999: 3-4）。メディナ慣行の援用は、しばしば対立するハディースの実効性の判断に影響を与え、それによって裏書きされないハディースの廃棄が主張されることもあることから窺われるように（Wymann-Landgraf 2013: 250–256）、法源論以前の時代にハディースと法学が未分化のまま互いに作用したことを示唆する。

こうしたメディナ慣行の法源としての権威は、マーリクがクルアーンから「[信仰における］先駆者とは、第一に移住者たちと援助者たち[1)]、また善良な行いにより彼らに従った者たちのこと」（9章100節）という章句を援用して、メディナが預言者のハディースとして伝わっていない伝統を保持していると主張したことに遡る（ʿIyāḍ 1403/1983: 1:41–44）。他方でマーリクは、ハディースと並ぶメディナ慣行を主要法源として認めながら、各地域の慣行もまた法源となりうるとしていた。このことを示す逸話も残されている。伝えられるところによれば、アッバース朝カリフ、マンスール（ʿAbd Allāh b. Muḥammad al-Manṣūr, 在位136/754―158/775年）がメディナを中心に法学説を統合して、イスラーム世界の統一法典の編纂を企図したとき、マーリクはその法典はメディナ以外の地域で通用していた慣行を採る人々に桎梏を課すとして拒否した（ʿIyāḍ 1403/1983: 2:71–72）。こうしたマーリクによるメディナ以外の慣行への配慮は、後世の北アフリカ・アンダルスにおける当地の慣行に依拠した法判断とその編纂という伝統を生み出す基点となった。

『ムワッター』は当初、弟子の私家版にすぎず、各地に異なるテクストが流布していた。今日最も権威的とされる『ムワッター』は、アンダルスのヤフヤー・ブン・ヤフヤー・ライシー（Yaḥyā b. Yaḥyā al-Laythī, 234/848年没）の編纂による版である（Rapoport 2013: 29–30）。その他に『ムワッター』は、北アフリカやイラクへと伝播し、マーリク派法学が定着する契機となった。たとえば最古の『ムワッター』は、カイラワーンのアリー・ブン・ズィヤード（ʿAlī b. Ziyād, 183/799年没）が伝えた版である。イラクへは、マーリクに師事していたシャイバーニー（132/750―187-9/803-5年）やシャーフィ

1）メッカでの迫害を受けてムハンマドは、部族間抗争の調停者として期待されながら、布教の新天地としてメディナへの聖遷（al-hijra）を敢行した。このとき、すでにメッカで入信し、聖遷に伴ってメディナを訪れた人々を移住者たち（al-muhājirūn）、メディナで入信し、彼らを受け入れてムハンマドによるウンマ形成を支援した人々を援助者たち（al-anṣār）と呼ぶ。

イー（150/767―204/820年）が伝えている（Mālik n.d.; Shāfiʿī 1422/2001: 8:513-778)。しかし、同地のマーリク派法学の学統は、より完全な形で『ムワッター』を伝えたカァナビー（ʿAbd Allāh b. Maslama al-Qaʿnabī, 221/833年没）が嚆矢となる。

2．エジプトにおけるマーリク派法学

マーリクの死後、その学説体系は、エジプトで活躍した3人の弟子によって引き継がれていく。イブン・カースィム（Ibn al-Qāsim, 191/806年没）は20年以上マーリクの講義に参加し、『ムワッター』に収録されていない彼が伝えるマーリクの学説は、最も信憑性が高いと考えられた。イブン・ワフブ（197/812年没）は、師の学説を伝えると同時に、メディナに伝わる数多くのハディースの伝達者として、『集成』（Ibn Wahb 2003）を著した。アシュハブ（Ashhab b. ʿAbd al-ʿAzīz, 204/819年没）は師の学説を弟子に伝えただけでなく、学説が伝わっていない問題について、自らの推論に依る学説を残している（ʿIyāḍ 1404/1983: 3:262-269)。

彼らのエジプトにおける権威は、イブン・アブドゥルハカム（155/771―214/829年）とアスバグ・ブン・ファラジュ（Aṣbagh b. al-Faraj, 150/767―225/839年）へ受け継がれる。特に前者は、『ムワッター』のマーリクの学説に関する『小提要』（Ibn ʿAbd al-Ḥakam 1433/2012）と、それ以外の彼の学説を収録した『大提要』（Ibn ʿAbd al-Ḥakam 1432/2011）を上梓し（Brockopp 2000: 53-54)、イラクのマーリク派法学者の注釈の対象となったことで同地において権威を認められた。両書の特徴は、『ムワッター』でみられたハディースに言及せず議論が進む点にある。ハナフィー派法学における「正伝」形成のように、ハディースに遡らない、学祖マーリク個人の学説を起点とした学説体系は、北アフリカやアンダルスの法学伝統として保持された。

3．イフリーキヤへのマーリク派法学の導入

イフリーキヤには8世紀後半に『ムワッター』が伝播していたものの、

同地域の法学説にはハナフィー派とマーリク派のものが混交していた。これは両学統を伝えた法学者らが、リフラ（riḥla. 知識探求のための旅）の過程でマーリクだけでなく、イラクの法学者にも師事していたためである。なかでも、アサド・ブン・フラート（142-5/759-62—213/828年）がシャイバーニーの講義を編纂した『アサディーヤ（*al-Asadīya*）』は、カイラワーンにおいて流通した（Muranyi 1997: 22-23, 38; Tsafrir 2004: 104-107）。9世紀に入るとサハヌーン・ブン・サイード（160/777—240/855年）が『ムワッター』に収録されていないマーリクの学説を編纂した。彼はイブン・カースィムをはじめとするエジプトを代表するマーリク派法学者たちとの問答を通して、マーリクに由来する学説を当初『混交集（*al-Mukhtalaṭa*）』にまとめた。アサドの没後、サハヌーンが同地のカーディーになると彼の著作への注目は高まり、彼の死後、息子のムハンマド・ブン・サハヌーン（Muḥammad b. Saḥnūn, 256/870年没）ら弟子たちによって現存する『ムダウワナ』が編纂された（Wymann-Landgraf 2013: 67; Brockopp 2013: 75-76）。同書においては、エジプトで流布していたマーリクの学説と並んで、主として設例をめぐる問答を経ることで導出された学説も多数収録されている。なお同書は、シャイバーニーの両集成と異なり、学派成立期の著作でありながら、注釈を経ることなくマーリクの学説典拠として引用される。

『ムダウワナ』以後も、マーリクに帰される学説の収集は広い地域で展開されたが、それを結晶化したのは、イブン・アビー・ザイド・カイラワーニー（310/922—386/996年）の『ムダウワナ収録学説を補うそれ以外の基礎著作における異伝と孤立した言伝え』（以下、『異伝と言伝え』と略記。Ibn Abī Zayd al-Qayrawānī 1999）である。彼は自著『ムダウワナ要諦』（Ibn Abī Zayd al-Qayrawānī 1434/2013）で確認できなかった10世紀のカイラワーンに伝わるマーリクの学説を、『ムダウワナ』を除く4つの基礎著作、すなわちイブン・ハビーブ（174/790—238/853年）の『ワーディハ（諸スンナと法学の明解）』（Ibn Ḥabīb 2002）と、アンダルスにイブン・カースィムの学説を伝えたウトゥビー（Muḥammad al-ʿUtbī al-Qurṭubī, 255/868-9年没）の『講義録抜粋（*al-Mustakhraja min al-asmiʿa*）』（『ウトゥビーヤ（*al-ʿUtbīya*）』として知られる。Ibn Rusd 1408/1988所収）、イブン・アブドゥース（Ibn ʿAbdūs, 261/875

年没）の『集成（*al-Majmū'a*）』、イブン・マウワーズ（Ibn al-Mawwāz, 281/894年没）の『マウワーズィーヤ（*al-Mawwāzīya*）』を主情報源として『異伝と言伝え』に収録した。これら基礎著作の多くは散逸しているために、同書は9世紀までのマーリク派法学説の形成を再構成するための最重要資料である。なお、現代における彼の最も有名な著作は、マーリク派の法学説を包括的にかつ簡便に収録した『リサーラ（論攷）』（Ibn Abī Zayd al-Qayrawānī 2005）である。

4．マーリク派法学の二次的発展

9世紀に『ムワッター』と『ムダウワナ』を補完するマーリクの学説収集が行われた結果、10世紀から12世紀にかけて、その法学素材の充実の上にイラク、イフリーキヤ、アンダルス、エジプトの各地域でマーリク派法学説の体系が一応の完成をみた。

（1）イラク

イラクのマーリク派学統は11世紀を境に言及されなくなる。しかしそれまでに、イフリーキヤ以西のマーリク派法学に影響を与える法学者を輩出した。たとえば、イブン・ジャッラーブ（378/988年没）による『実定法導出の書』（Ibn al-Jallāb 2007）は、リフラによってイラクを訪れた法学者によってアンダルスへと導入され、レコンキスタ以降でもキリスト教統治下で生活するモリスコやムデハルらによってシャリーア実践のマニュアルとして参照された（Fierro 2016: 153）。またアブドゥルワッハーブ（362/973―422/1031年）は、イラク各地でカーディー職に従事しながら、実定法と学説相違の分野で著作を残している。前者について言えば、『メディナの知識人集団への援護』（以下、『援護』と略記。'Abd al-Wahhāb n.d. (a)）と『洞察』（'Abd al-Wahhāb n.d. (b)）が挙げられよう。『洞察』は短いながらもイラク・マーリク派法学を代表するテクストとして、マーザリー（453/1061―533/1141年）の『洞察への注釈』（Māzarī 1997）をはじめとして多くの注釈が書かれた。『援護』は、自らの『リサーラ』注釈（'Abd al-Wahhāb 1428/2007）と、

『異伝と言伝え』の要諦『導入（*al-Mumahhad*）』でみられた論点を集約し、カイラワーニーの学説への探求を平易にするために執筆された（ʿAbd al-Wahhāb n.d.（a）: 115-116）。

イラクのマーリク派法学者は、バグダードのシャーフィイー派法学者との交流のなかで、他地域の同法学派と比して早い時期に法源論を法学議論に導入した。アブドゥルワッハーブの『学説相違の機微に関する総括』（ʿAbd al-Wahhāb 1420/1999）や『法学比較』（ʿAbd al-Wahhāb, 1423/2003）は、同地域のマーリク派法源論の到達点を示している。彼の弟子のシャーフィイー派アブー・イスハーク・シーラーズィー（Abū Isḥāq al-Shīrāzī, 393/1002-3—476/1083年）のもとで、アンダルスのアブー・ワーリド・バージー（403/1013—474/1081年）はハディース学と法源論を学び、その成果を故郷へ持ち帰った。

（2）イフリーキヤ

イフリーキヤは、11世紀半ばまでカイラワーンを中心にマーリク派法学者にとっての学問的中心となった。その隆盛はカイラワーニーとその弟子の世代にあった。

11世紀までのイフリーキヤの領域には、シチリア島も含まれている。同地にはカイラワーンの学統が移植され、アブー・サイード・バラーズィイー（431/1039-40年以降没）の『タフズィーブ（ムダウワナ要諦の精錬）』（Barādhiʿī 1423/2002）とイブン・ユーヌス（451/1059年没）の『ムダウワナ諸問答集成』（Ibn Yūnus 1433/2012）が、マーリク派法学史に名を残す著作として挙げられる。『タフズィーブ』はサハヌーンの論点を掘り下げながら、カイラワーンにおける法学議論を反映し、『諸問答集成』は『ムダウワナ』への注釈を施しながら、エジプトやバグダードにおけるイスラーム世界東西に広がるマーリク派法学説を編纂した。

1057年にファーティマ朝によってカイラワーンが陥落したのち、マーリク派はその拠点を西方のマフディーヤへ移した。同地で学統の維持に努めたのが、アブー・ハサン・ラフミー（478/1086年没）である。ラフミーは11世紀を代表するマーリク派法学者として、『啓蒙』（Lakhmī n.d.）を上梓した。

同書は『ウトゥビーヤ』や『ワーディハ』、『異伝と言伝え』に収録された10世紀までの法学者らの学説を学説相違の観点から広く引用しつつ、同時代における法学問題についても言及している。しかし、12世紀半ば以降、イフリーキヤにおけるマーリク派法学は、シチリア王国やムワッヒド朝によって支配的な地位を追われ、ハフス朝による同法学派の復興を待たねばならなかった。

(3) アンダルス

アンダルスにおけるマーリク派法学は、２つの現象によって特徴づけられる。１つは、ファトワー集や裁判例（aḥkām）の編纂による法学説の発展である。アンダルスにおいて、判決とファトワーは独自に結びつき、ムフティーは法学者の合議体（shūrā）の構成員たる法廷付諮問官（mushāwar）として、裁判官が判決を言い渡すにあたって、当該事案についてファトワーを発出することが期待された（Portales 1998; Van Staëvel 2006: 50–55）。コルドバの裁判官イブン・ズィヤード（312/924年没）は、ファトワーの発効のために諮問官らにそれらを書き留めるよう命じ、彼自身もファトワーと自らが扱った事案を併記するかたちで『判決と法判断』を上梓した（Muranyi 1998）。ムラービト朝期でも諮問ファトワーが規範として編纂され、それが後世の法解釈の範例としての性格を有していたことは、イブン・サフル（486/1093年没）の『大法判断』（Ibn Sahl 1428/2007）の成立と、同書が後世頻繁に引用されたという事実によって示唆される（Burzulī 2002: 1:336–337）。

アンダルスにおけるもう１つの特徴は、マーリク派法学説の体系を東方イスラーム世界、特にシャーフィイー派法学の影響下で、クルアーンやハディースといった啓示的法源によって正統化しようと試みた点である。その伝統を確立したのが、イブン・アブドゥルバッル（368/978—463/1071年）である。彼は『ムワッター』への注釈『タムヒード（ムワッターの意味と伝承経路のための導き）』（Ibn ʿAbd al-Barr 1387/1967—1412/1992）とハディース集『叡智とその高徳に関する集成』（Ibn ʿAbd al-Barr 1414/1994）を著した。特に前書は、『ムワッター』収録ハディースの伝承経路を信頼できるものであると示すことにより、個々のハディースに法源としての効力を立証した（Brown 2007: 231）。

こうしたハディース学の成果のもとに、アブー・ワーリド・バージーがアンダルスにおいて法源論の議論を定着させた。彼のバクダードをはじめとする東方イスラーム世界の遍歴の成果は、『イフカーム（法源論の諸規定に関する諸節の垂範）』（Bājī 1415/1995）と、その要諦『イシャーラ（法源論会得の指南と論拠に関する簡約）』（Bājī 1423/2003）に結実する。同時に彼は、細部に至るまでマーリク派法学説を集成した『ムンタカー（法学と法源のためのムワッター注釈となる交差路）』（Bājī 1420/1999）のように、伝統的な実定法議論にも通暁していた。法源論によるマーリク派法学の刷新は、アブー・バクル・ブン・アラビー（468/1076—543/1148年）と彼の『マフスール（法源論の結実）』（Abū Bakr b. al-ʿArabī 1420/1999）へ受け継がれる。

法源論の発展は、12世紀になると並立する法学説の整理に反映された。イブン・ルシュド・ジャッド（450/1058—520/1126年）の『ムカッディマート（導入となる諸前提）』（Ibn Rushd al-Jadd 1408/1988（a））と『バヤーン（抜粋集の問答について——その内容と注釈と指針）』（Ibn Rushd al-Jadd 1408/1988（b））は、前世紀のイブン・アブドゥルバッルとバージーによる法源論を考慮して、推論のみで支えられていた学説に対してハディースを具備し、学説相違を生じさせる解釈過程を検証するなど、先例として伝わるマーリク派法学の通説に対して正統性を与えた著作として評価される（Felix 2003: 368-387）。

（4）エジプト

同時代のマーリク派法学者にとって、9世紀半ば以来のエジプト社会におけるシャーフィイー派法学の強い支持基盤は無視できなかった。たとえば、イブン・シャース（616/1219年没）は、マーリクの直弟子に由来するエジプト・マーリク派法学説について『メディナ識者の法学派に関する貴石の首飾り』（以下、『貴石の首飾り』と略記。Ibn Shās 1423/2003）を編纂したが、同書にはガザーリー（Abū Ḥāmid al-Ghazālī, 450/1058-9—505/1111年）の『ワジーズ（*al-Wajīz fī fiqh madhhab al-imām al-Shāfiʿī*, イマーム・シャーフィイー法学の凝集）』の影響が指摘される（Ibn Shās 1423/2003: 1:4）。一方で彼は『貴石の首飾り』において、マーリク派法学説を仔細に紹介すると同時に格付けを示し、エジプト社会における同派法学の解釈実践に堪え得る法学テクストを残そうとした。

５．地域固有の法学説の展開

13世紀になると、エジプトや北アフリカ・アンダルスの各地で蓄積された法学伝統も、マーリク派法学説の形成に考慮されるようになった。すでに述べたように、エジプトでは９世紀以来、同地を支配したファーティマ朝がイスマーイール派を奉じたことや、同じスンナ派のなかではシャーフィイー派が最も強い勢力を有したことから、マーリク派は、北アフリカ・アンダルスのように支配的な法学派となることはなく、といってイラクにおけるように消滅することもなかった。特にマムルーク朝下でスンナ派四法学派の大カーディーの任命と各法学派の裁判所設置の政策が採られたことは、マーリク派を制度的に保護された少数派という特異な地位に置くことになった（Jackson 1996; Rapoport 2003）。本項ではまず、このような状況に対応したエジプトの法学者とその著作について説明する。その後マーリク派でも異なる法学伝統を展開した北アフリカ・アンダルスの特徴を紹介する。

（１）エジプトと提要及びその注釈群の出現

13世紀エジプトのマーリク派の伝統は、イブン・ハージブ（646/1249年没）の手による法源論と実定法に関する２つの提要、すなわち自著『法源論と法論理学の両学知における応答と実践の終局』への提要（『根提要（*al-Mukhtaṣar al-uṣūlī*）』としても知られる。Ibn al-Ḥājib 1427/2006）と、『基礎著作集成』（『枝提要（*al-Mukhtaṣar al-farʿī*）』としても知られる。Ibn al-Ḥājib 1425/2004）の執筆に帰される。『根提要』は、シャーフィイー派法学者アーミディー（ʿAlī b. Muḥammad al-Āmidī, 551/1156―631/1233年）の法源論『諸法規の法源に関する垂範（*al-Iḥkām fī uṣūl al-aḥkām*）』の梗概として、法源論の伝統のなかに論理学を注入することでその理論化を図った著作として位置付けられ（Hallaq 1997: 141）、結果としてマーリク派内部での学説整理を促した。

また『根提要』には、当時のエジプト社会において少数派の立場におかれていたマーリク派法学にとって喫緊の課題も含まれていた。準拠法規が同一管轄区内で複数あるとき、訴訟当事者にとっては、自らの事案をどの学派の裁判所に訴え出るか自体に戦略的な意味が見出される。これに関連したイスラーム法における既判力の問題が「学説接合（talfīq）」として論じられたが（堀井 2016: 419-420, 428）、1265年の四大法学派裁判所の設置は、より専門的な議論を発展させる契機ともなった。これについて、マーリク派大カーディーの地位にあったカラーフィー（626/1228―684/1285年）の『イフカーム（判決とファトワーの弁別及び裁判官と統治者の職掌に関する垂範）』（Qarāfī 1416/1995）は、裁判官の職掌に関する議論をムフティーや統治者と比較した上で、有効な判決が導出されるために必要なプロセスや、それによって言い渡された判決の効果について論じている。また彼は、体系的な法学著作『フルーク（雷雨のなかの相違の光）』（Qarāfī 1421/2010）と『ザヒーラ（宝庫）』（Qarāfī 1994）も著している。特に前書は、マーリク派法学において法格言の議論を定着させ、次世紀にかけてシャリーアの目的論的解釈（maqāṣid al-sharīʿa）の議論の先鞭を着けた（飯山 2003: 115-119）。

メディナの法学者イブン・ファルフーン（760/1358―799/1397年）もまた、イブン・ハージブの関心を引きついで、『判決の原則と法規範の手引きにおける法学者の啓蒙』（Ibn Farḥūn 1423/2003）を上梓した。同書は従来、一部の実定法テクストでのみ論じられてきたカーディー法廷における事実の認定や、判決が備えるべき要件とその効果を扱った専論である。しかし本書の特徴は、イスラーム法学の観点からシャリーアによる統治（siyāsa sharʿīya）に関する規定を位置付けた点にある。伝統的な法学テクストにおいて散発的に言及されるのみであった統治者の権限について、同書では実定法テクストの構成にしたがって整理している。

以上のような、イブン・ハージブの『根提要』にみられた法源論に端を発する法学派間の学説整理は、同時に、他法学派にみられるような提要著作を通した法学派内部における通説（mashhūr）の確定と権威化を推進した（Rapoport 2003: 216-217）。彼の『枝提要』はその嚆矢として、『ムダウワナ』や『ワーディハ』、『ウトゥビーヤ』、『マウワーズィーヤ』といった基礎著作に加えて、イブン・アブドゥルバッルの『タムヒード』やイブン・ルシュドの『バヤーン』、カイラワーニーの『リサーラ』や『異伝と言伝え』、ラフミーの『啓蒙』に依拠しながら、初期の権威的テクストの法学議論に対して、同時代までの法学者による議論を統合した。その影響力は、『枝提要』に対する注釈と提要によって拡大し、『ムダウワナ』や『マウワーズィーヤ』、『ワーディハ』へ遡らずとも、『枝提要』からマーリク派法学初期の権威的学説が参照されるほどとなった。

『枝提要』の現存する最も権威的な注釈は、ハリール・ブン・イスハーク（776/1374年没）の『タウディーフ（明解）』（Khalīl b. Isḥāq 1429/2008）と『提要』（以下、『ハリール提要』と記す。Khalīl b. Isḥāq 2004）である。前者は『枝提要』のテクストに対する注釈形式をとりながら、初期マーリク派法学者の学説相違を総覧する著作としても特徴づけられる。一方、彼のマーリク派法学における功績は、同法学派の権威学説へのアクセスを容易にした『ハリール提要』に求められる。同書の特徴は、規範の根源となる『ムダウワナ』を中心としてシステマティックな学説記述と、それらに対する権威化の選別をおこなっている点にある（Ajetunmobi 1986）。また同書では、初期法学者の学説相違にとどまらず、ハリール自身による学説選択を通した権威化の過程を追うことができる。『ハリール提要』は、グラナダの大カーディー、マウワーク（897/1491年没）の『宝冠と花冠』（Mawwāq 1423/2003）や、メッカとトリポリで活躍したハッターブ（954/1547年没）の『偉大なる者の贈物』（Ḥaṭṭāb 1423/2003）、エジプトのズルカーニー（1020/1611―1099/1688年）の注釈（Zurqānī 1422/2002）など幅広い地域で、マーリク派法学における基礎テクストとして数多くの注釈が編まれた。

（2）北アフリカ・アンダルス

上記注釈群以外にも、イフリーキヤ以西において、提要著作が一定の影響力を有したことは看取できる。チュニスの大カーディー、イブン・アラファ（716/1316―803/1401年）による『法学提要』（Ibn ʿArafa 1435/2014）は、師イブン・アブドゥッサラーム（749/1348年没）による『枝提要』の注釈『枝提要の述語理解のための学習者への訓戒』（Ibn ʿAbd al-Salām 1440/2018）の影響を受けながら、イフリーキヤにおける法学説の集成と通説形成に貢献した。アンダルスでは、『ハリール提要』とは異なるかたちで、イブン・アースィム（829/1428年没）によって『諸契約と諸法規の機知についての法学者らの贈物』（Ibn ʿĀṣim 1432/2011）が著された。同書は、同時代のグラナダで採用されていた法判断を暗記しやすいよう韻文調で多数収録した、グラナダ独自の提要著作の表出として評価される（Zomeño 2020: 108）。

しかしこれらの地域では、エジプトのように提要著作が通説の形成に与える影響力は限られていた。むしろイフリーキヤ以西において法判断の主要な権威となったのは、歴史的に継受されてきたファトワーとその集成であった。以下では、イフリーキヤとマグリブ・アンダルスにおける主要なファトワー集について言及した後、それらが編纂された理由と、歴史研究における意義について考える。

イフリーキヤでは、14世紀後半以降ハフス朝統治の安定に呼応するように、マーリク派法学が復興した（Fierro 2021: 74）。ブルズリー（740/1339—841/1438年）のファトワー集『法判断を下すムフティーと裁判官のための法規定の問答集成』（Burzulī 2002）は、その成果の一部である。彼のファトワー集の特徴は、収録範囲と写本保存の範囲という 2 点に集約されよう。ここに収録されているファトワーの多くは、ブルズリーの師の世代、先のイブン・アラファらによって発出されたものだが、イフリーキヤにおいては12世紀まで、さらにアンダルスで発出されたファトワーも収録する。加えて、ブルズリーのファトワー集が後世のマーリク派法学者に広く参照されたことは、その写本の所在が彼が活動したザイトゥーナはもちろん、マドリードからカイロに至るまで幅広い地域で確認されることが示している。

マグリブ・アンダルスにおいては、ワンシャリースィー（834/1430-1—914/1508年）が『ミィヤール（イフリーキヤとアンダルス、マグリブのウラマーによるファトワーの明瞭なる指針と類稀なる集成）』（Washarīsī 1401/1981）に、両地域において11世紀から15世紀末までに発出され、流布していたファトワー5000点以上を編纂した。さらに『ミィヤール』は、他地域でのファトワー編纂を促した。オスマン帝国期のトリポリの法学者イブン・ウスマーン・タージューリー（1058/1648—1139/1727年）は、『ミィヤール』を補完する目的で、18世紀までのエジプトからマグリブにかけて発出されたファトワーを収録した『続ミィヤール』（Tājūrī 2007）を編纂している。20世紀初頭には、フェズの法学者ワッザーニー（1342/1923年没）によって『フェズの法学者らによる大いなる新ファトワー集』（『新ミィヤール（*al-Miʿyār al-jadīd*）』とも呼ばれる。Wazzānī 1417/1996—1419/1998）が編纂された。

エジプトとは対照的に、これらの地域においてファトワー集が、大規模に編纂され続けた理由は2つ考えられる。1つは、権威的な法判断の保存である。『ミィヤール』を例にとれば、ワンシャリースィーによる同書の編纂はレコンキスタと同時代に進められており、彼がグラナダ陥落の報に触れて、アンダルスで流布していたファトワーの伝統を保存しようとしたことが示唆される（Powers 2013: 379）。また上記のファトワー集は、その師の世代に発出された新しいファトワーに限らず、編纂者の活動した地域で参照され続けてきた過去のファトワーもあわせて収録している。マーリク派法学においては、たとえローカルな事情を考慮した法解釈であったとしても、それがファトワー集に収録されることで時の試練を耐えうる権威を有した（Powers and Terem 2007: 256）。編纂理由のもう1つは、通説への批判的分析の視点である。たとえば、14世紀以降のグラナダでの法解釈実践の様相を垣間見させるファトワー集からは、エジプトにおける提要著作群を経たマーリク派法学の通説形成と比較して、アンダルスにおけるローカルな法解釈の実践に適合するかたちで権威学説や方法論の議論が組み立てられていたことが指摘される（Fadel 2001）。既述の通り、イブン・アラファやイブン・アースィムの提要著作も、エジプトにおける通説の焼き直しではなく、彼らが活動する地域やその師弟関係から受け継いだ地域固有の学説を通説形成の過程に含めていた。これらの著者は、マーリクにおける慣行の援用から、10—12世紀アンダルスでの裁判例や、11世紀までのカイラワーンを中心としたイフリーキヤ、12世紀になるとアンダルスやマグリブにおけるファトワー発出とその編纂という同派法学の伝統を背景として、通説からむやみに推論を駆使するよりも、法慣行を考慮することが、現地社会にとって妥当な法判断を可能にすると理解していたのだろう。

最後に、法学以外の研究領域においてファトワー集が有する資料的価値にも触れておこう。ファトワー集には、実定法テクストと比較して、よりローカルな生活様式や慣習についての豊富な情報を含むことから、同時代の社会経済史料として、歴史学や法社会学研究に活用されてきた（Lagardère 1995; Voguet 2014）。しかし、こうした先例のもとですべてのファトワー集を等しく実証主義的研究に資する史料として扱うことには慎重にならねばならない。ファトワー集のなかでも、時代地域を横断するファトワーはしばしば、伝聞や編纂の過程でその問答が一部省略され、伝統的な法学議論に沿うように規範的な言説として書き換えられることがある（Fadel 1996）。したがって、ファトワー集がどれほど歴史的事実を反映しているかは、個々のファトワー集の網羅性や独自性といった性質を考慮することはもちろん、そこで展開されるナラティヴが編纂者である法学者のフィルターを通した重層的な現実の一部であることに留意する必要がある。

6．文献目録

ʿAbd al-Wahhāb b. ʿAlī al-Baghdādī, 1420/1999, *al-Ishrāf ʿalā nukat masāʾil al-khilāf*, al-Jayb b. Ṭāhir ed., 2 vols., Beirut: Dār Ibn Ḥazm.

ʿAbd al-Wahhāb al-Baghdādī 1423/2003, *al-Furūq al-fiqhīya wa-ʿalāqatu-hā bi-Furūq al-Dimashqī*, Maḥmūd Salāmat al-Gharyānī ed., Dubai: Dār al-Buḥūth lil-Dirāsāt al-Islāmīya wa-Iḥyāʾ al-Turāth.

ʿAbd al-Wahhāb b. ʿAlī al-Baghdādī, 1428/2007, *Sharḥ al-Risāla*, Abū al-Faḍl Dimyāṭī Aḥmad b. ʿAlī ed., 2vols., Casablanca: Markaz al-Turāth al-Thaqafī al-Maghribī and Beirut: Dār Ibn Ḥazm.

ʿAbd al-Wahhāb al-Baghdādī, n.d.（a）, *al-Maʿūna ʿalā madhhab ʿālim al-Madīna*, Ḥamīsh ʿAbd al-Ḥaqq ed., 3 vols., Mecca: al-Maktaba al-Tijārīya.

ʿAbd al-Wahhāb al-Baghdādī, Abū Aḥmad, n.d.（b）, *al-Talqīn fī al-fiqh al-Mālikī*, Muḥammad Thālith Saʿīd al-Ghānī ed., 2 vols., Riyadh and Mecca: Maktabat Nazār Muṣṭafā al-Bāz.

Abū Bakr b. al-ʿArabī al-Maʿāfirī, 1420/1999, *al-Maḥṣūl fī uṣūl al-fiqh*, Ḥusayn ʿAlī al-Yadrī and Saʿīd ʿAbd al-Laṭīf Fawda eds., Amman and Beirut: Dār al-Bayāriq.

Ajetunmobi, Musa Ali, 1986, "A Critical Study of Mukhtaṣar Khalīl," *Islamic Studies*, 25（3）: 275-288.

Bājī, Abū al-Walīd Sulaymān b. Khalaf al-, 1415/1995, *Iḥkām al-fuṣūl fī aḥkām al-uṣūl*,

ʿAbd Majīd al-Turkī ed., 2 vols., 2nd ed., Beirut: Muʾassasat al-Risāla.

Bājī, Abū al-Walīd Sulaymān b. Khalaf b. Saʿd b. Ayyūb al-, 1420/1999, *al-Muntaqā sharḥ Muwaṭṭaʾ Mālik*, Muḥammad ʿAbd al-Qādir Aḥmad ʿAṭaʾ ed., 8 vols., Beirut: Dār al-Kutub al-ʿIlmīya.

Bājī, Abū al-Walīd Sulaymān b. Khalaf b. Saʿd b. Ayyūb al- and Abū al-Qāsim Muḥammad b. Aḥmad Ibn Juzayy, 1423/2003, *al-Ishāra fī uṣūl al-fiqh wa-yalī-hi al-Ḥudūd fī al-uṣūl wa-yalī-himā Taqrīb al-wuṣūl ilā ʿilm al-uṣūl*, Muḥammad Ḥasan Muḥammad Ḥasan Ismāʿīl ed., Beirut: Dār al-Kutub al-ʿIlmīya.

Barādhiʿī, Abū Saʿīd al-, 1423/2002, *al-Tahdhīb fī ikhtisār al-Mudawwana*, Muḥammad al-Amīn Walad Muḥammad Sālim b. al-Shaykh and Aḥmad ʿAlī al-Azraq eds., 4 vols., Dubai: Dār al-Buḥūth lil-Dirāsāt al-Islāmīya wa-Iḥyāʾ al-Turāth.

Brockopp, Jonathan, 2000, *Early Mālikī Law: Ibn ʿAbd al-Ḥakam and His Major Compendium of Jurisprudence*, Leiden: Brill.

Brockopp, Jonathan, 2013, "Saḥnūn b. Saʿīd (d. 240/854)," Oussama Arabi, David S. Powers, and Susan A. Spectorsky eds., *Islamic Legal Thought: A Compendium of Muslim Jurists*, Leiden: Brill, 65-84.

Brown, Jonathan, 2007, *The Canonization of al-Bukhārī and Muslim: The Formation and Function of the Sunnī Ḥadīth Canon*, Leiden: Brill.

Burzulī, Abū al-Qāsim b. Aḥmad al-Balwī al-Tūnisī, 2002, *Fatāwā al-Burzulī: Jāmiʿ masāʾil al-aḥkām li-mā nazala min al-qaḍāyā bi-l-muftīna wa-l-ḥukkām*, Muḥammad al-Ḥabīb al-Hīla ed., 7 vols., Beirut: Dār al-Gharb al-Islāmī.

Dutton, Yasin, 1999, *The Origins of Islamic Law: The Qurʾān, the Muwaṭṭaʾ and Madinan ʿAmal*, New Delhi: Lawman Private Limited.

Fadel, Mohammad, 1996, "Fatwas and Social History," *al-ʿUṣūr al-wusṭā*, 8(2): 32-33.

Fadel, Mohammad, 2001, "Rules, Judicial Discretion, and the Rule of Law in Naṣrid Granada: An Analysis of al-Ḥadīqa al-mustaqilla al-naḍra fī al-fatāwā al-ṣādira ʿan ʿulamāʾ al-ḥaḍra," Robert Gleave and Eugenia Kermeli eds., *Islamic Law: Theory and Practice*, London: I.B. Tauris, 49-86.

Félix, Ana Fernández, 2003, *Cuestiones legales del Islam temprano: la "ʿUtbiyya" y el proceso de formación de la sociedad islámica andalusí*, Madrid: Consejo Superior de Investigaciones Científicas.

Fierro, Maribel, 2016, "How Do We Know About the Circulation of Books in al-Andalus?: The Case of al-Bakrī' s Kitāb al-Anwār," *Intellectual History of the Islamicate World*, 4 (1-2): 152-169.

Fierro, Maribel, 2021, "Compiling Fatawa in the Islamic West (Third/Ninth-Ninth/Fifteenth Centuries)," *Jerusalem Studies in Arabic and Islam*, 50: 43-100.

Hallaq, Wael B., 1997, *A History of Islamic Legal Theories: An Introduction to Sunnī uṣūl al-fiqh*, Cambridge: Cambridge University Press.（黒田壽郎訳、2010、『イスラーム法理論の歴史――スンニー派法学入門』書肆心水。）

Ḥaṭṭāb al-Ruʿaynī, Muḥammad b. ʿAbd al-Raḥmān al-Maghribī and Muḥammad b. Yūsuf al- Mawwāq, 1423/2003, *Mawāhib al-jalīl wa-bi-hāmishi-hi al-Tāj wa-l-iklīl li-Mukhtaṣar Khalīl*, Zakarīyā ʿUmayrāt ed., 8 vols., Beirut: Dār Kutub al-ʿIlmīya.

堀井聡江、2016、「古典イスラーム法学におけるタルフィーク（talfīq）序説」『東洋文化研究所紀要』169: 395-432。

Ibn ʿAbd al-Barr, Abū ʿUmar Yūsuf b. ʿAbd Allāh b. Muḥammad, 1387/1967—1412/1992, *al-Tamhīd li-mā fī al-Muwaṭṭaʾ min al-maʿānī wa-l-asānīd*, Muṣṭafā b. Aḥmad al-ʿAlawī ed., 26 vols., [Rabat]: Wizārat al-Awqāf wa-l-Shuʾūn al-Islāmīya.

Ibn ʿAbd al-Barr, Abū ʿUmar Yūsuf, 1414/1994, *Jāmiʿ bayān al-ʿilm wa-faḍli-hi*, Abū al-Ashbāl al-Zuhayrī ed., 2 vols., Dammam: Dār Ibn al-Jawzī.

Ibn ʿAbd al-Ḥakam, Abū Muḥammad ʿAbd Allāh, 1432/2011, *al-Mukhtaṣar al-kabīr*, Aḥmad b. ʿAbd al-Karīm Najīb ed., Dublin: Markaz Najībawayh.

Ibn ʿAbd al-Ḥakam, Abū Muḥammad ʿAbd Allāh, 1433/2012, *al-Mukhtaṣar al-ṣaghīr fī al-fiqh maʿa ziyādāt ʿAbd Allāh b. Muḥammad al-Barqī*, ʿAlī b. Aḥmad al-Kindī al-Marrar and Abū ʿAbd al-Raḥmān Wāʾil b. Ṣidqī eds., Abu Dhabi: Baynūna.

Ibn ʿAbd al-Salām al-Hawārī, 1440/2018, *Tanbīh al-ṭālib li-fahm alfāẓ Jāmiʿ al-Ummahāt li-Ibn al-Ḥājib*, ʿAbd al-Laṭīf b. ʿAbd al-Salām al-Shaybānī al-ʿĀlim ed., Beirut: Dār Ibn Ḥazm.

Ibn Abī Zayd al-Qayrawānī, Abū Muḥammad ʿAbd Allāh, 1999, *al-Nawādir wa-l-ziyādāt ʿalā mā fī al-Mudawwana min ghayri-hā min al-Ummahāt*, ʿAbd al-Fattāḥ Muḥammad al-Ḥalw ed., 15 vols., Beirut: Dār al-Gharb al-Islāmī.

Ibn Abī Zayd al-Qayrawānī, Abū Muḥammad ʿAbd Allāh, 2005, *Risālat Ibn Abī Zayd al-Qayrawānī wa-maʿa-hā Īḍāḥ al-maʿānī ʿalā Risālat al-Qayrawānī*, Aḥmad Muṣṭafā Qāsim al-Ṭahṭawī ed., Cairo: Dār al-Fayḍīla. (Aisha Bewley, trans., 1440/2018, *The Risalah: Ibn Abī Zayd al-Qayrawānī*, Bradford: Diwan Press.)

Ibn Abī Zayd al-Qayrawānī, Abū Muḥammad ʿAbd Allāh, 1434/2013, *Ikhtiṣār al-Mudawwana wa-l-Mukhtalaṭa*, Aḥmad b. ʿAbd al-Karīm Nujayb ed., 4 vols., Casablanca: Dār al-Jīl.

Ibn ʿArafa al-Warghamī al-Tūnisī, 1435/2014, *al-Mukhtaṣar al-fiqhī*, ʿAbd al-Raḥmān Muḥammad al-Khayr ed., 10 vols., Dubai: Khalaf Ahmad al-Habtoor Foundation.

Ibn ʿĀṣim, Abū Bakr Muḥammad b. Muḥammad b. Muḥammad b., 1432/2011, *Tuḥfat al-ḥukkām fī nukat al-ʿuqūd wa-l-aḥkām*, Muḥammad ʿAbd al-Salām Muḥammad ed., Cairo: Dār al-Āfāq al-ʿArabīya.

Ibn Farḥūn, Burhān al-Dīn Abū al-Wafāʾ Ibrāhīm b. al-imām Shams al-Dīn Abī ʿAbd Allāh Muḥammad, 1423/2003, *Tabṣirat al-ḥukkām fī uṣūl al-aqḍiya wa-manāhij al-aḥkām*, Jamāl al-Marr ʿAshlī ed., 2 vols., Beirut: Dār al-Kutub al-ʿIlmīya.

Ibn Ḥabīb, ʿAbd al-Malik, 2002, *Kitāb al-wāḍiḥa (tratado jurídiko): fragmentos extraídos del Muntajab al-aḥkām de Ibn Abī Zamanīn*, María Arcas Campoy ed., Madrid: Consejo Superior de Investigaciones Científicas.

Ibn al-Ḥājib, Abū ʿAmr Jamāl al-Dīn ʿUthmān b. ʿUmar b. Abī Bakr, 1427/2006, *Mukhtaṣar muntahā al-suʾl wa-l-ʿamal fī ʿilmī al-uṣūl wa-l-jadal*, Nazīr Ḥamādū ed., 2 vols., Algiers: al-Sharika al-Jazāʾirīya al-Lubnānīya and Beirut: Dār Ibn Ḥazm.

Ibn al-Ḥājib, Abū ʿAmr Jamāl al-Dīn ʿUthmān b. ʿUmar b. Abī Bakr and Wansharīsī, Abū al-ʿAbbās Aḥmad, 1425/2004, *Jāmiʿ al-Ummahāt aw Mukhtaṣar Ibn al-Ḥājib al-farʿī wa-maʿa-hu Durar al-qalāʾid wa-gharar al-ṭurar wa-fawāʾid*, Beirut: Dār al-Kutub al-ʿIlmīya.

Ibn al-Jallāb, Abū al-Qāsim ʿUbayd Allāh b. al-Ḥasan, 2007, *al-Tafrīʿ fī fiqh al-imām Mālik b. Anas*, Sayyid Kasrawī Ḥasan ed., 2 vols., Beirut: Dār al-Kutub al-ʿIlmīya.

Ibn Rushd [al-Jadd], Abū al-Walīd Muḥammad b. Aḥmad, 1408/1988 (a), *al-Muqqadimāt al-mumahhidāt li-bayān mā iqtaḍat-hu rusūm al-Mudawwana min al-aḥkām al-sharʿīyāt wa-l-taḥṣīlāt al-maḥkamāt li-ummahāt masāʾili-hā al-mushkilāt*, Muḥammad Ḥajjī ed., 3 vols., 2nd ed., Beirut: Dār al-Gharb al-Islāmī.

Ibn Rushd [al-Jadd], Abū al-Walīd, 1408/1988 (b), *al-Bayān wa-l-taḥṣīl wa-l-sharḥ wa-l-tawjīḥ wa-l-taʿlīl fī masāʾil al-Mustakhraja wa-ḍamina-hu al-Mushtakhraja min al-asmiʿat al-maʿrūfa bi-l-ʿUtbīya*, Muḥammad Ḥajjī ed., 20 vols., 2nd ed., Beirut: Dār al-Gharb al-Islāmī.

Ibn Sahl, Abū al-Aṣbagh ʿĪsā, 1428/2007, *Dīwān al-aḥkām al-kubrā aw al-Iʿlām bi-nawāzil al-aḥkām wa-qiṭr min siyar al-ḥukm*, Yaḥyā Murād ed., Cairo: Dār al-Ḥadīth.

Ibn Shās, Jalāl al-Dīn ʿAbd Allāh b. Najm, 1423/2003, *ʿIqd al-jawāhir al-thamīna fī madhhab ʿālim al-Madīna*, Ḥamīd b. Muḥammad Laḥmar ed., 3 vols., Beirut: Dār al-Gharb al-Islāmī.

Ibn Wahb, ʿAbd Allāh, 2003, *al-Jāmiʿ: tafsīr al-Qurʾān*, Niklos Muranyi ed., 3 vols., Beirut: Dār al-Gharb al-Islāmī.

Ibn Yūnus al-Ṣiqillī, Abū Bakr b. ʿAbd Allāh, 1433/2012, *al-Jāmiʿ li-masāʾil al-Mudawwana wa-l-Mukhtalaṭa*, Abū al-Faḍl al-Dimyāṭī ed., 10 vols., Beirut: Kitāb Nāshirūn.

飯山陽、2003、「目的論的解釈への道」『オリエント』46(2): 113-133。

ʿIyāḍ b. Mūsā, al-Qāḍī Abī al-Faḍl, 1403/1983, *Tartīb al-madārik wa-taqrīb al-musālik li-maʿrifat aʿlām madhhab Mālik*, Muḥammad b. Tāwīt al-Ṭanjī ed., 8 vols., 2nd ed., Rabat: Wizārat al-Awqāf wa-l-Shuʾūn al-Islāmīya.

Jackson, Sherman A., 1996, *Islamic Law and the State: The Constitutional Jurisprudence of Shihāb al-Dīn al-Qarāfī*. Leiden: Brill.

Khalīl b. Isḥāq al-Jundī, 2004, *Mukhtaṣar Khalīl fī fiqh imām Dār al-Hijra al-imām Mālik b. Anas*, al-Ṭāhir Aḥmad al-Zāwī ed., 2nd ed., Beirut: Dār al-Madār al-Islāmī.

Khalīl b. Isḥāq al-Jundī, 1429/2008, *al-Tawḍīḥ fī sharḥ al-Mukhtaṣar al-farʿī li-Ibn al-Ḥājib*, Aḥmad b. ʿAbd al-Karīm Najīb ed., 9 vols., Cairo: Markaz Najībawayh.

Lakhmī Abū Ḥasan, ʿAlī b. Muḥammad al-, n.d., *al-Tabṣira*, Aḥmad ʿAbd al-Karīm Najīb ed., 14 vols., Qatar: Awqāf Qaṭar.

Lagardère, Vincent, 1995, *Histoire et société en Occident musulman au Moyen age: analyse du Miʿyār d'al-Wanšarīsī*, Madrid: Casa de Velázquez.

Mālik b. Anas, 1420/1999, *al-Muwaṭṭaʾ*, Abū Jaʿfar al-Raḥmān al-Akhḍarī ed., Damascus and Beirut: al-Yamāma. (Mohammad Fadel and Connell Monette eds. and trans., 2019,

Al-Muwatta': The Recension of Yaḥyā b. Yaḥyā al-Laythī (d.234/848): A Translation of the Royal Moroccan Edition, Cambridge and Massachusetts: Harvard University Press.)

Mālik b. Anas, n.d., *Muwaṭṭa' al-imām Mālik*, riwāyat Muḥammad b. al-Ḥasan al-Shaybānī, ʻAbd al-Wahhāb ʻAbd al-Laṭīf ed., 2nd ed., Beirut: al-Maktaba al-ʻIlmīya.

Mawwāq, Muḥammad b. Yūsuf al-ʻAbdarī al-Gharnāṭī, 1423/2003, *al-Tāj wa-l-iklīl li-Mukhtaṣar Khalīl*, Rābiʻ Zarwātī ed., 5 vols., Beirut: Dār Ibn Ḥazm.

Māzarī, Abū ʻAbd Allāh Muḥammad b. ʻAlī b. ʻUmar al-Tamīmī al-, 1997, *Sharḥ al-Talqīn*, Muḥammad al-Mukhtār al-Salāmī ed., 3 vols., Tunis: Dār al-Gharb al-Islāmī.

Muranyi, Miklos, 1997, *Beiträge zur Geschichte der Ḥadīth und Rechtsgelehrsamkeit der Mālikiyya in Nordafrika bis zum 5. Jh. d.H.: bio-bibliographische Notizen aus der Moscheebibliothek von Qairawān*, Wiesbaden: Otto Harrassowitz.

Muranyi, Miklos, 1998, "Das Kitāb Aḥkām Ibn Ziyād: Über die Identifizierung eines Fragmentes in Qairawān (Qairawāner Miszellaneen V)," *Zeitschrift der Deutschen Morgenländischen Gesellschaft*, 148(2): 241-260.

Qarāfī, Shihāb al-Dīn Abū al-ʻAbbās Aḥmad b. Idrīs al-, 1994, *al-Dhakhīra*, Muḥammad Ḥajjī ed., 14 vols., Beirut: Dār al-Gharb Islāmī.

Qarāfī, Shihāb al-Dīn Abū al-ʻAbbās Aḥmad b. Idrīs al-, 1416/1995, *al-Iḥkām fī tamyīz al-fatāwā ʻan al-aḥkām wa-taṣarrufāt al-qāḍī wa-l-imām*, ʻAbd al-Fattāḥ Abū Ghudda ed., 2nd ed., Beirut: Dār al-Bashā'ir al-Islāmīya. (Mohammad H. Fadel, trans., 2017, *The Criterion for Distinguishing Legal Opinions from Judicial Rulings and the Administrative Acts of Judges and Rulers: al-Iḥkām fī Tamyīz al-Fatāwā ʻan al-Aḥkām wa Taṣarrufāt al-Qāḍī wa'l-Imām*, New Heaven and London: Yale University Press.)

Qarāfī, Shihāb al-Dīn Abū al-ʻAbbās Aḥmad b. Idrīs al-, 1421/2010, *al-Furūq al-musammā bi-Anwār al-burūq fī anwā' al-furūq wa-hāshimi-hi Tahdhīb al-Furūq wa-l-qawā'id al-sunnīya*, Dammam: Wizārat al-Shu'ūn al-Islāmīya wa-l-Awqāf wa-l-Daʻwa wa-l-Irshād.

Portales, David Peláez, 1998, "La sūrā en al-Andalus," *Anaquel de Estudios Árabes*, 9: 129-150.

Powers, David S., 2013, "Aḥmad al-Wansharīsī (d. 914/1509)," Oussama Arabi, David S. Powers, and Susan A. Sepctorsky eds., *Islamic Legal Thought: A Compendium of Muslim Jurists*, Leiden: Brill, 375-399.

Powers, David S. and Etty Terem, 2007, "From the Miʻyār of al-Wansharīsī to the New Miʻyār of al-Wazzānī," *Jerusalem Studies in Arabic and Islam*, 33: 235-260.

Rapoport, Yossef, 2003, "Legal Diversity in the Age of Taqlīd: The Four Chief Qāḍīs Under the Mamluks," *Islamic Law and Society*, 10(2): 210-228.

Rapoport, Yossef, 2013, "Mālik b. Anas (d. 179/795)," Oussama Arabi, David S. Powers, and Susan A. Sepctorsky eds., *Islamic Legal Thought: A Compendium of Muslim Jurists*, Leiden: Brill, 27-41.

Saḥnūn b. Saʻīd al-Tanūkhī and Abū al-Walīd Muḥammad b. Aḥmad b. Rushd al-Jadd, 1415/1994, *al-Mudawwana al-kubrā wa-yalī-hā Muqaddimāt Ibn Rushd*, 5 vols., Beirut:

Dār al-Kutub al-ʿIlmīya.

Schacht, Joseph, 1967, *The Origins of Muhammadan Jurisprudence*, Rev. ed., Oxford: The Clarendon Press.

Shāfiʿī, Muḥammad b. Idrīs al-, 1422/2001, *al-Umm*, Rifʿat Fawzī ʿAbd al-Muṭṭalib ed., 11 vols., Mansura: Dār al-Wafāʾ.

Tājūrī, ʿAbd al-Slām b. ʿUthmān al-, 2007, *Tadhyīl al-Miʿyār*, Jumʿat Maḥmūd al-Zurayqī ed., 5 vols., Benghazi: Dār al-Kutub al-Waṭanīya.

Tsafrir, Nurit, 2004, *The History of an Islamic School of Law: The Early Spread of Ḥanafism*, Cambridge: Harvard University Press.

Van Staëvel, Jean-Pierre, 2006, "Institution judiciaire et production de la norme en al-Andalus aux IXe et Xe siècles," François Géal ed., *Regard sur al-Andalus (VIIIe-XVe)*, Madrid: Casa de Velázquez, 47-80.

Voguet, Élise, 2014, *Le monde rural du Maghreb central (XIVe-XVe siècles): réalités sociales et constructions juridiques d'après les Nawâzil Mâzûna*, Paris: Éditions de la Sorbonne.

Wansharīsī, Abū al-ʿAbbās Aḥmad b. Yaḥyā al-, 1401/1981, *al-Miʿyār al-muʿrib wa-l-jāmiʿ al-mughrib ʿan fatāwā ahl Ifrīqīya wa-l-Andalus wa-l-Maghrib*, Muḥammad Ḥajjī, Aḥmad al-Sharqāwī Iqbāl, and Muḥammad al-ʿArāʾish eds., 13 vols., Rabat: Wizārat al-Awqāf wa-l-Shuʾūn al-Islāmīya lil-Mamlaka al-Maghribīya.

Wazzānī, Abū ʿĪsā Sayyidī al-Mahdī al-, 1417/1996—1419/1998, *al-Nawāzil al-jadīda al-kubrā fī mā li-ahl Fās wa-ghayri-him min al-badw wa-l-qurā al-musammā bi-l-Miʿyār al-jadīd al-jāmiʿ al-Maghrib ʿan fatāwā al-mutaʾakhkhirīn min ʿulamāʾ al-Maghrib*, ʿUmar b. ʿAbbād ed., 12 vols., Rabat: Wizārat al-Awqāf wa-l-Shuʾūn al-Islāmīya lil-Mamlaka al-Maghribīya.

Wymann-Landgraf, Umar F. Abd-Allah, 2013, *Mālik and Medina: Islamic Legal Reasoning in the Formative Period*, Leiden: Brill.

Zomeño, Amalia, 2020, "Islamic Law and Religion in Nasrid Granada," Adela Fábregas ed., Consuelo López-Morillas trans., *The Nasrid Kingdom of Granada Between East and West (Thirteenth to Fifteenth Centuries)*, Leiden: Brill, 100-123.

Zurqānī, ʿAbd al-Bāqī b. Yūsuf b. Aḥmad b. Muḥammad al- and Muḥammad b. al-Ḥasan b. Masʿūd al-Banānī, 1422/2002, *Sharḥ al-Zurqānī ʿalā Mukhtaṣar Sayyidī Khalīl wa-maʿa-hu al-Fatḥ al-rabbānī fī mā dhahala ʿan-hu al-Zurqānī*, ʿAbd al-Salām Muḥammad Amīn ed., 8 vols., Beirut: Dār al-Kutub al-ʿIlmīya.

2-3．シャーフィイー派

柳橋博之

1．シャーフィイー

スンナ派四法学派の1つシャーフィイー派の名は、名祖ムハンマド・ブン・イドリース・シャーフィイー（150/767-8―204/820年）に因む。シャーフィイーの生地については、アシュケロン（現イスラエル）、ガザ、あるいはイエメンとする説がある。シャーフィイーが生まれた150年はアブー・ハニーファの没年でもあるが、後世のある言い伝えによれば、シャーフィイーはアブー・ハニーファが没したその日に生まれたという。父はクライシュ族に属し、預言者ムハンマドの遠戚に当たるが、このことは、後世のシャーフィイー派がその正統性を主張する際の1つの論拠となった。幼くして父と死別したシャーフィイーは、母とともにメッカに移住し、少年時代を遊牧民とともに過ごすが、やがて学問を志し、最初はメッカに学び、後にメディナでマーリク・ブン・アナス（90/708―179/795年）に師事する。師の死後イラクに移住したシャーフィイーは、アブー・ハニーファの弟子でハナフィー派の始祖の1人に数えられるシャイバーニー（132/750―187-9/803-5年）に法学を学ぶ。その後一旦メッカに戻るが、195/810-1年頃にバグダードに移り、ここで法学に関する著作を著す。そのなかには、『論考（*al-Risāla*）』の初版（散逸した）も含まれる。この時期の実定法に関わる学説は、後に「旧説（al-qawl al-qadīm, al-qadīm）」と呼ばれるようになる。その後、シャーフィイーは、再度ヒジャーズに戻った後、またバグダードに移るが、間もなくここを去り、198/813-4年頃エジプトのフスタートに移住し、204/820年に没するまで、ここを終の棲家とする。この時期の実定法に関わる学説は「新説（al-qawl al-jadīd, al-jadīd）」と呼ばれ、特に、後述の『ウンム（模範の書）』（Shāfiʿī 1422/2001a）に収録された学説によって代表される。またこの間に、『論考』の第2版（Shāfiʿī 1358/1940）を著している。

フスタート期のシャーフィイーの――同時にシャーフィイー派の――法理論は、2つの重要な原則に支えられている。その1つは、預言者の言葉、行為、または黙認として定義されたスンナ（al-sunna）は、啓示に基づく法源としてクルアーンと同等の権威を有するという原則である。従来、マーリクに代表されるメディナの学説は、預言者が住んだ場所としてのメディナの学説や慣行に法源としての権威を認めていた。同様にイラクにおいても、クーファやバスラなどの学問の中心地では、同地で流布していた学説に権威が認められていた。シャーフィイーは、基本的には啓示のみを法源とすることで、従来の学説とは一線を画したのである。

シャーフィイーの法理論のもう1つの重要な原則は、クルアーンやスンナに解決が見いだされない事案については、シャーフィイーによればキヤース（qiyās）と同義とされるイジュティハード（ijtihād）に従った厳密な推論による解決のみが有効だということである。キヤースは類推と訳されることもあるが、ここでは立ち入る余裕はない。ただ、シャーフィイーのこの議論は、アブー・ハニーファとその追随者（後にいうハナフィー派）に対する論駁でもあるという点に注意しておこう。ハナフィー派は、その論敵からは、「個人的見解の徒（aṣḥāb al-raʾy, ahl al-raʾy）」と呼ばれ、恣意的な推論を行うという批判を受けたが、シャーフィイーもまた同じ批判を同派に向けている。

アシュアリー派の神学者にしてシャーフィイー派の法学者でもあるシャフラスターニー（479/1086―548/1153年）は、法学者を2種類に分ける。1つは、ハディースの収集と伝達に熱意を示し、また法学説の根拠を明文（クルアーンとスンナと、論者によってはイジュマー）に限定して、これに反する推論を一切認めない人々であり、ハディースの徒（aṣḥāb al-ḥadīth, ahl al-ḥadīth)」と呼ばれる。マーリク派、シャーフィイー派、ハンバル派、ザーヒル派などがこれに含まれる。もう1つが「個人的見解の徒」であり、実質上ほぼハナフィー派と同義である（Shahrastānī 1413/1992^2: 1:217-221）[1)]。

1）法学者や伝承家の分類については他の立場もある。本書117-8, 125頁参照。現代の欧米における研究で伝承主義者（traditionalists. 主義主張を表す場合は「伝承主義 traditionalism」）とは、この意味でのハディースの徒である。

ただし、同じくハディースの徒とはいっても、キヤースやイジュマーの定義や受容度をめぐっては論者の間に大きな差があり、シャーフィイー派の立場は、推論の方法という観点からは穏便なハディースの徒と評価することができよう。

既述のように、シャーフィイーの実定法上の学説は、旧説と新説に分類される。旧説は主としてバグダード時代の弟子により後世に伝えられた。新説は、もっぱらフスタート時代の弟子により後世に伝えられた。後のシャーフィイー派は、シャーフィイーが学説を改めたほとんどの場合において、新説を正統な学説とみている（なお、ハナフィー派の著作においてシャーフィイーの学説として引用されるのはしばしば旧説なので注意を要する）。

2．主要な法学者と著作

ここでは、年代を追ってシャーフィイー派の主要な法学者とその著作を紹介する。

（1）シャーフィイーの弟子

後世のシャーフィイー派は、新説を後代に伝えたフスタート期におけるシャーフィイーの主要な弟子として6人を挙げる（cf. ʿImrānī 1421/2000: 1:5）。ここでは3人に触れておく。ムザニー（175/791-2—264/877-8年）は、後世への影響という点では最も重要な弟子であり、その主著『提要』（Muzanī 1393/1973）に対して、後世多数の注釈書が書かれている。しかし、師の学説からしばしば離れ、独立の学派を立てたとも評された。6人の弟子のなかには、ラビーィ・ブン・スライマーンという人物が2人いる。ラビーィ・ブン・スライマーン・ムラーディー（174/790-1—270/884年）とラビーィ・ブン・スライマーン・ジーズィー（256/870年没）である。資料中で単に「ラビーィ」または「ラビーィ・ムアッズィン」とは前者を指す。法学者としては全く評価されていないが、その最大の業績は、師の講義をまとめて『ウンム』と『論考』を編纂したことである（cf. Melchert 2004）。

(2) アッバース朝期：イラク派とホラーサーン派

上述のように、シャーフィイーの新説は、最初はエジプトの弟子に継承された。シャーフィイー派は、ファーティマ朝期（296/909―567/1171年）を除いては、エジプトにおいて長い間優越的な地位を保持し続けたが、マムルーク朝期までは、シャーフィイー派の学問的な意味での中心地は、最初にイラク、後にはホラーサーンであった。5/11世紀半ば以降の著作では、「イラク人は唱える」、「バグダード人によれば」、「ホラーサーン人は唱える」、「メルヴ人の相承によれば」などの表現がしばしば見られる（「イラク人」等々は、以下では「イラク派」等々と記す）。

ムザニーとラビーィの弟子アンマーティー（288/901年没）は、新説に基づくシャーフィイーの著作を初めてバグダードに普及させたとされる。その弟子イブン・スライジュ（249/863-4年頃―306/918-9年）は、バグダードにおいて当代随一のシャーフィイー派法学者と目され、ムザニーを凌ぐとも評された。メルチャートによれば、同時代のシャーフィイー派の法学者と比べた時、イブン・スライジュはシャーフィイーの学説に忠実であり、シャーフィイーの学統の再興に努めた（Melchert 1997: 91-92）。その試みが間もなく功を奏したことを示唆する記述が、スブキー（727/1326-7―771/1370年）とイブン・カーディー・シュフバ（779/1377―851/1448年）による2つのシャーフィイー派法学者列伝に現れる。それによれば、やはりアンマーティーの弟子であるアブー・サイード・イスタフリー（244/858-9―328/940年）は、バグダードでシャーフィイー派を主導し、「ワジュフ適格者（aṣḥāb al-wujūh）」とされた（Subkī, Tāj al-Dīn 1420/1999: 3:230; Ibn Qāḍī Shuhba 1398/1978: 1:75）。

ここで「ワジュフ」とは、シャーフィイー派に固有の術語で、同派の法学者が、シャーフィイーの学説やその方法論に基づいてイジュティハードにより未解決の事案に関してある学説を唱えた場合、その学説は「ワジュフ（wajh, 複数形 wujūh）」と呼ばれる。ただし、ワジュフを唱える資格のある法学者はきわめて高い学識を有することが求められている。そのような法学者は、「ワジュフ適格者」あるいは単に「適格者（al-aṣḥāb）」と呼ばれる（なお、column 参照）。

このことを踏まえて、アブー・サイード・イスタフリーがワジュフ適格者とされていることの意味を考えてみよう。いうまでもなく、イスタフリーは優れた法学者と見られていた。そのことは、後世のシャーフィイー派の法学書にその名が頻出することからも明らかである。しかし、イスタフリーに劣らず頻繁に言及される兄弟子のイブン・スライジュは、ワジュフ適格者とはされていない。イスタフリーがワジュフ適格者とされた最初の法学者のようである。すると次のような推測が可能になる。イブン・スライジュによるシャーフィイーの学説の再興の試みは功を奏した。ワジュフとワジュフ適格者という概念は、イブン・スライジュの没後間もなくして導入されたと思われるが、これは、シャーフィイー派の（ないしは後に同派に分類された）法学者がシャーフィイーの学統の忠実な後継者としての自らの立場を鮮明にしたことの指標と見ることができる。シャーフィイー派は、シャーフィイーの没後おおよそ1世紀を経て、シャーフィイーの学統を継承する集団としてその帰属意識を確立したということができる。

イブン・スライジュがシャーフィイー学説の再興に努めたということは、シャーフィイーの学説にあまり忠実ではない法学者がいたということである。その1人ニシャプール生まれのイブン・フザイマ（223/837-8—311/924年）は、エジプトに渡り、ムザニーやラビーィに師事した。しかし、16歳に達して後は、誰に対してもタクリードを行わなかったといわれる（Ibn Qāḍī Shuhba 1398/1978: 1:62-63）。また「神の使徒のハディースから、鑿（manāqīsh）を用いて要点と原理を取り出した」とも伝えられる（Shīrāzī n.d.: 106）。すなわち、伝統的な解釈にとらわれずハディースに独自の深い解釈を施したという意味であろう。このことは、実定法規に関する限り、シャーフィイー学説からの決別をうかがわせる。タバリスターン出身でラビーィに学んだイブン・ジャリール・タバリー（224/838-9—310/923年）は、ハディース学、クルアーン注釈、歴史学の分野で偉大な業績を遺したが、やはり独立の学説を唱えたとされる。しかしこの2人の学統は一代で途絶えた（もっとも、シャーフィイーは自身に対するタクリードを禁止したとも伝えられるので、その意味ではこの2人こそはシャーフィイーの真の後継者だったともいえる）。

イブン・スライジュの時期からおおよそ5/11世紀半ばに至るまでは、シャーフィイー派の学問的な中心地はイラクであった。その代表的な法学者として２人に言及しておこう。マーワルディー（364/974-5—450/1058年）は、『統治の諸規則』（Māwardī n.d.）の著者として有名であるが、実定法の分野では『ハーウィー（大包括）』（Māwardī 1414/1994）を著した。この著作は、シャーフィイー派のみならず、他の学派（特にハナフィー派とマーリク派）や学派成立期以前の学説も広く収録し、またしばしば、他の法学書では見られない細則に言及している。なお、この著作においては、「バグダード派」と「バスラ派」がシャーフィイー派の２大潮流とされているようである。

アブー・イスハーク・シーラーズィー（393/1002-3—476/1083年）は、実定法の分野では、『タンビーフ（訓戒）』（Shīrāzī 1403/1983）と『イマーム・シャーフィイーのフィクフの精髄』（Shīrāzī 1412/1992）を著した。いずれもムザニーの『提要』に対する注釈という体裁をとるが、実質的には独立した著作である。特に後者は、バグダード派の実定法を代表する法学書とされ、スブキーは、数多ある法学書の中で、「教師による教授と探求者による研究に資する」ものとして、この著作とガザーリーの『ワスィート（正統学説の中庸）』（後述）を挙げている（Subkī 1420/1999: 1:16）。シーラーズィーは、実定法以外にも重要な業績を遺している。『法学者列伝』（Shīrāzī n.d.）は、教友の世代から彼と同時代までの法学者を、世代（教友、後継世代、等々）と生まれたまたは活動した地域、あるいは属する法学派に従って分類し説明している。『ルマァ（法源学における輝き）』（Shīrāzī 1434/2013）とその注釈（Shīrāzī 1408/1988）は、シャーフィイー派の代表的な法源学の著作に数えられる。

既述のように、ホラーサーンは、シャーフィイー派の一大中心地であった。スブキーは、その主要都市としてメルヴ、ニシャプール、バルフ、ヘラートを挙げ、なかんずくメルヴを称賛して、「ホラーサーンは学派の半分（niṣf al-madhhab）であるが、実質的にはメルヴが学派の半分といってもよい」と記している（Subkī 1420/1999: 1:326）。ホラーサーンへのシャーフィイー派法学の普及は、カッファール・シャーシー、通称大カッファール（al-

Qaffāl al-Kabīr. 291/903-4—365/976年）をもって嚆矢とする。その後、イスファラーイン出身のアブー・イスハーク・イスファラーイニー（418/1027年没）は、バグダードで学んだ後、ニシャプールにおいて後進の育成に努め、ホラーサーンの学者は皆彼から学んだとされる。メルヴ出身のスィンジー（427/1035-6年没）は、イラクとホラーサーンの学統の総合を初めて試みたと評される（Ibn Qāḍī Shuhba 1398/1978: 1:209）。このことは、スィンジーの時代までには「ホラーサーン派」と呼ぶにふさわしい学統がすでに確立されていたことを示唆する。

ホラーサーン派の代表的な法学者としてさらに2人には触れないわけにはいかない。イマームルハラマイン・ジュワイニー（419/1028—478/1085年）は、高名なアシュアリー派神学者でもあり、また法源学における業績として『ブルハーン（法源学における証拠）』（Juwaynī 1399/[1978-9]）や『ワラカート（法源学草稿）』（Juwaynī 1374/1955）が知られているが、シャーフィイー派法学史においては『ニハーヤ（正統学説の認識における探究の究極）』（Juwaynī 1430/2009; Juwaynī 1431/2010）が最も重要であろう。既述のように、すでにスィンジーがイラクとホラーサーンの学統の総合を試みていたが、ジュワイニーは『ニハーヤ』においてこれを完成させた。ムザニーの『提要』の注釈と銘打ってはいるが、実質的には独立した著作であり、その目的は、実定法の全分野にわたり、シャーフィイーに始まり、イラク派であれホラーサーン派であれ、過去の権威あるシャーフィイー派の法学者の学説を網羅的に収集し、それらを比較検討することにより、シャーフィイー派の正統学説を確定することである（柳橋 2014: 106-110）。刊本で10,000ページに喃々とする浩瀚な著作であり、後世のシャーフィイー派に強い影響を及ぼした。このことは、例えば後掲のナワウィーの『集成――「精髄」注釈』や『ラウダ』（91頁参照）において、シャーフィイー法学者として、ジュワイニー、次にガザーリーの引用頻度が最も高いことに現れている。

ジュワイニーの弟子ガザーリー（450/1058-9—505/1111年）は、師の『ニハーヤ』を要約して『正統学説の明解（*al-Basīṭ fī al-madhhab*）』を著し、またこの簡約版として『正統学説の中庸』（Ghazālī 1417/1997）を著し、さらにまたその縮約版として『正統学説の要諦』（Ghazālī 1399/1979）を著した。先にも述べたように、スブキーは、『正統学説の中庸』を、アブー・イスハーク・シーラーズィーの『イマーム・シャーフィイーのフィクフの精髄』とともにシャーフィイー派実定法学の最も優れた著作に数えている。ガザーリーは、法源学においても師の強い影響を受け、主著『法源学の神髄』(Ghazālī 1322—1325/[1904—1907]: 2:482）において、シャリーアの目的として、人間の信仰、生命、理性、末裔、財産の5つを保全することを挙げている。

その他の地域にも目を向けよう。イムラーニー（489/1096-7—558/1163年）は、イエメンの法学者・ハディース学者で、シーラーズィーの『イマーム・シャーフィイーのフィクフの精髄』の注釈『イマーム・シャーフィイーの正統学説の解明』（ʿImrānī 1421/2000）を著した。師弟関係を見る限り、この人物は、東アフリカへのシャーフィイー派法学の伝播において重要な役割を果たしたようである。東アナトリア生まれで、シリア、後にエジプトで活動したアーミディー（551/1156—631/1233年）は、アシュアリー派の神学者でもあり、法学者としては、最初はハンバル派、後にシャーフィイー派に属した。その『イフカーム（法規定の強化）』（Āmidī 1402/[1981-2]）は、ガザーリー以降の最も重要な法源学の著作の1つである（cf. Weiss 1992）。余談になるが、アレッポで照明学派の祖スフラワルディー（549/1155—587/1191年）に出会い、「私はあたかも海を飲んでいるかのように感じた」という感想を述べたと伝えられる（Ṣafadī 1420/2000: 21:226）。本稿では立ち入らないが、法学者が同時にスーフィーである、ないしはスーフィズムに傾倒していた例はしばしば見られる。

カズヴィーンで活動したラーフィイー（555/1160—623/1226年）は、前掲のガザーリー『正統学説の要諦』に対する注釈書『偉大なる者による開示——「要諦」注釈』（Rāfiʿī n.d.)、『イマーム・シャーフィイーの法学の詳解』(Rāfiʿī 1434/2013)、『シャーフィイーのムスナド注釈』（Rāfiʿī 1428/2007, 本書96頁参照）を著した。アルビル生まれのイブン・サラーフ（577/1181-2—643/1245年）は、ハディース学の解説書（Ibn al-Ṣalāḥ n.d., cf. 本書96頁参照）で有名であるが、シャーフィイー派の法学者でもあり、そのファトワーの集成（Ibn al-Ṣalāḥ 1406/1986）が残されている。

（3）マムルーク朝からオスマン朝初期まで

モンゴル人が656/1258年にアッバース朝を滅ぼし、中央アジアからイラクにかけての地域を支配下に置くと、これと軌を一にするかのように、シャーフィイー派法学の中心地はマムルーク朝（648/1250—923/1517年）統治下のシリアとエジプトに移る。ナワウィー（631/1233—676/1277年）は、シリアで活躍し、ハディース学や文法学でも優れた業績を挙げたが、特に実定法の分野で後世に人口に膾炙した著作を記した。『集成——「精髄」注釈』（Nawawī n.d.）は、アブー・イスハーク・シーラーズィーの『イマーム・シャーフィイーのフィクフの精髄』に対する注釈である。『ミンハージュ（学生の導きとムフティーの手引き）』（Nawawī 1426/2005）は、ラーフィイーの『イマーム・シャーフィイーの法学の詳解』の要約であるが、後に東南アジアにおいて最も権威ある法学書とされた。インドネシアを植民地としたオランダ人によってオランダ語に訳され、それを基にフランス語と英語にも翻訳された（Nawawī 1992）。英訳は優れた訳であり、筆者もよくお世話になった。『ラウダ（学生の園とムフティーの手引き）』（Nawawī 1405/1985）は、実定法規の網羅的な解説書であり、大部ながら使いやすい。

エジプトで活動したイブン・ナキーブ（702/1302—769/1368年）は、あまり引用されない法学者ではあるが、その『求道者の拠り所と敬虔者の道具』（Ahmad ibn Naqib 1993[2]）は、アラビア語－英語の対訳が刊行されており、筆者もしばしば参照して法学書の読み方を学んだ。スユーティー（849/1445—911/1505年）は、法学に限らず様々な分野で数多くの著作があるが、法学者としては、実定法における様々な通則や原則について論じた『シャーフィイー派法学における原則と実定法規の異同』（Suyūṭī 1403/1983）等を著した。

マムルーク朝が滅亡してエジプトがオスマン帝国の支配下に置かれる端境期を生きた3人の人物に触れておきたい。シャァラーニー（898/1493—974/1565-6年）は、スーフィーとしても有名であるが、法学の分野では『最大の秤』（Shaʿrānī 1409/1989）が重要である。この内容を強いて要約すれば、シャリーアと四法学派のフィクフをその原理に遡って解明しようという試みである。エジプトとメッカで活躍したイブン・ハジャル・ハイタミー（909/1503-4—975/1567年）は、ナワウィーの『ミンハージュ』に対する注釈『必要とする者への贈物』(Ibn Ḥajar al-Haytamī n.d.) 等を著す一方で、イエメン、ハドラマウト、東アフリカのシャーフィイー派法学者を数多く育てた。ラムリー (919/1513—1004/1596年) は、後に「小シャーフィイー (al-Shāfiʿī al-Ṣaghīr)」と称されるほどの高い権威を獲得した。その『必要とする者の究極』(Ramlī n.d.) は、イブン・ハジャル・ハイタミーの『必要とする者への贈物』と並んでナワウィーの『ミンハージュ』に対する最も重要な注釈書とされていた。

3．シャーフィイー派の拡大

エジプトに誕生したシャーフィイー派は、マグリブ・アンダルスではマーリク派に対抗することができず、ほとんど勢力を伸ばすことができなかった。マシュリクにおいても、当初アッバース朝がハナフィー派を厚遇する政策を採ったため、しばらく勢力を拡大することができなかった。カーディーへの任官は、3/9世紀中にはほとんど見られない。バグダードに同派のカーディーが初めて任命されたのは338/949年のことであった。ハナフィー派の法学者アブー・ハフス・カビール (217/832年没) の息子ムハンマド、通称アブー・ハフス・サギールは次のように語ったと伝えられる。その父の時代に、シャーフィイー派がハナフィー派に対する優位を説き始めたために両派の間に諍いが起こった。そこでムハンマドがそれぞれの法学派に属する法学者の数を数えたところ、シャーフィイー派には80人の法学者が属していたが、ハナフィー派については、アブー・ハニーファの孫弟子以降の世代は総計4,000人を数えたという (Makkī 1321/[1904-5]: 1:38)。

後発のシャーフィイー派がどのようにしてイラク、イラン、中央アジア、さらにはイエメン、ハドラマウト、東アフリカ、東南アジアで勢力を拡大したのかについては、政治的、思想的、また教義上の要因を考えることができる。政治的な要因の例としては、トゥールーン朝 (254/868—292/905年) 統治下のシリアへのシャーフィイー派の導入が挙げられる。トゥールーン朝は、アッバース朝から独立した最初の地方王朝で、エジプトとシリアを支配したが、創始者アフマド・ブン・トゥールーン (在位254/868—270/884年)

は、シャーフィイー派を厚遇し、同派に属するアブー・ズルア・サカフィー（302/914-5年没）を最初はエジプト、後にダマスクスのカーディーとして任命した（Tsafrir 2004: 91）。こうしてシャーフィイー派はシリアで優勢になり、それまで同地において支配的だったアウザーイー（88/706-7—157/774年）の学統に取って代わった（Dhahabī 1417/1996[14]: 14:231-233）。後には、セルジューク朝が第３代スルターン、マリク・シャー（在位465/1072—485/1092年）の時代以降同派を擁護したことはその勢力拡大を助けたが、逆にサファヴィー朝が12イマーム派を、オスマン帝国がハナフィー派をそれぞれ公式教義としたことは、マシュリクの多くの地域におけるシャーフィイー派の退潮や消滅を招いた。

思想的な要因としては、１つに伝承主義（ハディース主義。本書５-６頁参照）の台頭を挙げることができよう。一般に伝承家は、理性主義的なハナフィー派に対して批判的な立場をとった。その裏返しとして、スンナに絶対的な権威を認めるシャーフィイー派を含む他のスンナ派法学派が、伝承主義的な傾向を有するスンナ派ウラマーの支持を得たと考えられる。特に、アッバース朝第７代カリフ、マームーン（在位198/813—218/833年）は、ムゥタズィラ派を擁護してミフナ（miḥna.「異端審問」とも訳される）を行い、同派の主要教義の１つであるクルアーン創造説を認めないウラマーを罰したり時には処刑したりした。ミフナは218/833年から234/848年まで続いたが、第10代カリフ、ムタワッキル（在位232/847—247/861年）がこの政策を中止した。ハナフィー派はムゥタズィラ派と比較的親和性が高かった、すなわちハナフィー派の法学者におけるムゥタズィラ派の比率は他の学派に比べて高かったため、反ハナフィー派感情を抱くウラマーも多かったことも、シャーフィイー派には有利に働いたと考えられる（なお、後代にはハナフィー派の法学者は原則として神学上はマートゥリーディー派に属したが、マートゥリーディー（260/873年以前—333/944年）はムタワッキルの時代にはまだ生まれていないか、たとえ生まれていたとしても未成年だった）。

もう１つ、思想的というよりはイデオロギー的要因として、正統性の問題を挙げることができるかもしれない。本節の冒頭で、シャーフィイーがクライシュ族に属することをもってシャーフィイー派が自らの正統性を主張したと述べた。上掲のイムラーニーは、シャーフィイー派の優越性の根拠を２つ挙げている。１つは、その教義がクルアーンとスンナとキヤースに合致していることである。もう１つが血統である。イムラーニーは、預言者の言葉「イマームはクライシュから生まれる」や「クライシュから学べ。クライシュに教えてはならない」を引用して、有名なイマーム（ここでは法学派の学祖たちを指す）のなかでクライシュに属するのはシャーフィイーだけであるから、シャーフィイーを差し置いて他の学祖に追随すべきではないと説いている（ʿImrānī 1421/2000: 1:5–6)。この理屈が同時代のムスリムあるいはウラマーにとってどの程度の説得力があったのかは定かではない。ここでは、ハナフィー派が、シャリーアを伝達した者の大部分は非クライシュであり、さらにそのほとんどがマウラーであり、血統は知識とは無関係だと反論しているという事実を指摘するにとどめる（Makkī 1321/[1904–5]: 2:138–139)。

最後に教義上の要因である。もちろん、シャーフィイー派の学説がクルアーンとスンナとキヤースに合致していることも教義上の理由に含まれるが、ここでは別の観点に触れておきたい。すでに述べたように、シャーフィイーの学説は、先発のハナフィー派やマーリク派とは異なり、学派成立期以前の学説に権威を認めなかった。このことは、ヒジャーズやイラクの法慣行からも比較的自由だったということでもある。東アフリカや東南アジアではシャーフィイー派がほぼ唯一の法学派である。政治的な要因とは比べるべくもないとしてもその１つの理由として、シャーフィイー派の教義が逆に、イスラーム発祥の地である中東以外の地域慣行に寛容だったという可能性もある。この可能性は、論証も反駁も困難ではあるが、この文脈で１点指摘しておきたい。中央アジアのハナフィー派は、同地域に固有の法規定を合法化する際に、特定の地域の法学説ないし法慣行を地域限定のイジュマー（本来は、スンナ派法学者全員の合意）と定義している。マグリブやアンダルスのマーリク派は、元々メディナの法慣行を意味したアマルを転用して、特定の地域の法慣行を合法化していった。これに対して、シャーフィイー派にはこれらに対応する機構は見当たらない。どの法学派も最終的にはその定着した先の法慣行に対する寛容度には大差がないという割り切った見方をするならば、このような教義の柔軟性はシャーフィイー派の学説体系には最初から組み込まれていて、より早くその地域の慣行に対応することができたと見ることができるかもしれない。例えばムザニーは、シャーフィイーは「神は、その使徒を通じて禁止した取引か、それに準ずると推量される取引を除いて、すべての取引を合法化したということを、我々は論証した」と述べたと伝える（Muzanī 1393/1973a: 8:75）。

4．他の学問分野との関係

つとに指摘されているように、ジュワイニーやガザーリーなど、シャーフィイー派の高名な法学者には、アシュアリー派に属する者が何人もいる。また、ダーラクトゥニーやバイハキー（96, 152頁参照）など高名なハディース学者のなかには、シャーフィイー派の法学者が何人も見られる。シャーフィイー派とアシュアリー派、またシャーフィイー派とハディース学者の間の親和性は、明らかに他の法学派よりも高いといえる。ここではこれらの現象について簡単に触れておきたい（cf. 松山 2016: 69–75）。

シャーフィイー派とアシュアリー派の親和性が高いという点に関しては、クルアーンとスンナという神の意志を示す文言にのみ法源としての権威を認めるシャーフィイー派の教義と、行為の善悪は神の意志によって定まり、善悪は行為に内在する価値ではないとするアシュアリー派の教義の間には一見すると親和性が認められる。とはいえ他方で、実定法規のなかでこの親和性を直截的に示す例は少ない。これは当然ともいえる。例えば、もし因果関係を否定するアシュアリー派神学を実定法に適用するとすれば、刑事であれ民事であれ、おおよそ人間の責任を論ずることは不可能になってしまうであろうが、そのような法学説はあまりにも非現実であり、到底社会に受け入れられなかったであろう。

ハディース学との関係については、繰り返しになるが、シャーフィイーは、スンナに、クルアーンとともに啓示的法源として絶対的な権威を認めていた。シャーフィイーは『ウンム』その他の著作において多数のハディースを伝えているが、その弟子ラビーィのさらに弟子のアブー・アッバース・アサンム（247/861-2—346/957年）は、シャーフィイーが語ったハディースを編纂して、『シャーフィイーのムスナド』（Rāfiʿī 1428/2007所収）を著した。また、高名なハディース学者が法学者としてはシャーフィイー派に属している例が多く見られる。ダーラクトゥニー（306/918-9—385/995年）は、バグダードで活躍した、4/10世紀の最大のハディース学者の1人であるが、法学者としてはシャーフィイー派に属し、そのハディース集は、シャーフィイー派においては権威書として用いられた（Dāraquṭnī 1422/2001）。バイハキー（384/994—458/1066年）は、大部冊のハディース集『大スンナ』（Bayhaqī n.d.）等を編纂したことで知られるハディース学者であるが、法学者としてはシャーフィイー派に属した。ホラーサーンの法学者バガウィー（516/1122年没）は『スンナ注釈』（Baghawī 1403/1983）を著している。上掲のイブン・サラーフ（577/1181-2—643/1245年）は、ハディース学の概説書『ハディース学』（Ibn al-Ṣalāḥ n.d.）で有名であるが、シャーフィイー派の法学者としても知られていた。

もっともこの現象は特に異とするには足りないであろう。ウラマーたる者、ハディースや法学は必修科目である。ハディースを熱心に学んだ者あるいは学んでいる者が法学も専門として究めたいと考えたならば、ハナフィー派という選択肢はまずないであろう。マシュリクの大部分の地域ではハナフィー派またはシャーフィイー派が支配的だった時代が長く続いたので、高名なハディース学者のなかでシャーフィイー派法学者の比率が高くなるのは当然ともいえる。

5．文献目録

Ahmad ibn Naqib al-Misri, 1993[2], *The Reliance of the Traveller: A Classical Manual of Islamic Sacred Law*, Evanston: Sunna Books.

Āmidī, ʿAlī b. Muḥammad al-, 1402/[1981-2], *al-Iḥkām fī uṣūl al-aḥkām*, ʿAbd al-Razzāq ʿAfīfī ed., 4 vols., Damascus and Beirut: al-Maktab al-Islāmī.

Baghawī, Muḥyī al-Sunna Abū Muḥammad al-Ḥusayn b. Masʿūd b. Muḥammad b. al-Farrāʾ al-, 1403/1983, *Sharḥ al-sunna*, Shuʿayb al-Arnāʾūṭ and Muḥammad Zuhayr al-Shāwīsh eds., 16 vols., Beirut: al-Maktab al-Islāmī.

Bayhaqī, Abū Bakr Aḥmad b. al-Ḥusayn al-, n.d., *al-Sunan al-kubrā*, 10 vols., Beirut: Dār al-Fikr.

Dāraquṭnī, ʿAlī b. ʿUmar al-, 1422/2001, *Sunan al-Dāraquṭnī*, ʿĀdil Aḥmad ʿAbd al-Mawjūd and ʿAlī Muḥammad Muʾawwiḍ eds., 3 vols., Beirut: Dār al-Maʿrifa.

Dhahabī, Shams al-Dīn Muḥammad b. Aḥmad b. ʿUthmān al-, 1417/1996[14], *Siyar aʿlām al-nubalāʾ*, Shuʿayb al-Arnāʾūṭ and Ḥusayn al-Asad eds., 25 vols., Beirut: Muʾassasat al-Risāla.

Ghazālī, Abū Ḥāmid Muḥammad b. Muḥammad al-, 1322-1325/[1904-1907], *Kitāb al-mustaṣfā min ʿilm al-uṣūl*, Muḥibb Allāh b. ʿAbd al-Shakūr Baḥārī ed., 2 vols., Bulaq: al-Maṭbaʿa al-Amīrīya.

Ghazālī, Abū Ḥāmid Muḥammad b. Muḥammad al-, 1399/1979, *Kitāb al-wajīz fī fiqh madhhab al-imām al-Shāfiʿī*, 2 vols., Beirut: Dār al-Maʿrifa.

Ghazālī, [Abū Ḥāmid] Muḥammad b. Muḥammad al-, 1417/1997, *al-Wasīṭ fī al-madhhab*, Aḥmad Maḥmūd Ibrāhīm ed., 7 vols., Cairo: Dār al-Salām.

Ibn Ḥajar al-Haytamī, Shihāb al-Dīn Aḥmad, n.d., *Tuḥfat al-muḥtāj bi-sharḥ al-Minhāj*. Shirwānī, n.d. 所収。

Ibn Qāḍī Shuhba al-Dimashqī, Taqī al-Dīn Abū Bakr Aḥmad b. Muḥammad b. ʿUmar b. Muḥammad, 1398/1978, *Ṭabaqāt al-Shāfiʿīya*, al-Ḥāfiẓ ʿAbd al-ʿAlīm Khān ed., 4 vols., Hyderabad: Maṭbaʿat Majlis Dāʾirat al-Maʿārif al-ʿUthmānīya.

Ibn al-Ṣalāḥ al-Shahrazūrī, [Abū ʿAmr ʿUthmān b. ʿAbd al-Raḥmān,] 1406/1986, *Fatāwā wa-masāʾil Ibn al-Ṣalāḥ fī al-tafsīr wa-l-ḥadīth wa-l-uṣūl wa-l-fiqh wa-maʿa-hu adab al-muftī wa-l-mustaftī*, ʿAbd al-Muʿṭī Amīn Qalʿajī ed., 2 vols., Beirut: Dār al-Maʿrifa.

Ibn al-Ṣalāḥ al-Shahrazūrī, Abū ʿAmr ʿUthmān b. ʿAbd al-Raḥmān, n.d., *ʿUlūm al-ḥadīth li-Ibn al-Ṣalāḥ*, Nūr al-Dīn ʿItr ed., Beirut: Dār al-Fikr.

ʿImrānī al-Yamanī, Abū al-Ḥusayn Yaḥyā b. Abī al-Khayr b. Sālim al-, 1421/2000, *al-Bayān fī madhhab al-imām al-Shāfiʿī*, Qāsim Muḥammad al-Nūrī ed., 14 vols., Beirut: Dār al-Minhāj.

Juwaynī, [Imām al-Ḥaramayn Abū al-Maʿālī] ʿAbd al-Malik b. ʿAbd Allāh [b. Yūsuf] al-, 1374/1955, *al-Waraqāt fī uṣūl al-fiqh*, Hyderabad: Markaz Tawʿiyat al-Fiqh al-Islāmī.

Juwaynī, Imām al-Ḥaramayn Abū al-Maʿālī ʿAbd al-Malik b. ʿAbd Allāh b. Yūsuf al-, 1399/[1978-9], *al-Burhān fī uṣūl al-fiqh*, ʿAbd al-ʿAẓīm Maḥmūd al-Dīb ed., 2 vols., Mansura: Dār al-Wafāʾ.

Juwaynī, Imām al-Ḥaramayn [Abū al-Maʿālī] ʿAbd al-Malik b. ʿAbd Allāh b. Yūsuf al-, 1430/2009, *Nihāyat al-maṭlab fī dirāyat al-madhhab*, ʿAbd al-ʿAẓīm Maḥmūd al-Dīb ed., 1+20 vols., Jeddah: Dār al-Minhāj.

Juwaynī, Imām al-Ḥaramayn Abū al-Maʿālī ʿAbd al-Malik b. ʿAbd Allāh b. Yūsuf al-, 1431/2010, *Nihāyat al-maṭlab fī dirāyat al-madhhab*, Muḥammad Sayyid ʿUthmān ed., 14 vols., Beirut: Dār al-Kutub al-ʿIlmīya.

Lowry, Joseph E., 2007, *Early Islamic Legal Theory: The Risālah of Muḥammad ibn Idrīs al-Shāfiʿī*, Leiden: Brill.

Makkī, Abū al-Muʿayyad al-Muwaffaq Aḥmad al-, 1321/[1904-5], *Manāqib al-imām al-aʿẓam Abī Ḥanīfa*, 2 vols, Hyderabad: Dāʾirat al-Maʿārif al-Niẓāmīya.

松山洋平、2016、『イスラーム神学』作品社。

Māwardī al-Baṣrī, Abū al-Ḥasan ʿAlī b. Muḥammad b. Ḥabīb [al-Baghdādī] al-, 1414/1994, *al-Ḥāwī al-kabīr fī fiqh madhhab al-imām al-Shāfiʿī*, ʿAlī Muḥammad Muʿawwiḍ and ʿĀdil Aḥmad ʿAbd al-Mawjūd eds., 19 vols., Beirut: Dār al-Kutub al-ʿIlmīya.

Māwardī, Abū al-Ḥasan ʿAlī b. Muḥammad b. Ḥabīb al-Baṣrī al-Baghdādī al-, n.d., *al-Aḥkām al-sulṭānīya wa-l-wilāyāt al-dīnīya*, Beirut: Dār al-Kutub al-ʿIlmīya.（湯川武訳、2006、『統治の諸規則』慶應義塾大学出版会。）

Melchert, Christopher, 1997, *The Formation of the Sunni Schools of Law, 9th-10th Centuries C.E.*, Leiden et al.: Brill.

Melchert, Christopher, 2004, "The Meaning of Qala 'l-Shafiʿi in Ninth Century Sources," James E. Montgomery ed., *ʿAbbasid Studies: occasional papers of the School of ʿAbbasid Studies, Cambridge, 6-10 July 2002 (Orientalia Lovaniensia Analecta)*, Leuven: Peters, 277-302.

Muzanī, Abū Ibrāhīm Ismāʿīl b. Yaḥyā b. Ismāʿīl al-, 1393/1973, *Mukhtaṣar al-Muzanī fī furūʿ al-Shāfiʿīya*. Shāfiʿī 1393/1973a, vol. 8 所収。

Nawawī, [Muḥyī al-Dīn Abū Zakarīyā Yaḥyā b. Sharaf] al-, 1405/1985, *Rawḍat al-ṭālibīn wa-ʿumdat al-muftīn*, Zuhayr al-Shāwīsh ed., 12 vols., Beirut and Damascus: al-Maktab al-Islāmī.

Nawawī, Muḥyī al-Dīn Abū Zakarīyā Yaḥyā b. Sharaf al-, 1426/2005, *Minhāj al-ṭālibīn wa-ʿumdat al-muftīn*, Muḥammad Muḥammad Ṭāhir Shaʿbān ed., Jeddah: Dār al-Minhāj.（E.C. Howard, trans. into English from the French edition of L.W.C. van den Berg, [1914] 1992, *Minhaj et Talibin: A Manual of Muhammadan Law According to the School of Shafii*, New Delhi: Navrang.）

Nawawī, Muḥyī al-Dīn Abū Zakarīyā [Yaḥyā] b. Sharaf al-, n.d., *al-Majmūʿ sharḥ al-Muhadhdhab*, 20 vols., [Beirut]: Dār al-Fikr.

Rāfiʿī, Abū al-Qāsim ʿAbd al-Karīm b. Muḥammad [b. ʿAbd al-Karīm] al-, 1428/2007, *Sharḥ Musnad al-Shāfiʿī*, Abū Bakr Wāʾil Muḥammad Bakr Zahrān ed., 3 vols., Doha: Wizārat al-Awqāf wa-l-Shuʾūn al-Islāmīya.

Rāfiʿī, Abū al-Qāsim ʿAbd al-Karīm b. Muḥammad b. ʿAbd al-Karīm al-, 1434/2013, *al-Muḥarrar fī fiqh al-imām al-Shāfiʿī*, Abū Yaʿqūb Nashāt b. Kamāl al-Miṣrī ed., 3 vols., Cairo: Dār al-Salām.

Rāfiʿī, Abū al-Qāsim ʿAbd al-Karīm b. Muḥammad [b. ʿAbd al-Karīm] al-, n.d., *Fatḥ al-ʿazīz sharḥ al-Wajīz*. Nawawī, n.d., *Majmūʿ* 下欄所収。

Ramlī al-Manūfī al-Miṣrī al-Anṣārī, Shams al-Dīn Muḥammad b. Abī al-ʿAbbās Aḥmad b. Ḥamza b. Shihāb al-Dīn al-, n.d., *Nihāyat al-muḥtāj ilā sharḥ al-Minhāj*, 8 vols., Beirut: al-Maktaba al-Islāmīya.

Ṣafadī, Ṣalāḥ al-Dīn Khalīl b. Aybak al-, 1420/2000, *Kitāb al-wāfī bi-l-wafīyāt*, Aḥmad al-

Arnā᾿ūṭ and Turkī Muṣṭafā eds., 29 vols., Beirut: Dār Iḥyā᾿ al-Turāth al-ʿArabī.

Shāfiʿī, Abū ʿAbd Allāh Muḥammad b. Idrīs al-, 1358/1940, *al-Risāla lil-imām al-Muṭallibī Muḥammad b. Idrīs al-Shāfiʿī*, Aḥmad Muḥammad Shākir ed., Bulaq: Maktabat al-Ḥalabī. (Joseph E. Lowry, trans., 2015, *The Epistle on Legal Theory: A Translation of al-Shāfiʿī's Risālah*, New York: New York University Press.)

Shāfiʿī, [Abū ʿAbd Allāh] Muḥammad b. Idrīs al-, 1422/2001a, *al-Umm*, Rifʿat Fawzī ʿAbd al-Muṭṭalib ed., 11 vols., Mansura: Dār al-Wafā᾿.

Shāfiʿī, [Abū ʿAbd Allāh] Muḥammad b. Idrīs al-, 1422/2001b, *Ikhtilāf al-ḥadīth*. Shāfiʿī 1422/2001a, vol. 8 所収。

Shāfiʿī, Abū ʿAbd Allāh Muḥammad b. Idrīs al-, 1428/2007, *Musnad al-Shāfiʿī*. Rāfiʿī, 1428/2007所収。

Shahrastānī, Abū al-Fatḥ Muḥammad b. ʿAbd al-Karīm al-, 1413/1992^2, *al-Milal wa-l-niḥal*, Beirut: Dār al-Kutub al-ʿIlmīya.

Shamsy, Ahmed El, 2013, *The Canonization of Islamic Law: A Social and Intellectual History*, New York: Cambridge University Press.

Shaʿrānī, ʿAbd al-Wahhāb al-, 1409/1989, *al-Mīzān al-kubrā*, ʿAbd al-Raḥmān ʿUmayr ed., 3 vols., Beirut: ʿĀlam al-Kutub.

Shīrāzī, Abū Isḥāq Ibrāhīm b. ʿAlī b. Yūsuf al-Fīrūzābādī al-, 1403/1983, *Kitāb al-tanbīh fī al-fiqh al-Shāfiʿī*, Beirut: ʿĀlam al-Kutub.

Shīrāzī, Abū Isḥāq Ibrāhīm [b. ʿAlī b. Yūsuf al-Fīrūzābādī] al-, 1408/1988, *Sharḥ al-Lumaʿ*, ʿAbd al-Majīd Turkī ed., 2 vols., Beirut: Dār al-Gharb al-Islāmī.

Shīrāzī, Abū Isḥāq [Ibrāhīm b. ʿAlī b. Yūsuf al-Fīrūzābādī] al-, 1412/1992, *al-Muhadhdhab fī fiqh al-imām al-Shāfiʿī*, 6 vols., Damascus: Dār al-Qalam and Beirut: Dār al-Shāmīya.

Shīrāzī, Abū Isḥāq Ibrāhīm b. ʿAlī b. Yūsuf al-Fīrūzābādī al-, 1434/2013, *al-Lumaʿ fī uṣūl al-fiqh*, ʿAbd al-Qādir al-Khaṭīb al-Ḥasanī ed., Beirut: Dār al-Ḥadīth al-Kittānīya. (Eric Cahumont, trans., 1999, *Le Livre des Rais illuminant les fondements de la compréhension de la Loi: traité de théorie légale musulmane*, Berkeley: Robbins Collection.)

Shīrāzī, Abū Isḥāq [Ibrāhīm b. ʿAlī b. Yūsuf al-Fīrūzābādī] al-, n.d., *Ṭabaqāt al-fuqahā᾿*, Iḥsān ʿAbbās ed., Beirut: Dār al-Rā᾿id al-ʿArabī.

Shirwānī, ʿAbd al-Ḥamīd al-, n.d., *Ḥawāshī Tuḥfat al-muḥtāj bi-sharḥ al-Minhāj*, 10 vols., Bulaq: Maṭbaʿat Muṣṭafā Muḥammad.

Subkī, Tāj al-Dīn Abū Naṣr ʿAbd al-Wahhāb b. ʿAlī b. ʿAbd al-Kāfī al-, 1420/1999, *Ṭabaqāt al-Shāfiʿīya al-kubrā*, Muṣṭafā ʿAbd al-Qādir Aḥmad ʿAṭā ed., 6 vols., Beirut: Dār al-Kutub al-ʿIlmīya.

Suyūṭī, Jalāl al-Dīn ʿAbd al-Raḥmān al-, 1403/1983, *al-Ashbāh wa-l-naẓā᾿ir fī qawāʿid wa-furūʿ fiqh al-Shāfiʿīya*, Beirut: Dār al-Kutub al-ʿIlmīya.

Tsafrir, Nurit, 2004, *The History of an Islamic School of Law : The Early Spread of Hanafism*, Cambridge, Mass.: Harvard University Press.

Weiss, Bernard G, ca. 1992, *The Search for God's Law: Islamic Jurisprudence in the Writings of Sayf al-Dīn al-Āmidī*, Salt Lake City: University of Utah Press.

柳橋博之、2014、「ジュワイニー『ニハーヤ』――シャーフィイー派法学の展開」柳橋博之編『イスラーム 知の遺産』東京大学出版会、95-132。

column：ペダンチックなシャーフィイー派

本文中で、「ワジュフ」というシャーフィイー派に固有の術語を説明した。その他にも、同派の法学書には、他派には見られない術語が幾つも現れる。この点は、シャーフィイー派の成立という観点から見て重要である。そのような術語を幾つかまとめて説明しておこう。

既述のように、定冠詞付きで「学説（al-qawl）」とは、旧説であれ新説であれ、シャーフィイーの学説を指す。「明文（al-naṣṣ, al-manṣūṣ ʿalay-hi）」とは、『ウンム』のようなシャーフィイーの著作の中で明示的に唱えられたその説を指す。したがって「学説（al-qawl）」の一部である。

「相承（ṭuruq. 単数形 ṭarīq）」とは、ある問題に関してシャーフィイー派の学説が複数ある場合に、その全体を表わす言葉である。その例は枚挙に暇がないが、ここでは一例を挙げておこう。ナワウィーは次のように述べる（Nawawī 1405/1985: 5 :152）。

A が所有するナツメヤシ園において、実がなった後に、B との間に果樹栽培契約（musāqāt）を結んで B にナツメヤシ園の世話を行わせることができるか否かについて、シャーフィイーには契約を有効とする説と無効とする説が帰せられている。しかし、この 2 つの学説の適用範囲に関しては、シャーフィイー派には 3 つの相承が存在する。

第 1 の相承は、この 2 つの学説は、実が熟して食べごろになる前の時期に関わるものであり、それ以前の時期に関しては、無効説しかありえないとする。

第 2 の相承は、この 2 つの学説は、実が熟しきった段階（つまり第 1 の相承よりは後の段階）以前に関わり、それ以前の時期に関しては、無効説しかありえないとする。

第 3 の相承は、実がなった後、その成長のいかなる段階においてもシャーフィイーは有効説と無効説を唱えたとする。

果樹栽培契約においては、最終的に収穫されたナツメヤシ（あるいはその他の果樹）の実が約定の割合に従って果樹園の所有者と栽培者の間で分配されるが、以上の学説の対立の焦点は、栽培者が果実の成長のどの段階に関与したかによって果樹栽培契約を有効に結ぶことができるか否かが変わるかどうかという点である。例えば、第２の相承は、果実が熟しきった後は、栽培者は果実の成長にまったく寄与せず、たんに果実を保全しているにすぎないため、所有者との間では、雇用契約のみが結ばれ、栽培者はその提供する労務の対価として基本的には金銭を受け取ることしかできないとする。

この例は、シャーフィイー派の学説が、基本的には、シャーフィイー学説をいわば公理として、それに対する解釈の積み重ねとして展開したことを示している。ただし、この例は同時に、シャーフィイー学説の適用範囲の限定が実質的にはその変更につながる場合もあったことも示唆している。

2-4．ハンバル派

小野仁美

ハンバル派は、バグダード生まれの法学者アフマド・ブン・ハンバル Abū ʿAbd Allāh Aḥmad b. Muḥammad b. Ḥanbal al-Shaybānī（164/780―241/855年）の教えに連なる法学派である。スンナ派四法学派の1つとして数えられるが、他の3つの学派に比して、その信奉者は少なく、影響を及ぼした地域も限定的であった。その理由として、ハンバル派が政治権力に与することがなかったことが指摘でき、ハナフィー派がオスマン朝やムガル朝の公式教義とされ、マーリク派が北アフリカで、シャーフィイー派が東アフリカや東南アジアで圧倒的な支持を得ていたことと対照的である。しかし、後述するように、ハディース学者として大成したイブン・ハンバルは、『クルアーン』（al-Qurʾān）とスンナ（al-sunna）を最大限に重視する法学的立場を保持しつづけ、人々からは信仰心の篤い学者として人望を集めていた（湯川 1985: 208-214）。さらに、19世紀後半以降、ハンバル派の法学者イブン・タイミーヤ（661/1263―728/1328年）の思想がイスラーム改革主義的な立場を取る学者や論者らに重視されるようになり、また、サウジアラビア王国の公式教義がハンバル派の流れを汲むワッハーブ主義に基づくことからも、その意義は決して小さくない（柳橋 1996: 18）。

本節においては、まず1.で、現代の研究者によるハンバル派研究の流れを紹介し、2.で、名祖イブン・ハンバルの生涯とその思想について述べる。つづく3.では、ハンバル派の法学者による法学書を、（1）ハンバル派の形成期（3/9―4/10世紀）、（2）ハンバル派の成熟期（5/11―7/13世紀）、（3）マムルーク朝以降の主な法学者たち、の3つに分けて紹介していく。そして、最後の4.で、ハンバル派法学が現代イスラーム思想に与えた影響について概観する。

1．現代の研究者によるハンバル派研究

本項では、20世紀以降のオリエンタリストによる欧米語・日本語の著作を中心として、ハンバル派研究史をみておきたい。まずはフランスのイスラーム思想研究家アンリ・ラウストを挙げなければならない。彼は、イブン・タイミーヤ研究（Laoust 1939）を皮切りに、アッバース朝期（Laoust 1959）、マムルーク朝期（Laoust 1960）のハンバル派法学を広く研究した。ラウストは、『イスラーム百科事典（新版）』において、“Ḥanābila” の項目でハンバル派の法学者とその著作を年代を追って紹介するほか、“Aḥmad B. Ḥanbal,” “Ibn Taymiyya,” “Ibn Kayyim Al-Djawziyya,” “Al-Bahūtī,” など多くのハンバル派法学者の項目を執筆している（Laoust 1955—2000a—e）。

クリストファー・メルチャートは、スンナ派の法学派の形成の様態を論じた著作（Melchert 1997）の中で、ハンバル派の成立過程を、イブン・ハンバルとその直弟子の時代と、アブー・バクル・ハッラール（後述）による学説集成の時代の２つに分けて論じた。メルチャートは、イブン・ハンバルの生涯とその思想についての単著においても、１章を法学にあてて論じている（Melchert 2006: 59-81）。ニムロド・ハーヴィツは、ハンバル派の学派形成史を検討する単著のなかで、それまでのハンバル派形成史研究を丁寧に紹介しつつ、イブン・ハンバルおよびその周辺の学者たちの伝記的資料や禁欲主義（zuhd）に関する著作から、より詳しい分析を試みている（Hurvitz 2002）。

イブン・タイミーヤの法学については、多くの論考があるが、単著としては、アブドゥルハキーム・マトゥルーディがハンバル派におけるその位置づけを検討し、とくに彼の法理論について詳しく分析している（Matroudi 2006）。日本語で書かれたハンバル派研究のなかでも、イブン・タイミーヤは重視されている。湯川武は、イブン・ハンバルから現代のイスラーム改革思想までを概観した小論において、ハンバル派の中興の祖としてイブン・タイミーヤについて多くの頁を割いている（湯川 1985）。湯川の教えのもとでイブン・タイミーヤの政治論を学んだ中田考は、湯川と共訳で『シャリーアによる統治（*al-Siyāsa al-sharʿīya*）』の翻訳書（イブン・タイミーヤ 1991）

を、後にここにイブン・タイミーヤによる別の論考の翻訳と中田の解説を加えた著作（イブン・タイミーヤ 2017）を出版している。

ハンバル派の法学に特化して、その歴史をイブン・ハンバルから17世紀までの主なハンバル派法学者まで論じたのが、柳橋博之の論考である。同論考では、主要な法学書が紹介された後、財産法上のいくつかの論点を通じてハンバル派法学の特徴を分析している。さらに、ハンバル派の歴史的意義に加えて、ハンバル派を公式教義とするサウジアラビアにおけるその適用を解説している（柳橋 1996）。

堀井聡江は、スンナ派四法学派を比較しつつイスラーム法の歴史を描いた著作において、イブン・ハンバルの法学（堀井 2004a: 102–113）、ハンバル派形成期におけるその特徴（堀井 2004a: 115–116, 134–140）、そして規範学説の展開の様子を具体的な学説を例にあげつつ解説を加えている（堀井 2004a: 191–204）。堀井はまた、ハンバル派法学者らによって批判の対象とされてきたヒヤル（ḥiyar）を通じた論考によって、ハンバル派法学の特徴を明らかにしている（堀井 2004b）。

ハンバル派の法学を、法学書の翻訳を付して詳細に検討した書籍として、中田による『イスラーム法の存立構造』（中田 2003）は貴重である。同書の前半部分では、ハンバル派の主要な法学者および法学書の概要が紹介され、後半部分では、10世紀のハンバル派法学者フジャーウィー（後述）による法学書『満足を求める者の糧』の神事に関する部分が訳出され、詳細な訳注が施されている。同法学書は、財産法（中田 2007）、公法（松山 2008）、家族法（浜本ほか 2009）についてもそれぞれ訳出され刊行されており、ハンバル派法学の具体的法規定を知るために有益である。

なお、8/14世紀までのハンバル派の法学者の略歴および著作については、イブン・アビー・ヤァラー（451/1059—526/1131年）の『ハンバル派法学者列伝』（Ibn Abī Yaʿlā n.d.）およびイブン・ラジャブ（736/1335—795/1393年）の『ハンバル派法学者列伝続編』（Ibn Rajab n.d.）が重要な資料となり、多くの研究者がこれらを参照している。また、19—20世紀のハンバル派法学者イブン・バドラーンによる『ハンバル派法学入門』（Ibn Badrān 1981）には、主なハンバル派法学書についての解説が収録されており、同書の英訳

(Ibn Badrān 2021: 461–487）を本節では参照した。

2．アフマド・ブン・ハンバル

（1）アフマド・ブン・ハンバルの学問

164/780年、バグダードに生まれたアフマド・ブン・ハンバルは、バスラ、ヒジャーズ、イエメン、シリアなどでイスラーム諸学を学んだ。イスラーム法学については、アブー・ハニーファ（80/699頃—150/767年）の高弟アブー・ユースフ（113/731—182/798年）、シャーフィイー（150/767—204/820年）らにも師事したが、彼らからはそれほど大きな影響は受けていないといわれる。メッカの法学・ハディース学の権威であったスフヤーン・ブン・ウヤイナ（Sufyān b. ʿUyayna, 107/725—198/814年）をはじめ、各地の高名なハディース学者より教えを受けた（中田 2003: 44)。弟子たちのなかには、六大ハディース集の編纂者のひとりであるアブー・ダーウード（Abū Dāwūd, 202/817—275/888年）も含まれている。イブン・ハンバルのハディース学者としての特徴については、ルーカス・スコットが詳しい分析をしている（Scott 2004)。

ハンバル派は、イブン・ハンバル以降も伝承主義的な立場（ハディースの徒）を貫いて、あらゆる法規定の根拠を『クルアーン』とハディースに求め、ラーイの徒が行使するような推論を極力避ける傾向を継承していった。アッバース朝下での異端審問（miḥna）によって、イブン・ハンバルが迫害にさらされる日々を送ったことはよく知られている。カリフ、マームーン（在位198/813—218/833年）が、「クルアーン被造説」を説くムゥタズィラ派神学を公式に採用したことで、伝承主義者たちは弾圧の対象となった。イブン・ハンバルは、啓示のみを信仰の拠り所にすることを主張しつづけて審問に抵抗し、投獄されたり鞭打ちの刑に処されたりした。241/855年にその生涯を閉じるまで波乱に満ちた人生を送ったが、民衆による人気は高く、バグダードで執り行われた葬儀には、数十万人あるいは百万人とも言われるほどの人々が集まったとされている。

イブン・ハンバルは、『クルアーン』およびスンナが第一次的な法源であることを重視し、『クルアーン』の規定の意味がスンナによって明らかにされると考えた。一方で、預言者のスンナのみに規定がある問題の場合は、依拠すべきハディースの真正性を重視しつつも柔軟な態度を取った。一般的に信頼に足りると評価されたハディースであれば、必ずしもそれが「サヒーフ（真正）」でなく証明力の弱い「ダイーフ（薄弱）」のハディースであっても準拠すべきであると考えたという。イブン・ハンバルは、明文からの逸脱を厳格に戒めると同時に、決してイジュティハードに反対はせず、『クルアーン』やハディースのみならず、過去の学説を網羅的に検討して法的判断を下し得るとしたとされる（堀井 2004a: 106–113）。

（2）アフマド・ブン・ハンバルの著作

イブン・ハンバルの最も重要な著作は、自身およびその他の学者によって収集された2万5千以上のハディースを、伝承者ごとに編纂したハディース集『ムスナド』（Ibn Ḥanbal n.d.）である（同ハディース集については、本書150頁を参照）。イブン・ハンバルは、自ら法学書を著すことをせず、弟子たちにも口伝した教説の記録を禁じた。彼は、イスラーム教徒の依拠すべき規範は『クルアーン』とスンナから導かれるべきであると考え、自身を含む法学者たちが法学書を書き記すことは逸脱（bidʿa）であるとして嫌ったという。堀井はその理由について、法の明文に代わって抽象的な学説体系が法学者によって組み立てられ、独り歩きしてしまうことをイブン・ハンバルが危惧したからではないかと説明している（堀井 2004a: 106–107）。

しかしながら、イブン・ハンバルの死後、その教えは長子サーリフ・ブン・アフマド・ブン・ハンバル（Ṣāliḥ b. Aḥmad b. Ḥanbal, 203/818–9—266/879–80年）と、次子アブドゥッラー・ブン・アフマド・ブン・ハンバル（ʿAbd Allāh b. Aḥmad b. Ḥanbal, 290/903年没）らによって、書物にまとめられ後世に伝えられた。イブン・ハンバルによる問答が、2人の息子をはじめとする複数の弟子によって設例集（masāʾil）として書き留められたのである。それらの多くは現存しないが、イブン・ハンバルの教説の多くを伝えた息子のアブドゥッラーが編纂した『イブン・ハンバルの設例集』（ʿAbd Allāh 1408/1988）などが刊本となっている（Laoust 1959: 75–80）。後世のハンバル派法学者らの著作では、多数の弟子たちによる設例集によって伝達された学説が「相伝（riwāya）」として言及されたため、イブン・ハンバルに帰せられる学説の不一致が他派より大きいという（堀井 2004a: 115）。

3．ハンバル派の主要な法学者と著作

（1）形成期（3/9—4/10世紀）

学派としてのハンバル派の基礎を築いたと評価されているのは、アブー・バクル・ハッラール（Abū Bakr Aḥmad b. Muḥammad b. Hārūn al-Khallāl, 234/848？—311/923年）で、彼はイブン・ハンバルの弟子のひとりであったアブー・バクル・マルワズィー（Abū Bakr al-Marwazī, 275/888年没）の弟子である。バグダードで活動したハッラールは、イブン・ハンバルとその弟子たちの学説と思想をまとめ、大著『イマーム・アフマドの知の集成』を編纂した（Rabbāṭ and ʿUbayd eds. 1430/2009）。同書は、イブン・タイミーヤやその弟子イブン・カイイム・ジャウズィーヤ（後述）など後世のハンバル派法学者らが参照していたことでも知られている（Laoust 1959: 75-80）。

イブン・ハンバルの学説の最初の提要は、バグダードに生まれダマスクスに没したアブー・カースィム・ヒラキー（299/911以前—334/ 945-6年）によって書かれた。『ヒラキーの提要』（Khiraqī 1429/2008）として知られるこの著作は、長らくハンバル派の基本文献となり、イブン・クダーマによる有名な注釈書『大全』（後述）のほか、イブン・ハーミド（後述）、カーディー・アブー・ヤァラー・ブン・ファッラー（後述）らによる300点以上もの注釈が書かれたとされている。ヒラキーには同書のほかにも著作があったが、それら全てを保管していたバグダードの家で焼失してしまった（Sarhan 2021: 73）。この時期のハンバル派の法学者としてほかに、前述のアブー・ダーウードの息子アブー・バクル・スィジスターニー（Abū Bakr al-Sijistānī, 316/928年没）、『論駁と修正の書』（Ibn Abī Ḥātim n.d.）を著したイブン・アビー・ハーティム（327/938-9年没）、マルワズィーの弟子のハサン・バルバハーリー（Ḥasan al-Barbahārī 329/940年没）らがいる。

ファーティマ朝およびブワイフ朝のもとで、シーア派の活動が盛んとなっ

ていたこの頃、これに対抗してスンナ派でも哲学と神学とが融合されつつあり、スンナ派の各法学においても神学者の影響が増した。こうした流れに対抗したのが伝承主義者たちであったが、ハンバル派の法学者たちの活動も大きな意義を有していた（湯川 1985: 214）。この時期のハンバル派の高名な法学者としては、アブー・バクル・ナッジャード（Abū Bakr al-Najjād, 348/959-60年没）、アブー・バクル・アージュッリー（Abū Bakr al-Ājurrī, 360/971年没）、アブー・カースィム・タバラーニー（Abū al-Qāsim al-Ṭabarānī, 360/971年没）、アブー・ハサン・ブン・サムウーン（Abū al-Ḥasan b. al-Samʻūn, 387/997年没）らがいる。なかでも、バグダードで学びメッカやシリアでも研鑽を積んだイブン・バッタ・ウクバリー（Ibn Baṭṭa al-ʻUkbarī, 304/917—387/997年）は、『小解説（*al-Ibāna al-ṣughrā*）』などの重要な著作をのこした。イブン・バッタは、従来よりハンバル派において批判されてきたヒヤルについて、新しい観点からその問題点を検証した（堀井 2004b: 317-312）。ブワイフ朝下ではほかに、ハサン・ブン・ハーミド（Ḥasan b. Ḥāmid, 403/1012-3年没）が、『法学者たちの相違についての集成（*Kitāb al-Jāmiʻ fī khilāf al-fuqahāʼ*）』などを著した。

イブン・ハーミドの弟子のカーディー・アブー・ヤァラー・ブン・ファッラー（380/990—458/1066年）は、『法学的設例（Abū Yaʻlā 1405/1985）』、『法源学の備え（Abū Yaʻlā 1423/2002）』、『統治の諸規則（Abū Yaʻlā 1403/1983）』など多くの重要な著作を記している。彼の3人の息子のひとりであるアブー・ハサン・ブン・アビー・ヤァラーは、先述の『ハンバル派法学者列伝』の著者である。

（2）成熟期（5/11—7/13世紀）

セルジューク朝下のバグダードにおいては、ハンバル派法学者であると同時に、偉大な散文家としても著名なイブン・アキール（431/1039-40—513/1119-20年）が活躍した（Makdisi 1997）。彼は、カーディー・アブー・ヤァラーなどハンバル派法学者のみならず、アブー・タイイブ・タバリー（Abū Ṭayyib al-Ṭabarī, 348/959—450/1058年）などのシャーフィイー派法学者や、ハナフィー派の法学者にも師事していたとされる。イブン・アキールが記した法学書としては、『ジャダル・ウスール（法理論における論争の書）』（Ibn ʿAqīl 1999）、『ジャダル・フカハー（法学者たちの論争の書）』（Ibn ʿAqīl 2000）、『フヌーン（技芸の書）』（Ibn ʿAqīl 1970—1971）などがある。

その後、バグダードでは、アッバース朝の宰相で自らもハンバル派法学者であったイブン・フバイラ（560/1165年没）が、ハンバル派法学とハディース学を教える学院を設立し、彼自身もブハーリーとムスリムによるハディース集の注釈に法学的な解説を加えた『イフサーフ（表明の書）』（Ibn Hubayra 1398/1980?）や、『イフティラーフ・アインマ・ウラマー（指導的法学者たちの相違）』（Ibn Hubayra 1423/2002）などの重要な著作をのこした。また、説教師としても名高かったイブン・ジャウズィー（510/1116（ca.）—597/1201年）は、イブン・ハンバルの偉業伝『マナーキブ[1]（讃）・イマーム・アフマド・ブン・ハンバル』（Ibn al-Jawzī 1393/1973）の著者としても知られている。

この時期には、バグダードのほかに、ダマスクス、パレスチナ、イスファハーン、ヘラートなどにも高名なハンバル派法学者が多く活動していた。ダマスクスでは、ハンバル派史上最も重要な法学者のひとりであるイブン・クダーマ（541/1147—620/1223年）が、多くの著作をのこした。中田はそれらを、習熟度別に分類し、初級者向けとして『ウムダ（支柱）』（Ibn Qudāma 1433/2012）、初級終了後中級準備には『ムクニィ（満足）』（Ibn Qudāma 1432/2011）、中級者向けとして『カーフィー（十全）』（Ibn Qudāma 1402/1982）、上級者向けには、ヒラキーの『ムフタサル（提要）』への注釈である『ムグニー（大全）』（Ibn Qudāma 1392/1972）があることを紹介している（中田 2003: 68-69）。『ムグニー』は、イブン・ハンバルの学説を、他の法学派の学説と比較して書かれた大著であり、ハンバル派の法学を調べるためには必ず参照すべき法学書である。また、『ムクニィ』には、アラーッディーン・マルダーウィー（885/1480-1年没）による注釈『インサーフ（公正）』（Mardāwī 1377/1958, 1400/1980）、シャラフッディーン・フジャーウィー（960/1560-1年没）による要約『ザード・ムスタクニィ（満足を求める者の糧）』（Ḥujāwī 2002）、マンスール・ブン・ユースフ・バフーティー

1）偉人たちの偉業を讃える伝記文学で、1つのジャンルを形成している。

（1000/1591—1051/1641年）による注釈『ラウド・ムルビィ（新緑の牧場）』（Bahūtī n.d.）など、後継の法学者らによる著作が連なっている。イブン・クダーマはまた、ハンバル派の法理論書を学ぶための基礎的文献とされる『ラウダ・ナーズィル（考察者の庭園）』（Ibn Qudāma n.d.）も著した。

（３）マムルーク朝以降の法学者たち（8/14—11/17世紀）

現代において、おそらく最も有名なハンバル派法学者であるイブン・タイミーヤは、728/1328年にその生涯を閉じるまで内外の敵との闘いに身を捧げた。661/1263年に、シリアのハッラーンで生まれたイブン・タイミーヤは、モンゴルの侵略から逃れて移住したダマスクスで教育を受けたが、イル・ハーン国率いるモンゴル軍の度重なる侵入に対して、ジハード（聖戦）の義務があることを訴え、実際に戦地に赴いて兵士たちを激励することもあったという。学問上の論争においても、ハーンのお抱えのシーア派法学者アッラーマ・ヒッリーを論駁する書（Ibn Taymīya 1420/1999）を著した。スンナ派内部では、当時すでにハンバル派を含む四法学派の定説が確立し、イジュティハード（ijtihād）の余地はなくなっているとする見解が支配的だったが、イブン・タイミーヤはあくまでも、クルアーンとハディースを法源として個々の解決を導き出すべきであるとし、イジュティハードの行使は一般信徒にも開かれていると主張した（Rapoport 2010: 199–204）。イブン・タイミーヤのファトワーは、全37巻のファトワー全集（Ibn Taymīya n.d.）として刊行されている。

イブン・タイミーヤは、シーア派やスーフィズムを批判するだけでなく、スンナ派の保守的なウラマー層に対しても常に鋭い反論を向けたことで、しばしば投獄の憂き目にもあっていたという。一方で、優れた弟子たちを持ち、ハンバル派だけでなく他の法学派にも影響を与えていたといい、さらに民衆からの支持も篤かったようで、ダマスクスで行われた葬儀には、万単位の人が参列したと伝えられている（湯川 1985: 216–222）。

イブン・タイミーヤの最も有名な高弟であるイブン・カイイム・ジャウズィーヤ（691/1292—751/1350年）もまた、現代の学者たちが好んで言及する法学者のひとりである。イブン・カイイム・ジャウズィーヤには、数多くの著作があるが、法理論の分野では『イィラーム（署名者の通知）』（Ibn Qayyim 1973）が重要である。彼の高弟イブン・ラジャブは、スンナ派の学説を比較した『カワーイド・フィクヒーヤ（法の諸原則）』（Ibn Rajab 1432/2011）を著したほか、先述の人名録『ハンバル派法学者列伝続編』ものこしている。また、イブン・カイイム・ジャウズィーヤと同様にイブン・タイミーヤの教えを継承した法学者に、『キターブ・フルーゥ（枝の書）』（Ibn Mufliḥ 1388/1967）を書いたイブン・ムフリフ（710/1310―763/1362年）、イブン・クダーマ『ラウダ』の要約に注釈を施した『シャルフ・ムフタサル・ラウダ（庭園の提要の注釈）』（Ṭūfī 1409/1989）の著者ナジュムッディーン・トゥーフィー（675/1276―716/1316年）などがいる。

4．現代へのハンバル派の影響

（1）ワッハーブ主義とサウジアラビア

近代に入り、ハンバル派は大きくその存在意義を強めた。その理由の1つに、サウジアラビアの公式教義として、18世紀のハンバル派の思想家ムハンマド・ブン・アブドゥルワッハーブ（Muḥammad b. ʿAbd al-Wahhāb, 1115/1703―1206/1792年）の教えが採用されたことを挙げることができる。アブドゥルワッハーブは、最初期のイスラームの純粋性の回復を強く主張し、スーフィズムなど後代に付加された余分なものをビドアとして取り除くべきであるとした。彼は、イブン・タイミーヤやその弟子のイブン・カイイム・ジャウズィーヤの著作に強く影響を受けたとされる（湯川 1985: 222-225）。

1347/1928年、アブドゥルアズィーズ（我が国では「イブン・サウード」として知られる）王の勅令により、サウジアラビアの司法はハンバル派の学説を法源とすることが定められ、具体的な法学書についても指針が示された（中田 2003: 54, 67）。ただし、シャリーア法廷の実践においては、判断の基準はより広く採られたようである。同年の司法委員会報告は、すべての裁判はアフマド・ブン・ハンバルの判断されたところに従って行われることを述べ、ハンバル派のなかでもイブン・タイミーヤの学説が最も権威を有するとされたが、裁判官の判断によっては他の法学派の学説に依ることも可能とされたという（柳橋 1996: 36）。

（2）近現代のイスラーム改革主義思想への影響

近代以降、それぞれの国家の法にヨーロッパ近代法の影響が強まり、イスラーム法が適用される範囲がかなり限定されると同時に、法学派ごとの学説継承の意義は薄れた。一方で、もともと伝承主義的な傾向の強い学派であったハンバル派的な思考が評価されるようになり、とくにイブン・タイミーヤによるイジュティハードの思想は、広くイスラーム圏全体にも影響を与えることとなった。イスラーム近代改革思想の代表的論客であるエジプトのムハンマド・アブドゥ（Muḥammad ʿAbduh, 1849—1905年）は、イブン・タイミーヤの思想に影響を受け、『クルアーン』とスンナに明示されている儀礼行為（イバーダート ʿibādāt）と、人間同士の関係を規定する諸事（ムアーマラート muʿāmalāt）を区別し、後者について『クルアーン』は一般原則を示しているだけであり、人間の判断によるイジュティハードが可能であると考えた（Hourani 1995: 148）。

アブドゥを師と仰いだムハンマド・ラシード・リダー（Muḥammad Rashīd Riḍā, 1865—1935年）は、イスラームの真の統一が実現された先人（サラフ ṣalaf）の時代を理想とするサラフィー主義を広く伝えることとなった。ラシード・リダーの思想に大きな影響を与えたのもイブン・タイミーヤであった。法学派の規範学説に従うことを否定して『クルアーン』およびスンナに立ち返り、サラフの時代の法解釈を重視した。こうした潮流は、エジプトのサーダート大統領（1918—1981年）を暗殺したメンバーの所属したジハード団（Tanẓīm al-Jihād）などに受け継がれ（湯川 1985: 228-232）、イスラームの教義を厳格に捉える過激な思想の展開へとつながる一方で、イスラーム法の規範学説を再考し、現代の新しい事象に適応するためのイスラーム的な解決への道も拓いた。

ラシード・リダーは、イスラーム法理論のなかで中世の時代より論じられてきた「マスラハ（maṣlaḥa, 福利の意）」論および「シャリーアの目的（maqāṣid al-sharīʿa）」論を、現代において復活させ発展させた先駆者的存在としても知られている（浜本 2017）。ここでもまた、ハンバル派的な思想が、現代ムスリム社会において再評価される様子がうかがえる。前近代のイスラーム法学者らによれば、マスラハとは、宗教（dīn）、生命（nafs）、理性（ʿaql）、子孫（naṣl）、財産（māl）の5つを保全することであり、これがシャリーアの諸目的であるとされた。こうした議論は、まず、シャーフィイー派の法学者ジュワイニー（419/1028―478/1085年）およびその弟子のガザーリー（450/1058-9―505/1111年）によって定式化され、その後、マーリク派の法学者カラーフィー（Shihāb al-Dīn al-Qarāfī, 626/1228―684/1285年）、シャーティビー（Abū Isḥāq al-Shāṭibī, 720/1320―790/1388年）らの他、ハンバル派のイブン・タイミーヤやイブン・カイイム・ジャウズィーヤ、トゥーフィーなどによって、マスラハの実現がシャリーアの目的であり、それは啓示によって導かれるという理論は多様な形で構築された（Auda 2008: 16-21; Kamali 2008: 8-15）。イブン・タイミーヤは、法源としての「マスラハ」を重視しつつも、「明文のない福利（al-maṣlaḥa al-mursala）」は否定し、法はあくまでも啓示から導かれるべきであるとした（Matroudi 2006: 79）。

マスラハ論やシャリーアの目的論は、ハンバル派に特有のものではないが、『クルアーン』とスンナの明文を最重視ししつつも、柔軟なイジュティハードを行なうことを是とするイブン・タイミーヤやイブン・カイイム・ジャウズィーヤの主張（Auda 2008: 122）は、現代的なイスラームの規範のあり方に活路を与えている。「シャリーアの目的」論者のひとりであるムハンマド・ハーシム・カマーリー（Mohammad Hashim Kamali, 1944年―）は、イブン・タイミーヤが、「シャリーアの目的」を固定的な概念から解き放ったおそらく最初の学者であったとし、「シャリーアの目的」概念が適用される範囲を、限定的なリストから自由な価値観のリストへと広げたとする。イブン・タイミーヤのそうした思想は、現代の多くの思想家たちに影響を与えているが、たとえばユースフ・カラダーウィー（Yūsuf al-Qaradāwī, 1926―2022年）は、社会福祉や自由、人間の尊厳なども「シャリーアの目的」に含めている（Kamali 2008: 12）。

5．文献目録

ʿAbd Allāh b. Aḥmad b. Ḥanbal, 1408/1988, *Masāʾil al-imām Aḥmad b. Ḥanbal: Riwāyat ibni-hi ʿAbd Allāh b. Aḥmad*, Zahīr al-Shāwīsh ed., Beirut and Damascus: al-Maktab al-Islāmī.

Abū Yaʿlā Muḥammad b. al-Ḥusayn, al-Farrāʾ, 1403/1983, *al-Aḥkām al-sulṭānīya*, Muḥammad Ḥāmid al-Fiqī ed., Beirut: Dār al-Kutub al-ʿIlmīya.

Abū Yaʿlā Muḥammad b. al-Ḥusayn b. al-Farrāʾ, 1405/1985, *al-Masāʾil al-fiqhīya min Kitāb al-Riwāyatayn wa-l-wajhayn*, ʿAbd al-Karīm b. Muḥammad Lāḥim ed., Riyadh: Maktab al-Maʿārif.

Abū Yaʿlā Muḥammad b. al-Ḥusayn b. al-Farrāʾ, 1423/2002, *al-ʿUdda fī usūl al-fiqh*, Muḥammad ʿAbd al-Qādir Aḥmad ʿAṭā ed., 2 vols., Beirut: Dār al-Kutub al-ʿIlmīya.

Auda, Jasser, 2008, *Maqasid al-Shariah as Philosophy of Islamic Law: A System Approach*, London and Washington: The International Institute of Islamic Thought.

Bahūtī, Manṣūr b. Yūsuf al-, n.d., *al-Rawḍ al-murbiʿ: bi-sharḥ Zād al-mustaqniʿ-mukhtaṣar al-Muqniʿ fī fiqh Aḥmad b. Ḥanbal al-Shaybānī*, Riyadh: Maktabat al-Riyāḍ al-Ḥadītha.

浜本一典、2017、「現代の「シャリーアの目的」論に見られるラシード・リダーの影響——人権をめぐる議論を例にとって」『一神教世界』8, 35-48。

浜本一典、中田考、松山洋平、前野直樹、2009、『イスラーム私法・公法概説——家族法編』日本サウディアラビア協会。

堀井聡江、2004a、『イスラーム法通史』山川出版社。

堀井聡江、2004b、「ハンバル派によるヒヤル論——イブン・ハンバルの法学を目指して」『東洋学報』、86(2): 322-295。

Hourani, Albert, [1983] 1995, *Arabic Thought in the Liberal Age 1798-1939*, Cambridge: Cambridge University Press.

Ḥujāwī, Sharaf al-Dīn Mūsā b. Aḥmad al-, 2002, *Zād al-mustaqniʿ: mukhtaṣar al-Muqniʿ* Riyadh: Dār Ishbīliyā.

Hurvitz, Nimrod, 2002, *The Formation of Hanbalism: Piety into Power*, (Culture and Civilization in the Middle East), New York and London: Routledge.

Ibn Abī Ḥātim Abū Muḥammad ʿAbd al-Raḥmān. Muḥammad b. Idrīs b. al-Mandhir al-Tamīmī al-Ḥanẓalī al-Rāzī, n.d., *Kitāb al-jarḥ wa-l-taʿdīl*, 9 vols., Beirut: Dār al-Kutub al-ʿIlmīya.

Ibn Abī Yaʿlā, Abū al-Ḥusayn Muḥammad b. Muḥammad, n.d., *Ṭabaqāt al-Ḥanābila*, Beirut: Dār al-Maʿrifa.

Ibn ʿAqīl al-Ḥanbalī al-Bagdādī al-Ẓufarī, Abū al-Wafāʾ ʿAlī b. ʿAqīl b. Muḥammad, 1970—1971, *al-Taʿlīqāt al-Musammā: kitāb al-funūn*, 2 vols., Beirut: Dār al-Mashriq.

Ibn ʿAqīl al-Ḥanbalī al-Bagdādī al-Ẓufurī, Abū al-Wafāʾ ʿAlī b. ʿAqīl b. Muḥammad, 1999, *Kitāb jadal al-uṣūl*, George Makdisi ed., Beirut: Dār al-Sharika al-Muttahida.

Ibn ʿAqīl al-Ḥanbalī al-Bagdādī al-Ẓufurī, Abū al-Wafāʾ ʿAlī b. ʿAqīl b. Muḥammad, 2000, *Kitāb jadal al-fuqahāʾ*, George Makdisi ed., Beirut: Dār al-Sharika al-Muttahida.

Ibn Badrān al-Dimashqī, 1981, *al-Madkhal ilā madhhab al-imām Aḥmad b. Ḥanbal*, ʿAbd allāh ʿAbd al-Muḥsin al-Turkī ed., Beirut: Muʾassasat al-Risāla. (Amr Abu Ayyub, trans., 2021, ʿAbd al-Qādir b. Badrān al-Dimashqī, *An Introduction to the Ḥanbali Madhhab*, Birmingham (U.K.): Dar al-Aqram.)

Ibn Ḥanbal, Aḥmad b. Muḥammad, n.d., *Musnad al-imām Aḥmad b. Ḥanbal: wa-bi-hāmi-shi-hi Muntakhab kanz al-ʿummāl fī sunan al-aqwāl wa-l-afʿāl*, 6 vols., Beirut: Dār al-Ṣādir.

Ibn Hubayra, Abū al-Muzaffar Yaḥyā b. Muḥammad, 1398/1980? *Kitāb al-Ifṣāḥ ʿan maʿānī al-Ṣiḥāḥ*, 2 vols., Riyadh: al-Muʾassasa al-Saʿīdīya.

Ibn Hubayra, Abū al-Muzaffar Yaḥyā b. Muḥammad, 1423/2002, *Ikhtilāf al-aʾimmat al-ʿu-lamāʾ*, al-Sayyid Yūsuf Aḥmad ed., 2 vols., Beirut: Dār al-Kutub al-ʿIlmīya.

Ibn al-Jawzī, Abū al-Faraj ʿAbd al-Raḥmān, 1393/1973, *Manāqib al-imām Aḥmad b. Ḥan-bal*, Beirut: Dār al-Āfāq al-Jadīda. (Michael Cooperson, trans., 1973, Ibn al-Jawzi, *The Life of Ibn Ḥanbal*, New York: New York University Press.)

Ibn Mufliḥ, Shams al-Dīn al-Maqdisī Abī ʿAbd Allāh Muḥammad, 1388/1967, *Kitāb al-Furūʿ*, ʿAbd al-Shattār Aḥmad Fizāj ed., 6 vols., Beirut: ʿĀlam al-Kutub.

Ibn Rajab al-Ḥanbalī, Zayn al-Dīn ʿAbd al-Raḥmān b. Aḥmad, 1432/2011, *al-Qawāʾid al-fiqhīya*, Muḥammad b. Riyāḍ al-Aḥmad ed., Cairo: al-Maktaba al-Miṣrīya.

Ibn Rajab, Zayn al-Dīn Abī al-Faraj ʿAbd al-Raḥmān b. Shihāb al-Dīn Aḥmad al-Baghdādī thumma al-Dimashqī al-Ḥanbalī, n.d., *Kitāb al-dhayl ʿalā Ṭabaqāt al-Ḥanābila*, Beirut: Dār al-Maʿrifa.

Ibn Qayyim al-Jawzīya, Shams al-Dīn Abū ʿAbd Allāh Muḥammad b. Abū Bakr, 1973, *Iʿlām al-muwaqqiʿīn ʿan Rabb al-ʿĀlamīn*, Ṭāhā ʿAbd al-Ruʾf Saʿd ed., 4 vols., Beirut: Dār al-Jīl.

Ibn Qudāma, Muwaffaq al-Dīn ʿAbd Allāh b. Aḥmad, 1392/1972, a*l-Mughnī: wa-yalī-hi al-Sharḥ al-kabīr ʿalā Mukhtaṣar al-Khiraqī*, 12 vols., Beirut: Dār al-Kutub al-ʿArabī.

Ibn Qudāma, Muwaffaq al-Dīn ʿAbd Allāh b. Aḥmad, 1402/1982, *al-Kāfī fī fiqh al-imām al-mubajjal Aḥmad b. Ḥanbal*, Zuhayr al-Shāwīs ed., 4 vols, Beirut: al-Kutub al-Islāmī.

Ibn Qudāma, Muwaffaq al-Dīn ʿAbd Allāh b. Aḥmad, 1432/2011, *al-Muqniʿ fī fiqh imām al-sunna Aḥmad b. Ḥanbal al-Shaybānī*, ʿAbd Allā b. ʿAbd al-Muḥsin al-Turkī ed., 32 vols., Riyadh: Dār ʿĀlam al-Kutub.

Ibn Qudāma, Muwaffaq al-Dīn ʿAbd Allāh b. Aḥmad, 1433/2012, *al-ʿUmda fī al-fiqh ʿalā madhhab al-imām al-mubajjal Aḥmad b. Ḥanbal*, Ṭāriq b. Saʿīd b. Sālim ed., Beirut: Dār al-Bashāʾir al-Islāmīya.

Ibn Qudāma al-Maqdisī, Muwaffaq al-Dīn ʿAbd Allāh b. Aḥmad, n.d., *Rawḍat al-nāẓir wa-jannat al-munāẓir fī uṣūl al-fiqh ʿalā madhhab al-imām Aḥmad b. Ḥanbal*, [Cairo]: Dār al-Fikr al-ʿArabī.

Ibn Taymīya al-Ḥarrānī al-Dimashqī al-Ḥanbalī, Abū al-ʿAbbās Taqī al-Dīn Aḥmad,

1420/1999, *Minhāj al-sunna al-nabawīya fī naqḍ kalām al-Shīʿa wa-l-Qadarīya*, ʿAbd Allāh Maḥmūd Muḥammad ʿUmar ed., 4 vols, Beirut: Dār al-Kutub al-ʿIlmīya.

Ibn Taymīya, Aḥmad, n.d., *Majmūʿ fatāwā Shaykh al-Islām Aḥmad b. Taymīya*, ʿAbd al-Raḥmān b. Muḥammad b. al-Qāsim and his son Muḥammad ed., 37 vols., n.p.

イブン・タイミーヤ著・湯川武・中田考共訳、1991、『シャリーアによる統治―イスラーム政治論』日本サウジアラビア協会。

イブン・タイミーヤ著・中田考編訳解説、2017、『イブン・タイミーヤ政治論集』作品社。

Kamali, Mohammad Hashim, 2008, *Maqāṣid al-Sharīʿah Made Simple*, (Occasional Papers Series 13), London and Washington: The International Institute of Islamic Thought.

Khiraqī, ʿUmar b. al-Ḥasan al-, 1429/2008, *al-Mukhtaṣar fī al-fiqh: awwal matn fī al-fiqh al-Ḥanbalī*, Muḥammad b. Nāṣir al-ʿAjamī ed., Beirut: Dār al-Nawādir.

Laoust, Henri, 1939, *Essai sur les doctrines sociales et politiques de Taki-d-Dīn Aḥmad b. Taimīya, canoniste hanbalite né à Ḥarrān en 661/1262, mort à Damas en 728/1328*, Cairo: Imprimerie de l' Institut Franc¸ais d' Archéologie Orientale.

Laoust, Henri, 1959, "Le Hanbalisme sous le califat de Bagdad (241/855-656/1258)," *Revue des études islamiques*, 27: 67-128.

Laoust, Henri, 1960, "Le Hanbalisme sous les Mamlouks Bahrides," *Revue des études islamiques*, 28: 1-71.

Laoust, Henri, 1955—2000a—e, "Ahmad B. Hanbal," "Al-Bahūtī," "Ḥanābila," "Ibn Kayyim Al-Djawziyya," "Ibn Taymiyya," *Encyclopaedia of Islam Second Edition*.

Makdisi, George, 1997, *Ibn ʿAqil: Religion and Culture in Classical Islam*, Edinburgh: Edinburgh University Press.

Mardāwī, ʿAlāʾ al-Dīn Abī al-Ḥasan ʿAlī b. Sulaymān al-, 1377/1958—1400/1980, *al-Inṣāf fī maʿrifat al-rājiḥ min al-khilāf ʿalā madhhab al-imām al-mubajjal Aḥmad b. Ḥanbal*, Muḥammad Ḥāmid al-Faqī ed., 12 vols., Beirut: Dār Iḥyāʾ al-Turāth al-ʿArabī.

Matroudi, Abdul Hakim I. al-, 2006, *The Ḥanbali School of Law and Ibn Taymiyyah: Conflict or Conciliation* (Culture and civilization in the Middle East), New York and London: Routledge.

松山洋平著・中田考監修、2008、『イスラーム私法・公法概説――公法編』日本サウディアラビア協会。

Melchert, Christopher, 1997, *The Formation of the Sunni Schools of Law: 9th-10th Centuries C.E.* (Studies in Islamic Law and Society 4), Leiden et al.,: Brill.

Melchert, Christopher, 2006, *Ahmad ibn Hanbal*, London: Oneworld Publications.

中田考、2003、『イスラーム法の存立構造――ハンバリー派フィクフ神事編』ナカニシヤ出版。

中田考、2007、『イスラーム私法・公法概説――財産法編』日本サウディアラビア協会。

Rapoport, Yossef, 2010, "Ibn Taymiyya' s Radical Legal Thought: Rationalism, Pluralism and the Primacy of Intention," Yossef Rapoport and Shahab Ahmad eds., *Ibn Taymiyya and his Times* (Studies in Islamic Philosophy 4), Karachi: Oxford University Press, 191-226.

Rabbāṭ, Khālid al- and Sayyid ʿIzzat ʿUbayd eds., 1430/2009, *al-Jāmiʿ li-ʿulūm al-imām*

Aḥmad, 22 vols., Faiyum: Dār al-Falāḥ.
Sarhan, Saud al-, 2021, "al-Khiraqī," *Encyclopaedia of Islam Three*, 2021-1, 71-72.
Scott, C. Lucas, 2004, *Constructive Critics, Ḥadīth Literature, and the Articulation of Sunnī Islam: The Legacy of the Generation of Ibn Saʿd, Ibn Maʿīn, and Ibn Ḥanbal*, Leiden and Boston: Brill.
Ṭūfī, Najm al-Dīn Sulaymān al-, 1409/1989, *Sharḥ Mukhtaṣṣar al-Rawḍa*, 3 vols., Beirut: Muʾassasat al-Risāla.
柳橋博之、1996、「ハンバル派私法学の歴史的意義とその現代サウジアラビアにおける適用」木村喜博研究代表『中東イスラム諸国におけるイスラムと現代的思潮』平成7年度科学研究費補助金一般研究（B）、18-42。
湯川武、1985、「イスラム改革思想の流れ――ハンバル派小史」中村廣治郎編『講座イスラム1――イスラム・思想の営み』筑摩書房、207-232。

column：法学派としてのハンバル派の認知

ハンバル派が、法学派として他の学派の法学者らに認知されるようになるのは、スンナ派の他の３学派と比べると遅かったようである（本書120-121頁参照）。その理由として、イブン・ハンバルとその追随者は「ハディースの徒」であり、独自の法学的な見解をもつに至っていないとみなされたことがあげられる。12世紀のハンバル派の法学者イブン・アキール（431/1039-40―513/1119-20年）が、「アフマド・ブン・ハンバルはハディース学者にすぎないとする無知な者たちがいる」と言ってそれを批判したことが知られている（堀井 2004: 105）。『イブン・ハンバル讃』のなかでイブン・ジャウズィー（510/1116（ca.）―597/1201年）は、イブン・アキールのこの言葉を引用しつつ、法学者としてのアフマドの見解を示してさらなる反論をしている（Ibn al-Jawzī 1393/1973: 64）。

法学者たちはしばしば、法学派間あるいは法学者間で相違する学説（ikhtilāf）の書を記した。９世紀には、シャーフィイー派の法学者イブン・ナスル・マルワズィー（202/817―294/906年）の『学者たちの見解の相違』が、サウリー、シャーフィイー、マーリク、「ラーイの徒」などに加えてアフマドの学説を紹介しているが、同書ではアフマドを「ハディースの徒」とする記述が見られる（Marwazī 1406/1986）。消滅したジャリール派の学祖タバリー（224/838-9―301/923年）による『法学者たちの見解の相違』には、一部のみしか現存しないため全体は確認できなかったものの、多数の法学者の学説が紹介されるなかで、アフマドへの言及は見られない（Ṭabarī 1420/1999）。10世紀のハナフィー派の法学者ジャッサース（305/917—370/981年）による『「法学者たちの見解の相違」提要』においても、「イブン・ハンバルなどハディースの徒」との記述が見られ、彼を法学派の祖とはみなしていなかったことが推察される（Jaṣṣās 1428/2007）。11世紀になると、シャーフィイー派の法学者マーワルディー（364/974-5—450/1058年）の『ハーウィー（大包括）』が、頻度は少ないものの、アフマドの学説を他の３学派の学祖と並べて紹介している。ただし、「アフマドとハディースの徒らは」という記述も時折混在している（Māwardī 1419/1999）。

マムルーク朝のスルタン・バイバルス（在位658/1260—676/1277年）が四法学派を公認する頃には、ようやくイブン・ハンバルも法学派の学祖として他学派の著作に記されるようになる。ダマスクスで活動した13世紀のシャーフィイー派のナワウィー（631/1233—676/1277年）は、『集成——「精髄」注釈』において自派の学説と比較して、マーリク、アブー・ハニーファ、アフマドの学説を示した（Nawawī n.d.）。また、カイロで活動した13世紀の法学者カラーフィーの『フルーク』も、やはり自身の属するマーリク派と他の３学派の学説を紹介した著作である（Qarāfī n.d.）。15世紀のシャーフィイー派の法学者シャァラーニーによる『大いなる天秤』は、四法学派の均衡こそが重要であると説き、四法学派のイマームであるアブー・ハニーファ、マーリク、シャーフィイー、アフマドの学説を等しく評価している（Shaʿrānī n.d.）。

堀井聡江、2004、『イスラーム法通史』山川出版社。

Ibn al-Jawzī, Abū al-Faraj ʿAbd al-Raḥmān, 1393/1973, *Manāqib al-imām Aḥmad b. Ḥanbal*, Beirut: Dār al-Āfāq al-Jadīda.

Jaṣṣās al-Rāzī, Abū Bakr Aḥmad b. ʿAlī al-, 1428/2007, *Mukhtaṣar Ikhtilāf al-ʿulamāʾ taṣnīf Abī Jaʿfar Aḥmad b. Muḥammad b. al-Salāma al-Ṭaḥāwī*, 5 vols., 2nd ed. Beirut: Dār al-Bashāʾir al-Islāmīya.

Marwazī, Abū ʿAbd Allāh Muḥammad b. Naṣr al-, 1406/1986, *Ikhtilāf al-ʿulamāʾ*, 2nd ed., Beirut: ʿĀlam al-Kutub.

Māwardī, Abū al-Ḥasan ʿAlī b. Muḥammad b. Ḥabīb al-, 1419/1999, *al-Ḥāwī al-kabīr fī fiqh madhhab al-imām al-Shāfiʿī wa-huwa sharḥ Mukhtaṣar al-Muzanī*, 20 vols.,

Beirut: Dār al-Kutub al-ʿIlmīya.

Nawawī, Muḥyī al-Dīn Abū Zakarīyāʾ [Yaḥyā] b. Sharaf al-, n.d., *al-Majmūʿ sharḥ al-Muhadhdhab*, 20 vols., Beirut: Dār al-Fikr.

Qarāfī, Shihāb al-Dīn al-ʿAbbās Aḥmad b. Idrīs b. ʿAbd al-Raḥmān al-Ṣanhājī al-mashhūr bi-l-, n.d., *al-Furūq wa-bi-hāmish al-kitābayn Tahdhīb al-Furūq wa-l-Qawāʾid al-sunnīya fī al-asrār al-fiqhīya*, 4 vols. in 2, Beirut: ʿĀlam al-Kutub.

Shaʿrānī, ʿAbd al-Wahhāb b. Aḥmad al-, n.d., *al-Mīzān al-kubrā wa-bi-hāmishi-hi: raḥmat al-umma fī ikhtilāf al-aʾimma*, 2 vols. n.p.: Dār al-Fikr.

Ṭabarī, Abū Jaʿfar Muḥammad b. Jarīr al-, 1420/1999, *Ikhtilāf al-fuqahāʾ*, Beirut: Dār al-Kutub al-ʿIlmīya.

2-5．ザーヒル派

狩野希望

1．消滅した法学派

現在スンナ派においてはハナフィー派、マーリク派、シャーフィイー派、ハンバル派の4つが正統法学派とされているが、これらが正統法学派として確立する以前にはある程度有力な法学派や学統が他にも存在していた。例えば、イスラーム初期には、アウザーイー（88/706-7—157/774年）を名祖としシリア地方やマグレブ・アンダルスで影響力を発揮したアウザーイー派があった。アウザーイー派はウマイヤ朝と結びつき、ウマイヤ朝下では一定の勢力を形成した。また、エジプトで活躍したライス・ブン・サァド（94/713—175/791年）に従う学統や、イラクで活躍したスフヤーン・サウリー（97/716—161/778年）に従う学統も存在した。シャーフィイー（150/767-8—204/820年）以降に登場したものには、この節で扱うザーヒル派や、歴史学やタフスィール学で知られるタバリー（224/838-9—310/923年）を名祖とするジャリール派などがある。

しかし、これらの学派や学統は次第に消滅し、四法学派だけが正統性を認められるに至った。消滅した学派や学統はいったい学派・学統と呼べるほどの実態をどれほど備えていたのだろうか。なかには十分な組織を形成しなかったものもあっただろうが、本節で扱うザーヒル派は独自の学説を練り上げ次代へ継承していた様子が伝えられており、学派の実態はあったといえる。10世紀のバグダードの書籍商イブン・ナディーム（325/936-7以前—385/995年頃）が残した書籍カタログ『目録』（Ibn al-Nadīm 2014）では第6章が法学者とハディース学者にあてられており、マーリク派、ハナフィー派、シャーフィイー派、ザーヒル派、12イマーム派、ハディースの徒、ジャリール派およびハワーリジュ派の項目が立てられている。なお、ハンバル派の項目はなく、イブン・ハンバル（164/780—241/855年）とその弟子らはハディースの徒に含まれている。また、11世紀のシーラーズ出身のシャーフィイー派法学者アブー・イスハーク・シーラーズィー（393/1002-3—476/1083年）による『法学者列伝（*Ṭabaqāt al-fuqahāʾ*）』にも、ザーヒル派が正統法学派に並んで掲載されている。このような項目立てからは、当時はザーヒル派が正統法学派とともに言及されるべき法学派として認識されていたことが窺える。

そのような認識を受けていたはずのザーヒル派はなぜ消滅したのだろうか。ザーヒル派に限らず消滅した法学派の記録は少なく、実態に迫ることは容易ではないが、その中でもザーヒル派は断片的ながらも比較的多くの記録が伝えられており、また、ただひとりイブン・ハズム（384/994—456/1064年）の書だけであるにせよ、ザーヒル派法学者自身による法学書も複数残されている。後世に伝えられる記録の多さはその影響力の大きさを映していると考えると、ザーヒル派は消滅した法学派のなかでは最も有力な集団であったとみてよいかもしれない。ザーヒル派の研究は消滅した法学派と四法学派との境界線を浮かび上がらせ、イスラーム法発展史の研究を脇から支えるものといえるだろう。

2．ザーヒル派法学の特徴

ザーヒル派はダーウード・ブン・ハラフ・イスファハーニー（200/815-6頃—270/884年）を名祖として9世紀のバグダードで興ったスンナ派法学派である。ザーヒル派の名称は「ザーヒル（ẓāhir）」というアラビア語に由来している。「ザーヒル」という語は「外面の」や「明らかな」などの意味の語であるが、法解釈について言うならば、明らかな意味での解釈あるいは字義どおりの解釈といった意味となり、ザーヒル派の名称は同派の法解釈の立場に基づく名称である。ただし、資料によっては「ダーウード派」と名祖の名で呼ぶものもある。名称の由来を明確に伝える記録はなく、ザーヒル派の名称が自称か他称かについても定かではない。

ザーヒル派の学説についても不明な点は多い。ザーヒル派の学説を体系的に把握できる一次資料は多くなく、著作が今日まで残されているイブン・ハズムを除きザーヒル派の学説は他学派による断片的な記録であり、さらに、「ザーヒル派法学者たち曰く」のような匿名の形での記述がほとんどである。そのため、具体的にどの法学者がどのように言っていたというところまでを正確に把握するのは難しいが、ザーヒル派のおおむね全体の立場であろうと判断されるところでは、ザーヒル派は法判断をもっぱら神の啓示という確実な根拠に基づかせ、人間の判断による不確実性が介在するのを極力排除しようとしていたと考えられる。このような立場から、ザーヒル派は法源を啓示的法源のみに限定する。なお、啓示的法源の字義的解釈というこの特徴はハディースの徒を思い起こさせるが、ザーヒル派とハディースの徒との違いは次項で触れる。以下では、ザーヒル派の学説の特徴をイブン・ハズムの著述をもとに概観しよう。

啓示的法源とはクルアーン、スンナそしてイジュマーである。ただし、スンナは預言者ムハンマドのスンナに限定される。イジュマーも範囲が限定され、教友世代のイジュマーのみを有効とする。教友たちはムハンマドの言行を直接見聞きした者たちであり、その教友たちの見解が一致したのであればそれはムハンマドの見解を代弁したものといえる。したがって、教友世代のイジュマーは啓示的法源に含まれるが、ムハンマドを直接見たことがない後継者世代以降のイジュマーは除外されることになる。

ザーヒル派では、神の言葉である啓示の文言はそれ自体で明瞭であり、比喩的な表現はないと考える。そのため、神の言葉はその明らかな意味で理解しなければならず、そして、通常の理性の働きをもってすれば誰にでもそれは可能である。ザーヒル派の字義主義はこのような言語観にも基づいている。さらに、啓示の文言をその明らかな意味のままに捉えるというこの字義主義は、神の指示に対してその論理を問わない姿勢にもつながる。ザーヒル派の理解によれば、神の法には論理的あるいは倫理的に首尾一貫した理由があるわけではない。そして、神の法は過不足なく完成されたものである。ここからザーヒル派の最も代表的な主張であるキヤースの否定が導かれる。

キヤースにより、啓示の明文に示されている事例の法判断を啓示の明文に示されていない事例へと類推適用する際には、両事例に共通する性質（イッラ）を類推の基礎とするが、ザーヒル派は、このイッラは神の法の理由を人間が憶測したものにすぎないと考える。現に、同じ問題であっても法学者次第でイッラが一致しないこともある。つまり、キヤースは啓示に依拠しているようにみせて、実際は人間の不確実な判断に基づく推論手法なのである。ザーヒル派にとっては、そもそも神の法は完成されているし、個々の法規定の理由を求めるべきではないのに、都合のよいイッラを引き出していたずらに他所に類推適用するというこの手法は到底法源とは認められない。同じ論理によりラーイ、またその適用例であるイスティフサーンも否定される。

さらに、神の啓示のみを根拠とするという立場から、先人の学説へのタクリードもザーヒル派は認めない。もともと啓示の文言は明瞭なのであり、理性ある人間であればおのずと解釈することができるからである。啓示の文言を理解するという意味で誰でも自らイジュティハードを行うことができるし、行わなければならない（Ibn Ḥazm 1985; Ibn Ḥazm 2014; Ibn Ḥazm 2016a; Kaddouri 2013: 224–229）。

なお、ザーヒル派は確かにキヤースという形態の推論は拒否するが、推論をまったく放棄しているわけではない。ただし一方で、ダーウードは「キヤースを言葉上は否定していたが事実上は用いており、それを証拠（dalīl）と呼んでいた」との記録もある。通常のザーヒル派理解と相反するようなこの証言は批判者からの誹謗という可能性もあるだろうが、さらなる研究が必要である（Khaṭīb al-Baghdādī 2001: 9:348）。

リバーをめぐる判断にはザーヒル派の法解釈がよく示されている。リバーとはクルアーンが禁止する取引形態であるが、クルアーンには明確な定義がない。そこで、複数のハディースを照らし合わせることにより、不等量交換の禁止ないし不等価交換の禁止を指すものと理解されている。それらハディースの1つによれば、金と金、銀と銀、小麦と小麦、大麦と大麦、ナツメヤシの実とナツメヤシの実、塩と塩は同量同士を手から手に交換しなければならない。この預言者ムハンマドのハディースはリバーの禁則に抵触する取引を説明したものとされるが、ザーヒル派以外の法学派の多くはここで示されている6つの財は例示列挙であると考え、そのため6財が禁止された理由を判断し、それをイッラとしてキヤースを適用する。一方、ザーヒル派はこの6財は限定列挙であると考え、預言者がこれら6つの財のみに言及している以上その文言のとおりとし、他の財にリバーの禁則を拡大しない（Linant de Bellefonds 1960: 29-30; Goldziher 2008: 41-42）。

3．ザーヒル派の学派史

以下ではザーヒル派の興りから衰退までの歴史をたどり、最後に学派消滅の原因について検討する。

（1）バグダートでの興りと発展

ザーヒル派の名祖ダーウードはバグダードで活躍した法学者である。生年には諸説があるが、スンナ派正統四法学派の名祖たちよりは数世代若い人物である。出生地についても、クーファの生まれとする記録もあるが、確かな情報は伝えられていない。祖父はアッバース朝第3代カリフのマフディー（在位158/775―169/785年）の宮廷に仕官したとされ、父はイスファハーンのハナフィー派カーディーのもとで書記を務めたとされる。ダーウードは人生の大部分をバグダードで過ごしたが、若い頃はバスラやニーシャープールにも滞在していたようである。ニーシャープールでは当地の著名なハディース学者イスハーク・ブン・ラーフワイヒ（161/777-8―238/853年没）を訪ね、ハディースやタフスィールを学んだという。ただし、ダーウードにハディース学者としての特段の名声はない。ダーウードの名前がイスナードに連なるハディースで信頼性の高いものは数個あるのみである。没後はバグダードの自宅内に埋葬されたという（Ibn Khallikān 1968―1977: 2:255-257; Shīrāzī 1981: 92; Dhahabī 1981―1988: 13:97-108; Khaṭīb al-Baghdādī 2001: 9:342-349; Dhahabī 2003: 6:327-332）。

ダーウードは数多くの書を著わしたと伝えられているが、そのいずれも散逸している。イブン・ナディームの『目録』にはダーウードによる書の書名あるいは書のなかの章名として膨大な数のタイトルが列挙されている。そのタイトルから推定するに、実定法と法源学の両分野にわたって著作を残していたようである。なお、ハディースに関する著作は見当たらない（Ibn al-Nadīm 2014: 2:59-62）。

イブン・ナディームもダーウードにはザーヒル派の独立の項目を立て、ハディースの徒の項目に含めたイブン・ハンバルと異なる扱いをしており、ダーウードはハディース学者ではないとの評価はもとよりあったはずである。しかし、長らくダーウードの思想に対しては、クルアーンとハディースの文言を重視するというその字義主義的立場からハンバル派と類似するという見方が強かった。これには啓示と理性を対立的にとらえる伝統も影響しているだろう。ザーヒル派についての初の本格的研究書である『ザーヒル派――その教義体系と歴史』（Goldziher 1884=［1971］2008）を著したゴルトツィーエルも、ダーウードがハディース学者として評判を得ていたわけではなかったことに言及しつつも、ザーヒル派をハディースの徒として位置づけている（Goldziher 2008: 3-4, 29）。ダーウードを伝承主義者とする見方はその後も続き、時には伝承主義を通り越した極端な反理性主義という評価がなされることさえあった。しかし、研究の進展により、今日ではダーウードを単純に伝承主義者とみなす見方はほぼ否定されている。それどころか、ダーウードにはムゥタズィラ派からの影響があり、理性主義に近い立場にあった可能性も指摘されている。ハティーブ・バグダーディーによる人名録には、「ダーウードは啓示的な知識（ʿilm）よりも理性（ʿaql）を用いる方が多かった」との証言が残されている（Khaṭīb al-Baghdādī 2001: 9:344）。ヴィシャノフの研究によれば、ザーヒル派はバグダードのムゥタズィラ派を介して、ハワーリジュ派に始まりナッザーム（220/835から230/845年の間没）らが掲げた字義主義（ヴィシャノフはこれを特に聖典主義（Scripturism）と呼ぶ）の流れを汲んでいるとのことである。聖典主義の立場からすれば、啓示に指示がない場合には疑わしいハディースを用いるよりは理性で判断するほうが好ましく、確かにこの点で理性主義は聖典主義に通じる。ただし、ダーウードは理性で新たな法を作ることはできないとしており、その理性主義的側面を過大に評価するべきではないだろう（Melchert 1997: 179-184; Vishanoff 2011: 66-108; Gleave 2013: 147-148）。

伝承主義との関係では、むしろダーウードとハンバル派との仲は良好ではなかったようである。ハンバル派はクルアーン創造説などの神学的問題に関するダーウードの見解を異端視し、ダーウードがイブン・ハンバルのもとを訪問しようとした際にイブン・ハンバルがそれを拒んだという出来事もあったという（Khaṭīb al-Baghdādī 2001: 9:346–347; Shīrāzī 1981: 92）。

また、ダーウードはもともとシャーフィイー派を奉じていたと伝えられており、シャーフィイー派からも大きな影響を受けていたと考えられる。イブン・ナディームの『目録』に記されたダーウードの著作にも、そのタイトルからシャーフィイー派学説を擁護したと推定されるものが2点ある（Ibn al-Nadīm 2014: 2:62）。確かに、キヤースの是非という論点に着目するならば、キヤースを否定するザーヒル派はシャーフィイー派とは対極的に思われるかもしれない。しかし、ダーウードは推論自体を否定するわけではなく、理性を否定するわけでもない。キヤースやラーイの否定とは、理性を啓示の範囲内で行使し、啓示的法源からのみ法を導きだすためのものである。このようなダーウードの意図は、法を啓示に根拠づけることにより啓示と理性の調和を図るシャーフィイーの法理論と同じ理念といえるだろう。また、教友世代のイジュマーのみを有効とする主張についても、シャーフィイーの教説のうちの特にシャーフィイーがエジプトに移る前の旧説に影響を受けている可能性が指摘されている。なお、ダーウードの師のなかにシャーフィイー派法学者アブー・アブドゥッラフマーン・シャーフィイー（230/844年以降没）という人物が伝えられており、ダーウードはこの師を介してシャーフィイー派法学を学んだと考えられる。さらに、このアブー・アブドゥッラフマーン・シャーフィイーはバグダードのムゥタズィラ派にも属した人物と言われている。この人物の詳細は明らかではないが、ダーウードに対するシャーフィイー派とムゥタズィラ派双方からの影響を考える上で興味深い存在である（Dhahabī 1981—1988: 10:555–556; Melchert 1997: 181–182; Vishanoff 2011: 81–82）。

ダーウードが没すると、ザーヒル派は子のイブン・ダーウード（255/868—297/909年）に引き継がれた。この時イブン・ダーウードはまだ十代半ばと年若いながらも、すでに学派を率いるに十分な法学知識を備えた優秀な若者であった。イブン・ダーウードは7歳でクルアーンを暗唱し、10歳で人物学とアダブ（教養や礼儀の学）と詩を習得したという。法学の問題に対して韻文で回答することも多かったようで、洗練された知識人たる人物像が窺える。また、アッバース朝の宮廷で活躍し、宰相や有力者のサロンに出入りしていた様子も伝えられている。様々な分野の学者や文化人と交流を持ち、特に、シャーフィイー派のイブン・スライジュ（249/863-4年頃—306/918-9年）とは生涯を通じて親しく付き合い、幾度も討論を交わした間柄である。なお、イブン・ダーウードは法学者としてよりも詩の撰集『花の書（*Kitāb al-zahra*）』の著者としてのほうが有名かもしれない。実際に、イブン・ダーウードの著書のうちで現存するものはこの『花の書』のみで、法学著作はすべて散逸している。この『花の書』はおよそ1世紀半後のイブン・ハズムの自伝的文学作品『鳩の首飾り（*Ṭawq al-ḥamāma*）』に影響を与えたとも言われる（Ibn Khallikān 1968—1977: 4:259-261; Shīrāzī 1981: 175-176; Dhahabī 1981—1988: 13:109-116; Khaṭīb al-Baghdādī 2001: 3:158-167; Dhahabī 2003: 6:1022-1026; Ibn al-Nadīm 2014: 2:63）。

イブン・ダーウードがザーヒル派をどのような方向に導いたのか、やはりほとんど明らかではない。しかし、『花の書』や他の法学者による断片的な記述から、おそらくイブン・ダーウードの主張は父の主張と比較してより強く字義主義的傾向を帯びていたものと窺われる。イブン・ダーウードはムゥタズィラ派の文法学者でダーウードの講義にも出入りしていたニフタワイヒ（244/858—323/935年）のもとで文法学や辞書学を修めており、その影響を受け、言語論を取り入れつつ法解釈の理論化を進めたと考えられる（Vishanoff 2011: 83-86; Gleave 2012: 148-150）。

タバリーがザーヒル派から決別した背景には、イブン・ダーウードのおそらく多分に哲学に寄った言語論的字義主義が関係したのかもしれない。タバリーはジャリール派の名祖であるが、そこに至るまでにシャーフィイー派、マーリク派、ザーヒル派を渡り歩いた。ダーウードのもとではイブン・ダーウードと共に学んだ仲であったが、タバリーはザーヒル派を離れ、ザーヒル派への論駁書を著した。イブン・ダーウードにも『アブー・ジャァファル・タバリーへの勝利（*al-Intiṣār min Abī Jaʿfar al-Ṭabarī*）』という著作がある（Ibn al-Nadīm 2014: 2:63）。

イブン・ダーウードが没した後の第3世代のザーヒル派は弟子のイブン・ムガッリス（324/936年没）が率いた。イブン・ムガッリスもまた優れた法学者であり、イブン・ナディームの『目録』では彼に並ぶ者は以後いないとまで評されている。イブン・ムガッリスの著作は、シャーフィイー派のムザニー（175/791-2—264/ 877-8年）による『提要（*al-Mukhtaṣar*）』への論駁書である『明瞭（*al-Mūḍiḥ*）』をはじめいくつかが『目録』に記録されているが、やはりいずれも散逸している（Shīrāzī 1981: 177; Dhahabī 1981—1988: 15:77-78; Khaṭīb al-Baghdādī 2001: 11:26-27; Dhahabī 2003: 7:490-491; Ibn al-Nadīm 2014: 2:64）。

（2）東西への拡大

イブン・ムガッリスの後、人名録などに現れるザーヒル派法学者は資料ごとにまちまちとなり、早くも衰退の兆しが見えはじめる。一方で、ほぼ同じ時期からバグダード以外の地で活躍する人物が増加し、ザーヒル派がイスラーム世界の東西へと拡大していったことがわかる。ただし、このような転換の背景にどのような事情があったのかははっきりしない。なお、残念ながらザーヒル派自身による法学者列伝などは残されておらず、内部からの語りを知ることも難しい。

東方への拡大はイブン・ムガッリスの孫弟子にあたるビシュル・ブン・フサイン（350/960年以降没）がファールスを訪れたことが大きなきっかけとなった。10世紀末までにはさらにスィンドに伝播していたようである。東方で活躍したザーヒル派法学者については、アブー・イスハーク・シーラーズィーの『法学者列伝』に幾人か記録されている。ただし、彼らが具体的にどのような主張を行っていたのかという詳細の記述まではない（Shīrāzī 1981: 177-179; Muqaddasī 2003: 347-348）。

西方への拡大は東方への拡大よりもいっそう目覚ましく、なかでもアンダルスはバグダードに代わる中心地といえるほどに栄えた。アンダルスへはおそらくダーウードの生存中には伝播しており、コルドバ出身のイブン・ヒラール（292/904-5年没）が学知を求めて赴いたバグダードでダーウードから直接学び、自ら書き写したダーウードの著書を携えてアンダルスへ帰還したのが初めとされている。アンダルスでは当初、ウマイヤ朝征服軍とともにアウザーイー派が導入されたが、9世紀半ばまでにはマーリク派が御用学派として独占的な地位を占めるようになった。そのようなアンダルスにおいて、イブン・ヒラールが持ち帰ったザーヒル派法学はマーリク派法学者たちからの激しい敵意にさらされたという（Khushanī 1992: 217-218; Dhahabī 2003: 7:965; Ibn al-Faraḍī 2008: 1:297）。しかし、劣勢に置かれながらも着実に拡大し、ムンズィル・ブン・サイード（273/886-7—355/966年）ら有力な法学者が輩出した。

西方ザーヒル派のうちで最も傑出した才能といえば11世紀に活躍したイブン・ハズムである。アンダルスの法学者の常にならい、イブン・ハズムも初めはマーリク派法学を学んだ。しかし、マーリク派の言説に満足することができず、つかの間シャーフィイー派へ転向した後、ザーヒル派に自らの理想を見出した。ちなみに、同時代のマーリク派法学者であるイブン・アブドゥルバッル（368/978—463/1071年）は、もとはザーヒル派でその後にマーリク派へ転向した人物である。法学的経歴の真逆な両者であるが、親しい関係にあったそうである。

イブン・ハズムは法源学と実定法学のいずれの分野においても数多くの著作を残した。散逸したものも多いが、いくつかは今日にまで伝えられている。そのうち法源学における主著には『イフカーム（法規定の強化）』（Ibn Ḥazm 2016a）と『ヌブザ（十分な断片）』（Ibn Ḥazm 1985）の２書がある。『イフカーム』は法源学の大著であるが、冒頭に言語論や理性論を扱う章が設けられている点が特徴的である。『ヌブザ』は最晩年に著された書で、『イフカーム』を要約した内容となっており、また、比較的短い作品であることから全文の英訳がある（Sabra 2007a; Sabra 2007b; [Renascence Foundation tr.] 2022）。これらのほか、小品の『キヤース、ラーイ、イスティフサーン、タクリードおよびタアリールの無効について』（Ibn Ḥazm 2014）も今日刊本となっている。実定法学においては、イバーダートからムアーマラートまでを網羅的に論じた大著『ムハッラー（伝承による飾り）』（Ibn Ḥazm 2016b）がある。

近年、初期ザーヒル派の研究が進んできたことに伴いイブン・ハズムの主張と初期ザーヒル派の主張との異同がより明らかとなってきている。例えばハディースに対する立場の違いは、初期ザーヒル派からイブン・ハズムまでおのおのの主張の違いが大きく表れる一例である。ハディースの伝承経路に基づく分類では、高い信頼性が認めらるムタワーティルのハディース（相承のいずれの段階においても十分な数の口伝者により伝えられたハディース）と、アーハードのハディース（少数の伝承経路で伝えられた、口伝者の数の点でムタワーティルと認められるための要件を欠くハディース）に大別され、アーハードのハディースの信頼性をめぐっては多くの議論が展開されてきた。ザーヒル派においては、イブン・ハズムはアーハードのハディースの権威を認めるが、初期ザーヒル派、特にイブン・ダーウードは認めない。ただし、初期ザーヒル派の間でもそのハディース観は一様ではなく、ダーウードはアーハードのハディースの権威を認めていた。ハディースをいかに使用するかは、啓示的法源の範囲中で法解釈の柔軟性を確保する必要性とも関わる問題である。ザーヒル派にとって神の言葉は本来明瞭であるが、時に矛盾して読める場合もある。預言者のハディースは解釈の拠り所を増やし、矛盾するようにみえる啓示の文言を整合的に理解する助けとなる。法理論へのハディースの組み込みはダーウードがシャーフィイーの法理論から受けた影響の1つと考えられている。しかし、イブン・ダーウードはハディースに対する強い懐疑を示し、アーハードのハディースを認めなかった。ヴィシャノフはこれをハディースを懐疑的に見る聖典主義の影響からとらえている。ハディースは改ざんや捏造のおそれがあるものであり、聖典主義の立場からするならばたとえムタワーティルのハディースであってもその権威は認めがたいということになる。その後、イブン・ムガッリスらはイブン・ダーウードの急進的な軌道の修正を図ったと考えられている。イブン・ハズムにおいては、イスナードにより真正性が検証されている以上は法源たりうるとしてアーハードのハディースを認めている。イブン・ハズムは初期ザーヒル派に比べて、対立的な啓示を廃棄（対立的啓示の一方が他方を取り消したとする解釈）で済まさずに、両者を存続させて整合的な解釈を試みる傾向が強いとされており、この違いの一因にハディース使用の違いがあると考えられる。ズィソウは、おそらくイブン・ハズムはザーヒル派内のこのような相違を認識したうえで自身のハディースの位置づけを検討したであろうと指摘している。イブン・ハズムがザーヒル派法学をどのように受容し発展させたのか、さらなる研究が期待される（Vishanof 2011: 99–102; Zysow 2013: 29–32, 93–96）。

さらに、イブン・ハズムの主張には法学だけに留まらない独創性が見られる。イブン・ハズムは「ザーヒル」の観念に強い思い入れを持っており、法学における字義解釈という枠を超え、神学や倫理学なども含めてイスラーム思想全体を「ザーヒル」概念から再検討しようという大きな理念を抱いていたと考えられている。イブン・ハズムの「ザーヒル」概念の理解のためには、法学以外の著書との一体的な考察が必要である。

また、イブン・ハズムは熱心な弁論家であり、ザーヒル派の拡大を目指し、マーリク派をはじめとした他派へたびたび痛烈な批判を浴びせた。マーリク派法学者との討論も活発に行い、なかでもバージー（403/1012—474/1081年）との討論は有名である。しかし、血気盛んで論難を招く性格が災いしてか、ワズィールやカーディーといった公職を求めてアンダルスの各地を転々とするも安定的な地位に就くことはついに叶わなかった。晩年はセビージャ郊外にある一族の地所に隠遁し、周囲には家族や少数の弟子たちが集まるのみであったという（Ibn Khallikān 1968—1977: 3:320–330; Dhahabī 1981—1988: 18:184–212; Ibn Khāqān 1983: 279–282; Dhahabī 2003: 11:1000–1001; Ḥumaydī 2008: 449–452; Ibn Bashkuwāl 2010: 2:31–33）。

公生活上は不遇に終わったイブン・ハズムであったが、西方イスラーム世界でザーヒル派が幾分長く存続したことへの寄与を考えると、学問生活上は大きな成功を収めたといえる。イブン・ハズムの出身地にして拠点であったセビージャのほか、マジョルカ島などイブン・ハズムが比較的長期滞在した東部アンダルスからもザーヒル派法学者が多く輩出している。なお、西方のザーヒル派法学者についてはアダンによる人名録の分析（Adang 2000; Adang 2005a; Adang 2005b）が詳しい。

（3）衰退から消滅へ

ザーヒル派は、バグダードではイブン・ムガッリスより後の10世紀半ば頃には衰退が始まっていたと考えられる。アブー・イスハーク・シーラーズィーは、11世紀の段階でザーヒル派はシーラーズにおいては存続しているものの、バグダードではすでに消滅したと証言している（Shīrāzī 1981:

179)。西方ではイブン・ハズムの功績により東方よりは長く存続したが、それでもムワッヒド朝期（524/1130―668/1269年）の13世紀頃には衰退していたと見られる。ムワッヒド朝は、アシュアリー派神学やザーヒル派法学などが混ざりあったタウヒード思想と呼ばれる独特の原理主義思想を掲げ、とりわけ第3代君主のマンスール（在位580/1184―595/1199年）はザーヒル派を庇護しマーリク派を弾圧したと伝えられている。しかし、これはマンスールの個人的な裁断と見る向きは強い。イブン・ハズム後の拡大とは異なり、ムワッヒド朝期にザーヒル派法学者の数が特段増加した様子は資料上確認されず、ムワッヒド朝のザーヒル派庇護は一時的な現象であった可能性が高い(Adang 2000: 471-472)。

資料上では正統法学派に並んで言及されるザーヒル派も、実際にどの程度の規模の勢力だったのだろうか。アブー・イスハーク・シーラーズィーによれば、ダーウードの講義には400人ほどが集まったという（Shīrāzī 1981: 92)。400人という数が講義に一度に集まった数とすると、400人を収容できるスペースはやや想像しづらいため、生涯に亘る通算の弟子の数という意味であろうか。そうなると必ずしも多い数とはいえないだろう。名祖ダーウードの時点では特別に大勢力というわけではなかったと考えられる。

社会的影響力としては、人数よりもさらに少し控え目に見積もった方がよいかもしれない。確かに、人名録などにはカーディー職に就いたとされるザーヒル派法学者は幾人か登場する。東方のザーヒル派では、ビシュル・ブン・フサインはバグダードの大カーディーを務め、またその弟子のハラズィー（4/10世紀後半以降没）はブワイフ朝のアドゥドゥッダウラ（在位338/949―372/983年）により東部バグダードのカーディーに任じられたという（Shīrāzī 1981: 177-178; Ibn al-Nadīm 2014: 2:66-67)。西方のザーヒル派においても、ムンズィル・ブン・サイードはアブドゥッラフマーン3世（在位300/912―350/961年）によりコルドバの大カーディーに任命され、自身が没するまでその職にあった(Ibn al-Faraḍī 2008: 2:181-182)。カーディーを務めたザーヒル派法学者たちの事例からは、ザーヒル派が机上だけではない実践の機会を持ちえていたことが窺える。しかし、カーディーが公職である以上、地域の公的なあるいは有力な法学派の学説と異なる裁定をどこまで下すことができ、社会にザーヒル派の影響力をどこまで及ぼすことができたのか、多少の疑念は残る。そもそも字義主義が法学だけに留まらない学際的な概念であることを考えると、あるいはザーヒル派というのも、少なくともある時点までは、様々な学派で字義主義を掲げる人々が学派横断的にザーヒル派（字義主義者）と呼ばれたというような、二重所属の人々のゆるやかなまとまりであった可能性もあるだろうか。もしそうであるならば、カーディーを務めたザーヒル派法学者のなかには、他派として任官された者も一部にいたのかもしれない。

いずれにせよ、ザーヒル派の学派としての組織が強固に確立しなかったからこそ消滅に至ったわけであり、確かに一定程度の繁栄は享受しながらもやはり正統とされる地位にまでは届かなかったということである。

では、その原因は具体的にどこにあったのだろうか。おそらく複数の原因が複合的に作用したであろうし、また、東方のザーヒル派と西方のザーヒル派とでは事情が異なっていただろう。いくつかの原因がこれまでの研究で指摘されてきたが、おおむねいずれもザーヒル派が様々な側面において非主流派の側に連なっていたことに関わっている。

まず、理論面としては、キヤースの否定に代表されるザーヒル派学説自体が問題であったと指摘されている。周知のとおり、キヤースを啓示法体系の要に置いたシャーフィイーの法理論が広く受け入れられ、イスラーム法理論の主流となった。時流に逆らいキヤースの否定にこだわったことが学派消滅に結びついた可能性は高いかもしれない。

同じくキヤースの否定を主張する人々としてはムゥタズィラ派やシーア派も挙げられる。ダーウードに対するムゥタズィラ派の影響についてはすでに触れたが、ダーウード以外のザーヒル派法学者にも、人名録などにムゥタズィラ派とのつながりが記された人物は幾人か存在する。アブー・イスハーク・シーラーズィーによれば、シーラーズでビシュル・ブン・フサインに学んだアブー・ファラジュ・ファーミー（4/10世紀前半頃没）は当地のムゥタズィラ派の長を務めたという（Shīrāzī 1981: 179）。アンダルスでも、批判的レッテルの側面もあるだろうが、ムンズィル・ブン・サイードにはムゥタズィラ派的な傾向があったと伝えられている。シーア派についても、それを明確に示すような記録はないにせよ、なんらかの関係があったことは十分に考えられる。

キヤース否定という点では共通していても、ムゥタズィラ派はザーヒル派よりも早い時期に衰退し、一方シーア派法学は存続した。もちろん原因は単純ではないだろうが、これら３者の存続が異なるに至った一因には主流派学説への歩み寄りの程度の違いがあるかもしれない。先に述べた、イブン・ハズムがハディース使用を拡大したことと、西方でザーヒル派がやや長く存続したことは、主流派への歩み寄りの効果の一例と考えられるだろう。

次に、政治面としては、ブワイフ朝やムワッヒド朝といった政権基盤の不安定な王朝と関わりを持ったことが不利に働いたと指摘されている。

さらなる原因としては、学派の教育体制の問題が指摘されている。イブン・ハルドゥーン（732/1332―808/1406年）は著書『歴史序説』のなかで、ザーヒル派は大多数の法学者から否認されてすぐにも消滅し、書物のなかにその言説が残されているのみであると批判的に紹介する。時折ザーヒル派を学ぼうとする者がいても書物から学ぶだけであるために結局は徒労に終わると述べ、その代表例にイブン・ハズムを挙げる（Ibn Khaldūn 2004: 2:186=2001: 3:200–201）。イブン・ハルドゥーンの時代のザーヒル派はそうだったのだとしても、イブン・ハズムの時代のアンダルスにおいてすでに対面による教育や学説の継承がなかったとするのはあたらない。ただし、実際に対面による教育や学説継承がなされてはいても、その方法になんらかの問題はあったのかもしれない。メルチャートによれば、古典法学派の完成要件として、『提要』などの注釈書を通じた規範学説の確立や、また、それらを用いた教育課程の整備が挙げられるが、ザーヒル派はこれらを欠いていたとのことである。なお、タクリードの禁止というザーヒル派の主張が学派の衰退にどの程度影響を及ぼしたのかははっきりしない。もしタクリードの禁止を徹底したのであれば、学説の継承や学派の存続にとっての障害となり、学派消滅に大きく影響したと考えられる。しかし、学派としてなにかしらのまとまりを持つ以上、先行する学説を参照することはザーヒル派であろうともあったと考えるのがやはり自然であろう。ザーヒル派内でタクリードの否定が実際にどのように運用されていたのかについては今後の研究がまたれる

(Melchert 1997: 189–190; Vishanof 2011: 106–108)。

ザーヒル派は消滅し、まさにイブン・ハルドゥーンの言うとおり書物にその姿を留めるのみとなった。しかし、ザーヒル派が忘れ去られることはなく、その特徴的な主張は書物からでも人々の注意を惹き続けた。近代になると、イエメンのシャウカーニー（1173/1760—1250/1834年）らをはじめとして、イスラーム法改革を唱える者たちのなかにザーヒル派のイジュティハード論を持ち出す者たちも登場した。ザーヒル派は主流派法学に対するオルタナティブとして魅力を放ち続けている。

4．ザーヒル派の研究史

以下では、ザーヒル派の研究史を概観しつつ、主要な研究文献を紹介する。

西洋における本格的なザーヒル派研究の開始は意外に早く、上述のゴルトツィーエル（Goldziher 1884）に始まる。この書は『ザーヒル派』というタイトルではあるものの、中身は初期スンナ派法学派の形成史全体を分析する大局的な著作である。ゴルトツィーエルはラーイの徒とハディースの徒の対比に基づいて、シャーフィイーによるラーイ批判の延長線上にダーウードを置き、その上でザーヒル派の主張が四法学派から逸脱する点を分析する。後半部は特にイブン・ハズム分析にあてられる。19世紀のゴルトツィーエルが利用できた資料には制約や偏りもあったが、それでもなお深い考察が示されている。1971年にはドイツ語から英語へと翻訳（Goldziher 1971）され、2008年にはリプリント版（Goldziher 2008）が出版されている。

ゴルトツィーエルの後、研究者の主な関心はザーヒル派全体からイブン・ハズムへと移っていった。これには、ザーヒル派の現存する法学書がイブン・ハズムの著作しかないという制約と、また、イブン・ハズムの著作の校訂が進みより利用しやすくなってきたという事情も影響している。20世紀後半になるとそれらの成果が多く登場し、代表的なものには、イブン・ハズムの法学思想の特徴を包括的に解説したアブー・ザフラ（Abū Zahra 1974)、『ムハッラー』を用いてイブン・ハズムの実定法規を分析し、その実効性について検討したリナン・ド・ベルフォン（Linant de Bellefonds 1960）、法源学については、イブン・ハズムとバージーとの討論の内容を分析し、イジュマーやキヤースについての両者の主張を比較したトゥルキー（Turki ［1975］）がある。

先に述べたように、イブン・ハズムの宗教思想は法学以外にも神学、論理学、倫理学など様々な分野に一貫しているため、イブン・ハズム研究も法学と他分野との横断的な分析が数多い。啓典解釈におけるイブン・ハズムの言語論を文法学と論理学の観点から扱ったアルナルデス（Arnaldez ［1956］ 1981）や、知識論の観点から法理論を扱ったシェフヌ（Chejne 1982）がある。イブン・ハズムの理性と啓示との関係については、倫理思想から分析したホウラニ（Hourani 1979）、法学著作に焦点をしぼって分析したプイグ・モンタダ（Puig Montada 2001）がある。なお、イブン・ハズムの著作やそれに対する研究文献については、アダン他（Adang et al. 2013）による一覧が有用である。

21世紀に入る頃からザーヒル派研究は新たな展開をみせるようになった。１つめの展開として、イブン・ハズムに偏りがちであった研究対象が初期ザーヒル派あるいはザーヒル派全体へと拡大してきた。この変化には、イブン・ハズムについては大略的には研究が尽くされてきたと同時に、初期ザーヒル派の学説についての言説や知見が蓄積されてきたという背景があるだろう。

初期ザーヒル派に関しては、スチュワート（Stewart 2002）は、ファーティマ朝のイスマーイール派法学者カーディー・ヌゥマーン（363/974年没）の著書『諸法学派の学説の相違（*Ikhtilāf uṣūl al-madhāhib*）』のなかに、イブン・ダーウードの散逸した『法源学への道（*al-Wuṣūl ilā maʿrifat al-uṣūl*）』が引用されている問題を分析する。カーディー・ヌゥマーンが自著『諸法学派の学説の相違』でザーヒル派学説を頻繁に引用することは以前から指摘されていたが、スチュワートは特に、カーディー・ヌゥマーンがイブン・ダーウードはこう述べたと明示的に語る点に着目し、カーディー・ヌゥマーンが『法源学への道』をほぼ直接引用しているという可能性を主張する。そして、『諸法学派の学説の相違』からイブン・ダーウードに帰されている学説を抽出することで『法源学への道』の復元を試みる。直接引用というスチュワートの見立てには疑問も残るが、初期ザーヒル派の分析としての意義は非常に深い。なお、イブン・ダーウード研究としては『花の書』を分析したラーフェン（Raven 1989）がある。

初期ザーヒル派の研究が深まるにつれ、再びザーヒル派全体の体系的な分析にも光があてられるようになった。代表的なものには、イスラーム法学における啓典解釈の発展史に照らしてザーヒル派全体を分析し、その主張や主流派法学派との相違を論じたヴィシャノフ（Vishanoff 2011）がある。

もう１つの展開として、ザーヒル派の字義主義についてより専門的な言語分析手法による研究が盛んとなってきた。ザーヒル派の字義主義についての言語論的分析自体は決して新しくない分析であるが、近年はよりテクニカルなアプローチが試みられている。言語分析を通じてプラグマティックな字義主義を再考したグリーブ（Gleave 2012）、イブン・ハズムの字義主義を現代の司法条文主義と比較したオスマン（Osman 2014）、また、論理学研究にやや重心が置かれるものの、アリストテレスの様相概念からイブン・ハズムの法理論を分析したラミーア（Lameer 2019）など、活況を呈している。

5．文献目録

Abū Zahra, Muḥammad, 1974, *Ibn Ḥazm: ḥayātu-hu wa-ʿaṣru-hu, ārāʾu-hu wa-fiqhu-hu*, Cairo: Dār al-Fikr al-ʿArabī.

Adang, Camilla, 2000, “Ẓāhirīs of Almohad Times,” Maribel Fierro and María Luisa Avila eds., *Biografías Almohades II* (*Estudios onomásticos-biograficos de al-Andalus*), Madrid: Consejo Superior de Investigaciones Científicas, 415-479.

Adang, Camilla, 2005a, “The Beginnings of the Zahiri Madhhab in al-Andalus,” Peri Bearman, Rudolph Peters, and Frank E. Vogel eds., *The Islamic School of Law: Evolution, Devolution, and Progress*, Cambridge and Massachusetts: Islamic Legal Studies Program, Harvard Law School, 117-125.

Adang, Camilla, 2005b, “The Spread of Ẓāhirism in Post-Caliphal al-Andalus: The Evidence from the Biographical Dictionaries,” Sebastian Gunther ed., *Ideas, Images, and Methods of Portrayal: Insights into Classical Arabic Literature and Islam*, Leiden: Brill, 297-346.

Adang, Camilla, Maribel Fierro, and Sabine Schmidtke eds., 2013, *Ibn Ḥazm of Cordoba: The Life and Works of a Controversial Thinker*, Leiden: Brill.

Arnaldez, Roger, [1956] 1981, *Grammaire et théologie chez Ibn Ḥazm de Cordoue: essai sur la structure et les conditions de la pensée musulmane*, Paris: Libraire Philosophique J. Vrin.

Chejne, A.G., 1982, *Ibn Ḥazm*, Chicago: Kazi Publishers.

Dhahabī, Shams al-Dīn Muḥammad b. Aḥmad b. ʿUthmān al-, 1981—1988, *Siyar aʿlām al-nubalāʾ*, Shuʿayb al-Arnāʾūṭ, Ḥusayn al-Asad, Muḥammad Naʿīm al-ʿArqasūsī, Maʾmūm Ṣāgharjī, ʿAlī Abū Zayd, Kāmil al-Kharrāṭ, Ṣāliḥ al-Samar, Akram al-Būshī, Ibrāhīm al-Zaybaq, Bashshār ʿAwwād Maʿrūf, and Muḥī Hilāl al-Sarḥān eds., 25 vols., Beirut: Muʾassasat al-Risāla.

Dhahabī, Shams al-Dīn Abū ʿAbd Allāh Muḥammad b. Aḥmad b. ʿUthmān al-, 2003, *Tārīkh al-Islām wa-wafayāt al-mashāhīr wa-l-aʿlām*, Bashshār ʿAwwād Maʿrūf ed., 17 vols, Beirut: Dār al-Gharb al-Islāmī.

Gleave, Robert, 2012, *Islam and Literalism: Literal Meaning and Interpretation in Islamic Legal Theory*, Edinburgh: Edinburgh University Press.

Goldziher, Ignaz, 1884, *Die Ẓâhiriten: ihr Lehrsystem und ihre Geschichte: Beitrag zur Geschichte der muhammedanischen Theologie*, Leipzig: Otto Schulze. (Wolfgang Behn, trans. and ed., [1971] 2008, *The Ẓāhirīs: Their Doctrine and Their History: A Contribution to the History of Islamic Theology*, Leiden: Brill.)

Hourani, George F., 1979, "Reason and Revelation in Ibn Ḥazm' s Ethical Thought," Parviz Morewedge ed., *Islamic Philosophical Theology*, Albany: State University of New York Press, 142-164. Reprinted in George F. Hourani, 1985, *Reason and Tradition in Islamic Ethics*, Cambridge: Cambridge University Press, 167-189.

Ḥumaydī, Abū ʿAbd Allāh Muḥammad b. Futūḥ b. ʿAbd Allāh al-, 2008, *Jadhwat al-muqtabis fī tārīkh ʿulamāʾ al-Andalus*, Bashshār ʿAwwād Maʿrūf and Muḥammad Bashshār ʿAwwād eds., Tunis: Dār al-Gharb al-Islāmī.

Ibn Bashkuwāl, Abū al-Qāsim, 2010, *al-Ṣila fī tārīkh aʾimmat al-Andalus wa-ʿulamāʾi-him wa-muḥaddithī-him wa-fuqahāʾi-him wa-udabāʾi-him*, Bashshār ʿAwwād Maʿrūf ed., Tunis: Dār al-Gharb al-Islāmī.

Ibn al-Faraḍī, ʿAbd Allāh b. Muḥammad, 2008, *Tārīkh ʿulamāʾ al-Andalus*, Bashshār ʿAwwād Maʿrūf ed., 2 vols., Tunis: Dār al-Gharb al-Islāmī.

Ibn Ḥazm al-Andalusī, 1985, *al-Nubdha al-kāfiya fī uṣūl al-dīn*, Muḥammad Aḥmad ʿAbd al-ʿAzīz ed., Beirut: Dār al-Kutub al-ʿIlmīya. ([Renascence Foundation, trans.,] 2022, *The Sufficient Summary of the Rules Derived from the Sources of Deen*, s. l.: Renascence Foundation.)

Ibn Ḥazm al-Andalusī, 2014, *Mulakhkhaṣ ibṭāl al-qiyās wa-l-raʾy wa-l-istiḥsān wa-l-taqlīd wa-l-taʿlīl*, Saʿīd al-Afghānī ed., Beirut: Dār al-Muqtabis.

Ibn Ḥazm al-Andalusī, Abū Muḥammad ʿAlī b. Aḥmad b. Saʿīd, 2016a, *al-Iḥkām fī uṣūl al-aḥkām*, Fawwāz Aḥmad Zamarlī and ʿAbd al-Raḥmān Zamarlī eds., 8 vols. in 4, Beirut: Dār Ibn Ḥazm.

Ibn Ḥazm al-Andalusī, Abū Muḥammad ʿAlī b. Aḥmad b. Saʿīd, 2016b, *al-Muḥallā bi-l-*

āthār fī sharḥ al-mujallā bi-l-ikhtiṣār fī masā'il al-sharī'a 'alā mā awjaba-hu al-Qur'ān wa-l-sunan al-thābita 'an Rasūl Allāh, Khālid Rabbāṭ ed., 19 vols., Beirut: Dār Ibn Ḥazm. (Trans. of Chapter 2: [Renascence Foundation, trans.] 2017, *Foundational Islamic Principles*, s. l.: Renascence Foundation; Trans. of Chapter 1: [Renascence Foundation, trans.] 2023, *Kitab al Tawheed: The Book of Monotheism*, s. l.: Renascence Foundation.)

Ibn Khaldūn, 'Abd al-Raḥmān b. Muḥammad, 2004, *Muqaddimat Ibn Khaldūn*, 'Abd Allāh Muḥammad al-Darwīsh ed., 2 vols., Damascus: Dār Ta'rib.（森本公誠訳、2001、『歴史序説』全4巻、岩波書店。）

Ibn Khallikān, Abū al-'Abbās Shams al-Dīn Aḥmad b. Muḥammad b. Abū Bakr, 1968—1977, *Wafayāt al-a'yān wa-anbā' abnā' al-zamān*, Iḥsān 'Abbās ed., 8 vols., Beirut: Dār al-Thaqāfa.

Ibn Khāqān, al-Fatḥ b. Muḥammad b. 'Ubayd Allāh, 1983, *Maṭmaḥ al-anfus wa-masraḥ al-ta'annus fī mulaḥ ahl al-Andalus*, Muḥammad 'Alī Shawābika ed., Beirut: Dār 'Ammār and Mu'assasat al-Risāla.

Ibn al-Nadīm, Muḥammad b. Isḥāq, 2014, *Kitāb al-fihrist*, 4 vols., London: Mu'assasat al-Furqān lil-Turāth al-Islāmī. (Bayard Dodge, trans., 1970, *The Fihrist of al-Nadīm: A Tenth-Century Survey of Muslim Culture*, 2 vols., New York: Columbia University Press.)

Kaddouri, Samir, 2013, "Ibn Ḥazm al-Qulṭubī (d.456/1064)," Oussama Arabi, David S. Powers, and Susan A. Spectorsky eds., *Islamic Legal Thought: A Compendium of Muslim Jurists*, Leiden: Brill, 211-238.

Khaṭīb al-Baghdādī, Abū Bakr Aḥmad b. 'Alī b. Thābit al-, 2001, *Tārīkh Madīnat al-salām wa-akhbār muḥaddithī-hā wa-dhikr quṭṭāni-hā al-'ulamā' min ghayr ahli-hā wa-wāridī-hā*, Bashshār 'Awwād Ma'rūf ed., 17 vols., Beirut: Dār al-Gharb al-Islāmī.

Khushanī, Muḥammad b. Ḥārith al-, 1992, *Akhbār al-fuqahā' wa-l-muḥaddithīn*, Māriyā Luwīsā Ābīlā and Luwīs Mūlīnā eds., Madrid: al-Majlis al-A'lā lil-Abḥāth al-'Ilmīya and Ma'had li-Ta'āwun ma'a al-'Ālam al-'Arabī.

Lameer, Joep, 2019, "Deontic Modalities in Ibn Ḥazm," Peter Adamson ed., *Philosophy and Jurisprudence in the Islamic World*, Berlin: De Gruyter, 113-128.

Linant de Bellefonds, Y., 1960, "Ibn Ḥazm et le Zahirisme juridique," *Revue algérienne, tunisienne et marocaine de législation et de jurisprudence*, 76, 1-43.

Melchert, Christopher, 1997, *The Formation of the Sunni Schools of Law, 9th-10th Centuries C.E.*, Leiden et al.: Brill.

Muqaddasī, Abū 'Abd Allāh Muḥammad b. Aḥmad b. Abī Bakr al-, 2003, *Aḥsan al-taqāsīm fī ma'rifat al-aqālīm*, Muḥammad Amīn al-Ḍannāwī ed., Beirut: Dār al-Kutub al-'Ilmīya and

Osman, Amr, 2014, *The Ẓāhirī Madhhab (3rd/9th-10th/16th Century): A Textualist Theory of Islamic Law*, Leiden: Brill.

Puig Montada, Josep, 2001, "Reason and Reasoning in Ibn Ḥazm of Cordova (d. 1064)," *Studia Islamica*, 92, 165-185.

Raven, William, 1989, *Ibn Dâwûd al-Iṣbahânî and his Kitâb al-Zahra*, Amsterdam: William Raven.

Sabra, Adam, 2007a, "Ibn Ḥazm's Literalism: A Critique of Islamic Legal Theory (I)," *Al-Qanṭara*, 28(1): 7-40. Reprinted in Camilla Adang, Maribel Fierro, and Sabine Schmidtke eds., 2013, *Ibn Ḥazm of Cordoba: The Life and Works of a Controversial Thinker*, Leiden: Brill, 97-160.

Sabra, Adam, 2007b, "Ibn Ḥazm's Literalism: A Critique of Islamic Legal Theory (II)," *Al-Qanṭara*, 28(2): 307-348. Reprinted in Camilla Adang, Maribel Fierro, and Sabine Schmidtke eds., 2013, *Ibn Ḥazm of Cordoba: The Life and Works of a Controversial Thinker*, Leiden: Brill, 97-160.

Shīrāzī, Abū Isḥāq al-, 1981, *Ṭabaqāt al-fuqahā'*, Iḥsān 'Abbās ed., 2nd ed., Beirut: Dār al-Rā'id al-'Arabī.

Stewart, Devin, 2002, "Muḥammad b. Dā'ūd al-Ẓāhirī's Manual of Jurisprudence: *al-Wuṣūl ilā ma'rifat al-uṣūl*," Bernard G. Weiss ed., *Studies in Islamic Legal Theory*, Leiden: Brill, 99-158.

Turki, Abdel Magid, [1975], *Polémiques entre Ibn Ḥazm et Bāğī sur les principes de la loi musulmane: essai sur la littéralisme zahirite et la finalité malikite*, Alger: Société Nationale d'Édition et de Diffusion.

Vishanoff, David R., 2011, *The Formation of Islamic Hermeneutics: How Sunni Legal Theorists Imagined a Revealed Law*, New Haven: American Oriental Society.

第3章
ハディース研究

柳橋博之

1．はじめに

スンナ派法学において、スンナは、クルアーンに次ぐ第2の法源とされる。スンナは、確立された法理論においては預言者ムハンマドの規範的に意味のある言葉や行動や、教友の言行の承認を指す。スンナは預言者と同時代の人々により見聞きされていたが、その記録がハディースである。ハディースは、基本的には、預言者の言行等を伝える「マトン（本文。matn)」と、マトンの前に置かれその伝達履歴を記す「イスナード（isnād)」からなる。

現在ハディースは、ハディース集やハディースに関する著作、法学書、預言者伝、年代記などに収録されているが、それらのハディースが成立し、特に3/9世紀に六大ハディース集と総称される権威あるハディース集が編纂されるまでの歴史的経緯に関しては、イスラーム世界においては伝統的な理解が受け継がれている。これに対して、欧米においては学説が対立していること、すでに第1章で説明されたとおりである。そこで、本章では、まず第2項においてイスラーム世界における理解を紹介する。第3項では、代表的なハディース集や人物学（後述）の著作を紹介する。

欧米における研究に関しては、第4項において代表的な研究者だけを取り上げて紹介する。イスラーム世界における理解と比べて分量が少ないが、これは次のような理由による。欧米の研究については、モツキ（Motzki 2002; Motzki 2005）やバーグ（Berg 2000）が手際よくまとめているのに対して、イスラーム世界における理解に関しては手頃な概説がなかなか見つからない。また、私自身はイスラーム世界における理解にはあまり賛同しない——より正確には、検証が困難であるため判断を保留している——ものの、研究者としては、先ずはハディースの歴史が中世以来のムスリムによってどのように説明されてきたのかを押さえておくことは必要である。そこで、全体の紙幅も限られていることから、欧米における研究への言及は必要最小限にとどめる。

欧米における研究に関しては、もう１つの点でも言及は限定的である。ハディース研究にはそれ相当の蓄積があり、内容も多岐に及ぶ。しかし、イスラーム法の歴史的研究という観点からは、法学が先に成立してそれが法学ハディースに反映されたのか、あるいは逆に法学ハディースが先に成立して後のイスラーム法学の１つの法源を提供したのか、あるいはさらに別の展開があったのかという、法学ハディースの成立時期をめぐる議論が最も重要であろう。したがって、第４項の記述もこの点を中心に置く。

なお、本章では、スンナをめぐる法理論には触れない。4/10世紀以降、法源学の著作では、クルアーンとスンナの解釈方法、キヤースの方法論、その真正性にいささかでも疑念の余地のあるハディースを法源とすることの正当性など、理論的に重要な論点が詳細に論じられている。しかし、本書は全体として実定法研究の入門書であること、また紙幅に限りがあることがその理由である。また、同じく紙幅の問題から、シーア派のハディースにも触れない。

２．イスラーム世界における理解

ここでは、イスラーム世界における標準的な理解に則って著されたハディースの概説書や研究書に基づいて、ハディースの成立からハディース集の編纂に至る歴史的な経緯を説明する（Muḥammad ʿAjjāj 1426—1427/2006; Azmi 2001; Azami 2001; Ghawrī 1430/2009）。

イスラーム世界における標準的な理解によれば、預言者は、最初は個人の家でクルアーンをよんだりイスラームの原則について信徒に教えたりしていた。後には、モスクやそれ以外の様々な場所が、人々の教化やファトワーの発行や裁判の場となった。もちろん、すべての教友（al-ṣaḥāba. 一度でも預言者に会ったり預言者を見たりした信徒）が常に預言者の許にいられたわけではないので、彼らは、交替で預言者に付き従い、預言者が発した言葉や行為を他の教友にも伝達することを互いに約束した（Azmi 2001: 184）。

こうして教友は、預言者の言行を細大漏らさず目撃し、かつそれを他の教友たちにも速やかに伝達した。預言者もこれを教友に勧めた。預言者がヒジュラによりメディナに移住してから間もなく、ラビーア族が預言者の許を訪れた時、預言者はイスラームの教えを彼らに説いた後、「これを覚えておき、あなた方が後に残してきた人たちにも伝えなさい」と言ったとされる。預言者は、自分の事績を「目撃した者は、その場にいなかった者に伝達せよ」と言ったとも伝えられる（Muḥammad ʿAlī 2001: 24）。こうして、スンナは最良の状態で保持され、その一部でも教友たちの目を逃れることはなく、逆にわずかでもスンナ以外のものがスンナに混入することもなかった。現存するハディースが総体としてスンナに何も加えずまたスンナから何も引いていないのは、このように初動のスンナの伝達が遺漏なく行われたためである。

預言者が没した時、啓示は終わった。預言者は、「私はお前たちに２つのものを残した。お前たちがそれに従っている限り、迷うことはないであろう。それは神の書と私のスンナである」と語ったという（Ḥākim al-Naysābūrī 1417/1997: 1:160; Muḥammad ʿAjjāj 1426—1427/2006: 53）。それとともに、ハディースの収集と記録は第２段階に入る。預言者亡き後、何か決定を要する事案が起こると、この預言者の言葉通り、人々にとってクルアーンとスンナがその解決の指針となった。このことは、ハディースの真正性が担保されることと、ハディースが広く信徒に行き渡ることが必要となったことを意味する。特に、イスラームは預言者一代で短期間のうちに多数の信徒を獲得したため、真正なハディースを知りたいという社会的需要はきわめて高かった。常に預言者の許にいたアブー・フライラ（59/678-9年没）の許には800人の弟子が集まったと伝えられる。逆に、早い時期から、クルアーンとハディースを広めるために多数の教友が各地へと旅立った。このような現象は、後代に伝えられたハディースが真正であることの証でもある。その理由は次のとおりである。もし仮にハディースの伝達・拡散が預言者の死後、たとえば１世紀も後の出来事であったとすれば、その間に偽ハディースが創作され流通する可能性も高くなったはずである。しかし現実には、偽ハディースが混入する暇もないうちに、真正なハディースがイスラーム共同体の共通の知識となったため、現存するハディースは原則として真正だといえるのである（Muḥammad ʿAlī 2001: 31-32）。

後継世代（al-tābiʿūn. 教友から薫陶を受けた世代。概ね、90/708-9年から130/747-8年の間に没している）の時代に至って、ハディースの伝達と記録は第3の段階に入った。ハディースのすべてがイスラーム共同体により総体として保持されていることに変わりはなかったが、すでに数多くの教友たちが各地に移住していたことに伴い、ハディースも各地に分散していた。そのなかでも、メディナ、メッカ、クーファ、バスラ、ダマスクスなどが、ハディース相承の中心地となった。

この時期のもう1つの特徴は、ハディースの記録が本格化したことである。その理由は幾つかある。第1に、イスナードが長くなり、口伝者についての情報も飛躍的に増大した。第2に、教友の大部分が没し、後継世代のなかにも物故者が増えてくると、スンナが散逸する恐れが増した。第3に、多くの人々が読み書きを覚えるようになると、学問が多様化し、また人々の記憶力が低下した。第4に、ビドアが現れて、それがスンナに混入する恐れが生じた。こうして、ハディースを文字記録にとどめることが喫緊の課題となった。

あまり説明を要しないであろうが、第4点については少し詳しく述べておく必要がある。というのは、この点はイスナードの出現と関わっているからである。バスラの法学者にして伝承家イブン・スィーリーン（30/650-1頃―110/728-9年）は、次のように語ったと伝えられる。

> 彼ら（ムスリムたち）は、イスナードについて尋ねることはなかった。しかし、フィトナ（fitna）が起こった時、彼らは言った、「我々にあなた方の者（情報源）の名前を挙げよ。もしそれがスンナの民ならばそのハディースは受け入れられる。しかしビドアの民ならばそのハディースは受け入れられない。」（Muslim n.d.: 1:22）

伝統的な解釈によれば、ここで「フィトナ」とはいわゆる第一次内乱を指す。35/656年に第3代正統カリフ、ウスマーン（576 C.E.―35/656年）が暗殺されると、その後継者を称したアリー（600頃―40/661年）とムアーウィヤ（608―60/680年）の間に紛争が勃発する。これが第一次内乱であるが、その際に、両陣営は、自派の宣伝あるいは相手の誹謗中傷のため様々なハディースを捏造したとされる。引用文に含まれる「スンナ」やその反義語である「ビドア」の正確な語義は措くとして、ハディースの真正性を確かめるためのイスナードの吟味という手順は、第一次内乱が起こった後に慣例化したとされる。

こうして、ハディースの記録が本格化する。ウマイヤ朝第8代カリフ、ウマル・ブン・アブドゥルアズィーズ（在位99/717―101/720年）は、何人かの伝承家に、ハディースの収集と編纂を命じた。メディナの法学者・伝承家ズフリー（50/670-1年以降―124/742年）は、これに応えて、2,200個のハディースを収集したと伝えられる（Ibn Ḥajar al-ʿAsqalānī 1325/[1907―1908]: 9:447)。それと同時に、伝承家は、伝承家のサークル（ḥalqa）におけるハディースの教授や学習用に、冊子（nuskha, ṣaḥīfa）を作り、ハディースを記録し、個人で使用するほか、これを売り買いすることも行われた。

ハディースの記録の開始に少し遅れて、「知識探訪の旅（riḥlat ṭalab al-ʿilm, riḥla)」、すなわちハディースを初めとする知識を求めて各地に旅に出る習慣も始まった。後世のハディース学者は、その先駆的な例として、バスラの伝承家で後にイエメンで活動したマァマル・ブン・ラーシド（95/713-4―153/770年）や、メルヴ生まれの伝承家イブン・ムバーラク（118/736-7―181/797年）などを挙げている。

収集したハディースを編纂するためには、ハディースが真正か否かを確定する必要がある。イスナードの吟味がその目的のために始まったことは先に述べたとおりである。イスナードの吟味のためには、イスナードに含まれる口伝者のそれぞれについての情報が不可欠である。すなわち、原則として、ハディースは、教友がこれを語り、それを聞いた後継世代がさらに次の世代に語り、等々という仕方で後世に伝えられる。それぞれの口伝者の情報に関わるハディース学の分野が「人物学（ʿilm al-rijāl, ʿilm rijāl al-ḥadīth)」であり、その起源は口伝が始まった時期に遡る（預言者の生前あるいは遅くとも没後間もなくということになろう）が、その最初の著作は、ライス・ブン・サァド（94/713—175/791年）やイブン・ムバーラクにより著された。人物学は、「口伝者編年学（ʿilm taʾrīkh al-ruwāt）」と「人物評定学（ʿilm al-jarḥ wa-l-taʿdīl）」の2つの部門に分かれる。前者は、口伝者の生年、没年、訪れた土地とその時期、師や弟子などを調べたり検証したりすることを目的とする。後者は、口伝者が信頼に足りる人物か否かを調べることを目的とする。「ジャルフ」とは、ある人物に口伝者として難があるとすること、「タァディール」とはある人物が口伝者として信頼できると判定することを指す。併せて「人物評定」と訳した。

こうして、ハディース集編纂の機運が熟すると、先に言及したズフリーのハディース編纂に続いて、現存するものも含めてハディース集が陸続と編纂され、六大ハディース集へとつながっていく。これらは、形式上2つに大別される。「ムサンナフ（muṣannaf）」は、ハディースをその主題ごとに分類し配列する形式のハディース集である。「ムスナド（musnad）」は、ハディースの発信者や口伝者を名前の順に従って配列する形式のハディース集である。

ここまでの説明の中で、本章との関係で重要なのは、イスラーム世界における共通認識として、現存する権威あるハディース集に収録されたハディースは、真正である蓋然性が高いという点である（むしろ、それがゆえに現存しているという方が正確であろう）。ただし、これらのハディース、特に法学ハディースを一瞥すると、この認識には疑念が生ずる。というのは、同じ事案に関して、文言が異なる、またそれに加えて内容も矛盾する複数のハディースが存在することが非常に多いからである。それは、それらのハディースが異なる教友によって語られている場合と、同じ教友によって語られている場合の両方を含む。

このような現象が起こる理由については幾つかの説明が与えられている。主要なものを3つ挙げておく。第1に、クルアーンとは異なり、ハディースの相承は、必ずしも一字一句違えず伝達すること（「文字通りの伝達（al-naql bi-l-lafẓ）」）が求められているわけではなく、ハディース学に通暁しているならば、その意味を正確に伝える限りにおいて、口伝者による文言の改変は許容される。いわゆる「意味における伝達（al-naql bi-l-maʿnā）」である。

第2に、複数のハディースが、一見すると矛盾する場合であっても、実際にはそれらを整合的に解釈することが可能な場合がある。このような解釈に関わる分野は、「ハディースの相違（ikhtilāf al-ḥadīth）」あるいは「ハディースの難問（mushkil al-ḥadīth）」あるいは「ハディースの解釈（taʾwīl al-ḥadīth）」と呼ばれる。この分野の現存する最古の著作はシャーフィイー（150/767-8—204/820年）の『ハディースの相違』（Shāfiʿī 1406/1986）であり、またよく知られた著作としては、イブン・クタイバ（213/828-9—276/889年）の『ハディースの相違の解釈』（Ibn Qutayba 1430/2009）やタハーウィー（321/933年没）の『ハディースの難問』（Ṭaḥāwī 1410/1994）を挙げることができる。

第3に、預言者がある事案に関してある判断や決定（以下、「判断」）を下したが、後に政治的社会的、あるいは経済的な状況が変わり、同様の事案に対して当初とは異なる判断を下す場合がある。このような場合、後の時期における判断を伝えるハディースは、当初の判断を伝えるハディースを廃棄（naskh）したといわれる。その例はすぐ後に挙げる。

研究書や概説書で明示的にそのように説明されているわけではないが、第4の理由として、アザミーによる記述を紹介しておこう。それによれば、ハディースを聞いてそれを書き取る者の大部分は、自分のノートを持っていた。彼らは、自分たちが聞いたハディースに、意味の取りにくい語彙を説明したり自分の意見を書き加えたりする目的で自由に加筆を行っていた。ただし、加筆された部分はまったく異なるイスナードを付されていたり、挿入者の名前が記されていたりしたので、当該のハディースとの混同の恐れはなかったという（Azmi 2001: 204）。

アザミーは混同の恐れはないとするが、実際には、ハディース集には、ハディースを師から受け取った者がマトン中の一節について、それは誰の言葉かと問う場合が時折りあり、そのような混同がありえたことを示唆している。一例を挙げておく。イブン・ハンバル（164/780—241/855年）は、次のようなハディース（イスナード：ズフリー［124/742年没］←イブン・アッバース［618-9 C.E—68/687-8年］）を、メッカの伝承家スフヤーン・ブン・ウヤイナ（107/725—198/814年）から聞いている。すなわち、イブン・アッバースは「預言者は、メッカ征服に出発し、（旅の間）断食をしていたが、カディードに到着した時、断食を破った。神の使徒の行為のうち、最後のものに倣うべきである」と語った。すると、スフヤーンに対して、「最後のものに倣うべきである」は、ズフリーの言葉なのか、それともイブン・アッバースの言葉なのかという質問があった。スフヤーンは、「ハディースにはこのようにある」と答えたという（Ibn Ḥanbal 1416/1995: 2:443）。

このハディースは同時に、前述のハディースの廃棄の例でもある。イスラーム最初期には、旅行中の断食を推奨する説が多数説だったらしく、これを裏付けるハディースも存在する。「神の使徒の行為のうち、最後のものに倣うべきである」という一節は、複数のハディースがそれぞれ異なる規範に基づいている場合、時期的に見て最も新しいハディースが預言者の最終的なスンナを反映しており、古いハディースを廃棄したという考え方に基づいている。

以上に、イスラーム世界における一般的な理解の概略を説明した。この理解を受け入れる研究者、例えばアザミー（Azami 2001; Azmi 2001. 表記が異なるが同一人物である）、アボット（Abbott 1967）、セズギン（Sezgin 1967）にとっての関心事は、現在ハディース集に収録されているハディースが原則として真正だということを証明することである。その最大の論拠が、ハディースはイスラーム最初期から連綿として文字記録として書きとどめられていたということである。もちろん、文字記録だからといって書き換えないし改竄が起こらないわけではないが、イスラーム初期の伝承家が細心の注意を払って自分が聞いたハディースを記録したことを併せて証明することにより、現存するハディースの真正性はほぼ証明されるというのが、これらの研究者の主張である。

もう1つ、伝統的な理解を受け入れる研究者が指摘している点として、ハディースの数の問題に言及しておこう。ムハンマド・アリーは次のように指摘する。ヨーロッパの研究者のなかには、例えばブハーリーが60万個のハディースを収集して、そのうちの9,000個程度のみを真正なものとして収録したことをもって、3/9世紀時点で大量の偽ハディースが流布していたことの証拠だとする者がいる。しかし、このことは、ブハーリーが残りの59万1,000個のハディースを偽作とみなしたという意味ではない。そもそも、ハディースを収集した伝承家は、同じマトンを有していてもイスナード中１人でも口伝者が異なっているハディースが複数ある場合、それらを別個のハディースとして数えた。すると、例えばアブー・フライラが１つのハディースを平均で10人の弟子に伝え、その10人の各々がこれを10人に伝えるという過程が５～６回繰り返されるならば、この数え方によれば、ハディースの数は容易に60万に達するであろう（Muḥammad ʿAlī 2001: 37–38）。

３．著　作

ハディースに関わる著作には、ハディース集、ハディース学の理論書、人物学の著作、ハディースの注釈などがある。しかしここでは、ハディース集と人物学の著作だけを取り上げる。

（1）ハディース集

すでに述べたように、ハディースを記録した冊子は、サークルで個人的な使用の目的で作成され、それがやがてハディース集の編纂につながっていく。現存する最古のハディース集（実際にはハディースだけを収録しているわけではないが）であるマーリク（93/711–2頃—179/795年）の『ムワッター（踏み固められた道）』の複数の版（Mālik 1403/1983; Mālik 1414/1994; Mālik 1994その他）もそのような冊子であった。

アブドゥッラッザーク・サンアーニー（126/743–4—211/827年）は、イエメンの伝承家で、『ムサンナフ』（ʿAbd al-Razzāq 1403/1983）を編纂した。このハディース集は、預言者のハディースのほかに教友や後継世代の学説も数多く収録し、学派成立以前のイスラーム法を知る上で貴重な資料である。タヤーリスィー（133/750–1—203/818年）はバスラの伝承家で、その『ムスナド』（Ṭayālisī 1419/1999）は、ハナフィー派法学導入以前のバスラの法学説を伝えるハディースを多数収録する。

クーファでは、アブー・ハニーファ（80/699頃—150/767年）の2人の弟子、アブー・ユースフ（113/731-2—182/798年）とシャイバーニー（132/750—187-9/803-5年）が、主としてアブー・ハニーファやクーファの伝承家から聞いたハディースを編纂していずれも『アーサール（伝承の書）』（Abū Yūsuf n.d.; Shaybānī 1427/2006）と呼ばれるハディース集を著した。アーサール（単数形はアサル）は、ここでは、預言者のハディースおよび教友や後継世代の説を指すようである。イブン・アビー・シャイバ（159/775-6—235/849年）もクーファの伝承家で、『ムサンナフ』（Ibn Abī Shayba1418/1997）と『ムスナド』（Ibn Abī Shayba1427/2006）を著した。前者は、アブドゥッラッザーク・サンアーニーの『ムサンナフ』と並んで、古い法学説に関して貴重な情報を多数含んでいる。

シャーフィイーは、ハディース集は編纂していないが、その主著『ウンム（模範の書）』（Shāfiʿī 1393/1973）は、メディナやメッカで流布していたハディースを多数収録する。その主たる師の1人がマーリクであるが、『ムワッター』と比べると、預言者のハディースの比率が増大している。シャーフィイーのもう1人の重要な師スフヤーン・ブン・ウヤイナもハディース集を編纂していないが、その弟子フマイディー（メッカ、219/834年没）の『ムスナド』（Ḥumaydī n.d.）は、メッカで流布していたハディースを多数収録する。

イブン・ハンバルの『ムスナド』（Ibn Ḥanbal 1416/1995）は、ダール・アル＝ハディース版では、最後のハディース番号が27,519となっていて、その前後に編纂された他のハディース集に比べてかなり多数のハディースを収録している。これは、イブン・ハンバルのハディースの選別基準が緩やかだったためだとされる。

ここまでは、もっぱらヒジャーズ、イエメン、イラクの伝承家の編纂によるハディース集を紹介してきた。メルヴ生まれの伝承家イブン・ムバーラクの『ムスナド』（Ibn al-Mubārak 1407/1987）は、それ以外の地域の伝承家による現存する最初のハディース集のようである。サマルカンド生まれのダーリミー（181/797-8—255/869年）は『ムスナド』（Dārimī 1421/2000）を編纂した。両書は、「ムスナド」と題してはいるが、実際にはムサンナフ形式のハディース集である。

ダーリミー以降は、六大ハディース集の時代に入る。年代から見ても権威の点でもその筆頭がブハーリー（194/810―256/870年）の『真正集（サヒーフ）』（Bukhārī 1422/[2001-2]）である。ムスリム（206/821-2―261/875年）の『真正集』（Muslim n.d.）はこれに次ぐ権威を有し、この２つのハディース集は、「２つの真正集（al-Ṣaḥīḥān）」と称される。ブハーリーはブハーラー、ムスリムはニシャプール生まれであるが、師を諸国に訪ねて、ブハーリーは約60万の、ムスリムは約30万のハディースを収集したと伝えられる。

六大ハディース集の残りの４つは、通称『スナン』（「スンナ」の複数形）と呼ばれる。アブー・ダーウード（202/817-8―275/889年）は、スィースターンに生まれバスラで没した。その『スナン』（Abū Dāwūd n.d.）は、２つの真正集に次ぐ権威を享受している。イブン・マージャ（209/824―273/887年）は、カズヴィーン生まれで同地に没した。その『スナン』（Ibn Māja n.d.）は、クーファの伝承家から学んだハディースを多く収録している。また、「薄弱な（ḍaʻīf）」、つまり信頼性があまり高くないハディースを多く含むという定評がある。ティルミズィー（210/825―279/892年）は、ティルミズ近郊に生まれ、ティルミズに没した。その『スナン』（Tirmidhī 1398/1978[2]）は、六大ハディース集のうち、５番目に権威があるとされる（下から数えた方が早いが）。ナサーイー（215/830-1―303/915-6年）の『スナン』（Nasāʼī 1435/2014）は、六大ハディース集の掉尾を飾る。なお、ナサーイーは、『大スナン』（Nasāʼī 1433/2012）を最初に編纂したが、これが長すぎることから後に簡約版を作ってほしいという要請があり、これに応じて『抜粋』（Nasāʼī 1435/2014）（あるいは『小スナン（*al-Sunan al-ṣughrā*）』）を編纂した。単に『スナン』とはこのハディース集を指す（ただし、こちらに『大スンナ』という題名を付けている刊本もある）。

六大ハディース集と同時代に編纂された重要なハディース集としては、バッザール（210/825-6頃―292/905年）の『ムスナド』（Bazzār 1409/1988）、アブー・ヤァラー（210/826―303/916年）の『ムスナド』（Abū Yaʻlā 1410/1989[2]）、イブン・フザイマ（223/837-8―311/924年）の『真正集』（Ibn Khuzayma 1400/1980）、タバリー（224/838-9―310/923年）の『アサルの精髄』(Ṭabarī 1402/1982)が挙げられる。

六大ハディース集の後にもハディース集は編纂され続ける。ハナフィー派法学者でもあるタハーウィーの『アサルの意味の注解』(Ṭaḥāwī 1399/1979)は、エジプトで流布していたハディースを多数収録する。この著作は、ハディース集であると同時に、ハナフィー派学説の擁護を主たる目的としている。アブー・アワーナ(230/844-5以降—316/929年)の『ムスナド』(Abū ʿAwāna 1419/1998)は、ムスナドと題しているが、基本的には混交形式の、法学ハディース中心のハディース集である。イブン・ヒッバーン(270/883-4以降—354/965年)の『真正集』(Ibn Balbān 1414/1993)は、ブハーリーとムスリムの『真正集』以降の最も優れたハディース集とされる。伝承家の伝記集『信頼できる口伝者伝』(Ibn Ḥibbān 1408/1988)も著している。タバラーニー(260/873—360/971年)は、『大辞典』(Ṭabarānī 1422/2002)、『中辞典』(Ṭabarānī 1415/1995)、『小辞典』(Ṭabarānī 1405/1985)で知られる。

ダーラクトゥニー(306/918-9—385/995年)は、シャーフィイー派の法学者でもあり、代表作の1つ『スナン』(Dāraquṭnī 1422/2001)は、同派の標準的なハディース集であった。その弟子の1人ハーキム・ナイサーブーリー(321/933—403/1014年)の『両真正集追補』(Ḥākim 1417/1997)は、ブハーリーまたはムスリムのハディースの選別基準に従えば真正と判定されたはずだが2人の真正集には収録されていないハディースを収集することを目指して編纂された。ハーキムの高弟バイハキー(384/994—458/1066年)は、シャーフィイー派の法学者でもあり、浩瀚な『大スンナ』(Bayhaqī n.d.)を著した。

なお、高名なハディース学者ハティーブ・タブリーズィー(741/1340-1年没)は、ハディースに関して「完璧なイマームにして信頼できる権威」として、ブハーリー、ムスリム、マーリク、シャーフィイー、イブン・ハンバル、ティルミズィー、アブー・ダーウード、ナサーイー、イブン・マージャ、ダーリミー、ダーラクトゥニー、バイハキー、ラズィーン・ブン・ムアーウィヤ(535/1140年没)をこの順序で挙げている(Khaṭīb al-Tabrīzī 1399/1979: 4-6)。

（2）人物学

すでに述べたように、人物学は、イスナードに基づいてハディースの真偽判定を行う際に必須の知識である。特定の地域の人物を収録した「地方史人名録」（cf. 森山 2009; 森山 2014）も含め、多数の人名録が残されている。現存する人名録として最も古いのは、ともにバスラ生まれのイブン・サァド（168/784-5頃—230/845年）とハリーファ・ブン・ハイヤート（160/776-7頃—240/854年）の著作である。イブン・サァドの『大世代』（Ibn Saʿd 1421/2001）は、預言者・教友に始まり、著者の時代までの知識人の列伝である。ここで「世代」と訳した「タバカート（ṭabaqāt）」は、何らかの共通点を有する人々の集団を指すが（森山 2014: 5-6）、ここでは世代の意味で用いられ、年代と地域ごとに人物が配列されている（ただし女性は全巻の末尾にまとめられている）。ハリーファの『世代の書』（Khalīfa b. Khayyāṭ 1414/1993）も、細かい差異を無視すれば同じような配列によっている。ブハーリーの『大編年』（Bukhārī 1422/2001）も比較的初期の著作である。「編年」と訳した「ターリーフ」は、ある出来事が起こった年月を定めることから転じて、歴史や人物列伝を指す。この著作における人物の配列はやや変則的な部分もあるが、概ねアルファベット順に拠っている。この著作以降は、アルファベット順の配列が主流となる。なお、これらの3つの著作は、少なくとも基本的には口伝者編年学に属する。

バルフ近郊のジューズジャーンに生まれダマスクスに没したジューズジャーニー（256/869-70年没）は『人物の格』（Jūzjānī n.d.）を著した。これは、その語ったハディースの真正性に疑問がある口伝者の人名録の最初期の著作である。ライ生まれのイブン・アビー・ハーティム（240/854-5頃—327/938年）は、『人物評定の書』（Ibn Abī Ḥātim 1373/1953）を著しており、「人物評定」という言葉を最初に用いたハディース学者のようである。

シリアのハディース学者ミッズィー（654/1256—742/1341年）の『人物の名前における完全の精錬』は、六大ハディース集その他のハディース集に収録されたハディースの口伝者の網羅的な人名録で、マァルーフの校訂による版（Mizzī 1403/1983[2]）では、全35巻に8,035の項目が立てられている。ミッズィーはまた、『貴顕の贈物とタラフの知識』（Mizzī 1999）を著している。

ここで「タラフ（ṭaraf, 複数形 aṭrāf）」とは、ハディースのマトン中、預言者の言葉、行為、あるいは承認に言及した文言の一部またはその冒頭を指す。この著作は、六大ハディース集その他のハディース集に収録されたハディースのタラフを、そのハディースのイスナードに現れる発信者と口伝者の名前に従って配列している。ミッズィーと同時代に活躍した、やはりシリアのハディース学者ザハビー（673/1274—748/1348年）は非常に多作のハディース学者であったが、『人物の批判における中庸の秤』（Dhahabī 1382/1963）は、信頼性の劣る口伝者の列伝である。エジプトのハディース学者イブン・ハジャル・アスカラーニー（773/1372—852/1449年）は、人名録『精選の精選』（Ibn Ḥajar al-ʿAsqalānī 1325/[1907-8]）、ブハーリーの『真正集』の注釈『創造者の開示』（Ibn Ḥajar al-ʿAsqalānī n.d.）、教友の伝記集『教友の識別における到達』（Ibn Ḥajar al-ʿAsqalānī 1429/2008）を含む多数のハディース学の著作を遺している。

以上に紹介したのは、いずれもマシュリクのハディース学者とその著作である。マグリブ・アンダルスにおけるハディース学は、質量ともにマシュリクよりもはるかに見劣りがするが、そのなかで異彩を放っているのが、アンダルスのハディース学者にしてマーリク派法学者イブン・アブドゥルバッル（368/978—463/1071年）である。マーリクの『ムワッター』に対する2冊の注釈書やマーリク派法学の提要でも有名であるが、教友の人名録『教友の名の総覧』（Ibn ʿAbd al-Barr 1412/1992）もよく知られている。

4．欧米におけるハディース研究

欧米におけるハディース批判の嚆矢として挙げられるべきは、ゴルトツィーエル（1850—1921年）の『ムハンマド教研究』（Goldziher 1889—1890）である。ゴルトツィーエルは、互いに矛盾するハディースが多いことと、遅い時代のハディース集の方が数多くのハディースを収録していることから、現存するハディースの大部分を偽作と断じた。曰く、これは、特に、アッバース朝期に入って、宗教的規範の根拠としてスンナが重要性を増したことに起因する。イスラーム初期には、預言者ムハンマドに関する情報が少なく、イスラーム的規範を確立するために、ある者はローマ法を借用し、ある者は個人的見解に基づいた。しかしこれらの根拠の正統性は疑わしく、多くの者はむしろ、ハディースを創作したり、現存するハディースを自説に合わせて書き換えたりした。これが、ハディースの数が増大した原因であり、また現存するハディースの大部分を偽作とみなすべき理由である。この時期には、偽作を排除するために、イスナードに基づくハディースの真偽判定の方法が発達したが、このことは、元々後継世代や教友にまで遡っていたイスナードがさらに預言者に遡行せしめられるという現象を引き起こした。イスナードの改善という現象である。

ゴルトツィーエルの主張をさらに推し進めたのがシャハト（1902—1969年）である。その主張は『ムハンマド法学の起源』（Schacht 1950）に集約されている。シャハトは、法学ハディースの分析に基づいて、次のように主張する。ハディースが多数出現する以前に、イラクやヒジャーズには初期法学派（the ancient schools of law）が成立していた。初期法学派にとって「スンナ」とは、各地の「生ける伝統（living tradition）」を意味したが、その実体は、法学者の個人的見解やウマイヤ朝の行政慣行であった。それぞれの「スンナ」を擁護しようとする者は、これに権威を与えるため、「スンナ」を次第に教友や後継世代に、さらに後には預言者に帰せしめるようになった（「イスナードの遡行的成長（backward growth of *isnād*s）」（Schacht 1950: 165）と呼ばれる現象）。これが法学ハディースの起源である。そして、シャーフィイーに至って、スンナを預言者のスンナと同一視し、預言者のスンナが教友や後継世代の学説と比べて絶対的な権威を有するという理解が確立された。そしてこれに伴い、シャーフィイーとそれ以後の時代を通じて、多数の預言者のハディースが創作された。したがって、六大ハディース集のような古典的なハディース集に収録された法学ハディースは、反証なき限り、不真正である、すなわち実際には預言者に由来しないと見るべきである（Schacht 1950: 149）。

この限りでは、シャハトの学説はゴルトツィーエルとあまり変わらないように見えるが、方法論の上では、シャハトの主たる新機軸は次の２つである。第１に、イスナードの分析から、多数のハディース群（マトンとイスナードから見て起源を同じくする異本の集合）のイスナードは、途中まではどの異本にも共通していて、ある口伝者の段階で初めて分岐すると指摘し、この分岐点に当たる口伝者（すなわち、初めて複数の弟子に当該の［原］ハディースを伝えた口伝者）を「結節口伝者（common link）」と呼び、代表的な口伝者17人のリストを掲げている（Schacht 1950: 174-175）。そしてハディースは、原則として、結節口伝者により創作されたと結論付けた（Schacht 1950: 56, 170）。第２に、個々のハディースの成立時期を特定するために次のような方法を採った。すなわち、ある時点で著された著作においてある論点に関する論争が記されていて、もしその時点で存在したとすれば引用されて然るべきハディースが引用されていないとすれば、そのハディースはその時点では存在していなかったと判断される（Schacht 1950: 140）。そしてこの２点の考察を主要な論拠として、大部分の法学ハディースの成立時期をおおよそヒジュラ暦２世紀の前半（西暦８世紀半ば）とした（Schacht 1950: 176）。

シャハト説は、（Azami c1986）をはじめとして、イスラーム世界における伝統的な理解を擁護する論者から強い批判を受けた。シャハトの個々の論点に対する批判を掲げる余裕はないが、これらの論者の積極的な論拠が、ハディースはイスラームの最初期から文字記録により連綿と伝えられてきたという点にあることは、すでに述べたとおりである。

シャハト説を受け入れ、これをさらに発展させたのがユインボル（1935―2010年）である。ここでは主要な説を簡単に紹介する。第１に、上掲のイブン・スィーリーンの記述における「フィトナ」とは第二次内乱を指すとして、イスナードの起源を70/690年頃とする。ただしこれはハディースがこの時点で初めて現れたという意味ではなく、これ以前にも、ハディースとして定式化される以前の言い伝えが、預言者の生前から伝えられていて、その一部は文字にも記録されていた（Juynboll 1983: 18-23; Juynboll 1973: 142-159）。第２に、預言者の死後60年ほどして初めてイスナードを備えたハディースが普遍的となったが、それまでに創作されたハディースの多くが排除されないまま後世のハディース集に収録されることになった（Juynboll 1983: 71-72）。第３に、シャハトと同様に、一般論として、結節口伝者が当該ハディースを流布させたとする（Juynboll 1993: 212）。第４に、法学ハディースと歴史ハディース（歴史的事件に関するハディース。しばしばハバル（khabar）と呼ばれる）との間には、イスナードの分岐パターンに明確な違いがある。前者の多くが、1人の教友によって語られ、結節点で初めて分岐するのに対して、後者には、複数の教友が複数の後継世代に伝え、ある時点で収集者に収束するパターンが多い。これは、前者は創作されたのに対して、後者は集団的な記憶が語り継がれたためと解することができる。ここから、多くの法学ハディースの真正性は基本的に信頼できないのに対して、歴史ハディースは史実を伝えていると結論付けることができる（Juynboll 1992: 687-690）。第5に、法学ハディースに関しても、結節口伝者の後にさらに分岐する部分的結節口伝者（partial common link）を経てハディース集編纂者に到達するイスナードを有するハディースは、真正である可能性が高い（Juynboll 1989: 354）。

ここで少し寄り道をしたい。後述のイスナード—マトン分析の提唱者はモツキとシェーラーということになっていて、モツキは、この2人のそれぞれにより1996年に刊行された2冊の論考（Schoeler 1996; Motzki 1996）がこの方法論を代表しているとする（Motzki 2005: 250-251）。しかしユインボル（Juynboll 1993: 212）は、1993年の論考において実質的にイスナード—マトン分析のアイデアに触れている。にもかかわらず、今日ユインボルは、イスナードの分析にのみ傾倒したという印象を持たれている。これ以上深入りはしないが、これは、アイデアは実践せよ、また新しいアイデアには名前を付けよという、研究者にとっての1つの教訓なのかもしれない。

本論に戻ろう。ハディースは原則として創作されたと見るべきだというシャハト説に対して最も有効な反論を唱えたのはモツキである。モツキ（Motzki 2002）は、アブドゥッラッザーク・サンアーニーの『ムサンナフ』を資料として、アブドゥッラッザークがその師や師の師から受け取ったハディースのイスナードおよびマトンで用いられている文言や形式（たとえば口伝者個人の学説か預言者のハディースか）を統計的に調べ、それらが多種多様であり、かつ比率も不均一であることを示し、アブドゥッラッザークが実際にそれらのハディースを知っていた（すなわち、その弟子が、アブドゥッラッザークより後の時代に創作されたハディースのイスナードに彼を紛れ込ませたのではない）とする。こうして、このハディース集に収録されたハディースは概して真正と見ることができると結論付ける。ハディースの成立時期に関しては、その多くが後継世代に属する結節口伝者は、当該のハディースの創作者ではなく、その師は、少なくともそのハディースの元になる言い伝え（gist「骨子」。「原ハディース」とも呼べよう）を語っていたと見るべきだとする（Motzki 2005: 240–241）。字義通りにとれば、シャハトやユインボルと比べて、少なくとも20ないし50年程度、ハディースの成立時期を早めたことになる。

ごく単純化するならば、ハディースが成立した年代の推定は、結節口伝者の存在をどのように解釈するかという問題に帰着する。シャハトやユインボルは、結節口伝者がイスナードも含めてハディースを創作したと解釈する。これに対してモツキは、結節口伝者とは、それまでに語り継がれてきた預言者にまつわる言い伝えの「骨子」（「原ハディース」）に肉付けを行って言わば流布版を作った人物と見ている。この立場は、ミッターがよりはっきりと表現している。それによれば、口承が一般的で相承の方法が確立されていなかった1世紀には、同じ事件についての言い伝えにも様々な版が存在していた。ようやく2世紀の後半に至り、同じ事件についてほぼ文言を同じくするマトンが定着するようになったという（Mitter 2005: 77）。

おおよそ伝承（例えば浦島太郎伝説）にはその元となる言い伝えがあって、それが編纂されたり洗練されたりして文字伝承に昇華すると考えれば、多くの読者にとっては、モツキやミッターの説の方がもっともらしく見えるであろう。ただしこの説が普遍的に妥当であることを示す根拠は提示されていないようである（cf. Motzki 2005: 239–240）。

最後にイスナード－マトン分析（*isnād-cum-matn* analysis）に触れておこう。この方法は、現在の欧米の学界において、ハディースの異本の形成過程のもっとも信頼できる手法と目されているようである。その主唱者の1人モツキ（Motzki 2005: 251）は、その方法は5つの手順を踏んで行われるとする。（1）当該のハディースの異本をすべて集める。（2）それらの異本のイスナードを総合して、相承の過程を図示する。（3）結節口伝者が実際にそのハディースを受け取ったかあるいはそれを広めたかを検証する。これは、異なる相承の系統に対応するマトンの概要を比べるという方法に拠る。（4）マトンの異本とイスナードの異本の間に相関関係があるかどうかを検証する。（5）相関関係が認められるならば、その結節口伝者が原本たるマトンを語り、その後の口伝者がそれぞれ書き換えを行ったという結論が導かれる。

この分析方法を詳述する余裕はないので、ここでは最も単純な場合を取り上げて説明しておこう。今、ある法学ハディースの1つの異本（異本1）がT41← T31← T21← T1← N（発信者）というイスナードを、別の異本（異本2）がT42← T32← T22← T1← Nというイスナードを有しているとする。さらに、異本1の発信者と口伝者はすべてメディナの伝承家であるのに対して、異本2の口伝者のうちT22、T32、T42がバスラの伝承家であり、かつ異本1はメディナの法学説に、異本2はバスラの法学説に合致しているとする。すると、T22が師T1から受け取ったマトンをバスラの学説に従って書き換えたと推測される。このように、イスナードの分岐と異本の異同の間に相関関係が見られる場合に、イスナードが分岐したところで書き換えがあったと結論付けるというのがイスナード－マトン分析である。

5．文献目録

Abbott, Nabia, 1967, *Studies in Arabic Literary Papyri II: Qurʾānic Commentary and Tradition* (The University of Oriental Institute Publications), vol. 76, Chicago: The University of Chicago Press.

Abbott, Nabia, 1983, "Ḥadīth Literature — II: Collection and Transmission of Ḥadīth," A.F.L. Beeston et al. eds., *Arabic Literature to the End of the Umayyad Period*, Cambridge: Cambridge University Press, 289–298.

ʿAbd al-Razzāq b. Hammām b. Nāfiʿ al-Ṣanʿānī al-Yamanī al-Ḥimyarī, Abū Bakr, 1403/1983, *al-Muṣannaf*, Ḥabīb al-Raḥmān al-Aʿẓamī ed., 11 vols., Beirut: al-Maktab al-Islāmī.

Abū ʿAwāna Yaʿqūb b. Isḥāq al-Isfarāʾinī, 1419/1998, *Musnad Abī ʿAwāna*, Ayman b. ʿĀrif al-Dimashqī ed., 5 vols., Beirut: Dār al-Maʿrifa.

Abū Dāwūd Sulaymān b. al-Ashʿath al-Sijistānī al-Azdī, n.d., *Sunan Abī Dāwūd*, Muḥammad Muḥyī al-Dīn ʿAbd al-Ḥamīd ed., 4 vols., Beirut: al-Maktaba al-ʿAṣrīya. (Yaser Qadhi, trans., 2007, Abu Dawud Sulaiman bin Ashʿath, *English Translation of Sunan Abu*

Dawud, final review by Abū Khaliyl, 5 vols., Riyadh et al.: Darussalam.)

Abū Yaʿlā Aḥmad b. ʿAlī b. al-Muthannā al-Taymī al-Mawṣilī, 1410/1989², *Musnad Abī Yaʿlā al-Mawṣilī*, Ḥusayn Salīm Asad ed., 16 vols., Beirut: Dār al-Maʾmūn lil-Turāth.

Abū Yūsuf Yaʿqūb b. Ibrāhīm al-Anṣārī, n.d., *Kitāb al-āthār*, Abū al-Wafāʾ ed., Beirut: Dār al-Kutub al-ʿIlmīya.

Azami, M. Mustafah al-, c1986, *On Schacht's Origins of Muhammadan Jurisprudence*, New York: Wiley.

Azami, Mohammad Mustafa, [1992] 2001, "*Isnād* and its Significance," P.K. Koya ed., *Ḥadīth and Sunnah: Ideals and Realities*, Kuala Lumpur: Islamic Book Trust, 58-71.

Azmi, Mohammad Mustafa, 2001, *Studies in Early Ḥadīth Literature with a Critical Edition of Some Early Texts*, Burr Ridge: American Trust Publications.

Bayhaqī, Abū Bakr Aḥmad b. al-Ḥusayn b. ʿAlī al-, n.d., *al-Sunan al-kubrā*, 10 vols., Beirut: Dār al-Fikr.

Bazzār, Abū Bakr Aḥmad b. ʿAmr b. ʿAbd al-Khāliq al-ʿAtakī al-, 1409/1988, *al-Baḥr al-zakhkhār al-maʿrūf bi-Musnad al-Bazzār*, Maḥfūẓ al-Raḥmān Zayn Allāh ed., 18 vols., Beirut: Muʾassasat ʿUlūm al-Qurʾān and Medina: Maktabat al-ʿUlūm wa-l-Ḥukm.

Berg, Herbert, 2000, *The Development of Exegesis in Early Islam: The Authenticity of Muslim Literature from the Formative Period*, Richmond: Curzon Press.

Bukhārī, Abū ʿAbd Allāh Muḥammad b. Ismāʿīl b. Ibrāhīm b. al-Mughīra al-, 1422/[2001—2], *al-Jāmiʿ al-musnad al-ṣaḥīḥ al-mukhtaṣar min umūr rasūl Allāh ṣallā Allāh ʿalay-hi wa-sallama wa-sunani-hi wa-ayyāmi-hi*, Muḥammad Zuhayr b. Nāṣir al-Nāṣir ed., Cairo: Dār Ṭawq al-Najāt.（牧野信也訳、1993—1994、『ハディース——イスラーム伝承集成』全3巻、中央公論社。牧野信也訳、2001,『ハディース——イスラーム伝承集成』全6巻、中央公論新社、中公文庫。）

Bukhārī, Abū ʿAbd Allāh Muḥammad b. Ismāʿīl b. Ibrāhīm b. al-Mughīra al-, 1422/2001, *al-Taʾrīkh al-kabīr*, Muṣṭafā ʿAbd al-Qādir Aḥmad ʿAṭā ed., 9 vols., Beirut: Dār al-Kutub al-ʿIlmīya.

Dāraquṭnī, [Abū al-Ḥasan] ʿAlī b. ʿUmar [b. Aḥmad b. Mahdī] al-, 1422/2001, *Sunan al-Dāraquṭnī*, 3 vols., ʿĀdil Aḥmad ʿAbd al-Mawjūd and ʿAlī Muḥammad Muʾawwiḍ eds., Beirut: Dār al-Maʿrifa.

Dārimī, Abū Muḥammad ʿAbd Allāh b. ʿAbd al-Raḥmān b. al-Faḍl b. Bahrām al-, 1421/2000, *Musnad al-Dārimī al-maʿrūf bi-Sunan al-Dārimī*, Ḥusayn Salīm Asad al-Dārānī ed., 4 vols., Dār al-Mughnī.

Dhahabī, Shams al-Dīn Muḥammad b. Aḥmad b. ʿUthmān al-, 1382/1963, *Mīzān al-iʿtidāl fī naqd al-rijāl*, ʿAlī Muḥammad al-Bajāwī ed., 4 vols., Beirut: Dār al-Maʿrifa.

Dhahabī, Shams al-Dīn Muḥammad b. Aḥmad b. ʿUthmān al-, 1417/1996¹¹, *Siyar aʿlām al-nubalāʾ*, Shuʿayb al-Arnāʾūṭ et al. eds., 25 vols., Beirut: Muʾassasat al-Rrisāla.

Ghawrī, ʿAbd al-Mājid al-, 1430/2009, *al-Sunna al-nabawīya: ḥujjīyatu-hā wa-tadwīnu-hā*, Damascus and Beirut: Dār Ibn Kathīr.

Goldziher, Ignaz, 1889—1890, *Muhammedanische Studien*, 2 vols., Halle: Max Niemeyer.

(G.R. Baber and S.M. Stern, trans., 1971, *Muslim Studies*, M.S. Stern ed., 2 vols., London: George Allen and Unwin.)

Ḥākim al-Naysābūrī, ʿAbd Allāh al-, 1417/1997, *al-Mustadrak ʿalā al-Ṣaḥīḥayn*, Cairo: Dār al-Ḥaramayn.

Ḥumaydī, Abū Bakr ʿAbd Allāh b. al-Zubayr al-Qurashī al-, n.d., *Musnad al-imām Abī Bakr ʿAbd Allāh b. al-Zubayr al-Qurashī al-Ḥumaydī*, Ḥusayn Salīm Asad ed., 2 vols., Damascus and Dariya: Dār al-Saqā.

Ibn ʿAbd al-Barr, Abū ʿUmar Yūsuf b. ʿAbd Allāh b. Muḥammad, 1412/1992, *al-Istīʿāb fī maʿrifat al-aṣḥāb*, ʿAlī Muḥammad al-Bajāwī ed., 4 vols., Beirut: Dār al-Jīl.

Ibn Abī Ḥātim Muḥammad b. Idrīs b. al-Mundhir al-Tamīmī al-Ḥanẓalī al-Rāzī, Abū Muḥammad ʿAbd al-Raḥmān, 1373/1953, *Kitāb al-Jarḥ wa-l-taʿdīl*, 9 vols., Hyderabad: Maṭbaʿat Majlis Dāʾirat al-Maʿārif al-ʿUthmānīya.

Ibn Abī Shayba al-ʿAbsī al-Kūfī, Abū Bakr ʿAbd Allāh b. Muḥammad, 1418/1997, *al-Muṣannaf li-Ibn Abī Shayba*, Muḥammad ʿAwwāma ed., 25 vols., Jeddah: Sharikat Dār al-Qibla and Beirut: Muʾassasat ʿUlūm al-Qurʾān.

Ibn Abī Shayba al-ʿAbsī al-Kūfī, Abū Bakr ʿAbd Allāh b. Muḥammad, 1427/2006, *Musnad Ibn Abī Shayba*, Abū ʿAbd al-Raḥmān ʿĀdil b. Yūsuf al-Ghazāwī and Aḥmad Farīd al-Mazīdī eds., 2 vols., Riyadh: Dār al-Waṭan.

Ibn Balbān al-Fārisī, ʿAlāʾ al-Dīn ʿAlī, 1414/1993, *Ṣaḥīḥ Ibn Ḥibbān bi-tartīb Ibn Balbān*, Shuʿayb al-Arnaʾūṭ ed., 18 vols., Beirut: Muʾassasat al-Risāla.

Ibn Ḥajar al-ʿAsqalānī, Shihāb al-Dīn Abū al-Faḍl Aḥmad b. ʿAlī, 1325/[1907—1908], *Tahdhīb al-tahdhīb*, 12 vols., Hyderabad: Maṭbaʿat Majlis Dāʾirat al-Maʿārif al-ʿUthmānīya.

Ibn Ḥajar al-ʿAsqalānī, [Shihāb al-Dīn] Abū al-Faḍl Aḥmad b. ʿAlī, 1429/2008, *al-Iṣāba fī tamyīz al-ṣaḥāba*, ʿAbd Allāh b. ʿAbd al-Muḥsin al-Turkī ed., 16 vols., Cairo: Markaz Hujr lil-Buḥūth wa-l-Dirāsāt al-ʿArabīya wa-l-Islāmīya.

Ibn Ḥajar al-ʿAsqalānī, [Shihāb al-Dīn Abū al-Faḍl] Aḥmad b. ʿAlī, n.d., *Fatḥ al-Bārī bi-sharḥ Ṣaḥīḥ al-Bukhārī*, ʿAbd al-ʿAzīz b. ʿAbd Allāh b. Bāz ed., 13 vols., Beirut: Dār al-Maʿrifa.

Ibn Ḥanbal, Aḥmad b. Muḥammad, 1416/1995, *al-Musnad*, Aḥmad b. Muḥammad Shākir ed., 20 vols., Cairo: Dār al-Ḥadīth. (Naslruddin al-Khattab, trans., 2012, Abu Abdullah Ahmad bin Hanbal ash-Shaibani, *English Translation of Musnad Imam Ahmad bin Hanbal*, Huda al-Khattab ed., 3 vols., Riyadh et al.: Darussalam.)

Ibn Ḥibbān b. Aḥmad al-Taymī al-Bustī, Abū Ḥātim Muḥammad, 1408/1988, *Kitāb al-thiqāt*, Muḥammad ʿAbd al-Muʿīd Khān ed., 9 vols., Beirut: Muʾassasat al-Kutub al-Thaqāfīya.

Ibn Ḥibbān [b. Aḥmad al-Taymī al-Bustī, Abū Ḥātim Muḥammad], 1414/1993, *Ṣaḥīḥ Ibn Ḥibbān* = Ibn Balbān, 1414/1993.

Ibn Khuzayma, Abū Bakr Muḥammad b. Isḥāq, 1400/1980, *Ṣaḥīḥ Ibn Khuzayma*, Muḥammad Muṣṭafā al-Aʿẓamī ed., 4 vols., Beirut: al-Maktab al-Islāmī.

Ibn Māja, Abū ʿAbd Allāh b. Yazīd al-Qazwīnī, n.d., *Sunan al-Ḥāfiẓ Abī ʿAbd Allāh Muḥammad b. Yazīd al-Qazwīnī b. Māja*, Muḥammad Fuʾād ʿAbd al-Bāqī ed., 2 vols., Beirut: Dār al-Fikr. (Nasiruddin al-Khattab, trans., 2007, Muhammad Bin Yazeed Ibn Majah al-Qazwīnī, *English Translation of Sunan Ibn Mājah*, final review by Abū Khaliyl, 5 vols., Riyadh et al.: Darussalam.)

Ibn al-Mubārak, 1407/1987, *Musnad ʿAbd Allāh b. al-Mubārak*, Ṣubḥī al-Badrī al-Sāmarrāʾī ed., Riyadh: Maktabat al-Maʿārif.

Ibn Qutayba, Abū Muḥammad ʿAbd Allāh b. Muslim 1430/2009, *Taʾwīl mukhtalaf al-ḥadīth*, Abū Usāma Salīm b. ʿUbayd al-Hilālī al-Salafī al-Atharī ed., Riyadh: Dār al-Qayyim and Cairo: Dār Ibn ʿAffān.

Ibn Rāhawayh = Isḥāq b. Ibrāhīm b. Makhlad al-Ḥanẓalī al-Marwazī, 1412/1991, *Musnad Isḥāq b. Rāhawayh*, ʿAbd al-Ghafūr ʿAbd al-Ḥaqq Ḥusayn Burr al-Balūshī ed., 5 vols., Medina: Maktabat al-Aymān.

Ibn Saʿd b. Manīʿ al-Zuhrī, Muḥammad, 1421/2001, *Kitāb al-ṭabaqāt al-kabīr*, ʿAlī Muḥammad ʿUmar ed., 11 vols., Cairo: Maktabat al-Khānjī.

Juynboll, G.H.A., 1973, "The Date of the Great Fitna," *Arabica*, 20(2): 142-159.

Juynboll, G.H.A., 1983, *Muslim Tradition: Studies in Chronology, Provenance and Authorship of Early Ḥadīth*, Cambridge: Cambridge University Press.

Juynboll, G.H.A., 1989, "Some *Isnād*-Analytical Methods Illustrated on the Basis of Several Women-Demaining Sayings from *Ḥadīth* Literature," *al-Qanṭara*, 10: 343-384.

Juynboll, G.H.A., 1992, "Some Thoughts on Early Muslim Historiography," *Bibliotheca Orientalis*, 49: 685-691.

Juynboll, G.H.A., 1993, "Nāfiʿ, the *Mawlā* of Ibn ʿUmar, and his Position in Muslim *Ḥadīth* Literature," *Der Islam*, 70: 207-244.

Juynboll, G.H.A., 1994, "Early Islamic Society as Reflected in Its Use of Isnāds," *Le Muséon*, 107: 151-194.

Juynboll, G.H.A., 2007, *Encyclopedia of Canonical Ḥadīth*, Leiden and Boston: Brill.

Jūzjānī, Abū Isḥāq Ibrāhīm b. Yaʿqūb al-, n.d., *Aḥwāl al-rijāl*, Ṣubḥī al-Badrī al-Sāmarrāʾī ed., Beirut: Muʾassasat al-Risāla.

Khalīfa b. Khayyāṭ, Abū ʿAmr, 1414/1993, *Kitāb al-ṭabaqāt*, riwāyat Abī ʿImrān Mūsā b. Zakarīyāʾ b. Yaḥyā al-Tustarī, Suhayl Zakkār ed., Beirut: Dār al-Fikr.

Khaṭīb al-Tabrīzī al-, 1399/1979[2], *Mishkāt al-maṣābīḥ*, Muḥammad Nāṣir al-Dīn al-Albānī ed., 4 vols., Beirut: al-Maktab al-Islāmī.

Koya, P.K., 1996, *Ḥadīth and Sunnah: Ideals and Realities*, Kuala Lumpur: Islamic Book Trust.

Lucas, Scott C., 2004, *Constructive Critics, Ḥadīth Literature, and the Articulation of Sunnī Islam: The Legacy of the Generation of Ibn Saʿd, Ibn Maʿīn, and Ibn Ḥanbal*, Leiden and Boston: Brill.

Mālik b. Anas [b. Mālik b. Abī ʿĀmir b. ʿAmr b. al-Ḥārith], 1403/1983, *Kitāb al-muwaṭṭaʾ*, riwāyat Yaḥyā b. Yaḥyā al-Laythī, Fārūq Saʿd ed., Beirut: Dār al-Āfāq al-Jadīda. (Aisha

Abdurrahman Bewley, trans., 1989, *al-Muwatta of Imam Malik ibn Anas*, London and New York: Kegan Paul International.)

Mālik b. Anas [al-Aṣbaḥī], Abū ʿAbd Allāh, 1414/1994, *Muwaṭṭa' al-imām Mālik*, riwāyat Muḥammad b. al-Ḥasan al-Shaybānī, ʿAbd al-Wahhāb ʿAbd al-Laṭīf ed., Cairo: Muʾassasat al-Ahrām.

Mālik b. Anas [al-Aṣbaḥī, Abū ʿAbd Allāh], *al-Muwaṭṭa'*, 1994, riwāyat Suwayd b. Saʿīd al-Ḥadathānī, ʿAbd al-Majīd Turkī ed., Beirut: Dār al-Gharb al-Islāmī.

Mālik b. Anas [al-Aṣbaḥī, Abū ʿAbd Allāh], 1417/1997, *al-Muwaṭṭa'*, riwāyat Yaḥyā b. Yaḥyā al-Laythī al-Andalusī, Bashshār ʿAwwād Maʿrūf ed., 2 vols., Beirut: Dār al-Gharb al-Islāmī.

Mālik b. Anas [al-Aṣbaḥī, Abū ʿAbd Allāh], *al-Muwaṭṭa'*, 1418/1998[3], riwāyat Abū Muṣʿab al-Zuhrī al-Madanī, Bashshār ʿAwwād Maʿrūf and Maḥmūd Muḥammad Khalīl eds., Beirut: Muʾassasat al-Risāla.

Mitter, Ulrike, 2005, "Origin and Development of the Islamic Patronate," Monique Bernard and John Nawas eds., *Patronate and Patronage in Early and Classical Islam*, Leiden and Boston: Brill, 70–133.

Mizzī, Jamāl al-Dīn Abū al-Ḥajjāj Yūsuf al-, 1403/1983[2], *Tahdhīb al-kamāl fī asmāʾ al-rijāl*, Bashshār ʿAwwād Maʿrūf ed., 35 vols., Beirut: Muʾassasat al-Risāla.

Mizzī, Jamāl al-Dīn Abū al-Ḥajjāj Yūsuf al-, 1999, *Tuḥfat al-ashrāf bi-maʿrifat al-aṭrāf*, Bashshār ʿAwwād Maʿrūf ed., 13 vols., Beirut: Dār al-Gharb al-Islāmī.

森山央朗、2009、「『地方史人名録』伝記記事の特徴と性格――中世イスラーム世界のウラマーが編んだ地域別人物記録の意図」『東洋学報』90(4): 413–440。

森山央朗、2014、「預言者ムハンマドを「継いだ」学者たち――10―13世紀のムスリム社会の宗教知識人研究」『基督教研究』76(1): 1–32。

Motzki, Harald, 1996, *"Quo vadis, Ḥadīṯ-Forschung? Eine kritische Untersuchung von G. H.A. Juynboll: „Nāfiʿ* the *mawlā* of Ibn ʿUmar, and his position in Muslim Ḥadīṯ Literature," *Der Islam*, 70:40–80.

Motzki, Harald, 2002, *The Origins of Islamic Jurisprudence: Meccan Fiqh Before the Classical Schools*, translated from the German by Marion Katz, Leiden, Boston, Köln: Brill.

Motzki, Harald, 2005, "Dating Muslim Traditions: A Survey," *Arabica*, 52: 204–253.

Muḥammad ʿAjjāj al-Khaṭīb, 1426–7/2006, *Uṣūl al-ḥadīth: ʿulūmu-hu wa-muṣṭalaḥu-hu*, Beirut: Dār al-Fikr.

Muḥammad ʿAlī, 2001, "Collection and Preservation of Ḥadīth," P.K. Koya ed., *Ḥadīth and Sunnah: Ideals and Realities*, Kuala Lumpur: Islamic Book Trust, 23–57.

Muslim b. al-Ḥajjāj al-Qushayrī al-Naysābūrī, Abū al-Ḥusayn, n.d., *Ṣaḥīḥ Muslim*, Muḥammad Fuʾād ʿAbd al-Bāqī ed., 5 vols., Beirut: Dār Iḥyāʾ al-Turāth al-ʿArabī.（磯崎定基ほか訳、2001、ムスリム・ビン・アル・ハッジャージ、『日訳サヒーフムスリム』全3巻、日本ムスリム協会。）

Nasāʾī, Abū ʿAbd al-Raḥmān Aḥmad b. Shuʿayb al-, 1433/2012, *Kitāb al-sunan al-maʿrūf bi-l-Sunan al-kubrā*, Markaz al-Buḥūth wa-Taqniyat al-Maʿlūmāt ed., 20 vols., Beirut:

Dār al-Taʾṣīl.

Nasāʾī, Abū ʿAbd al-Raḥmān Aḥmad b. Shuʿayb al-, 1435/2014, *Sunan al-Nasāʾī, wa-huwa al-Mujtabā*, ʿImād al-Ṭayyār, Yāsir Ḥasan, and ʿIzz al-Dīn al-Ḍalī eds., Beirut: Muʾassasat al-Risāla. (Nasiruddin al-Khattab, trans., 2007, Abu Abdur Rahmān Ahmad bin Shuʿayb bin ʿAli an-Nasāʾī, *English Translation of Sunan an-Nasāʾī*, final review by Abū Khaliyl, 6 vols., Riyadh et al.: Darussalam.)

Sakhāwī al-Shāfiʿī, Shams al-Dīn Abū al-Khayr Muḥammad b. ʿAbd al-Raḥmān al-, 1426/[2005-6], *Fatḥ al-mughīth bi-sharḥ Alfīyat al-ḥadīth*, ʿAbd al-Karīm b. ʿAbd Allāh b. ʿAbd al-Raḥmān al-Ḥuḍayr and Muḥammad b. ʿAbd Allāh b. Fuhayd Āl Fuhayd eds., 5 vols., Riyadh: Maktabat al-Minhāj.

Schacht, Joseph, 1950, *The Origins of Muhammadan Jurisprudence*, Oxford: At the Clarendon Press.

Schoeler, Gregor, 1996, *Charakter und Authentie der muslimischen Überlieferung über das Leben Mohammeds*, Berlin: W. de Gruyter.

Sezgin, Fuat, 1967, *Geshichte des arabischen Schrifttums*, vol. I, *Qurʾānwissenschaften, Hadith, Geschichte, Fiqh, Dogmatik, Mystik bis ca. 430 A.H.*, Leiden: Brill.

Shāfiʿī, Abū ʿAbd Allāh Muḥammad b. Idrīs al-, 1393/1973, *al-Umm*, Muḥammad Zuhrī al-Najjār ed., 8 vols., Beirut: Dār al-Maʿrifa.

Shāfiʿī, Abū ʿAbd Allāh Muḥammad b. Idrīs al-, 1406/1986, *Ikhtilāf al-ḥadīth*, Muḥammad Aḥmad ʿAbd al-ʿAzīz ed., Dār al-Kutub al-ʿIlmīya.

Shaybānī, Abū ʿAbd Allāh Muḥammad b. al-Ḥasan al-, 1427/2006, *The Kitāb al-Āthār of Imam Abū Ḥanīfah: The Narration of Imam Muhammad ibn al-Hasan ash-Shaybani*, Abdassamad Clarke trans., London: Turath Publishing.

Ṣiddīqī, Muḥammad Zubayr, 1993, *Ḥadīth Literature: Its Origin, Development & Special Features*, Cambridge: The Islalmic Texts Society.

Ṭabarānī, Abū al-Qāsim Sulaymān b. Aḥmad al-, 1405/1985, *al-Rawḍ al-dānī ilā al-muʿjam al-ṣaghīr*, Muḥammad Shakūr b. Muḥammad b. Maḥmūd al-Ḥājjī Amrīr ed., 2 vols., Beirut: al-Maktab al-islāmī.

Ṭabarānī, Abū al-Qāsim Sulaymān b. Aḥmad al-, 1415/1995, *al-Muʿjam al-awsaṭ*, Abū Muʿādh Ṭāriq b. ʿAwaḍ Allāh b. Muḥammad and Abū al-Faḍl ʿAbd al-Muḥsin eds., 10 vols., Cairo: Dār al-Ḥaramayn.

Ṭabarānī, Abū al-Qāsim Sulaymān b. Aḥmad al-, 1422/2002, *al-Muʿjam al-kabīr*, Ḥamdī ʿAbd al-Majīd al-Salafī ed., 25 vols., Beirut: Dār Iḥyāʾ al-Turāth al-ʿArabī.

Ṭabarī, Abū Jaʿfar Muḥammad b. Jarīr al-, 1402/1982, *Tahdhīb al-āthār wa-tafṣīl al-thābit ʿan Rasūl Allāh ṣallā al-Allāh ʿalay-hi wa-sallama min al-akhbār*, Maḥmūd Muḥammad Shākir ed., 5 vols., Cairo: Maṭbaʿat al-Madanī.

Ṭaḥāwī, Aḥmad b. Muḥammad b. Salāma b. ʿAbd al-Malik b. Salama al-Azdī al-Ḥajarī al-Miṣrī Abū Jaʿfar al-, 1399/1979, *Sharḥ maʿānī al-āthār*, Muḥammad Zuhrī al-Najjār ed., 4 vols., Beirut: Dār al-Kutub al-ʿIlmīya.

Ṭaḥāwī, Abū Jaʿfar Aḥmad b. Muḥammad b. Salāma al-, 1410/1994, *Sharḥ mushkil al-āthār*,

Shuʿayb al-Arnāʾūṭ ed., 16 vols., Beirut: Muʾassasat al-Risāla.

Ṭayālisī, Abū Dāwūd Sulaymān b. Dāwūd b. al-Jārūd al-, 1419/1999, *Musnad Abī Dāwūd al-Ṭayālisī*, Muḥammad b. ʿAbd al-Muḥsin al-Turkī ed., 4 vols., Cairo: Dār Hujr.

Tirmidhī, Abū ʿĪsā Muḥammad b. ʿĪsā b. Sawra al-, 1398/1978², *al-Jāmiʿ al-ṣaḥīḥ, wa-huwa Sunan al-*, Aḥmad Muḥammad Shākir ed., 5 vols, Cairo: Sharikat Maktabat wa-Maṭbaʿat Muṣṭafā al-Bābī al-Ḥalabī wa-awlādi-hi. (Abū Khaliyl, trans, 2007, Abū ʿEisā Mohammad Ibn ʿEisā at-Tirmidhī, *English Translation of Jāmiʿ at-Tirmidhī*, 6 vols., Riyadh et al.: Darussalam.)

Yanagihashi, Hiroyuki, 2019, *Studies in Legal Hadith*, Leiden and Boston, Brill.

Yanagihashi, Hiroyuki, 2023, *Reconstructing the Variant Generation Process of Hadith: Based on the Quantitative and the Isnād-cum-Matn Analysis*, Sheffield: Equinox.

第4章 文書研究

4-1. 総　論

三浦徹

1. 法廷文書

歴史研究では、研究に用いる資料（史料）を、大きく叙述資料と文書（もんじょ、ぶんしょ）資料に二分する。前者は、年代記、伝記集（人名録）、法学書など特定の著者が叙述したものである。後者は、行政や取引などの実務のために作成されたもので、勅令、会議録、土地台帳、ワクフ文書、法廷文書など多種多様な資料類の総称である。作成者は存在するがそれを記すことは少ない。

ここで法廷文書とは、カーディー（またはその代理）が主宰するシャリーア法廷（カーディー法廷、イスラーム法廷）で作成された文書群の総称である。このほか、不正（マザーリム）行為の裁決を目的とし統治者やその委任を受けた者が主宰するマザーリム法廷が設けられていた（法廷制度については Schacht et al. 1986; Masud et al. eds. 2006; Tillier 2015）。現存するものとしては、主に紙葉状の証書と冊子状の台帳の2つの形態があり、アラブ、トルコ、イラン、中央アジア、南アジアなど広くイスラーム法が適用された地域で作成され、伝世している。内容のうえでは、その多くは取引契約文書であり、訴訟・裁判記録、行政通達類も含む。本章では、証書類と台帳を文書と総称するが、対象を特定して発給された前者のみを文書と呼ぶ場合もある。

叙述資料に法廷で行われた審理や判決について記されることは少ないが、古くは8世紀後半にエジプトのカーディーが法廷文書を作成した記事がある。また現存するアラビア語パピルス文書で、カーディー法廷が言及されるのは9世紀以降である（Tillier 2017）。ハッサーフ（261/874年没）やイブン・アビー・ダム（583/1187―642/1244年）らが著した「カーディーの作法（adab al-qāḍī）」とよばれる法学書のジャンルでは、カーディーの裁判などの業務プロセスが説明され、そのなかで、業務の記録（maḥdar, sijill. 証言や承認を含む）を作成し、保管し、後任に引き継ぐことが記されている（Khassāf 1978; Ibn Abī al-Dam 1982）。他方、クルアーンでは、「あなたがたが期間を定めて貸し借りする際には、それを記録にとどめなさい。……あなたがたの仲間から2名の証人（シャーヒド）をたてなさい。……（記録は）正確な証拠となり、疑いを避けるために最も妥当である」（2:282）と記している。イスラーム法では文書は偽造のおそれがあるとして絶対的な証拠能力を認めていないが、契約文書の書式集（shurūṭ）が作成され、実務上は、取引に際して、証人をたて、文書をもって契約することが慣行となっていた。マムルーク朝時代（とくに14―15世紀）には詳細な書式集が著され、その校訂本が刊行されている（8/14世紀 Ṭarsūsī 2010; 9/15世紀 Qāsim b. Quṭlūbughā 1984; Asyūṭī 1955）。これらの書式集では、さまざまな取引（売買、賃貸借、貸付、ワクフ、贈与、相続、あるいは婚姻等）における契約文書（証書）やカーディーや証人の業務文書の作成について、要件や例文を具体的に説明する。証書は権利者（購入者や賃借者など）に渡され、さらに当該物件の権利移転（売却など）の際にはその写し（証人署名を含む謄本）nuskha を作成して次の権利者に渡すことが求められた（Qāsim b. Quṭlūbughā 1984: 260）。これらのカーディーや公証人による文書業務については、ティアンの研究が基本書（Tyan 1960）で、特定の書式集の校訂・研究もなされている（Wakin 1972; Guelli 1985）。

法廷による文書の作成はいつごろ一般化していたのだろうか。ハッラークは、カーディーの作法や書式集や伝記集などの記述から、9―10世紀から、カーディーのもとで、法廷の記録が、書記や公証人によって作成され、ルーズリーフのようにしてまとめて保管され、引き継がれていたと主張する（Hallaq 1998; Hallaq 1999）。14世紀後半のイブン・ハルドゥーンの『歴史序説』では、「公証人は、カーディーの許可を得て、人びとにとって有利なあるいは不利な証言を与える。彼らは証言が必要なときに証人として立ったり、訴訟において証言したり、人びとの各種の権利、財産、債務その他の法的手続きを記録する文書（sijill）に、（必要事項を）記入したりする」と述べる（Ibn Khaldūn n.d. 1:187）。15世紀以降のオスマン朝の支配下では、主要都市に設けられたシャリーア法廷において、証書の発給と台帳の記録が組織的に行われ、後者の台帳は、トルコのみならず、エジプト、シリア、リビアなどのアラブ地域、ギリシアを含むバルカン地域に大量に残されている。他方で、15世紀（マムルーク朝）以前については、伝世する法廷文書は証書のみである。エジプトについては、M・M・アミーンが編纂したカタログに、9世紀からマムルーク朝時代末までの888点の文書リストがあり、一部校訂されている（Amin 1981）。まとまった資料としては、1974—1976年にエルサレムで発見された14世紀後半の約900点の文書（証書）群があり、ハラム文書と呼ばれている。これについては、リトルによりカタログが編纂され（Little 1984）、ノーサップやルトフィー（Lutfi 1985）らがこれを用いた研究を発表している。これは、カーディーのシャラフッディーン（Sharaf al-Dīn ʿĪsā）の在職時（793/1391—797/1395年）に作成された文書で、その多くは相続文書であり、商品の受領書や精算書なども含まれている。

ここで問題となるのは、ハラム文書の例から、マムルーク朝時代以前に、カーディー法廷において、法廷文書を保存することが常態（通常）であったといえるかどうかである。ルトフィーは、ハラム文書の存在と15世紀のアスユーティー（803/1400-1—904/1499年）の書式集をむすびつけ、15世紀後半には、法廷文書の作成が制度化されていたとみる。これに対して、ミュラー（Müller 2010; Müller 2011; Müller 2013）は、当時シャラフッディーンが訴追をうけていたことから、その調査目的で収集した可能性が高いとする。近年ハラム文書には、リトルのカタログの対象外となった97点の文書群があることがわかり、それは主にペルシア語などで記され、コーカサスからイラン西部に関係する文書が多く、エルサレム法廷に文書が保管された理由が議論されている（Aljoumani, Bhalloo & Hirschler 2024）。

ダマスクスの公証人であったイブン・タウク（834/1430—915/1509年）の日記には、自身が携わった証書のメモが残されている（Shoshan 2020）。レイスィー（Leithy 2011）は、パピルス文書や、ユダヤ教徒のゲニザ文書やセント・カトリーナ修道院文書なども広く視野にいれ、中世のアラブ世界において、政府やカーディー法廷によって作成された文書は、公文書として、発給者の死後も、法的な効力をもっていたとする。ミュラーは、8—15世紀のアラビア語のイスラーム法文書のコーパス作成のプロジェクト Islamic Law Materialized を主導し、1659点の文書のデータがウェブ上に公開されている。オーストリア国立図書館には約4万点のアラビア語文書が所蔵され（ほとんどはマムルーク朝時代）、今後の研究がまたれる（Reinfandt 2013）。

オスマン朝時代の法廷文書の特徴は、シャリーア法廷において、紙葉状の証書の発給とともに、各種の契約や判決が台帳に記録されたことである。現存する法廷文書の大多数は、主要都市におかれたシャリーア法廷の法廷台帳である（Faroqhi 1996; 大河原 2005, オスマン朝の法廷資料については次節で詳述される。また東洋文庫イスラーム地域研究資料室「オスマン帝国史料解題」http://tbias.jp/ottomansources も参照）。

ブラクは、オスマン朝時代の法学書や法令集（Kanunname）などをもとに、こうした文書資料が、一時的な記録ではなく権利を示すものとして位置づけられていくことを示した。法学者や官僚の間では（遅くとも17世紀までに）、スルタンやカーディーらが署名した行政文書の権威（公証力）が認められていった（Burak 2016; Burak 2019）。ムガル帝国においても、代表的な法学書（*al-Fatāwā al-Hindīya*）に法廷文書についての条項があり、また実際に取引や訴訟に関する文書が残されている（Hasan 2018）。

2. 19世紀ダマスクスの法廷文書

1960年代末から、法廷文書を用いて都市の社会経済状況を扱った研究が輩出した（トルコ：S. Faroqhi, シリア：A.-K. Rafeq, A. Nour, B. Master, エジプト：A. Raymond, N. Hanna, パレスティナ：A. Cohen）。法廷文書は、年代記などの叙述資料には現れない、都市住民（軍人、商人、職人ら）の資産や取引、住宅、ワクフなどに関わる具体的な情報を提供する。また、法廷や法廷文書そのものを論題とする研究（R. Jennings、G. El-Nahal、S. Milad）も刊行された（各文献は、羽田・三浦編 1991、英語版 1994、三浦 1991を参照）。

1987年に佐藤次高氏が、ダマスクス歴史文書館館長ダード・アルハキーム女史を招聘し、東洋文庫で法廷文書講読セミナーが開催された。当時筆者は、ダマスクスのサーリヒーヤ街区の形成と発展（12—16世紀）の研究を進めていて、法廷文書を用いてサーリヒーヤ街区の住民の生活や関係を研究したいと考えたが、歴史文書館には19世紀のサーリヒーヤ法廷台帳があるだけだった。そこで1994年の在外研究において、時代を19世紀にジャンプしてこの台帳を閲覧・研究した。

法廷文書（証書、台帳）の内容や書式は、地域や時代によって異なる面があるが、筆者自身が閲覧し、データベースを作成した19世紀のサーリヒーヤ法廷の台帳から、ひとつの形を示すことにしたい。対象となる台帳は、1290/1/22—1295/12/25（1873—1878年）の６冊で、合計823文書、約１万人の人名が登場する。

台帳は、冊子状のノートに、１点ずつ証書の内容を記載したものである。個々の証書では、つぎの15項目が順次記載される。

①裁判官　②事案の種別（売買、賃貸借、相続、訴訟、離婚、借金（金銭貸借）、後見、許可、会計報告など）
③当事者　④立会人　⑤代理人　⑥証人　⑦資格保証人
⑧物件：種別、内容・構成（水利や接道の権利を含む）　⑨所在　⑩来歴　⑪共有・持ち分　⑫価格
⑬同席者　⑭日付　⑮当座証人（状況の証人）

各証書の主たる情報は、第１が関係者の人名（③〜⑦、⑬、⑮）、第２が物件（案件）の情報（⑧〜⑫）であり、第３に関係者やその取引がイスラーム法に則って、公正に行われたことを示す定型的な文言が記されている（文言は、マムルーク朝時代の al-Asyūṭī らの書式集の例文と一致する）。訴訟の場合は、第２の部分に訴えの内容が記され、裁判の経緯と判決が記される。案件の内容を分類すれば、不動産の売買（23％）、相続（20％）、後見（14％）、訴訟（９％）、不動産の賃貸借（７％）の順である。すなわち、不動産の売買・賃貸借、相続といった権利の移転を契約として登記することが法廷の主

たる機能であり、訴訟の比率は相対的に少ない。

取引の当事者としては、社会的な称号をもつものは10％未満で、多くは、サーリヒーヤ街区ないし近在の一般の住民と考えられる。女性（権利者の41％）や未成年者（同15％）も権利者として多数登場しており、その場合は、代理人を立て、代理人契約の証人名が記帳されている。全体として、各種の証人の数は膨大で（立会人 ʿarrafa、証人（シャーヒド）とその資格保証人 muzakkī、同席者）、６年間に、20回以上登場するものが14名、最大の者は143回を数える。

取引物件は、農園、商店、住宅家屋が主で、複数の所有者が関与し、また、土地や商店の本体だけでなく、付随する果樹や道具類もまた合わせて取引されている。

６冊の台帳のデータと同時代の叙述資料などから、法廷および法廷文書の役割について、次のようにまとめられる（三浦 1998; 三浦 1999; Miura 2016）。

（１）法廷台帳は、イスラーム法の書式・手続きに則り、住民個々人の権利の取引（不動産、相続など）を記録する。権利者は、未成年者や女性を含み、取引額の多寡によらない。

（２）権利の証明。各種の証人（立会人、証人、証人の資格保証人、当座証人）の証言による。権利の行使や証明に、人的ネットワークが必要となる。将来の紛争を防ぐための「形式的訴訟」を記すこともある。

（３）農園や商店や家屋の売買・賃貸。物件自体の取引価格は廉価だが、耕作や営業に必要な資本財が高価。不況時には法廷登録件数が減少する（1875―1876年）。

（４）個々人は、各種の物件に設定された重層的で細分化された権利を、売買、賃貸借、貸付などによって、組み合わせながら、経営し生活する。イスラーム法の形式主義的なルールに則りながらも、それにがんじがらめになるのではなく、現実的な利害に応じて、形式を踏むことによって、形式を使いこなし、実質的な利益を追求する（例として、未成年者の財を利子付きで運用する）。訴訟・裁判については後述。

（５）法廷関係者（裁判官、書記、当座証人）。権利を確認・追認する外的役割。客観的な「事実そのもの」ではなく、当事者双方と衆人が納得し、今後の出発点となる「事実」（妥協点）を定める。

ここで問題となるのは、第1に、19世紀のサーリヒーヤ法廷台帳の姿が、他の法廷台帳とどの程度共通するかという点である。ダマスクスには、主法廷と相続法廷のほか、5つの小法廷があり（Marino 1997など）、また19世紀はタンジマート改革に伴う司法改革が行われ、制定法にもとづく商事裁判所（1839年）や制定法裁判所（1864年）が設置されていた（秋葉 2012）（大河原知樹によればダマスクス歴史文書館には、制定法裁判所台帳142冊、商事裁判所台帳156冊が所蔵されている）。

サーリヒーヤ法廷についても、（その後所在が確認された）18世紀の2冊の台帳と比較すると、つぎのような違いがある。第1は、各文書の長さの違いで、19世紀は台帳1ページ当り0.99文書、18世紀は3.37～3.63文書と3倍以上の開きがある（台帳の大きさはほぼ同じ。なおマリノによれば、ミーダーン小法廷の台帳62（1728—1730年、960文書）では、1ページ当たりの文書数は2.43）。月当たりの文書登記数は、19世紀が平均12.2件、18世紀が4.71件である。内容（案件）には大きな違いはないが、18世紀には相続案件は相続法廷で扱われていた。当事者については、19世紀の賃貸・賃借者数が2.81、4.14であるのに対し、18世紀は1.53、1.69と少ない。女性の占める比率も、19世紀が、売却者45％購入者28％、賃貸者31％賃借者41％であるのに対し、18世紀は、売却者33％購入者7％、賃貸者19％賃借者22％と、2/3から1/2程度である。女性の取引について、19世紀は代理人を立て、代理人契約が有効であることを証人・資格保証人を立てて示しているが、18世紀は後者の手続きの記述がない。未成年者についても、18世紀は売却者や購入者の比率が少なく、賃貸借契約では0名で、記載を省いたとみられる。18世紀の台帳の記述は、女性や未成年者に関する記述が簡略化され、また、将来の紛争防止のための形式的訴訟の記述もなく、全体として、記述が簡略である。

第2に、台帳と証書の関係である。五十嵐大介は、ダマスクス歴史文書館が所蔵する2200点の証書のうち、714点の証書（うち3/4は19—20世紀のもの）の内容や書式を、台帳での記載と照合して検討した。当該証書のほとんどはワクフ（とくに賃貸借）に関わるもので、原本と写しの双方があり、その内容が台帳に記載されたうえで、関係者に授与されたと結論する（但し一部台帳に登記されない証書も存在する。五十嵐 2002）。

1839年の英国領事報告では、「土地財産は、シリアでは他のムスリム諸国同様、多くはよく管理されている。権利の移転は法廷のカーディーのもとで行われ、キリスト教徒も、ムスリム同様に、その法行政に服している。一般に、登記はよく行われ、土地財産の権利ははっきりしていて、争いにならない」と記され、法廷での取引登記は慣行となっていたと考えられる。他方19世紀の領事報告では、カーディーや職員の買収による詐取も報告されていたことからみて（三浦 2000b: 326など）、権利保全のために法廷登記がより厳格になされる傾向にあった。

3．法廷文書研究の拡大と深化

（1）シャリーア法廷の研究

1990年代後半以降に、法廷文書研究の量的な拡大と質的な深化がみられた。それまで研究の主たる関心が社会経済史に向いていたのに対し、法廷や法廷文書自体の役割が研究されるようになった。このような研究の変化を論じているのは、ゼーヴィー（Ze' evi 1998）である。これまで、法廷文書が「単一の同質的な資料、事実そのものの記述」とみなされ、限られた事例で社会全体を語っていないかと批判する。異なる時代や地域の法廷や文書の比較、記述（ナラティブ）の吟味が必要とし、３つの研究動向（quantitative, narrative, microhistory）を示したうえで、今後の研究テーマとして、文書テキスト、カーディー、法廷組織（吏員）、社会（住民）の４つを提示する。

計量的（統計的）分析の例としては、トルコのカスタモヌとチャンクルの法廷台帳を用いるエルゲネ、イスタンブルの法廷台帳を用いるクランは、いずれも法廷の機能を主題とする。パスカルは、経済史家エスタブレとの共同研究により、17世紀末の遺産相続台帳の情報からデータベースを作成し、職種や居住区あるいは軍人や職人といった集合ごとに統計表やグラフを作り、資産や社会経済とその変化を実証的に分析した（Establet & Pascual 1994; Establet & Pascual 2005; Establet & Pascual 2011）。

法廷での言説を掘り下げるものとしては、ピアスはアインタブの（Pierce 2003)、アグモンはパレスティナの（Agmon 2006; Agmon & Shahar 2008)、メリウェザーはアレッポの（Meriwether 1999)、カッターンはダマスクスの（Qattan 2002）法廷文書を用い、法廷文書の記述の背後にある女性・家族・宗派などの問題を掘り下げている。(Doumani ed. 2003も参照)

第２に、法廷文書そのものの新たな発見や整理が進んでいる。シリアの法廷文書については、マリノと大河原知樹によって、シリアのダマスクス、アレッポ、ハマー、ホムスの2361冊の法廷台帳の総合的な目録が編纂刊行され、全体を概観することができるようになった（Marino & Okawara 1999; 三浦 2000a)。モロッコについて、（公財）東洋文庫が所蔵する皮紙 Vellum 契約文書（16―19世紀）のテキスト校訂と研究が公刊されている（三浦 2015; Miura & Sato eds. 2015; Miura & Sato eds. 2020)。

イランについては、ヴェルナーの研究が嚆矢となり、近藤信彰は、19世紀のテヘランの法廷台帳を用い、法廷の機能の概観を示している。中央アジアについては、1990年代後半から、堀川徹によって、ウズベキスタン科学アカデミーと京都外国語大学の共同事業として、中央アジアの法廷文書の収集・整理事業が継続して行われている。2003年以降、毎年中央アジア古文書セミナーが開催され、アラブ、トルコ、イランの研究者も参加し、法廷文書研究の共通基盤が形成されている。

また契約や契約文書の比較研究が進展した（Miura 2017)。ひとつは、中国、東南アジア、中東・イスラームの地域について、所有・契約・市場・公正の４つのテーマを立てて比較するもので、その成果をまとめた『比較史のアジア』（三浦他編 2004）が刊行された。２つ目は、国文学研究資料館（渡辺浩一）の研究事業「歴史的アーカイブズの多国間比較」(2005―2009年）および「９―19世紀文書資料の多元的複眼的比較研究」(2010―2014年）であり、そこでは、ヨーロッパ、トルコ、中国、朝鮮、日本の研究者が集う国際シンポジウムを現地で開催し、その成果が刊行されている（国文学研究資料館 2009; 渡辺他編 2014)。（公財）東洋文庫では、中国中近世の契約文書研究を継続している（山本編 2019)。

（2）シャリーア法廷台帳の比較

法廷台帳の内容の異同について、サーリヒーヤ（ダマスクス、シリア）、カスタモヌ（トルコ）、テヘラン（イラン）、ヒヴァ・サマルカンド（中央アジア）の事例から考えたい。

A．カスタモヌの法廷

カスタモヌは黒海南岸の都市で、その法廷は同名の県（サンジャク）を管轄した。エルゲネは、17—18世紀の法廷台帳11冊を用い、隣県のチャンクル法廷と比較しつつ、法廷の役割について研究を行った（Ergene 2003）。18世紀の人口規模は、都市１万、県３～3.3万と推計する。

法廷台帳に記録される文書は、法廷で作成される文書（1647件、60％）と法廷への中央政府や州政府などからの通達文書（1121件、40％）に大別される。法廷作成文書は、内容上、①取引契約（相続、婚姻、後見らを含む）834件（30％）と②訴訟（要約）572件（21％）が主となる。通達文書は、内容上③軍事・税・治安関係454件（16％）、④任命（ベラート）461件（17％）が主で、行政官の不正（ズルム）や中央・州への訴訟への回答も含まれる（Ergene 2003: 35–36, 40）。

サーリヒーヤ法廷と比較すると、まずシリアの法廷では、中央政府からの通達は、別の台帳（awāmir と呼ばれる）に記録されていたため、サーリヒーヤ法廷台帳では法行政に関わる通達の記録が僅かに含まれるだけである。第２に、法廷作成文書の内容（内訳）をみると、どちらの法廷でも契約文書が多数をしめているが（サーリヒーヤ90％、カスタモヌ51％）、訴訟文書の比率は、サーリヒーヤ法廷では９％であるのに対し、カスタモヌ法廷では35％を占める。エルゲネによれば、チャンクル法廷台帳の訴訟の比率は４％であり、カスタモヌ法廷の訴訟の比率は極めて高い。

B．テヘランの法廷

近藤は、19世紀のテヘランのサンゲラジュ街区におかれた法廷の３つの台帳（計6835件）をもとに、文書の内容や法廷の機能について分析した（近藤 2011; Kondo 2017: 38–57）。法廷の主宰者はモジュタヘドと呼ばれるシーア派の法学権威で、国家の任命なしで法廷を司った。台帳に関わる法廷の業務は、当事者が作成した証書の認証（要約の登記）とモジュタヘドによる文書

（ホクム）の発給である。内容上は、売買（約款付売買を含む）38％、債権・債務（借金）12％、賃貸６％が多数を占め、遺言と遺産分割以外の相続は登記されていない。売買に関しては、通常の売買契約とは異なる合意契約（muṣālaḥa）形式のものが67％を占め、イランの法廷文書の特徴となっている（賃貸や贈与にも合意形式の契約がみられる）。約款付売買は、一定期間内に売主が物件を買い戻すことを約款として定めた契約である。実際には、売主は、契約時に売却代金（融資）を得るとともに、当該期間中に当該物件を賃借する契約を結んでこれを使用し、買戻すまでの賃借料が融資金の利息に相当することになる。中央アジアの法廷文書にも同様の形式があり、イランでは約款付売買が、全体の35％をしめていることは特徴的である（オスマン朝法廷にも事例があり、オスマン民法典 Mecelle にも該当する規定がある）。

訴訟の事例は、和解およびホクムの文書に含まれる。和解文書のなかには、訴訟に当たる語が含まれるものが277件ある（和解文書総数の60％）。他方、ホクムのなかで訴訟・裁判に関わるものは13件だけである。両者を合計し、法廷に持ち込まれた訴訟は290件（４％）、そのうちモジュタヘドが裁定（判決）したものはごく僅かとなるが、これ以外にもホクムや問答型ホクムには、モジュタヘドが当事者の一方からの問いに対して回答を示す例がある。また、1886年の英国人の記述に「法廷外で和解し、文書を作成し、法廷で公証を求める」というものがあり、法廷やモジュタヘドが、紛争の解決に一定の役割を果たしていた。「法廷文書にかかわるモジュタヘドの最も重要な役割は、法廷での調停（arbitration）の結果かどうにかかわらず、法的な事実を証明（提示）することにある」といえる（Kondo 2017: 52-54）。

C．中央アジアの法廷

中央アジアについては、日本とウズベキスタンの共同事業によって収集されたヒヴァおよびサマルカンドの文書（証書）731点（磯貝 2003）、およびロシア統治（トルキスタン総督府）下のフェルガナ州コーカンド郡ホジェンド区法廷台帳（1908年、523点）（矢島 2006）の内容を示す。前者では、行政（12％）、契約（51％、内訳売買39％、約款付売買40％）、訴訟（23％）、その他（14％）となる。後者では、売買（20％）、約款付売買（17％）、代理人任命（14％）、承認（11％）ほかとなる。どちらも、売買が多数をしめ、また約款付売買（事実上は利子付金銭貸借、未成年者の資産運用を目的とするものがある）が相当数を占めている。

以上は、膨大な法廷文書のなかで、特定の法廷についての計量的研究の例にすぎないが、いずれの地域の法廷も、当事者の売買、賃貸借、相続、金銭貸借などの契約証書の内容（要約を含む）を台帳に記帳することでカーディー（ないしモジュタヘド）のもとで公証し、また、訴訟をはじめ法的な問題・紛争に対する回答や判断（判決）を文書として発給する業務を果たしていた。そこでは、職業的な書記や公証人が証書の公証や記帳を担っていた。文書の作成頻度としては、1年当たり、カスタモヌ66（通達を含めると111）、テヘラン96、サーリヒーヤ146、コーカンド2092となる。

4. 訴訟と裁判

サーリヒーヤ法廷での裁判については、案件としては、借金（37%）、売買（24%）、相続（24%）が主で、原告の勝訴が76%と高い。判決の根拠としては、証人の証言（78%）、相手方の承認（13%）と証言が決定的である。イスラーム法の裁判の審理の原則では、挙証責任は原告側にあり、被告が原告の請求を否認しても、原告は2名の証人の証言を得れば勝訴できる。原告が立証できないとき、被告は宣誓によって勝訴しうる。サーリヒーヤ法廷の事例では、原告側はあらかじめ証人を準備して訴え、勝訴したと考えられる。また被告は反訴（新たな法的事実の提示）によって原告の立場となり「挙証責任」を得ることができるがその例も少ない。全体として記述は淡々としており、原告・被告の間で合意されたものが、裁判の形で記録されたとも考えられる。サーリヒーヤ法廷では和解による解決は1件のみであるが、18世紀前半のダマスクスの主法廷の台帳では、20年間に60件の和解文書が確認され、原告による立証や被告による宣誓によって決せられない場合などに、法廷の内外で和解金の支払いなどによる調停がなされていた（Marino 2016）。

カスタモヌ法廷については、訴訟548件のうち、相続112（20%）、借金132（23%）、財産権100（17%）、土地60（10%）といった民事案件が多数を占めるが、盗難、殺人、婦女暴行などの刑事事案（14%）や税・不正などの行政案件（7％）も含まれる。訴訟の結果については、原告の勝訴は55％にとどまり、裁定根拠についても、証言によるものは50％であり、宣誓（16%）、相手方の承認（10%）、文書（11%）、ファトワー（5％）が決定因となる場合もある。また、このほか当事者の和解による解決（130件）、中央政府等への訴願（83件）がある（Ergene 2003: 59, 62, 64-65）。エルゲネは、訴訟に勝利するには、資金、人的関係、法的な知識が必要であり、イスラーム法のルールに則りながら、原告・被告はそれぞれ戦術を駆使して対峙・交渉していたとみる。（Ergene 2010も参照）

『オスマン法廷の経済学』（Coşgel & Ergene 2016）は、「法と経済学」学派の計量的手法を用い、カスタモヌ法廷の機能を分析するもので、計量分析の目的として、①検証可能な一般化、②仮説検証、③領域横断的な共通言語、を掲げる。資料についても、17世紀末から18世紀末まで（1684—1790年）に拡大して、3つの時期の19冊の台帳（2091文書）を再調査・再集計している。

まず、文書の種別（内容）としては、契約38％、裁判41％、和解26％であり、年平均の文書記帳数は65件となる（Coşgel & Ergene 2016: 83. 平均件数は筆者が算出）。文書の末尾に記される当座証人は、第2期だけで833人を数え、1文書当たり7名、4回以上出廷しているものが100名を超える。

訴訟（裁判・和解）のうち、裁判で決する比率は、刑事55％、民事（関係者間）51％、同（非関係者間）81％、平均66％である（Coşgel & Ergene 2016: 168）。男性が原告の場合のほうが、女性が原告の場合よりも、裁判決着の比率が10～20％高くなる。裁判での決定要因としては、証言28％、被告の宣誓8％、承認12％、文書提示7％であり、多様な方法で決着している（Coşgel & Ergene 2016: 242）。他方で、当事者の属性でみると、エリートと非エリートの裁判では73％の比率でエリートが勝訴しており、また、宗教者と非宗教者の間では、宗教者の勝率が高い。結論として、オスマン法廷は、決して中立的でも、弱者に有利でもなく、裁判においては、エリートが優越的であったとする。

クランの17世紀のイスタンブル法廷台帳（旧市内とガラタ、15冊10080件）を用いた研究によれば、文書全体では契約と和解が6494件（64％）をしめ、裁判は2282件（23%）である。裁判の案件は、売買、財産、ワクフが上位でそれぞれ15～25%程度をしめる。原告の勝訴率は59.6%で、文書使用は約15%で、その場合の原告の勝訴率は約84%に上昇する。原告・被告の宗教でみると、ムスリム同士のケースは63.5%、キリスト教徒同士16.9%、ユダヤ教徒同士0.9%で、それ以外の19%は異教徒間の争いである。原告の勝訴率は、３つの信徒のいずれも60%前後で大きな違いはない（Kuran 2010–2013; Kuran & Lustig 2012）。

タムドアンは、和解（スルフ）について、18世紀のイスタンブル（ウシュクダル）とアダナの法廷台帳（それぞれ３冊、７冊）を用いて分析した。文書総数（行政通達を含む）に対する和解解決文書はアダナ31件（７%）、ウシュクダル54件（３%）と、カスタモヌに比べて少数である。スルフには、①法廷裁判がスルフで決せられる、②当事者のスルフが法廷で登記される、③当事者のスルフが法廷裁判に持ち込まれる、の３種類があり、調停者が介在する（Tamdoğan 2008）。

法廷での登記には手数料が必要であり、18世紀のカスタモヌでは証書25アクチェ、台帳登記８、婚姻15～25、相続15／相続額1000当（Ergene 2003: 77）であった。サーリヒーヤ法廷でも、証書の登記には５ピアストル（クルシュ）、裁判の判決証書にも５ピアストルが必要で、民事訴訟において1000ピアストルを取り返すために500ピアストルの訴訟費用を要するともいわれた（Miura 2016: 263）。これらの手数料は法廷吏員の収入であり（Ergene & Abacı 2022）、さらに、自身に有利な判決をうるために賄賂が用いられることもあった。

テヘランの法廷においても、モジュタヘドは、ホクムによって、法的な意見や判断を文書で示しており、法廷内および法廷外での当事者の和解件数も多い。中央アジアの法廷においても、当事者が裁判官にファトワーを求めるケースは多く、原告／被告の両者に別々のファトワーを発給している例もある（Isogai 2011）。ボルドウィンは、18世紀のエジプト（カイロ）の法廷と裁判について、シャリーア法廷とともに、エジプト総督やオスマン帝国スルタンの御前会議への訴えの文書を用い、多元的な法システムのもとで、市民も為政者もカーディーも、イスラーム法に則りつつ、「正義と衡平」の現実的な解決を求めたとする（Baldwin 2018）。

法廷は、利害の争いの場であるとともに、原告被告の両者が、将来にむけて、合意・妥協しうる事実（結論）の調整・確認の場であったといえるだろう。中国（とくに明清時代）では、国家が「無冤」の理念を掲げるゆえに民からの訴訟が頻発し、判決は原告被告の双方の同意を必要とし、教え諭すもの（「教諭的調停」）となった（夫馬 2024; 滋賀 1984）。他方、シャリーア法廷での判決や和解の文書では、一般に結論にいたる理由の説明がなされることはない。

5．むすび――イスラーム法の刷新

計量分析とならぶ近年の法廷文書研究の動向（手法）として、法廷文書の記述を言説として分析する潮流がある。ガッザールの大著（2007）『法廷の文法』はそのひとつで、19世紀末のダマスクスとベイルートの法廷文書とハナフィー派の法学書（イブン・アービディーン）や民法典（Majalla）を資料に、「（ハナフィー派の）法理が、つねに、法的判断の核を形成するあらゆる種類の実践――証言、立証、手続き、事実認定――を通して、共鳴していた」（Ghazzal 2007: 694）とする。19世紀には、法廷文書において、分益栽培契約（musāqāt）、ワクフ財の長期賃貸契約、ワクフ財への融資（murṣad）、営業権（khulū wa gedik）の売買・賃貸借、利子付融資、といった社会経済の実状に対応する取引契約が一般化し、さらに文書上での「形式的訴訟」によって、代理人契約、分益栽培、賃貸借価格の正当性を確認（追認）する手法がとられている。これらは、サーリヒーヤ法廷の文書にも多用されている（三浦 1999）。全体として、社会実践のアクター（agent）とその言葉を通して、法と経済学の言説／論理形成（discursive formations）を問題とする。メシェル（Meshal 2014）もまた、16―17世紀のカイロの法廷文書（台帳）を用い、女性やマイノリティ（キリスト教徒やユダヤ教徒）の市民的権利が認証されていく様相を提示する。

筆者は、「架橋する法」（2008）において、イスラーム法の構造は、近代的一義的な法、固定した聖法、非合理的非体系的法のいずれとも異なるとし、つぎのような見解を述べた。フィクフは、コーランやハディースの定言命題が島のように散在する状態に橋を架けることであり、裁判や調停は法のあいだに一時的な架橋（バイパス）を設けること、個別的な解決をめざすもので、イスラーム法世界は、法の絶対性と裁判の個別性という二元的な原理を設けることで、一般の「法」が目的とするふたつの正義・合理（形式合理性と実質合理性）を調整しようとしていた。

ムスリムが、契約に際して常套句の様に用いる２つの台詞、「神かけて（ワッラーヒ）」と「インシャー・アッラー（神が望み賜うならば）」は、絶対的な契約の拘束への疑念、すなわち未来は根源的に不確定なもので、神の意志のもとにある（人間の手の内にはない）ということを表明しているともいえる。そもそも、契約には、異なるものを結ぶ（自由な意志をもつ多様な個々人を、過去・現在・未来にわたって結びつける）という不安定さが内在する。近代的な契約理念では、個人の自由意志による合意（双務性）を理念型とし、イスラーム法の契約観念もこれに基づいている。しかし、契約もそれを取り巻く状況も刻々変化するものであり、イスラーム世界の各地で多様な形で記録された法廷文書は、それぞれの時代と社会の変化に合わせて改編し利用されたともいえる。

６．文献目録

Agmon, Iris, 2006, *Family and Court: Legal Culture and Modernity in Late Ottoman Palestine*, Syracuse: Syracuse University Press.

Agmon, Iris & Ido Shahar, 2008, "Introduction to the Theme Issue: Shifting Perspectives in the Study of Shariʿa Courts: Methodologies and Paradigms," *Islamic Law and Society*, 15 (1): 1-19.

秋葉淳、2012、「オスマン帝国の制定法裁判所制度――ウラマーの役割を中心に（帝国の西洋化改革から国民国家形成へ）」鈴木董編『オスマン帝国史の諸相』（東洋文化研究所叢刊 第26輯）、山川出版社、294-320。

Aljoumani, Said, Zahir Bhalloo & Konrad Hirschler, 2024, *Catalogue of the New Corpus of Documents from the Ḥaram al-Sharīf in Jerusalem*, Berlin: De Gruyter.

Amīn, Muḥammad Muḥammad ed., 1981, *Catalogue des documents d'Archives du Caire de 239/853 à 922/1516*, Cairo: Institut Française d' Archéolgie Orientale du Caire.

Asyūṭī, Shams al-Dīn Muḥammad b. Aḥmad al-Minhājī al-, 1955 *Jawāhir al-ʿuqūd wa-*

muʿīn al-quḍāt wa-l-muwaqqiʿīn wa-l-shuhūd, Muḥammad Surūr al-Ṣabbān ed., 2 vols, Cairo: Matbaʿat al-Sunna al-Muḥammadīya.

Baldwin, James E., 2018, *Islamic Law and Empire in Ottoman Cairo*, Edinburgh: Edinburgh University Press.

Burak, Guy, 2016, "Evidentiary Truth Claims, Imperial Registers, and the Ottoman Archive: Contending Legal Views of Archival and Record-Keeping Practices in Ottoman Greater Syria (Seventeenth-Nineteenth Centuries)," *Bulletin of the School of Oriental and African Studies*, 79(2): 233-254.

Burak, Guy, 2019, ""In Compliance with Old Registers": On Ottoman Documentary Depositories and Archival Consciousness," *Journal of the Economic and Social History of the Orient*, 62: 799-823.

Coşgel, Metin & Boğaç Ergene, 2016, *The Economics of Ottoman Justice: Settlement and Trial in the Sharia Courts*, Cambridge: Cambridge University Press.

Doumani, Beshara, ed. 2003, *Family History in the Middle East: Household, Property, and Gender*, Albany: State University of New York.

Ergene, Boğaç A., 2003, *Local Court, Provincial Society and Justice in the Ottoman Empire: Legal Practice and Dispute Resolution in Çankırı and Kastamonu (1652-1744)*, Leiden: Brill.

Ergene, Boğaç & Zeynep Dörtok Abacı, 2022, "The Price of Justice: Revenues Generated by Ottoman Courts of Law in the Late Seventeenth and Early Eighteenth Centuries," *Journal of Near Eastern Studies*, 81(1): 25-52.

Establet, Colette & Jean-Paul Pascual, 1994, *Familles et fortunes à Damas: 450 foyers damascaines en 1700*, Damascus: IFEAD.

Establet, Colette & Jean-Paul Pascual, 2005, *Des tissus et des hommes: Damas, vers 1700*, Damascus: IFEAD.

Establet, Colette & Jean-Paul Pascual, 2011, *La gent d'état dans la société ottomane damascène: les ʿaskar à la fin du XVIIe siècle*, Damascus: IFPO.

Faroqhi, Suraiya, "Sidjill", 1996, *Encyclopaedia of Islam Second Edition*.

夫馬進、2024、『訟師の中国史――国家の鬼子と健訟』筑摩書房。

Ghazzal, Zouhair, 2007, *The Grammars of Adjudication: The Economics of Judicial Decision Making in fin-de-siècle Ottoman Beirut and Damascus*, Damascus: IFPO.

Guellil, Gabriela Linda, 1985, *Damaszener Akten des 8./14. Jahrhunderts nach aṭ-Ṭarsūsī's Kitāb al-Iʿlām: Eine Studie zum arabischen Justizwesen*, Bamberg: Verlag aku GmbH.

Hallaq, Wael B., 1998, "The *Qāḍī*'s *Dīwān* (*Sijill*) Before the Ottomans," *Bulletin of the School of Oriental and African Studies*, 61(3): 415-436.

Hallaq, Wael B., 1999, "Qāḍī's Communicating: Legal Change and the Law of Documentary Evidence," *al-Qanṭara*, 20: 437-466.

羽田正・三浦徹編、1991、『イスラム都市研究――歴史と展望』東京大学出版会。改訂英語版 Masashi Haneda and Toru Miura eds., 1994, *Islamic Urban Studies: Historical Review and Perspectives*, London: Keagan Paul International.

Hasan, Farhat, 2018, "Property and Social Relations in Mughal India: Litigations and Disputes at the Qazi's Court in Urban Localities, 17th-18th Centuries," *Journal of the Economic and Social History of the Orient*, 61: 1-28.

Ḥusām al-Shahīd, ʿUmar b. ʿAbd al-ʿAzīz al-, 1994, *Sharḥ Adab al-qāḍī lil-imām Abī Bakr Aḥmad b. ʿUmar al-Khaṣṣāf*, Abū al-Wafāʾ al-Afghānī and Abū Bakr Muḥammad al-Ḥāshimī eds., Beirut: Dār al-Kutub al-ʿIlmīya.

Ibn Abī al-Dam, Ibrāhīm b. ʿAbd Allāh, 1982, *Kitāb adab al-qaḍāʾ*, Muḥammad Muṣṭafā al-Zuḥaylī ed., Damascus: Dār al-Fikr.

Ibn Abī al-Dam, Ibrāhīm b. ʿAbd Allāh, 1984, *Kitāb adab al-qaḍāʾ*, Muḥī Hilāl al-Sarḥān ed., 2 vols., Baghdad: Maṭbaʿat al-Irshād.

Ibn Khaldūn, n.d., *Taʾrīkh Ibn Khaldūn*, 8 vols., Beirut: s.n..

五十嵐大介、2002、「オスマン朝期シリアのイスラーム法廷証書――史料学的考察」『東洋学報』84(2): 225-197。

磯貝健一、2003、「中央アジア諸地域の契約文書――その形式と機能」東京外国語大学アジア・アフリカ言語文化研究所共同研究プロジェクト「イスラーム写本・文書資料の総合的研究」(2003年11月8日) 配布資料。

Isogai, Kenichi, 2011, "Seven Fatwa Documents from Early 20th Century Samarqand: The Function of Mufti in the Judicial Proceedings Adopted at Central Asian Islamic Court," 『日本中東学会年報』27(1): 259-282.

Khaṣṣāf, Abū Bakr Aḥmad b. ʿUmar b. Muhayr al-Shaybānī al-, ca.1978, *Kitāb adab al-qāḍī*, Farḥāt Ziyāda ed., Cairo: American University in Cairo.

国文学研究資料館アーカイブズ研究系編、2009、『中近世アーカイブズの多国間比較』岩田書院。

近藤信彰、2011、「19世紀後半のテヘランのシャリーア法廷台帳」『東洋史研究』70(2): 420-389。

Kondo, Nobuaki, 2017, *Islamic Law and Society in Iran: A Social History of Qajar Teheran*, London: Routledge.

Kuran, Timur, 2010—2013, *Mahkeme kayıtları ışığında 17. yüzyıl İstanbul'unda sosyo-ekonomik yaşam: Social and Economic Life in Seventeenth-century Istanbul: Glimpses from Court Records*, Istanbul: Türkiye İş Bankası.

Kuran, Timur & Scott Lustig, 2012, "Judicial Biases in Ottoman Istanbul: Islamic Justice and Its Compatibility with Modern Life," *The Journal of Law & Economics*, 55(3): 631-666.

Leithy, Tamer El-, 2011, "Living Documents, Dying Archives: Towards a Historical Anthropology of Medieval Arabic Archives," *al-Qanṭara*, 32(2): 389-434.

Little, Donald P., 1984, *A Catalogue of the Islamic Documents from al-Ḥaram aš-Šarīf in Jerusalem*, Beirut & Wiesbaden: Orient-Institut der Deutschen Morgenländischen Gesellschaft.

Lutfi, Huda, 1985, *Al-Quds al-Mamlûkiyya: A History of Mamlûk Jerusalem Based on the Ḥaram Documents*, Berlin: Klaus Schwarz Verlag.

Marino, Brigitte, 1997, *Le faubourg du Mīdān à Damas à l'époque ottomane: espace urbain, société, et habitat* (*1742-1830*), Damascus: IFEAD.

Marino, Brigitte, 2016, "Opter pour un accord à l'amiable (ṣulḥ) à Damas au xviiie siècle," Revue des Mondes Musulmans et la Méditerranée, 140: 121-142.

Marino, Brigitte & Tomoki Okawara eds., 1999, *Catalogue des registres des tribunaux ottomans conservés au Centre des Archives de Damas*, Damascus: IFEAD.

Masud, Muhammad Khalid, Rudolph Peters & David S. Powers eds., 2006, *Dispensing Justice in Islam: Qadis and Their Judgments*, Leiden: Brill.

Meriwether, Margaret L., 1999, *The Kin Who Count: Family and Society in Ottoman Aleppo 1770-1840*, Austin: University of Texas Press.

Meshal, Reem A., 2014, *Sharia and the Making of the Modern Egyptian: Islamic Law and Custom in the Courts of Ottoman Cairo*, Cairo: The American University in Cairo Press.

三浦徹、1991、「オスマン朝時代のシリア史研究――A・K・ラーフェク氏の法廷文書研究を中心に」『お茶の水史学』34: 95-105。

三浦徹、1998、「19 世紀ダマスクスの法廷文書（1）――サーリヒーヤ法廷をめぐる人間関係」『東洋文化研究所紀要』135: 147-227。改訂英語版 Toru Miura, 2001, "Personal Networks Surrounding the Ṣāliḥiyya Court in 19th-Century Damascus," Brigitte Marino ed., *Etudes sur les villes arabes du Proche-Orient, XVIe-XIX e siècle*, Damascus: IFEAD, 113-150.

三浦徹、1999、「19世紀ダマスクスの法廷文書（2）――サーリヒーヤ街区における社会経済関係」『東洋文化研究所紀要』137: 295-349。改訂英語版 Toru Miura, 2002, "Formality and Reality in Shariʿa Court Records: Socio-Economic Relations in the Ṣāliḥiyya Quarter of Nineteenth Century Damascus," *The Memoir of the Toyo Bunko*, 59: 109-141.

三浦徹、2000a、「書評ブリジット・マリノ＆大河原知樹編『ダマスクス歴史文書館所蔵オスマン朝時代法廷台帳目録』」『東洋学報』82(2): 09-016。

三浦徹、2000b、「カーディーと公証人――イスラム法世界の裁判と調停」歴史学研究会編『紛争と訴訟の文化史』青木書店、297-332。

三浦徹、2004、「当事者の世界と法廷の世界――イスラーム法における契約」三浦徹・岸本美緒・関本照夫編『比較史のアジア――所有・契約・市場・公正』東京大学出版会、113-140。英語版 Toru Miura, 2003, "Court Contracts and Agreements Among Parties in the Islamic Middle East," *Annals of Japan Association for Middle East Studies*, 19(1): 45-74.

三浦徹、2008、「架橋する法――イスラム法が生まれるとき」林信夫・新田一郎編『法が生まれるとき』創文社、259-283。

三浦徹、2015、「海を渡った皮紙（ヴェラム）文書――モロッコの契約文書コレクション」東洋文庫編『アジア学の宝庫、東洋文庫――東洋学の方法と歴史』勉誠出版、285-301。

Miura, Toru & Sato Kentaro eds., 2015 & 2020, *The Vellum Contract Documents in Morocco in the 16th to 19th Centuries*, Part I & Part II (Toyo Bunko Research Library 15, 22), Tokyo: Toyo Bunko.

Miura, Toru, 2016, *Dynamism in the Urban Society of Damascus: The Ṣāliḥiyya Quarter*

from the Twelfth to the Twentieth Centuries, Leiden: Brill.
Miura, Toru, 2017, "A Comparative Study of Contract Documents: Ottoman Syria, Qajar Iran, Central Asia, Qing China and Tokugawa Japan," Maaike van Berk, Léon Buskens & Petra M. Sijpesteijn eds., *Legal Documents as Sources for the History of Muslim Societies: Studies in Honour of Rudolph Peters*, Leiden: Brill, 266-291.
Müller, Christian, 2010, "Écrire pour établir la preuve orale en Islam: la pratique d' un tribunal à Jérusalem au XIVe siècle," Akira Saito & Yusuke Nakamura eds., *Les outils de la pensée: etude historique et comparative des "texte"*, Paris: Maison des Sciences de l' Homme, 63-97.
Müller, Christian, 2011, "The Ḥaram al-Šarīf Collections of Arabic Legal Documents in Jerusalem: A Mamlūk Court Archive?," *al-Qanṭara*, 32(2): 435-459.
Müller, Christian, 2013, *Der Kadi und seine Zeugen: Studie der mamlukischen Ḥaram Dokumente aus Jerusalem*, Wiesbaden: Harrassowitz Verlag.
大河原知樹、2005、「イスラーム法廷と法廷史料」林佳世子・枡谷友子編『記録と表象——史料が語るイスラーム世界』（イスラーム地域研究叢書　8）、東京大学出版会、143-170。
Pierce, Leslie, 2003, *Morality Tales: Law and Gender in the Ottoman Court of Aintab*, Berkeley: University of California Press.
Qāsim b. Quṭlūbughā al-Ḥanafī, 1984, *Kitāb mūjibāt al-aḥkām wa-wāqiʿāt al-ayyām*, Muḥammad Suʿūd al-Maʿīnī, Baghdad: Maṭbaʿat al-Irshād.
Qattan, Najwa al-, 2002, "Litigants and Neighbors: The Communal Topography of Ottoman Damascus," *Comparative Studies in Society and History*, 44(3): 511-533.
Reinfandt, Lucian, 2013, "Mamlūk Documentary Studies," Stephan Conermann ed., *Ubi sumus? Quo vademus?*, (Mamluk Studies 3, State of the Art) Bonn: Bonn University Press, 285-309.
Schacht, J., H. Inalcık, C. V. Findley, A. K. S. Lambton, A. Layish, D. S. Lev, 1986, "Mahkama", *Encyclopaedia of Islam Second Edition*.
Shoshan, Boaz, 2020, *Damascus Life 1480-1500: A Report of a Local Notary*, Leiden: Brill.
滋賀秀三、1984、『清代中国の法と裁判』創文社。
Tamdoğan, Işık, 2008, "Sulh and the 18th Century Ottoman Courts of Üsküdar and Adana," *Islamic Law and Society*, 15: 55-83.
Ṭarsūsī, Najm al-Dīn Ibrāhīm al-, 2010, *al-Iʿlām bi-muṣṭalaḥ al-shuhūd wa-l-ḥukkām*, ʿAbd Allāh b. ʿAbd al-Raḥmān b. Yaḥyā al-Yaḥyā ed., Mecca: Jāmiʾat Umm al-Qurā.
Tillier, Mathieu, 2015, "The Mazalim in Historiography," Anver M. Emon & Rumee Ahmed eds., *The Oxford Handbook of Islamic Law*, Oxford: Oxford University Press, 357-380.
Tillier, Mathieu, 2017, "The Qadis' Justice According to Papyrological Sources (Seventh-Tenth Centuries CE)," Maaike van Berk, Léon Buskens & Petra M. Sijpesteijn eds., *Legal Documents as Sources for the History of Muslim Societies: Studies in Honour of Rudolph Peters*, Leiden: Brill, 39-60.
Tyan, Emile, 1960, *Histoire de l'organisation judiciaire en pays d'Islam*, 2nd ed., Leiden:

Brill.

Wakin, Jeanette A., 1972, *The Function of Documents in Islamic Law: The Chapters on Sales from Ṭaḥāwī's Kitāb al-Shurūṭ al-Kabīr*, New York: SUNY Press.

渡辺浩一／臼井佐知子／ジャン・エルキン／岡崎敦／金炫栄編、2014、『契約と紛争の比較史料学――中近世における社会秩序と文書』吉川弘文館。

矢島洋一、2006、「ロシア支配期旧コーカンド・ハン国の法廷台帳」第 4 回中央アジア古文書セミナー（2006年 3 月17―18日）配布資料。

山本英史編、2019、『中国近世法制史料読解ハンドブック』（公財）東洋文庫。

Ze' evi, Dror, 1998, "The Use of Ottoman Shariʿa Court Records as a Source for Middle Eastern Social History: A Reappraisal," *Islamic Law and Society*, 5(1): 35-56.

4-2．オスマン時代のシャリーア法廷関係史料

大河原知樹

1．はじめに――オスマン時代のシャリーア法廷関係史料の性格と様式

本節は、オスマン時代（1300頃―1922年）のシャリーア法廷関係史料を扱う。20年ほど前の小論（大河原 2005）や本書4-1との重複を避けつつ、オスマン時代の歴史学や法学の研究を志す者に役立つ、基本的な情報を提供したい。

まず指摘すべきことは、オスマン時代のシャリーア法廷関係史料の用語の中には、イスラーム法古典学説とは明らかに異なる用法（例えばフッジェト、シジッル：後述）や独自の用法（例えばイジャーレテイン[1)]）があり、初学者は特に注意が必要である。

本節のシャリーア法廷関係史料とは、狭義には、オスマン帝国各地のシャリーア法廷が作成した文書や記録、広義には、シャリーア法廷に関わる司法・行政関係の文書や記録と定義する。総じて言うと、オスマン時代のシャリーア法廷が作成した「文書」（本節で扱うのは、主にシャリーア法廷文書 sakk/ ṣakk）を用いた研究は少ない。他方、シャリーア法廷が授受した文書の内容を控えるために、法廷が作成した「記録」である台帳 defter/ daftar[2)] は、オスマン時代のシャリーア法廷関係史料の中核であり、さまざまな研究に用いられている。したがって、本節では法廷台帳、法廷文書の順で解説する。

2．シャリーア法廷台帳

（1）法廷台帳の概要

一般にシャリーア法廷台帳は、法廷文書の内容を記録するシジッル sicil/

1）icâreteyn：長期賃貸借契約の一種である（大河原・堀井 2014: 34-36）。
2）オスマン時代のデフテル／ダフタルには、「計算書」という意味もある（後述）。

sijill（大河原 2005; 秋葉 2014）と、主に法廷文書作成の基礎資料としての、審理内容や代理人任命・印章を記録するために作成するジェリーデ／ジャリーダ cerîde/ jarīda に大別される[3]。シジッルは、オスマン帝国領で広範囲に存在したシャリーア法廷で作成されたため、近代以前の中東研究史料の中でも、質量ともに他の追随を許さない。シャリーア法廷が作成する文書原本は、特定の案件のために出廷する当事者に与えられ、特段の事情がない限り、シャリーア法廷にも他の機関にも保管されることはない。オスマン帝国は、法廷で作成した文書の内容を控える法廷台帳の制度を、遅くとも15世紀中葉には導入していた。オスマン時代の、特に地方における研究の豊富さの理由の1つとして、法廷台帳の存在をあげることができよう。

シャリーア法廷台帳は、トルコ共和国の「人民の家 halk evleri」（1932年設立）が実施した郷土資料調査によって「発見」された。オスマン史研究の礎を築いたİ.H. ウズンチャルシュル Uzunçarşılı は、「人民の家」機関紙に寄稿して、法廷台帳を過去「400年のトルコの解明にとり、きわめて重要な貢献」をなす史料であると記している（Uğur 2003: 305）。

法廷台帳の概要を理解するためには、バルカンから西アジア、北アフリカで成立したオスマン帝国の後継国家に所蔵されている法廷台帳の公刊物を参照することが有用である。これについては、トルコが比較的に進んでいる。特定の時代・場所の台帳1冊の内容の傾向や各文書の要約を収めた研究は、1950年代のアンカラ法廷台帳1番の要約（Ongan 1958）に始まり、アインタブ法廷台帳の要約（Güzelbey 1966）がつづいた。1980年代には、H. イナルジュクが15世紀ブルサの法廷台帳1冊分の要約および部分的な転写を公刊した（İnalcık 1980—1981）。近年は、ファクシミリ版や転写版の出版も盛んであるが、代表的なものとして、2008年からトルコ宗教財団 Türkiye Diyanet Vakfı（TDV）イスラーム研究所 İslam Araştırma Merkezi（İSAM）が実施した、イスタンブルの法廷台帳42冊の刊行がある[4]。İSAM 図書館の

3）ただし、後述のように、ジェリーデ／ジャリーダは19世紀後半になって法廷に導入された台帳である。一般に、研究ではシジッルとジェリーデ／ジャリーダを区別せず、シジッルと総称することがほとんどである。本節では、シジッルと確認できる台帳にのみ「記録簿」と訳し、文書館の分類や研究がシジッルとするものの、実際にはシジッルかどうか判断できない場合には、慎重を期して「台帳」と訳すこととする。

ウェブ検索（http://ktp.isam.org.tr/ accessed on 9/11/2024）の「タイトル名 eser adı」欄に、試しに「sicil」と入力すると1100件以上のヒットがある。重複があり、シャリーア法廷台帳以外の sicil を含む資料があることを考慮しても、相当数の図書・論文が発表されていることになる[5]。

トルコ以外でも、ボスニア・ヘルツェゴビナでは、各都市の法廷台帳のボスニア語訳が1984年以降刊行されている[6]。ブルガリア6都市のシャリーア法廷台帳については R. チーデムの研究（Çiğdem 2015）が、シリアに関しては A.-K. ラーフェクの研究（Rafeq 1973）が、レバノンではトリポリ法廷台帳1番（Tadmurī et al. 1982）が、イスラエル／パレスチナについてはサファド法廷台帳の一部校訂（Ebied and Young 1976）のほか、エルサレム法廷台帳要約（Rabāyiʿa 2014）が刊行されており、概要をつかむことができる。

法廷台帳制度が、オスマン時代のいつ、どこで、いかなる理由で導入されたか、また、どのように帝国領内で伝播したのかについて、明確なことはわかっていない[7]。現存する最古の法廷台帳は、1455年成立のブルサ法廷の台帳だが、これ以前にもブルサには台帳があったと考えられる（おそらく1435年から1445年の間に台帳が導入されたと筆者は推測する[8]）。E. タクの研究は法廷台帳を用いた本格的な史料学的研究である（Tak 2019）。

オスマン時代のシャリーア法廷関係史料の中でもっとも多く研究に用いられている台帳は、イスタンブルとその周辺の法廷のものである。トルコ世界研究財団 Türk Dünyası Araştırmaları Vakfı（TDAV）編集のカタログでは、

4）現在ではウェブでの閲覧と検索も可能である。（http://www.kadisicilleri.org/index.php accessed on 9/11/2024）

5）なお、「sicil konya」「sicil bursa」など、地名とセットにすると精度が増す。ただし、学術論文や「シャリーア法廷台帳に見る○○」等の書籍もヒットしてしまうので注意が必要である。特定の法廷台帳を扱う修士論文も少なからず存在する。

6）ガージー・フスレヴ・ベイ（GHB）図書館の書籍目録で「sidžil」と入力したところ、17冊の出版物を確認することができた（https://digital.ghb.ba/ghb/fulltextSearchPage.xhtml?search=Sidžil accessed on 9/11/2024）。

7）とりあえず、大河原とタクの論考を参照されたい（Okawara 2015; Tak 2019）。

8）現存する最古の台帳である Bursa 199A の冒頭に「第11の台帳 ed-defteru' l-hâdiye ʿeşer」とあることから、前に10冊の台帳が存在したことが伺える。当時は1冊の台帳を2年程度使用しており、おおよそ10年から20年ほど遡って台帳の制度が導入されたと推測できる。

裁判官であるイスタンブルのカーディーkadı/ qāḍī の主催する主法廷のもっとも古い台帳は、AH1021（1612）年の日付であるが、カーディー代理であるナーイブ nâib/ nāʾib が管轄するウスキュダル法廷の台帳は、AH919（1513-4）年から存在するため、16世紀のイスタンブル社会を研究することも十分可能である[9]。

トルコでは、15世紀にブルサとカイセリ、16世紀以降は、エドレミト、マニサ、アインタブ、バルケシル、エディルネ、ロドスジュク（現テキルダー）、コンヤ、アンカラの法廷台帳が古く[10]、アラブ地域では、征服後ほどなくしてカイロ、エルサレム、ハマー、次いでアレッポ、ダマスカス[11]、キプロスでも征服後の AH 988（1580）年以降の法廷台帳が存在する。17世紀以降は、広い範囲にわたって台帳の存在を確認することができる。

研究者は、研究対象地域の行政と司法の体制を確認し、シャリーア法廷の機能を理解すること、今現在、どの時代・どの土地の台帳が、何冊残存しているかを把握することが重要である。

（2）法廷台帳の内容

法廷台帳には何が書かれているのか。時代や土地によって台帳の内容が違

9）他に、ガラタ法廷台帳 1 番は AH943（1536-7）年）、ハスキョイ法廷台帳 1 番は AH959（1552-3）年、イェニキョイ法廷台帳 1 番は AH960（1553-4）年、ベシクタシュ法廷台帳 1 番、トプハーネ法廷台帳 1 番は同年、バラト法廷台帳 1 番は AH964（1557-8）年、カスムパシャ法廷台帳 1 番は AH1004（1596-7）年以降の記録を有する。ただし、最後のカスムパシャ法廷台帳の成立は、18世紀中頃の可能性がある。イスタンブルのシャリーア法廷の概観については、B. アイドゥンの研究を参照（Aydın 1998）。

10）カイセリ法廷台帳 1 番は AH895（1490-1）年、エドレミト法廷台帳 1 番は AH921（1515-6）年、マニサ法廷台帳 1 番は AH929（1523-4）年、アインタブ法廷台帳 1 番は AH938（1532-3）年、バルケシル法廷台帳 1 番は AH940（1534-5）年、エディルネ法廷台帳 1 番は AH945（1538-9）年、ロドスジュク（現テキルダー）法廷台帳 1 番は AH970（1563-4）年、コンヤ法廷台帳 1 番とアンカラ法廷台帳 1 番は AH991（1583-4）年以降の記録を扱う。

11）古い順に、カイロではサーリヒーヤ・ナジュミーヤ法廷台帳 1 番は AH934（1527）年、エルサレム法廷台帳 1 番は AH936（1530）年、ハマー法廷台帳 1 番は AH942（1535）年、アレッポ法廷台帳 1 番は AH954（1547）年、ダマスカス法廷台帳 1 番は AH991（1583）年以降の記録を扱う。なお、16世紀におけるダマスカスのシャリーア法廷台帳は台帳番号 1 番のみであり、他の台帳は伝世していない。

うことはもちろんだが、複数のシャリーア法廷が存在する主要都市では、カーディーが主催する法廷の台帳のほうが、代理（ナーイブ）の法廷の台帳よりも重要な案件を扱う傾向がある。

台帳には、法廷が出した証書や報告の上呈文書（それぞれ２の（1a）（1b）（2a）（2b）で述べる）の控えのみならず、中央政府や他部局から送付された文書他の記録も残された。法廷台帳の形状や、どのくらいの期間の文書を記録したかも、時代や地域によりさまざまである。短いもので１年ほど、長い場合では10年以上もの期間内にわたって記録された台帳も存在する。概して、時代が古い台帳ほど、１つの文書を控えるスペースが少なく（数行程度のものもある）、新しい台帳ほど多い（数頁におよぶこともある）という傾向はあるが、すべての時代と地域についてそれがあてはまるとも言えない。データ処理という観点からは、1800年より前の法廷台帳のほうが調査に時間がかかると考えたほうが良い。なぜならば、控えられた文書の点数や種類、内容が多岐にわたる可能性が高いからである。

法廷台帳には、作成された文書の日付順に、法廷で作成されたさまざまな種類の文書が雑多に記録されていると考えがちであるが、決してそれだけではない。特定の種類の文書のみを記録した法廷台帳が存在する[12)]。こうした台帳は、主要都市では早い時期から存在した可能性が高く、勅令台帳 ferman sicili/ sijill al-awāmir al-sulṭānīya、遺産分割台帳 sijill al-mukhallafāt、ワクフ会計台帳 sijill muḥāsabāt al-awqāf の存在が確認できる[13)]。特に初期の台帳では、勅令や大宰相令等が台帳の冒頭や巻末にまとめて記録されることがあったが、これは重要文書の参照を容易にする目的だったと思われる。参照作業をより容易にするには、特定の文書のみを記録する台帳を用いるのが便利であり、これが特定の文書を控える台帳の作成を促したと推測され

12）例えば、ワクフ関係の文書を記録する法廷台帳がある。イスタンブルの帝室ワクフ法廷 Mahkeme-i Evkâf-ı Hümâyûn 台帳１番は、カタログでは、AH 888（1483-4）年から AH1039（1630-1）年までのワクフ文書を記録している。なお、これは台帳が150年以上にわたって記録されたことを意味するわけではなく、AH 888（1483-4）年以降作成されたワクフ文書を、特定の時代に一括して台帳に記録したものと考えられる。実際の台帳の作成期間はそれほど長くはなかったと想定される。

13）かなり早い時期に一部が公刊されている（Barkan 1966）。

る。遺産分割台帳とワクフ会計台帳は、各種の計算書を含む文書（2の(1b)で述べる）という特殊性で説明可能である。ただし、地方の法廷において質量ともに大きなウェイトを占めたと思われる婚姻契約文書の記録に特化した台帳は、ごくわずかな例外を除けば19世紀より前には確認できない[14)]。

19世紀になると、さらに多くの種類の台帳が導入された。一般的な台帳として、報告の上呈文書台帳 sijill al-iʿlāmāt、扶養台帳 sijill al-nafaqāt、孤児財産管理台帳 sijill idānāt amwāl al-aytām があり、19世紀後半になると、すべての頁または紙毎に番号が書かれ、法廷印が押されている台帳や、冒頭に台帳全体のインデクスを備える台帳が現れる（Marino and Okawara 1999）。特殊な台帳として、公定価格台帳 narh sicili、営業株台帳 gedik sicili、ムスリム貿易商人台帳 Hayriye tüccârı sicili、製粉所・パン窯調査台帳 değirmen ve fırınlara ʿâit tahrîr sicili 等がある（Aydın 1998）。

19世紀後半になると、シジッルとは異なる種類の台帳が導入される。この台帳は、ジェリーデ／ジャリーダ cerîde/ jarīda と呼ばれ、法廷での審理を含むさまざまな手続を日付順に書き記した日録である[15)]。（本節では暫定的に「シャリーア法廷日録」と呼ぶ。）量的には、証書の起草までの訴訟審理を記録するジェリーデ／ジャリーダ、すなわち審理日録 jarīda ḍabṭ がもっとも多い。ときには審理が１日で結審せず、数日（時には数ヵ月）にわたることもあり、１件が、何冊もの審理日録にまたがって記録されることもある。そこに書かれる双方の主張、証拠の吟味にもとづいて、判決が言い渡され、証書が作成されると、それが記録簿（シジッル）に記録される（五十嵐 2002）。したがって、審理日録は、法廷台帳に記録される前の段階の訴訟の具体的な審理プロセスを詳細に窺うことができる史料である。法廷記録簿と

14）ただし、1475年５月から1476年９月の間の婚姻契約文書のみを記録するブルサ法廷台帳が存在し、「婚姻台帳 ed-defteru' n-nikâh」と記載されている。ここから、導入最初期において既に同一文書のみの記録を意図した台帳が存在していた可能性もある。なお、時代が下った19世紀後半には、婚姻契約許可文書（後述）を記録する台帳が導入される。

15）なお、毎日記録されているとは限らない。もっとも日付が古い法廷審理日録は、ダマスカスでは AH1298（1881）年のアウニーヤ法廷審理日録（誤ってアレッポ主法廷台帳311番として整理されている）、アレッポでは AH1299（1882）年の主法廷台帳315番である（Marino and Okawara 1999: 182）。

審理日録には、案件に関する共通の番号が付されるため、相互参照も可能である[16]。結審しなかった等の理由で判決が言い渡されなかった案件でも、それまでのプロセスは日録に残る。日録は、上述の（1）審理日録の他に、（2）代理人任命・印章登録日録 jarīda wikālāt、（3）法廷外審理日録 jarīda li-tasmaʿ［...］fī maḥalli-hā、（4）孤児財産管理日録 jarīda idānāt amwāl al-aytām、（5）孤児財産会計日録 jarīda muḥāsabāt amwāl al-aytām、（6）遺産分割日録 jarīda taḥrīr al-tarikāt、（7）法廷官吏日録 jarīda waẓāʾif 等の種類がある。このうち、（2）（7）ついては、対応する記録簿が存在しない[17]。

（3）法廷の業務

台帳の内容とも密接に関係するが、時代や土地による法廷業務の変遷を考察した研究は、きわめて少ない。法廷の権限が広範囲にわたったと思しき17—18世紀に、主要都市のシャリーア法廷が担当した業務を分類すれば、次のようになろう。①民事訴訟や刑事を審理すること、②売買や賃貸借等の証書を作成すること、③ワクフ文書を作成し、ワクフの運営を監督すること、④婚姻契約文書を作成し、または各地の礼拝導師に契約作成を許可すること、⑤遺産分割文書を作成し、執行すること、⑥カーディーの職務遂行のために代理を任命し、その業務を監督すること、⑦上位の人物から発せられた（勅令 fermân, emr-i ʿâlî、勅許状 berât、命令 buyuruldu 等の）文書の内容を法廷台帳に控え、その指示を処理し、その人物宛に報告の上呈文書を送付すること、⑧管轄地域の祝祭日等の暦を確定して告知すること、⑨管轄地域の市場業務の監督、具体的には公定価格を設定し、同業組合を監督して、悪徳営業や闇取引を取り締まり、公序良俗を維持すること、⑩管轄地域のムスリム教育施設、学者 ʿulemâʾ/ ʿulamāʾ 他の職位・給与・手当を管理すること、⑪非ムスリムの宗教施設の修復申請を審査して認可の是非を決定すること、

16）筆者は、法廷記録簿において、3人の出廷者がある人物の権利を承認した案件を、対応する審理日録で確認したところ、これら3人が別の時期に出廷していたことを確認した。法廷書記は、この3人があたかも同時に出廷していたかのように証書を作成したということになる。

17）19世紀以降の婚姻契約許可台帳 daftar al-idhinnāmāt も法廷記録簿の可能性がある。

⑫地震や旱魃、寒波等の災害に対処し、被災者を支援して、詳細を台帳に記録すること、⑬管轄地域で起こった事案に際し、州総督 vâlî/ wālī や県知事 sanjak bey/ sanjaq bey と協力して処理すること（Baltacı 1987:166をもとに加筆・修正）。

このうち、①⑥は我々が想定する裁判所業務だが、②③④⑤は権利設定・移転や相続、婚姻等に関わる公証業務、⑦以下は市場経済の監督や公序良俗の維持、教育から災害や戦時における支援等、実に多彩な業務に携わっていたことがわかる。ただし、その管轄は時代や土地によって異なり、総じて時代が下るほどに縮小していったと言うことができる。具体的には、18世紀前半のシャリーア法廷台帳に見られる、驚くほど豊富な種類の記録に比して19世紀前半のそれは明らかに見劣りし、上記の②③④⑤⑩を中心とした法廷業務以外は、他の機関に移管されていく。タンジマート改革以降、新たに商事裁判所、制定法裁判所などの裁判所が設立され、シャリーア法廷がそれまで扱ってきた機能を失っていく（五十嵐 2001; 秋葉 2012）。そのため、19世紀の司法改革に伴うシャリーア法廷制度の変遷についても理解する必要がある。

カーディーの管轄は裁判管区 kazâ/ qaḍāʾ であるが、近代化改革の開始以前においては、州総督、県知事やスバシュsubaşı（県より狭い管区の治安担当官）も独自の司法権限を持ち、裁判を行っていた。州総督、県知事やスバシュは主に刑事事件を担当し、カーディーは民事を扱ったという指摘もあるが、これは慎重に検討する必要があるだろう。

最後に、法廷の業務を正しく理解するためには、法廷に公的・私的に関わる役職や人物について理解しておく必要がある。シャリーア法廷には、法廷を主催するカーディーまたはその代理が任じられるが、18世紀に、カーディーが任地に赴任せずに代理を派遣する慣行が広がっていくと、カーディー制度そのものが徐々に形骸化していく[18]。ほかに、審理を記録し、証書を作成する書記 kâtib/ kātib、記録簿に証書を記録する記帳官 mükayyid/

18）形骸化したカーディー制度に代わり、19世紀中頃、政府が教育し有給で派遣するナーイブ制度が確立した。以後、1913年までシャリーア法廷を管轄する裁判官の称号は、ナーイブであった（秋葉 1998）。

muqayyid、通訳 tercumen/ turjumān、法廷の警備等を担う廷吏 muhzır/ muḥḍir がいる[19)]。

3．シャリーア法廷文書

前述のように、シャリーア法廷が作成した「文書」の史料学的研究は十分ではない。オスマン時代の長さと領土の広さを考えれば、時代や土地による異同も存在しよう。M.S. キュトゥクオール（特に第8章）は有用な情報を提供する（Kütükoğlu 1994）。書式の中で、カーディーの認証 tasdîk/ taṣdīq は、複数の専論がある（İpşirli 1988; Velkov 1992）。初学者は、こうした研究で概要を理解し、時代と地域とを定めて史料を読解していくことが肝要である[20)]。

法廷文書の概要を理解するためには、カーディーや法廷書記が編集した法廷文書書式集 sakk mecmûʿası の参照が有用である[21)]。刊本は、古いものが1790年以前の文書例を収録したシャーニーザーデ、シャーニーザーデ他の文書例を集めたデッバーザーデ（写本年代は1832年以降）、年代表記は少ないが1830年代頃の文書例が存在することが確認できるチャヴシュザーデ、最後に1800年前後を中心としつつ18世紀半ばから1860年代までの文書例を収録したユスフ・ジヤエッディンの書式集がある（Şânîzâde AH1284; Debbâğzâde AH1248; Çâvuşzâde AH1288; Yûsuf Ziyâeddîn AH1284）。それ以外のオスマン・トルコ語やアラビア語の書式集は写本のみである[22)]。ここでは、主

19）法廷での位置づけが難しい存在としては「状況の証人」がいる（後述）。おそらくは法廷審理が正しく執り行われたことの証人であり、法廷に属する者とそうでない者が混在する（Erünsal 2019）。

20）東京外国語大学アジア・アフリカ言語文化研究所で、2008年から2020年まで、および2023年に「オスマン文書セミナー」が実施された。初学者から上級者の要求にも応えるレベルのセミナーであった。

21）なお、法文書の様式は、古典イスラーム法学（フィクフ）では、法文書 shurūṭ、判決文書 sijillāt、審理文書 maḥāḍir として扱われていた。書式集の概観については S. カヤが詳しい（Kaya 2005）。

22）2023年以降、スレイマニエ写本図書館 Süleymaniye Yazma Eserler Kütüphanesi ウェブサイト（https://suleymaniye.yek.gov.tr/ accessed on 9/11/2024）上で、写本のデジタルデータを閲覧できるようになった。

にデッバーザーデの刊本[23]と1799年のボスニアの写本（Anonymous AH1214[24]）を用いて、オスマン時代のシャリーア法廷が作成した文書を考察する。

オスマン時代の法廷文書は主に3つである：（1）証書：(1a) 一般的な証書と (1b) 計算書を含む証書、（2）上呈文書：(2a) 請願の上呈文書と (2b) 報告の上呈文書、（3）示達文書[25]。

（1）証　書

(1a) 一般的な証書（フッジェト／フッジャ）

オスマン時代の「証書」にあたる用語フッジェト／フッジャhüccet/ ḥujja は、イスラーム法学では「証拠」を意味し、文書の種類ではなかった。M.Z. パカルン、A. バユンドゥルの研究や İSAM 編纂のイスラーム百科事典（TDVİA）“Hüccet” の記述から、証書は、判決や法的判断を「含まない」案件を扱う文書とされる（Pakalın［1946］1993: 1:865; Bayındır 1986; Kütükoğlu 1994; TDVİA “Hüccet”）。ただし、筆者はこの定義を誤りと考える。実際、判決や法的判断を「含む」証書は、相当数確認される[26]。よって、筆者の考える証書とは、①判決／法的判断を含む訴訟関係、②ワクフ文書 vakfiye,

---

23）デッバーザーデ分類では、①証書 hücec、②報告の上呈文書 iʿlâmât、③請願の上呈文書 maʿrûzât、④示達文書 mürâselât、⑤署名および台帳巻頭・計算書冒頭の表現 imzâʾ ve dîbâcât である。③の項目名は maʿrûzât だが、個々の文書は ʿarz であり、maʿrûzât は複数形のみ用いられた可能性もある。マァルーズに関する研究は少なく、現時点ではこの様式の法廷文書の存在自体が疑わしいと筆者は考える（Bayındır 1986: 18-26 ; Akgündüz 2009）。なお、オスマン時代の文書学の大家であるキュトゥクオールは、報告の上呈文書 iʿlâm を請願の上呈文書 ʿarz の一種とする（Kütükoğlu 1994: 345）。実際、ʿarz と iʿlâm は書式が酷似する。

24）写本カタログでは著者不明だが、そのカタログで İbrāhīm b. Muyāq(?)Muṣṭafā と示されている巻末の人名が著者または編者ではないかと筆者は考える（Popara ed. 2011: 540-541）。内容から、イズヴォルニク（現ズヴォルニク）のカーディーであった可能性が高い。

25）その他、sicil, sûret, şıkka, temessuk, tezkire といった、様式の名は示されるものの、明確な定義ができるほど研究が進んでいない文書が存在する。

26）オスマン時代末期の Ş. サーミーの辞典は、第一義を「証拠」とし、第二義に「法的判断／判決 hükm を内容とする、または処分権 tasarrıf を確定するものとして、シャリーア法廷が出す公文書 varaka-i resmî」とする（Sâmi［AH1317］/1989: 541）。ただし、この定義も十分ではない。

vakıfnâme/ waqfīya、売買契約・賃貸借契約等の取引、婚姻契約や離婚、特定の職の任免、手当の支給等の権利関係を確定するもの、③各種の計算書を含む文書（1b)、④各種の事件・事実 vekâyiʿ/ waqāʾiʿ を扱う文書[27)]、⑤その他である。

証書の形状は縦長の料紙であり、その上部左側に案件担当責任者（カーディーまたは代理）の認証が書かれ押印される。その下に本文が、末尾には証書作成日が書かれ、手続が適正な状況下であったことを証明する「状況の証人 şühûdü' l-hâl/ shuhūd al-ḥāl」たちの名が書かれる[28)]。裏面に関連する案件等が記録される場合もある（五十嵐 2002: 58)。本文は、オスマン・トルコ語で「文書の起草の理由は～のとおり～sebeb-i tahrîr-i kitâb oldur ki -, sebeb-i tahrîr-i hurûf budur ki -」等、アラビア語で「[地名または法廷名］の高貴なるシャリーア法廷において、上記の署名者のもとで ladā al-wāḍiʿ khaṭṭa-hu aʿlā-hu fī maḥkamat［地名または法廷名］al-sharʿīya al-sharīfa -」等の表現で始まるのが一般的である。特殊な表現の証書（例えばワクフ文書）も存在する[29)]。

アラビア語の証書の様式については、エジプト西部オアシス地域の法廷が出した証書を含む、1420年から1852年間作成の文書110点を扱う研究(Mīlād 2003)、オスマン時代のカイロおよび上エジプトの都市キナーの法廷文書の校訂（Ḥamūda 1999）があり、レバノンでは、ドルーズ派名望家アルスラーン家に伝わる、８世紀半ばから20世紀末までに作成された21通の証書（うち６通がオスマン時代。写しを含む）の研究（Bāshā and Ghannām 1999）がある。最後の研究は、文書の来歴や史料学的研究が十分ではないが、様式の通時的研究上非常に興味深い。

(1b) 計算書（デフテル／ダフタル）を含む証書

証書の分類の中でも、計算書 defter/daftar を含む文書がこれにあたる。

27）具体的な例を示すことは難しいが、改宗、暦の確定や匪賊の討伐等、実に多岐にわたる。

28）「証人」の語の最初の文字シーン（ش）が横長に書かれることが多い。

29）例えば、キュトゥクオールはワクフ文書を、証書とは別の分類にする（Kütükoğlu 1994: 359-369)。ワクフ文書の校訂出版は、トルコ共和国ワクフ総局刊行のものを始めとして相当数が出版されている。A.H. ベルキのワクフ用語集も有用（Berki 1966)。

オスマン時代の法廷が作成した計算書を含む証書の中で最も一般的なものは、遺産分割文書 defter-i kassâm, tereke/ tarika, metrûkât/ matrūkāt, muhallefât/ mukhallafāt である。死亡イベント発生時に作成される文書で、具体的には、故人の遺産から負債や書類作成手数料等を差し引いた後、シャリーアの規定に則り遺産を分割した目録である（TDVİA “Muhallefât”; Bozkurt 2013）。

書式については秋葉淳の論考が詳しい（一部改変）。書き出しは、①「～の詳細 tefsîl」や「～の遺産 muhallefât」が一般的で[30]、その後に②被相続人名および父親名ならびに居住地、③相続人名と続柄（子供の場合は成年・未成年の別）、④遺産目録作成の要請、⑤締めくくりの文言と日付が書かれる。その際、状況の証人名は書かれない。遺産分割文書の重要な部分は、それに続く⑥遺産品目と評価額の目録である。評価額の鑑定は、通常は仲買人が行い、不動産から動産までの多種多様な財産が列挙される。次いで、⑦その総額から差し引かれる控除額 ihrâcât（具体的には遺体処置費、債務、仲買人鑑定手数料 dellâliyye および文書作成手数料）、その後に⑧遺産の純額が書かれる。その後に⑨相続人の相続額が、各自の相続割合 hisse とともに記される[31]。末尾に⑩担当官の認証が書かれる。すなわち、遺産分割文書は一般的な証書とは異なり、認証が下部に書かれることが特徴である（秋葉 2015）。遺産分割文書は、前述のように専用の法廷台帳に控えられることも多い。類似するものとして、ワクフ財産の会計等を記録した会計文書 muhâsebe/ muḥāsaba がある。

（2）上呈文書

上呈文書とは、法廷が上位の人物に宛てて出す文書である。上呈文書には、その人物に何かを請願する文書および何かを報告する目的の文書がある[32]。証書（1a）とは明らかに書式が異なり、認証も「状況の証人」名も書

30）オスマン・トルコ語では、前者はヤー（ي）、後者はター（ت）が横に長く書かれるが、そうでない例も当然ながらある。その場合、他の文字が長く書かれることが多い。

31）秋葉は遺産割合の多い順とするが（秋葉 2015）、必ずしもそうではない。

32）前述のように、キュトゥクオールは、iʿlâm を ʿarz の一種とする（Kütükoğlu 1994: 345）。

かれず、文末の日付の後に、差出人名が書かれるのみである。本文の書き出しは「偉大な閣下に卑小な私めは～のように上呈いたします der devlet-i mekîne ʿarz-ı dâʿî-i kemîneleridir ki -」「いと高き閣下に私めは～のように上呈いたします maʿrûz-ı dâʿî devlet-i ʿâlîleri oldur ki -」[33]等、末尾は18世紀は「命令権者（たるあなた様）次第でございます men lehü' l-emrindir」、19世紀は「いと高き（あなた様の）御前に報告されました huzûr-u ʿâlîye iʿlâm olundu」等である[34]。

(2a) 請願の上呈文書（アルズ）

請願の上呈文書 ʿarz は、デッバーザーデの書式集では、特定の人物の品行方正さ hüsnü' l-hâl あるいは不品行 sûʾu' l-hâl を理由として、当該人物の任免・留任・賞罰を求める、特定の官職の欠員、空職あるいは離任を理由として、当該官職の任命や関連給与・手当支給を求める、またはイスラーム学者や裁判官の待機期間の手当支給を求める内容の文書等である。徴税人による「圧政をとり除く defʿ-i mezâlim」等の請願の上呈書も一般的である（Anonymous AH1214: 94v）。

(2b) 報告の上呈文書（イィラーム）

報告の上呈文書 iʿlâm/ iʿlām は、従来の研究では「判決」と訳されていた。おそらくは、上述の「証書」と対置して理解した結果、判決を含む文書とした（確認できる最古の例として Pakalın ［1946］ 1993: 2:51）ことが原因と思われるが、これも誤りと思われる[35]。この文書は、シャリーア法廷が、上位

33）アラビア語文書の書き出しは「閣下に私めは上呈いたします maʿrūḍ al-dāʿī li-dawlati-kum」である。

34）例えば、デッバーザーデの書式集では「上座の御方に上呈され報告されました pâye-i serîr-i aʿlâya ʿarz ve iʿlâm olundu」、チャヴシュザーデの書式集では「いと高き栄えある御方に上呈され報告されました huzûr-u meyâmin-nüşûr-u ʿâlilerine ʿarz ve iʿlâm olundu」とある。

35）証書と上呈文書の相違を判決／法的判断の有無で判断する研究に TDVİA "İʿlâm" があるが、この記述は信用できず、さらに項目図版として掲載されている文書は、明らかに証書である。このような誤った説が生まれた背景は不明だが、管見の限り、これを最初に主張した人物はパカルンである。ちなみに、判決／法的判断 ḥukm の有無による文書の区分法は、フィクフには存在している。訴訟においては、「何某を出廷させた aḥḍara」等の文言を含み、出廷者名等を記す審理文書 maḥḍar と、「私は判決／法的判断を下した ḥakamtu」等の文言を含み、判決／法的判断を記す判決文書 sijill は明確に区別されている。オスマン時代研究者が、用語も内実も異なる証書と

の人物宛に出す報告である。

上位の人物の指示を受けて、それをどのように処理したかを報告することも多い。タンジマート以前のシャリーア法廷は、君主や大宰相、州総督から司法のみならず行政上の命令が届くことが常態であり、それを適切に処理し、報告する必要があった。法廷記録簿では、例えば、ダマスカスやアレッポのシャリーア法廷の勅令記録簿に多くの報告の上呈文書が記録されている。法廷宛に届いた勅令や大宰相令の指示を処理したことを報告する上呈文書は、送付前に台帳に控えられたからである。タンジマート以降は、法廷が言い渡した判決をオスマン帝国のシャリーアの最高権威である長老府 Bâb-ı Meşîhat に報告する上呈文書（Kütükoğlu 1994）が多くなる。

本文の書き出しは請願の上呈文書と同じだが、末尾は「報告されました i'lâm olundu」が多い。ただし、「請願と報告がなされました 'arz ve i'lâm olundu」と書かれる報告の上呈文書も存在するため、末尾の表現だけで両者を判別することは難しい。

（3）示達文書（ミュラーセレ／ムラーサラ）

示達文書 mürâsele/ murāsala は、上呈文書とは逆に、主として下位の人物宛にカーディーが出す文書である[36]。本文は「～が示達される inhâ olunur ki-」[37]につづいて書かれ、文末は「平安あれ ve' s-selâm」で終わり、その後に差出人名が書かれる。研究は少ないが、ダマスカスのシャリーア法廷記録簿に記載された示達文書の分析がある（Marino 2001）。この研究を見る限り、示達文書はカーディーが代理や廷吏宛に出す文書という印象が強いが、筆者の見る限り、この文書は法廷関係者のほかにも、さまざまな人物（時には虫！[38]）宛に出されている。例えば、18世紀に帝国各地の法廷で

上呈文書を、古典学説に無批判に当てはめた可能性がある。

36）通達（上級官庁が関係下級官庁へ知らせる文書）および通知（官庁が一般の民に知らせる文書）の２つの機能を訳語に込めた。なお、同位の人物宛の文書も含む（秋葉 2014）。

37）アラビア語文書の書き出しは「私はあなたに示達する nunhī ilay-kum」である。

38）法廷で農作物への害虫への苦情が申立てられ、「カタツムリという名前の虫 sümüklü böcek ismiyle musammât olan haşarat」宛に、本文書が到着し次第、畑に害をなすのを止めよと命じる示達文書例がある（Debbâğzâde AH1248: 379）。

もっとも多く作成されたと思える示達文書は、婚姻契約許可文書 izinnâme/ idhinnāma であろう。オスマン時代には、婚姻契約文書は原則シャリーア法廷で作成されるよう定められたが、実際には、法廷が各地の礼拝導師 imâm/ imām に作成を委任する方が多かったようである[39]。

最後に、上呈文書と示達文書の関係を整理する。これらの文書は、作成者の権限を考えると、理解が容易である。例えば、カーディーのもとに、X がやってきて、何らかの案件を要請する場合において、①カーディーにその案件を扱う裁量がある（例えば、代理や廷吏の任命、婚姻契約許可等）ときは、X に示達文書を出し、X はその文書の効力によって特定の権限を得る。ただし、②カーディーに裁量がない（例えば、殺人者の逮捕、圧政の除去等）ときは、請願の上呈文書を作成し、権限をもつ上位の人物（大宰相、州総督など）に伺いをたてる。

人々にとって問題解決の手段は法廷のみではなかった。法廷での成就が疑わしい場合には、別の機関に働きかけた。カーディーの対応に満足できない X が、請願文書 ʿarzhâl を作成して県知事や州総督に提出し、その命令がカーディーに送られ、その指示に則りカーディーが案件を処理し、事の仔細を記した報告の上呈文書を州総督に提出するといったケースもあり得た。

参考までに、18世紀末のボスニアの書式集収録の文書例（296通）は、数の多い順に、証書（163例：55.1％）、報告の上呈文書（77例：26.0％）、示達文書（26例：8.8％）、請願の上呈文書（15例：5.1％）、その他（15例：5.1％）となる（Anonymous AH1214）。

4．オスマン時代のシャリーア法廷関係史料の所蔵・アクセス環境

（1）トルコ

1894年に長老府の敷地内に専用の保管庫が設立され、イスタンブルと周

39）ボスニアでは、新郎側が管轄のシャリーア法廷に赴き、自らの地域の礼拝導師宛の婚姻契約許可文書を請求する。婚姻契約許可文書が出されると、新郎側は礼拝導師にそれを渡し、礼拝導師が余白に契約内容（新郎と新婦の名、双方の後見人名、婚資額）を記入し、証人名が書かれて、契約は発効する。ただし、法廷記録簿には婚姻契約内容のみが控えられ、婚姻契約許可文書の内容が控えられることはない。

辺の法廷台帳がその保管庫に移された後、AH1320（1902-3）年頃に手書きの目録冊子が作成された。イスタンブル周辺の台帳数は約1万冊である[40)]。トルコのほかの地域のシャリーア法廷台帳は、当初は地域のシャリーア法廷内に保管された後、博物館や図書館に移管され、最終的には1991年頃までにアンカラの国立図書館に集められた。その数は2万冊以上とされる。

TDAV刊行のカタログ[41)]またはİSAM図書館検索サイト（http://ktp.isam.org.tr/）のシャリーア法廷台帳データベースKadı Sicilleri Kataloğu Veri Tabanı/ Database for Kadi Registers Catalogueでその概要を把握できる。İSAMや国家アーカイブ庁オスマン文書館Devlet Arşivleri Başkanlığı, Osmanlı Arşivi（BOA）、イスタンブル・ムフティー局文書館İstanbul Müftülüğü Arşivi等では、一部のデジタルデータの閲覧・複写が可能である[42)]。ブルサについては複数の資料解説・研究（İnalcık 1980—1981; Çetin 1987; Pay 2001; Hızlı 2003）、マニサについても、永田雄三の研究がある（Nagata 1992）。

（2）トルコ以外の地域

トルコ国外におけるシャリーア法廷台帳の概況については、バルカン諸国に限ればV. ギュナイが、その他の地域も含めればM.B. ウルケルとB. アイドゥンの紹介がある（Günay 2003; Ülker and Aydın 2004）。ここでは、クリミアとバルカン、キプロス、アラブ／イスラエル地域の順で所蔵・アクセス環境を概観する。一部のものについては、現地を訪問せずともトルコのİSAMでの閲覧・データ複写を取得することができる。İSAM図書館ウェブで「トルコ国外のシジッルTÜRKİYE HARİCİ SİCİLLER」を選択して検索すると5000件弱のヒットを得る。また、BOAにも帝国各地のシャリーア法廷から

40）この手書き目録はBOAで閲覧・複写が可能である。

41）このうちのイスタンブルの法廷台帳のデータは、長老府の手書き目録をもとに作成されたと思われる。

42）İSAMについてはhttp://tbias.jp/guide/turkey#isam、BOAについてはhttp://tbias.jp/guide/turkey#basbakanlik-osmanliを参照（NIHUプログラムイスラーム地域研究公益財団法人東洋文庫研究部イスラーム地域研究資料室（以下、TBIAS）2024年11月9日最終閲覧）。また、イスタンブル・ムフティー局文書館には、他にも多数の台帳がある。概要は以下を参照（Aydın et al. eds. 2006）。

送付された相当数の文書が所蔵されている。

クリミア：クリミア、シンフェロポリのイスマイル・ガスプリンスキ図書館に1608年から1751年までの61冊のバフチェサライの法廷台帳が所蔵され（Turan 2003; Ülker and Aydın 2004: 207）、ロシア、サンクトペテルブルクの国立図書館にクリムハン国カザスケル法廷台帳121冊が所蔵されている。クリムハン国カザスケル法廷台帳121冊とヤルタ歴史文学博物館所蔵のカラス郡法廷台帳１冊の計122冊の情報を収めるカタログがある（Yılmaz et al. eds. 2021）。

ハンガリー：ブダペストにも17世紀を中心に少数の台帳が数冊所蔵されるようだが、主要都市ブディンを始めとする法廷台帳の多くはオーストリアのウィーン国立図書館に所蔵されている（Günay 2003: 75; Ülker and Aydın 2004: 213–214）。

ボスニア・ヘルツェゴビナ：基本的には、各都市の公文書館、図書館、研究所等に所蔵されている。サラエヴォの台帳（16—19世紀の88冊[43]）および文書は、ガージー・フスレヴ・ベイ（GHB）図書館の文書部門に所蔵されており、台帳についてはガジョ・カスモヴィチの論文（Gadžo-Kasumović 2003）で概要を知ることができる。2023年の筆者の調査の際は、PC による台帳と文書のデータ閲覧が可能であった。サラエヴォ以外の都市については各地で保管されており、1631年以降のモスタルの台帳を始めとする17都市[44]に66冊の法廷台帳が存在する。なお、1990年代の旧ユーゴ内戦で、史料の一部が被災したという。

北マケドニア：スコピエの国立公文書館に、1607年から1912年までのマナストゥル（現ビトラ）の法廷台帳185冊を始め、1823年から1912年の間の５都市の法廷台帳10冊が所蔵されている（Günay 2003: 75–77; Ülker and Aydın 2004: 205–206）。

43）台帳５番はモスタルの法廷記録簿である可能性が高いことを筆者は確認した。

44）以下、都市名を列挙する。トラヴニク、ルビン（現リュビニェ）、モスタル、ブラガ（現ブラガイ）、ザニク、フォイニク（現フォイニツァ）、トレビニ（現トレビニエ）、ドゥヴノ（現トミスラヴグラード）、ヤイチェ（現ヤイツェ）、テシャン（現テシャニ）、グラチャニク（現グラチャニカ）、プロゾル、プリイェドル、プルサク、ビイェリン（現ビイェリナ）、リュブク（現リュブシュキ）、ヴィソカ（現ヴィソコ）

アルバニア：ティラナの国立中央文書館に所蔵されている[45]。アルバニアで最大のコレクションであるベラト（現ベラティ）をはじめティラナ、イシュコドラ（現シュコデル）、エルバサンの法廷台帳や文書が、国外のものでヤンヤ（現イオアンニナ）、マナストル（現ビトラ）の法廷台帳や文書の所蔵が確認できる（Günay 2003:76; Ülker and Aydın 2004: 203; Nuro 2016）。

ブルガリア[46]：ソフィアの聖キリル・聖メトディウス国立図書館に所蔵されている（秋葉 2015）。同図書館デジタル・ライブラリーの「シジッル Сиджили」で、一部の閲覧・ダウンロードが可能[47]。台帳185冊の内訳は、ヴィディン73冊、ソフィア55冊、ルスチュク（現ルセ）42冊、ドブリチュ9冊、シリストレ5冊、ハジュオールパザル（現タルゴヴィシュテ）1冊である[48]。以下の論考も参照されたい（Özkaya 1980; Aktaş and Kahraman eds. 1994; Ivanova 2002; Çiğdem 2015）。2015年の調査では、閲覧は容易だが、複写はやや煩雑であった。

ルーマニア：ブカレスト国立公文書館に、トゥルチャ郡（55冊）、上記のルスチュク（53冊）、トゥナ郡（154冊）の法廷台帳が所蔵されている（Ülker and Aydın 2004: 204-205; Ivanova 2002）。

ギリシア：各地の文書館に所蔵されている。例えば、1694—1912年の期間のセラーニク（現テッサロニキ）の法廷台帳337冊はマケドニア歴史文書館、クレタにおける法廷台帳162冊はイラクリオン市図書館に所蔵されている。ギリシアの法廷台帳はイスタンブル・ワクフ局文書館に相当の数が所蔵

45）カタログはオンライン化されており（katalogu.arkiva.gov.al）、国外からもアクセス可能だが、行政区ごとの分類のため、オスマン時代に特化した検索は難しい（https://katalogu.arkiva.gov.al/public/categories/1283216-fonde-para-pavaresise accessed on 9/11/2024）。利用にあたっては、現地での登録と端末での閲覧申請が必要で、申請から閲覧まで最短でも5日程度はかかるようである（筆者が2024年6月に実施した調査にもとづく）。

46）次のウェブサイトも参照。http://tbias.jp/guide/bulgaria（TBIAS, accessed on 9/11/2024.）

47）https://digilib.nationallibrary.bg/sij/public/（キリル文字）https://digilib.nationallibrary.bg/sij/public/ua（ラテン文字）accessed on 9/11/2024

48）ギュナイは187冊、ウルケルとアイドゥンは191冊という数字をあげる（Günay 2003: 74-75; Ülker and Aydın 2004: 204-205）。やや古いが簡単なカタログもある（Özkaya 1980）。

されている（Günay 2003: 76–77; Ülker and Aydın 2004: 206–207）。

キプロス：北キプロス・トルコ共和国（国際的には未承認）ギルネの公文書館に所蔵される（Ülker and Aydın 2004: 208）。2012年の筆者の調査の際には、現物を閲覧することができた。南のキプロス共和国ニコシアの公文書館を2018年に筆者が調査した際には、法廷台帳、文書ともに所蔵が確認できなかった。

シリア[49)]：ダマスカス歴史文書館がダマスカス1556冊、アレッポ664冊、ハマー64冊、ホムス21冊の法廷台帳を所蔵していた（Marino and Okawara 1999）。ただし、シャリーア法廷以外（例えば制定法裁判所や商事裁判所）の台帳も混在する。ホムスの台帳はすべて制定法裁判所のものである。2024年現在、シリアは内戦中のため現地調査は困難だが、トルコのİSAMで、すべてではないが、かなりの台帳のデジタルデータの閲覧・複写が可能である[50)]。

レバノン：トリポリは、刊行された台帳第１巻に全70冊の簡単な解説がある（Tadmurī et al. 1982）。トリポリ市立ラシード・カラーミー文化センター（ナウファル宮殿）でコピー製本された台帳の閲覧可能。他の都市では、サイダーに７冊、ベイルートに55冊、スールに５冊の所蔵があるが、いずれも19世紀以降の台帳である（Ziyāda 2017: 167–170）。

イスラエル／パレスチナ[51)]：B.B. ドゥーマーニーの解説が詳しい。パレスチナの法廷台帳は、1923年に委任統治領期パレスチナのムフティーであるアミーン・フサイニーによって収集が始まり、1940年から台帳番号付け等の整理が進んだ。エルサレムの台帳がもっとも重要で、AH936（1530）年以降の416冊が存在する（Doumani 1985）。勅令台帳 sijillāt al-farmānāt wa-l-awāmir, evamir series、通常の台帳 al-sijillāt al-ʿāmma aw al-ʿādīya、遺言指定管財人・代理人記録台帳 sijillāt al-wiṣāyāt wa-l-wikālāt、遺産分割台帳 sijillāt al-matrūkāt, sijillāt al-qassām al-ʿaskarī, sijillāt al-qassaām al-ʿādī、

49）最初期については、J.E. マンデヴィルによる解説がある（Mandaville 1966）。
50）https://www.aljazeera.net/news/2023/7/17/بدمشق-يشعل-غضب-منصات-حريق-حي-ساروجة accessed on 31/8/2024 2023年７月の火災で歴史文書館は被災したが、法廷台帳はアサド国立図書館に移管されており、無事と伝え聞いている。
51）情報は古いが、マンデヴィルによる解説もある（Mandaville 1975）。

判決文書・上呈文書台帳 sijillāt aḥkām wa-iʿlāmāt、決定台帳 sijillāt qarārāt、証書台帳 sijllāt ḥujaj、離婚台帳 sijllāt ṭalāq、孤児財産台帳 sijillāt aytām に分類されている。ほかに1656年以降のナーブルス法廷台帳50冊、19世紀以降のヘブロン、ヤーファー、ナザレ、アッカ、ジェニーンの台帳が存在する。

ヨルダン[52]：1880年代以降の５都市（イルビド、サルト、アンマン、カラク、マアーン）の台帳がある[53]。なお、ヨルダン、イスラエル／パレスチナ、シリアの一部の台帳はヨルダン大学文書・写本センターで閲覧が可能である（Bakhīt 1984）。

イラク：1983年当時、バグダードのシャリーア法廷が AH1198—1336（1798—1917）年の間の台帳680冊を所蔵していたが、2003年のアメリカ侵攻以降の混乱で深刻な被害を受けた[54]。モスルでは、21世紀初頭、モスル家庭裁判所が AH1242（1826-7）年以降の台帳235冊を所蔵していた（Murād 2005）。詳細は不明だが、バスラにも台帳が存在する（Ülker and Aydın 2004）。

エジプト：エジプト国立文書館が各地の法廷台帳を所蔵する[55]。カイロに存在した大小15のシャリーア法廷の台帳は1527年から1910年までの1851冊

52）やはり情報は古いが、マンデヴィルの解説も参照（Mandaville 1966）。

53）同書は、現在のイスラエル／パレスチナ、シリアの都市およびオスマン時代以降のシャリーア法廷台帳の情報も含んでいるため、実際に収録されている台帳データはより多い。

54）内訳は、通常の台帳 al-sijillāt al-ʿāmma 419冊、代理人登録台帳 sijillāt al-wikālāt 24冊、法廷審理記録台帳 sijillāt ḍabṭ al-daʿāwī 118冊、勅令・命令台帳 sijillāt al-farāmīn wa-l-awāmir 11冊、特別記録台帳 sijillāt al-quyūd al-khāssa ４冊、遺産分割法廷台帳 sijillāt al-qassāmāt al-sharʿīya 17冊、婚姻契約文書台帳 sijillāt ʿuqūd al-zawāj 65冊、資金貸付台帳 sijillāt al-duyūn（idānāt）５冊、扶養・身請離婚台帳 sijillāt al-nafaqāt wa-l-mukhālaʿāt ６冊、通達台帳 sijillāt al-tablīghāt ２冊、売買・質台帳 sijillāt al-mubāyaʿāt wa-l-rahināt ２冊、その他各種台帳 sijillāt mutafarriqa ４冊、アーザミーヤ法廷台帳 sijillāt maḥkama sharʿīya al-Aʿẓamīya ３冊。1980年代に既に、国立公文書館への移管を法律で決定したが、シャリーア法廷の抵抗に会い、実現しなかった（Raʾūf 2015）。

55）カイロの法廷台帳は、主法廷のバーブ・アーリー法廷へ集約された後、ヒルミーヤ・ジャディーダ高等シャリーア法廷、シュブラー家庭裁判所、ラムシース不動産登記・公示局と順次移管され、最終的に国立公文書館に所蔵されたが、その間に、相当数の台帳が失われた可能性がある（Abū Salīm 2011: 89-90）。

を擁し（Nahal 1979）、うちバーブ・アーリー法廷 maḥkamat al-Bāb al-ʿālī のカタログは公刊されている（Mīlād 2001）。カイロ以外の都市のシャリーア法廷台帳は、各地の不動産登記局 dār al-shahr al-ʿaqārī から国立文書館に移管された（Abū Salīm 2011）。国立文書館には簡易リストがあるのみで、法廷台帳コレクションの全貌を把握することは難しい。アレクサンドリアの台帳は300冊以上（長谷部 1991: 88）、マハッラ・クブラー主法廷台帳の所蔵が少なくとも17冊確認される（長谷部 2009: 2-9）。

リビア：リビア文書・歴史研究センターに、トリポリのシャリーア法廷台帳730冊（1722年以降）、それ以外の6都市の台帳44冊、計774冊の台帳が所蔵されている（Kurt 2021）。

アルジェリア：詳細は不明だが、台帳の存在は確認できず、フランス植民地時代に接収され、独立後に一部返還された法廷文書 ʿuqūd al-maḥākim al-sharʿīya が、整理済のもので約2万5千（16世紀半ば―19世紀半ば）、全体では4万超の文書が存在するという（Ibn Ḥammūsh 2000）。

ここまでの説明でもわかるとおり、法廷台帳、法廷文書が現地以外に所蔵されている可能性もある。ギリシア、ブルガリア、レバノンの台帳の一部はトルコに、ギリシア、北マケドニアの台帳の一部がアルバニアに、アルバニアの台帳の一部がバチカン市国に、パレスチナの台帳の一部がシリアとイギリスに所蔵されていることがわかっている。したがって、今後、新たに法廷台帳や法廷文書が発見される可能性も十分に考えられる。

21世紀に入り、これらの台帳のアクセス環境も閲覧・複写環境も大きく変わりつつある。総じて、現物閲覧は難しくなり、デジタルデータの閲覧や複写が容易になった。データ閲覧・複写や史料保存の観点では歓迎すべき事態である。他方、研究者が現物を閲覧できなくなることによる史料学的研究上のデメリットは深刻である。史料のデジタルデータ化とデジタルデータのみによる研究の流れは今後も進んでいくことだろう。

5．おわりに――シャリーア法廷関係史料の研究と注意点

シャリーア法廷関係史料を用いた研究の嚆矢は、オスマン時代末期に遡

る。帝国末期、イスタンブル市職員 O.N. エルギン Ergin が、シャリーア法廷関連史料他の史料を用いてイスタンブルの都市行政の歴史を詳細に研究した[56)]。

1950年代以降、シャリーア法廷関係史料は、特にトルコでの研究に欠かせない史料として定着するが、前述のイナルジュク、Ö.L. バルカン Barkan に加えて Ç. ウルチャイ Uluçay の果たした功績も大きい。1970年代以降はトルコ以外の地域でも中東でも図書館や公文書館へのシャリーア法廷関係史料の所蔵・整理・公開が相次いだ。総じて、社会経済史的な研究が中心であったが、日本でも、永田はシャリーア法廷台帳を早くから研究に用いている（永田 1976）。1980年代後半以降、テーマは多様化し、トルコ語、英語文献に限っても、都市、カタログ作成・史料研究、経済、家族、女性、軍事、法、人物、非ムスリム、人口、奴隷、ワクフ、病気等のテーマが扱われた（Uğur 2003）。紙幅の都合でこれらを詳述することはできないが、1980年代までのシャリーア法廷関連史料を用いた都市研究は、次を参照されたい（三浦 1991）。女性研究についても複数のレビュー論文がある（Sonbol 2003; Agmon 2004）。

日本では、地方行政や財政に関わる研究、婚姻や離婚の動向、特定の地域の人口構成、（マイノリティ、ジェンダーを含む）特定の社会集団の状況を分析する研究が存在する。ほかにも、現在は存在しない街区や施設に関する地誌的な研究、遺産分割文書や家屋売買・賃貸契約データの解析、価格動向、特定の事件の研究等が存在する。

研究初期においては、シャリーア法廷での審理や手続への考察が進まず、法廷の史料批判も進まないまま、研究が進められた結果、法廷台帳という史料を過度に重視したり、統計解析の必要から出廷者や案件を過度に平準化したり、数冊の法廷台帳の分析から「大きな」結論を導き出すといった誤ちも犯されたとの指摘もある（Uğur 2003）。こうした研究上の罠に陥らないためには、公文書、年代記、旅行記、法意見（ファトワーfetvâ/ fatwā）書、書簡、文学作品等の一次文献、二次文献を利用しつつ、シャリーア法廷関係史

56）以下も参照されたい（林 1991; Ze'evi 1998; Uğur 2003; Gedikli 2005; Agmon and Shahar 2008）。

料を相対的に利用することが理想である。

オスマン時代のシャリーア法廷における文書・記録の作成・保管・整理システムのあり方への理解も漸く進みつつある[57]。台帳は法廷備え付けの収蔵庫に保管され、専門の台帳管理担当が置かれていることもあった。台帳の法廷外への持出しは原則禁止されていたようである[58]。実際には、何が記録され、何が記録されなかったのかを知ることは難しい。当事者には必ず証書が出されたのか、結審したすべての案件が法廷台帳に記録されたのかも不明である。文書と記録の情報にも異同があることについても既に言及した。

主要都市におけるシャリーア法廷の複雑な重層構造にも留意しなければいけない。例えばイスタンブルでは、カーディーが主催する法廷（イスタンブル法廷）のほかに、彼が任命する代理が管轄する多くの法廷があり、また帝都であることから、帝国全体のカーディーの主席と次席（帝国の法学者第2位と第3位[59]）であるルメリ・カザスケリとアナドル・カザスケリの法廷もある（松尾 2012）。カタログ分類では27もの法廷が存在し、文字通り質・量ともに帝国時代屈指の史料である。イスタンブルほど複雑ではないが、地方の主要都市でも同じような法廷の重層構造は確認できる。例えば、エジプト州都カイロでは、主法廷のバーブ・アーリー法廷の下に13の法廷、遺産分割法廷2が存在した。ダマスカス州（後にシリア州）の都ダマスカスでも、主法廷のバーブ法廷 maḥkamat al-Bāb のほかに法廷が4（後に5）、遺産分割法廷も2あった。代理の法廷が複数存在する場合、誰が利用したのか（当該法廷の近隣住民と考えてよいか）、いかなる案件を処理したのか等についての研究が必須である。

シャリーア法廷台帳の記録言語および書体を確認しておくことも重要である。現在のトルコおよびバルカンで作成された法廷台帳は通常ターリーク体で記されたオスマン・トルコ語、アラブ地域ではナスフ体（アルジェリアではマグリブ体）で記されたアラビア語だが、時代や地域、台帳の種類により

57）シャリーア法廷における審理の実態を窺う研究は、多くはないが存在する（三浦 1998; Okawara 2015; Burak 2016; Burak 2019; 大河原ほか 2022）。

58）概観については、ラーフェクの研究も参考になる（Rafeq 1973）。

59）最高位はシェイヒュルイスラームである。

状況は異なる。例えば、最初期のブルサ法廷台帳においてはアラビア語の使用が多く、オスマン・トルコ語は少ない。遺産分割やワクフの証書については、トルコおよびバルカン地域でもアラビア語表現が多く、またアラブ地域でも勅令はオスマン・トルコ語で書かれ、上呈文書の多くもオスマン・トルコ語である。

オスマン時代に存在した司法機関がシャリーア法廷だけではなかったことには、特に注意が必要である。司法機能を有した機関は、全時代を通じて実に多種多彩であった。例えば、イスラーム法制史上では、マザーリム法廷（行政裁判所）の流れに位置すると考えられる御前会議 dîvân-ı hümâyûn、州総督が主催する会議 dîvân は早くから存在していた。また、帝国に居住していたキリスト教徒、ユダヤ教徒ほかの数々の宗派コミュニティにも独自の裁判所があり、さらにはヨーロッパからの居留民 müsteʾmin/ mustaʾmin を裁くための領事裁判所が存在した。前述のとおり、19世紀にはタンジマート改革の一環として新たに商事裁判所、制定法裁判所などの裁判所が設立された。地方史研究におけるシャリーア法廷史料の重要性は否定できないが、シャリーア法廷は、改革以前においてすら、あくまで司法機関のひとつである。

最後に、当該地域のシャリーア法廷関連史料に記載される都市や村、街区、農場の場所、人物名や称号、案件の内容や性質を理解した上での史料読解が望ましいことは言うまでもない。研究者には、可能な限り、現地調査を実施してもらいたいが、そのためにはバルカン、西アジア、北アフリカ諸国における政情情勢の安定が不可欠である。

6．文献目録

Anonymous, AH1214/[1799], *Kitāb al-Ṣakk*, R-426, The Arabic, Turkish, Persian and Bosnian Manuscripts, The Historical Archive of Sarajevo.

Abū Salīm, I.M., 2011, "al-Mutakāmala al-arshīfīya li-maḥkamat al-ḍawāḥī mundhu awāʾil al-ʿahd al-ʿUthmānī fī Miṣr wa-ḥattā awāsiṭ al-qarn al-ḥādī ʿashar al-hijrī," *al-Rūznāma*, 8: 75-112.

Agmon, I., 2004, "Women's History and Ottoman Sharia Court Records: Shifting Perspectives in Social History," *Hawwa*, 2(2): 172-209.

Agmon, I. and I. Shahar, 2008, "Shifting Perspectives in the Study of Shariʿa Courts: Methodologies and Paradigms Introduction," *Islamic Law and Society*, 15(1): 1-19.

Akgündüz, A., 2009, "Shariʿah Courts and Shariʿah Records: The Application of Islamic Law in the Ottoman State," *Islamic Law and Society*, 16(2): 202-230.

秋葉淳、1998、「オスマン帝国近代におけるウラマー制度の再編」『日本中東学会年報』13: 185-214。

秋葉淳、2012、「オスマン帝国の制定法裁判所制度――ウラマーの役割を中心に』鈴木董（編）『オスマン帝国史の諸相』山川出版社。

秋葉淳、2014、「シャリーア法廷台帳 Sicil」TBIAS（http://tbias.jp/ottomansources/sicill）2024年11月9日最終閲覧。

秋葉淳、2015、「遺産目録 tereke defteri」TBIAS（http://tbias.jp/ottomansources/tereke_defteri）2024年11月9日最終閲覧。

Aktaş, N. and S.A. Kahraman eds., 1994, *Bulgaristan'daki Osmanlı Evrakı*, Ankara: T.C. Başbakanlık Devlet Arşivleri Genel Müdürlüğü, Osmanlı Arşivi Daire Başkanlığı.

Aydın, B., 1998, "İstanbul Kadılığı Tarihçesi ve İstanbul Kadı Sicillerine Dair Tetkikler," *İstanbul Araştırmaları*, 6: 71-87.

Aydın, B. et al. eds., 2006, *Bâb Meşîhat Şeyhülislâmlık Arşiv Defter Kataloğu*, Istanbul: İSAM Yayınları.

Bakhīt, M.ʿA., 1984, *Kashshāf hisāʾī zamanī li-sijillat al-maḥākim al-sharʿīya wa-l-awrāq al-Islāmīya fi bilād al-Shām*, vol. 1, Amman: al-Jāmiʿat al-Urdunnīya: Markaz al-Wathāʾiq wa-l-Makhṭūṭāt.

Baltacı, C., 1987, "The Importance of the Kadi Registers for the Islamic World," *Studies of Turkish-Arab Relations*, 2: 165-169.

Barkan, Ö.L., 1966, "Edirne Askerî Kassamı' na Âit Tereke Defterleri (1545-1659)," *Belgeler*, 3(5-6): 1-479.

Bāshā, M.Kh. al- and R. Ḥ. Ghannām, 1999, *al-Sijill al-Arslānī*, Beirut: Nawfal.

Bayındır, A., 1986, *İslam Muhakeme Hukuku*, Istanbul: İslami İlimler Araştırma Vakfı Yayınları.

Berki, A.H., 1966, *Vakfa Dair Yazılan Eserlerle Vakfiye ve Benzeri Vesikalarda Geçen İstılah ve Tâbirler*, Ankara: Doğuş Matbaası.

Bozkurt, F., 2013, "Osmanlı Dönemi Tereke Defterleri ve Tereke Çalışmaları," *Türkiye Araştırmaları Literatür Dergisi*, 11(22): 193-229.

Burak, G., 2016, "Evidentiary Truth Claims, Imperial Registers, and the Ottoman Archive: Contending Legal Views of Archival and Record-Keeping Practices in Ottoman Greater Syria (Seventeenth-Nineteenth Centuries)," *Bulletin of School of Oriental and African Studies*, 79(2): 233-254.

Burak, G., 2019, "In Compliance with the Old Register: On Ottoman Documentary Depositories and Archival Consciousness," *Journal of the Economic and Social History of the Orient*, 62: 799-823.

Çâvuşzâde, M.A., AH1288/[1871], *Dürrü's-sukûk*, 2 vols., [Istanbul]: Matbaa-i Âmire.

Çetin, O., 1987, "Bursa Şerainʿi Mahkeme Sicillerinden Notlar," *Uludağ Üniversitesi, İlâhiyat Fakültesi*, 2(2): 59-71.

Çiğdem, R., 2015, *Qadi Registers in Bulgaria: A Study on Ottoman Court Registers Preserved at the St Cyril and Methodius National Library*, Istanbul: IRCICA.

Debbâğzâde Nuʿmân Efendi, AH1248/[1832], *Tuhfetu's-sukûk*, [Istanbul]: Dârü' ttıbâʿa.

Doumani, B.B., 1985, "Palestinian Islamic Court Records: A Source for Socioeconomic History," *Review of Middle East Studies*, 19(2): 155-172.

Ebied, R.Y. and M.J.L. Young, 1976, *Some Arabic Legal Documents of the Ottoman Period: From the Leeds Manuscript Collection*, Leiden: E. J. Brill.

Erünsal, İ.E., 2019, "Osmanlı Mahkemelerinde Şâhitler: Şuhûdü' l-ʿudûlden Şuhûdü' l-hâle Geçiş," *Osmanlı Araştırmaları/ The Journal of Ottoman Studies*, 53: 1-50.

Gadžo-Kasumović, A. 2003 "O Sidžilima u Gazi Husrev-Begovoj Biblioteci," *Anali Gazi Husrev-Begove Biblioteke*, 21-22: 41-83.

Gedikli, F., 2005, "Osmanlı Hukuk Tarihi Kaynağı Olarak Şerʿiyye Sicilleri," *Türkiye Araştırmaları Literatür Dergisi*, 3(5): 187-213.

Günay, V., 2003, "Balkan Şehir Tarihleri Kaynağı Olarak Şerʿiyye Sicillerin Envanter ve Kataloglarının Tespiti hakkında," *Tarih İncelemeleri Dergisi*, 18(2): 71-82.

Güzelbey, C.C., 1966, *Gaziantep Şerʿi Mahkeme Sicilleri: Cilt 153 ila 160: Miladi 1886 ila 1909*, Gaziantep: Sanat Matbaası.

Ḥamūda, M.ʿA., 1999, *al-Wathāʾiq al-ʿUthmānīya fī Turkiyā wa-Miṣr wa-duwal shimāl Ifrīqiyā (Zawāj-ṭalāq-bayʿ-ījār-waqf-istibdāl)*, Cairo: Maktabat Nahḍat al-Sharq.

長谷部史彦、1991、「オスマン朝時代アレクサンドリア史研究の現状――サラーハ・アハマド・ハリーディー博士の法廷文書研究について」『史学』60(1): 79-90。

長谷部史彦、2009、「オスマン朝期マハッラ・クブラーの都市構造と社会――シャリーア法廷台帳史料に基づく予備的考」『史学』78(3): 229-262。

林佳世子、1991、「トルコ」三浦徹（編）『イスラム都市研究――歴史と展望』東京大学出版会。

Hızlı, M., 2003, "Bursa Mahkeme Sicilleri Rehberi," *Uludağ Üniversitesi, İlâhiyat Fakültesi*, 12(1): 367-426.

Ibn Ḥammūsh, M.A., 2000, *Fiqh al-ʿumrān al-Islāmī min khilāl al-arshīf al-ʿUthmānī al-jazāʾirī 956 H./1549 M.-1246 H./1830 M.*, Dubai: Dār al-Buḥūth lil-Dirāsāt al-Islāmīya wa-Iḥyāʾ al-Turāth.

五十嵐大介、2001、「オスマン朝期ダマスクスの商事裁判所――ダマスクス歴史文書館所蔵「ダマスクス商事裁判所台帳（sijillat mahkama tijariya Dimashq）」の紹介」『日本中東学会年報』17(1): 201-224。

五十嵐大介、2002、オスマン朝期シリアのイスラーム法廷証書――史料学的考察」『東洋学報』84(2): 052-080。

Ivanova, S., 2002, "The Sicills of the Ottoman Kadis Observations over the Sicill Collection at the National Library in Sofia, Bulgaria," Kemal Çiçek ed., *Pax-Ottomana: Studies in*

Memoriam Prof. Dr. Nejat Göyünç, Ankara: SOTA, 51-76.

İnalcık, H., 1980—1981, "Osmanlı Idare, Sosyal ve Ekonomik Tarihiyle İlgili Belgeler: Bursa Kadı Sicillerinden Seçmeler," *Belgeler*, 10(14): 1-91, I-IX.

İpşirli, M., 1988, "İlmiye Mensuplarının İmza ve Tasdik Formülleri," İstanbul Üniversitesi Edebiyat Fakültesi Tarih Araştırma Merkezi, *Tarih Boyunca Paleografya ve Diplomatik Semineri 30 Nisan-2 Mayıs 1986, Bildiler*, Istanbul: Edebiyat Fakültesi Basımevi, 177-200.

Kaya, S., 2005, "Mahkeme Kayıtlarının Kılavuzu: Sakk Mecmuası," *Türkiye Araştırmaları Literatür Dergisi*, 3(5): 379-416.

Kurt, S., 2021, "Libya Arşiv ve Tarihî Araştırmalar Merkezi' ndeki Osmanlı Evrakı," *Hazine-i Evrak*, 3: 78-98.

Kütükoğlu, M.S., 1994, *Osmanlı Belgelerinin Dili (Diplomatik)*, Istanbul: Kubbealtı Akademisi Kültür ve San' at Vakfı.

Mandaville, J.E., 1966, "The Ottoman Court Records of Syria and Jordan," *Journal of the American Oriental Society*, 86(3): 311-319.

Mandaville, J.E., 1975, "The Jerusalem Shariʿa Court Records," M. Ma' oz ed., *Studies on Palestine During the Ottoman Period*, Jerusalem: The Hebrew University Magnes Press, 517-524.

Marino, B. and T. Okawara, 1999, *Dalīl sijillāt al-maḥākim al-sharʿīya (Catalogue des registres des tribunaux ottomans, conservés au Centre des Archives de Damas)*, Dimascus: al-Maʿhad al-Faransī lil-Dāirsāt al-ʿArabīya.

Marino, B., 2001, "Les correspondances (murâsalât) adressées par le juge de Damas à ses substituts (1750-1860)," B. Marino ed., *Études sur les villes du Proche-Orient, XVIe-XIXe siècle: hommage à André Raymond*, Damascus, Institut Français, 91-111.

松尾有里子、2012、「オスマン朝「軍人法官」の実像」鈴木董編『オスマン帝国の諸相』山川出版社、267-291。

Mīlād, S.ʿA., 2001, *al-Wathāʾiq al-ʿUthmānīya: dirāsa arshīfīya wathāʾiqīya li-sijillāt maḥkamat al-Bāb al-ʿālī*, 2 vols., Alexandria: Dār al-Thaqāfa al-ʿIlmīya.

Mīlād, S.ʿA., 2003, *Wathāʾiq al-wāḥāt al-Miṣrīya: dirāsa wa-nashr wa-taḥqīq*, Cairo: Dār al-Kutub wa-l-Wathāʾiq al-Qawmīya.

三浦徹、1991、「アラブ（2）マシュリク」三浦徹編『イスラム都市研究——歴史と展望』東京大学出版会。

三浦徹、1998、「19世紀ダマスクスのイスラーム法廷文書（1）——サーリヒーヤ法廷をめぐる人間関係」『東洋文化研究所紀要』135: 147-227。

Murād, Kh.ʿA., 2005, "Sijllāt al-maḥkama al-sharʿīya bi-l-Mawṣil maṣdaran li-dirāsat as-wāqi-hā fī al-ʿahd al-ʿUthmānīya," *Majallat Dirāsāt Mawṣilīya*, 4(10): 10-20.

永田雄三、1976、「オスマン帝国社会経済史研究における遺産目録文書の重要性」『東洋学報』57(3-4): 553-558。

Nagata, Y., 1992, "Manisa Şerʿi Mahkeme Sicil Defterlerinden Birkaç Not," *Osmanlı Tarihi Araştırma ve Uygulama Merkezi Dergisi*, 3: 285-296.

Nahal, G.H. El-, 1979, *The Judicial Administration of Ottoman Egypt in the Seventeenth Century*, Minneapolis: Bibliotheca Islamica.

Nuro, K., 2016, "The Significance of the Kadi Registers (Şerʿiyye Sicilleri) of the Ioannina, Manastir, and Shkoder Provinces for Studies of the Ottoman Period," *Osmanlı Mirası Araştırmaları Dergisi* (*OMAD*) [*Journal of Ottoman Legacy Studies* (*JOLS*)], 3(5): 82-91.

大河原知樹、2005、「イスラーム法廷と法廷史料」林佳代子・桝谷友子（編）『記録と表象——史料が語るイスラーム世界』東京大学出版会、143-170。

大河原知樹・堀井聡江、2014、『イスラーム法の「変容」』山川出版社。

Okawara, T., 2015, "Reconsidering Ottoman Qadi Court Records: What Are They? Who Produced, Issued, and Recorded Them?," V. Guemo and S. Knost eds., *Lire et écrire l'histoire ottomane*, Beirut: Institut Français du Proche-Orient, 15-37.

大河原知樹・堀井聡江・シャリーアと近代研究会編、2022、『オスマン民法典（メジェッレ）の研究——訴訟編・人証及び法廷宣誓編・司法編』東北大学大河原知樹研究室。

Ongan, H., 1958, *Ankara'nın 1 Numaralı Şerʿiye Sicili:* (*21 Rebiülahir 991- Evahir-i Muharrem 992/ 14 Mayıs 1583- 12 Şubat 1584*), Ankara: Türk Tarih Kurumu Basımevi.

Özkaya, Y., 1980, "Sofya' da Milli Kütüphane "Nationale Biblioteque"deki Şer' iyye Sicilleri," *Tarih Araştırmaları Dergisi*, 13(24): 21-29.

Pakalın, M.Z., [1946] 1993, *Osmanlı Tarih Deyimleri ve Terimleri Sözlüğü*, 3 vols., Istanbul: Millî Eğitim Basımevi.

Pay, S., 2001, "Bursa Kadı Defterleri ve Önemi," *Uludağ Üniversitesi, İlâhiyat Fakültesi*, 10 (2): 87-95.

Popara, H. ed., 2011, *Katalog, Arapskih, Turskih, Perzijskih i Bosanskih Rukopisa* (*Catalogue of the Arabic, Turkish, Persian and Bosnian Manuscripts*), vol. 2, London: Al-Furqān, Fondacija za islamsko naslijeđe (Al-Furqān, Islamic Heritage Foundation) and Sarajevo: Historijski arhiv Sarajevo (The Historical Archive Sarajevo).

Rabāyiʿa, I., 2014, *Sijillāt maḥkamat al-Quds al-sharʿīya* (*sijill raqm 183*), Istanbul: Research Centre for Islamic History, Art and Culture (IRCICA).

Rafeq, A.-K., 1973, "Les registres des tribunaux de Damas comme source pour l' histoire de la Syrie," *Bulletin d'Études Orientales*, 26: 219-226.

Ra'ūf, ʿI. ʿA., [2015], *Sijillāt al-maḥkama al-sharʿīya bi-Baghdād*, Baghdad: s.n..

Sami, Ş., [AH1317] /1989, *Kâmûs-ı Türkî*, Istanbul: Enderun Kitabevi.

Sonbol, A., 2003, "Women in Shariʿah Courts: A Historical and Methodological Discussion," *Fordham International Law Journal*, 27(1): 225-253.

Şânîzâde (Mehmed Sâdık b. Mustafa), AH1284/[1867], *Sakk-ı Şânîzâde*. Yûsuf Ziyâeddîn AH1284/[1867] 欄外所収。

Tadmurī, ʿU. et al., 1982, *Wathā'iq al-maḥkama al-sharʿīya bi-Ṭarābulus: al-sijill al-awwal H1077-1078 M1666-1667* (*Documents du tribunal šarʿī de Tripoli, Registre N° 1 1077-1078 h./ 1666-1667*), Tripoli: al-Jāmiʿa al-Lubnānīya.

Tak, E., 2019, *16-17. Yüzyıl Üsküdar Şerʿiyye Sicilleri Diplomatik Bilimi Bakımından Bir İn-*

celeme, Ankara: Türk Tarih Kurumu..

Turan, A.N., 2003, "Kırım Hanlığı Kadı Sicilleri Hakkında Notlar," *Türk Kültürü İncelemeleri Dergisi*, 9: 1-16.

Türkiye Diyanet Vakfı（TDV）, 1988—2020, *Türkiye Diyanet Vakfı İslam Ansiklopedisi*（*TDVİA*）, 44 vols. and 2 suppl. vols., Ankara: Türkiye Diyanet Vakfı.（https://islamansiklopedisi.org.tr/ で検索可能。2024年11月9日最終閲覧）

Türk Dünyası Araştırmaları Vakfı（TDAV）ed., 1988—1989, *Şerʿiye siciller*, 2 vols., Istanbul: Türk Dünyası Araştırmaları Vakfı.

Uğur, Y., 2003, "Mahkeme Kayıtları（Şerʿiye Sicilleri）: Literatür Değerlendirmesi ve Bibliyografya," *Türkiye Araştırmaları Literatür Dergisi*, 1(1): 305-344.

Ülker, M.B. and B. Aydın, 2004, "Türkiye Haricinde Bulunan Osmanlı Kadı Sicilleri," *Türkliik Araştırmaları Dergisi*, 16: 201-214.

Velkov, A. 1992, "Signatures-formules des agents judiciaires dans les documents ottoman à caractere financier et juridique," *Turcica*, 24: 241-259.

Yılmaz, F. et al. eds., 2021, *Kırım Hanlığı Kadı Sicilleri Kataloğu*, Ankara: Türkiye Bilimler Akademisi.

Yûsuf Ziyâeddîn b. Hâc Yakûb b. Alî el-İstânbûlî, AH1284/[1867], *Câmiu Envâri's-Sukûk*, [Istanbul]: Matbaa-i Âmire.

Ze'evi, D., 1998, "The Use of Ottoman Sharīʿa Court Records as a Source for Middle Eastern Social History: A Reappraisal," *Islamic Law and Society*, 5(1): 35-56.

Ziyāda, Kh., 2017, *Sijillāt al-maḥkama al-sharʿīya, "al-ḥiqba al-ʿUthmānīya," al-minhaj wa-l-muṣṭalaḥ*, Beirut: al-Markaz al-ʿArabī lil-Abḥāth wa-Dirāsāt al-Siyāsāt.

【謝辞】本節作成にあたり、秋葉淳、清水保尚、高松洋一、田中雅人、松尾有里子、三浦徹、柳橋博之、若林啓史、Bilgin Aydın、Ferit Duka, Ahmet Kılınç, Emrah Seljaci, Sokol Çunga の諸氏より貴重なご教示をいただきました。ここに記して感謝の意を表します。

【付記】本稿脱稿後に、秋葉淳氏より、コンヤのシャリーア法廷台帳の現代トルコ語転写版の刊行物を閲覧できるサイト（https:///www.dijitalkitabim.com/dijital-kitaplar/kadi-sicilleri/konya-kadi-sicili/）をご教示いただきました。読者の研究にご活用いただければ幸いです。

4－3．ロシア帝政期中央アジアのシャリーア法廷文書

磯貝健一

1．帝政期法廷文書研究の意義

本節が主に扱うのは、ロシア帝政期中央アジアのシャリーア法廷文書である。本節での「中央アジア」とは、中央ユーラシアの南部に位置する定住農耕地域と遊牧地域が混在する空間であり、いわゆる「ウズベク３ハーン国」、すなわちヒヴァ、ブハラ、コーカンドという３つのハーン国の領域に相当する。ロシア帝国の中央アジア進出は1865年のタシュケント攻略を契機に本格化しているので、本節では1865年から革命により帝政が崩壊する1917年までの期間を中央アジアの「帝政期」と呼ぶことにしたい。

帝政期のシャリーア法廷文書は当地の近代史研究にとっての第一級の史料であるばかりでなく、帝政期以前の法廷の姿を再構成するうえでも有効な史料だと考えられる。それは、帝政期になっても法廷の実務内容に大きな変更が加えられなかった一方で、ロシア当局が現地のシャリーア法廷に証書、判決それぞれの台帳の作成を義務付けた結果、法廷文書に含まれる情報量が飛躍的に増加したからである。また、帝政期は現在に比較的近い時代であるため、当事者に交付された一枚紙の証書、裁判文書についてもその伝世数が必然的に多くなる。現地で紙片状の法廷文書を収集する作業に携わった経験からいえば、現在我々が目にすることのできるこうした文書の大半は19世紀半ば、とりわけその第４四半期以降のものである。このように、膨大な数が伝世する帝政期の法廷文書から読み取れる情報をもとに、史料が不足するそれ以前の時期の法や法廷の姿を再構成する余地は十分にあるだろう。

この時期の中央アジアでは帝国領に編入された地域（ロシア帝国トルキスタン地方）と保護国として内政上の独立を維持した地域（ヒヴァ・ハーン国、ブハラ・アミール国）が併存していた。両地域の法廷文書を比較検討することで、帝国領内のシャリーア法廷の特質を示すだけでなく、両者に共通する

要素、すなわち帝政期以前から継承されてきた、伝統的な中央アジアのイスラーム法廷およびそこでの法の運用の在り方を抽出することも期待できる。なお、本節では帝政期前夜の法廷文書および関連する行政文書についても適宜言及しながら記述を進める。

2．文書へのアクセス

まだソ連邦が存在していた時代、同国内に保管される歴史文書に外国人研究者がアクセスすることは極めて困難であった。けれども、ソ連邦が崩壊した現在にあっては、外国人にも文書の現物にアクセスする道が開かれている。本節に関連する文書の多くはウズベキスタン共和国内の各種施設に保管されているが、なかでも圧倒的な所蔵点数を誇るだけでなく、比較的アクセスも容易なのは国立中央文書館（Tsentral' nyi gosudarstvennyi arkhiv Respubliki Uzbekistan）である。とはいえ、同館を利用するためには在タシュケント日本大使館を通じた事前の閲覧申請が必要であり（もちろん日本人研究者に限った話である）、閲覧申請書に加えて履歴書、研究計画書の提出も求められるなど、閲覧に至るまでの手続きはそれほど簡単ではない。以下では、文書の写真や翻刻が収録される研究および法廷文書を含む歴史文書のカタログを、文書の作成地別に概観する。なお、19世紀後半以降の文書については、ロシア領由来の文書と保護国領由来のそれが同じ書籍・論文、カタログ内で扱われる場合が多いことに注意しておきたい。

(1) ホラズム

ヒヴァ、ウルゲンチといった都市を中心とするホラズムはヒヴァ・ハーン国の領土であったが、1873年に同国がロシアの保護国になると、アム川右岸の領土は「アムダリア管区」としてロシア領に編入された。

この地域の法廷文書については、今世紀に入ってから2点のカタログが出版されている。1つは我が国の堀川徹が1990年代はじめにウズベキスタンで購入し、その後、同国立科学アカデミー東洋学研究所に寄贈した1700点余りの文書のカタログで（Urunbaev et al. 2001）、そのほとんどを19世紀から20世紀初頭のヒヴァ・ハーン国由来の法廷文書が占めている。また本書には若干の文書の写真も収められている。もう1つは、17世紀から20世紀初頭の法廷文書や君主の勅書等、計90点弱の文書のカタログであり（Karimov, E. 2007）、一部個人蔵のものも含まれるが、その殆どはヒヴァの国立イチャン・カラ博物館・保護区所蔵の文書である。なお、本書は収録する全文書の写真を掲載しており、資料集としても価値が高い。また、法廷文書ではないが、後述するサルトリとアブドゥラスロフのモノグラフには、ヤサウルバシ（yasāwulbāshī）の職位を持つ行政官の紛争処理過程への関与を記録した、20世紀初頭のヒヴァ・ハーン国に由来する73点の行政文書の写真、翻刻、英訳が収められている（Sartori and Abdurasulov 2020）。

（2）ブハラ、サマルカンド

ブハラ、サマルカンドの両都市を擁するマーワラーアンナフルは古来、中央アジアの中心地であり、16世紀以降はいわゆるブハラ・ハーン国（マンギット朝は「ブハラ・アミール国」とも）の支配下にあった。ロシアは1868年に同国を保護国化し、サマルカンド市を含むその東部領域を自国領に編入している。

この地域の法廷文書についても、カタログが1点刊行されている（Welsford and Tashev 2012）。本書は、時期としては16世紀から20世紀初頭をカバーし、種別としては極少数の行政文書も含むものの、収録対象の大半は19世紀以降の法廷文書である。なお、本書にも若干の文書の写真が掲載されている。

中央アジアの歴史文書研究をリードしたチェホヴィチは、17世紀から19世紀にかけてブハラおよびその周辺で作成された法廷、行政文書のうち、土地制度の解明に資する51点の文書を集成、刊行しており、この分野の古典的研究として未だ高い価値を有する（Chekhovich 1964b）。また、前述のサルトリとアブドゥラスロフが刊行した別の書籍にもブハラ・アミール国に由来する30点以上の法廷文書の写真とそのロシア語訳が収録されている（Yusupov 2016）。本書は、ソ連期の1940年にブハラで実施された人類学的調査の成果物として準備され、長年にわたり未公刊のままとなっていたユスポフの原稿に、２人が序文を付して公刊したものである。一方、本節の筆者が過去に発表した論文にも、帝政期のサマルカンド由来のファトワー文書７点（Isogai 2011）および同時期のサマルカンド由来の訴状、判決記録、ファトワー各１点（Isogai 2013）の翻刻と英訳が収録されている。

（３）フェルガナ

中央アジア東部に位置し、新疆と境を接するフェルガナ盆地とその周辺はもともとコーカンド・ハーン国領であったが、1876年に同国が滅亡すると旧領土の全域がロシア領に編入された。

今世紀に入り、我が国の河原弥生らによってフェルガナ地域の歴史文書の公刊作業が進められたが、その主たる関心は現地のスーフィズム研究に向けられている。菅原純・河原弥生（2006）とアシルベク・ムミノフら（2007）は、新疆とフェルガナの聖者廟（マザール mazār）に関係する各種文書の写真を出版しているが、そこには帝政期フェルガナの証書、ファトワーも含まれる。また、河原は、16世紀のナクシュバンディー教団の指導者であるマフドゥーメ・アゥザム（Maḥdūm-i Aʿẓam）の子孫のうち、フェルガナ盆地のマルギランおよびその近郊に定着した一派を扱う研究も行っており、その一環として、コーカンド・ハーン国期とロシア帝政期の証書等20点以上の法廷文書を含む関連資料の写真を出版している（Kawahara 2012）。

（４）その他

ここでは、上記以外の地域、または、特定の地域に限定せず中央アジア全域を扱う出版物を列記する。

特定の都市や地域に関連するものとして、まずタジキスタンの都市ウラチュベに関連した文書集を挙げておきたい（Mukhtarov 1963）。同書に法廷文書は含まれないが、土地や水の保有、免税などイスラーム法と密接にかかわるテーマを扱う行政文書の写真、翻刻、ロシア語訳を収載する。また、前述の河原を含む研究者グループが、タジキスタン東部のゴルノ・バダフシャン自治州で収集した、複数の個人蔵文書コレクションの写真を出版しており、そこには帝政期の証書も収められている（Kawahara and Mamadsherzodshoev 2013)。なお、同書に収録される文書の歴史的背景、収集されたコレクションの概要、および、個々の文書の内容については別に一書が編まれている（Kawahara and Mamadsherzodshoev 2015)。

トルキスタン総督府が設置された帝政期のタシュケントについては、特定の個人に関連する文書コレクションのカタログ、および、当地で作成された法廷台帳の翻刻出版が各 1 点存在する。前者は、ウズベキスタン国立中央文書館に保管される「タシュケント大カーディー」名称の文書コレクション（F. I-164）のうち、1869年から1892年にかけてタシュケント市セブザール（Sībzār）区のカーディーを務めたムハンマド・ムヒーゥッディーン（Muḥammad Muḥyī al-Dīn Khwāja）に関連する文書のカタログである（Karimov, F. et al. 2009)。また、後者は、ウズベキスタン科学アカデミー東洋学研究所に6361番写本として保管される、タシュケント市コクチャ（Kūkcha）区法廷の1887年証書台帳を、索引を付けて翻字出版したものである（Aminov and Sultonov 2016)。

つぎに、中央アジア全域を対象とした歴史文書のカタログを紹介しておこう。ロシア国民図書館写本部所蔵のペルシア語文書カタログ（Yastrebova 1999）には、少数ではあるが19世紀中央アジアの法廷文書等の情報も記載される。また、法廷文書は収録しないものの、ウズベキスタン共和国科学アカデミー東洋学研究所に所蔵される中央アジア各地の勅書のカタログには、ウズベク諸ハーン国期のカーディーの任命書が含まれており、その職務内容を知る手掛かりとなる。なお、同書に収録される文書の作成年代は16世紀から20世紀初頭にわたるが[1)]、収録文書の大半は19世紀以降のものである（Urunbaev et al. 2007)。また、本書は収録する全文書の写真を掲載している。

このほか、研究会配布資料を公刊したものとして、第 1 回から第 4 回までの「中央アジア古文書研究セミナー」[2)]の配布資料が公開されており（磯貝

1）1 通のみ、14世紀のティムールの勅書が含まれるが（Urunbaev et al. 2007: 14-15)、その信憑性には編者自身により疑問が投げかけられている（Urunbaev et al. 2007: 2-3)。

2）本セミナー設立の経緯については（磯貝健一 2022a: 1-5）を、各回の具体的内容については（公財）東洋文庫研究部ウェブサイト内の該当ページ（http://tbias.jp/acttype/centralasianseminar 2024年11月 8 日最終閲覧）をそれぞれ参照されたい。

健一・矢島2006)、そこにも複数の法廷文書の写真と翻刻が掲載されている。後掲のサルトリのモノグラフ（Sartori 2016）でも若干の法廷文書が写真と英訳付きで紹介されるが、この地域の法廷文書がカラー写真で公開されるのは極めて珍しいことであり、同書は当時の法廷文書で使用された料紙の色味等を知ることのできる貴重な資料ともなっている。

３．法廷文書の種別と書式

（１）種別、使用言語、印章

ここで「シャリーア法廷文書」の定義について改めて述べてみたい。一般に、法廷文書は、法廷が作成、交付した文書と考えられがちであるが、この定義には問題がある。なぜなら、典型的な法廷文書である各種の裁判文書には、法廷が交付する判決文等に加え、訴訟当事者が法廷に提出した訴状やファトワーといった文書も含まれるからである。よって、法廷文書は、法廷が交付または受理した文書の総体、と定義するのがより妥当である。中央アジアのシャリーア法廷の業務は、帝政期の以前と以後を問わず、私人間で締結された契約の認証、および、主に民事事件を対象とする裁判の実施という２つの領域から成り立っていた。したがって、法廷文書は証書と裁判文書とに大別される（磯貝健一 2013: 22–23)。

次に、現地の法廷文書で使用された言語について簡単に触れておこう。中央アジアの法廷文書作成言語は、14世紀初頭にアラビア語からペルシア語への切り替えを経験したものと推測されるが、19世紀後半になるとチャガタイ語（現地テュルク語）の法廷文書が急増する（磯貝健一 2009: 102–105)。また、後述するファトワー文書は、20世紀初頭になっても文書内の一部要素がアラビア語で書かれたので、結果として帝政期の法廷文書を研究するためにはペルシア語、チャガタイ語、アラビア語の３言語の知識が必要となる。ただし、ファトワー文書を除外するのであれば、ペルシア語とチャガタイ語のみで中央アジアの法廷文書を研究することも可能である。

印章も文書研究にとっては重要である。法廷には書記が存在していたので、多くの法廷文書を実際に起草したのはカーディーやムフティー（中央アジアの法廷においてはカーディーの助手に相当）ではなく書記であったとみなすべきだが、各文書の交付責任者は押印者であるカーディーまたはムフティーである。したがって、印章の銘文を解読することで、個々の文書の交付者を確定することができるわけである。本節が対象とする時期の印章を扱う研究として、ブハラ在住のクルバノフによる研究（Kurbanov 1987; Kurbanov 2006）がある。

（2）証　書

法廷で認証された契約内容を記録する証書には、証書一般に共有される書式と、個々の契約内容に応じた書式との２つのレベルの書式が存在する。個別の証書の書式については後掲の研究に譲り、ここでは証書一般に共有される書式のみ示しておこう。

証書一般に共有される要素は、㋐ヒジュラ暦の日付、㋑承認を行う契約の一方当事者、㋒契約内容、㋓被承認者——即ち、契約のもう一方の当事者——による承認内容の追認、㋔契約の証人、㋕担当カーディーの印章、の６項目である。このうち、「承認」という言葉には説明が必要だろう。「承認」のアラビア語の原語はイクラール（iqrār）であり、オスマン帝国のハナフィー派法学ベースの民法典『メジェッレ』第1572条は、この語を「自分に対して他人が有する権利について表明すること」と定義する（Majalla AH1305: 219）。たとえば、Ａによる「Ｂは私に対し100万円の債権を有する」という言明は、Ｂの権利についてＡが行う承認の典型例とみなされる。本節が扱う時期の中央アジアの証書は、㋒を一方当事者による承認という形式で記載する。

ここで承認を行う一方当事者とは、契約の目的となる物や行為を引き渡す、または、実施する側である。したがって、売買文書ならば、売買の目的物を買主に引き渡す売主が承認者となり、権利放棄——通常、約定された代価と引き換えに訴えを取り下げる和解契約の形態を取る——文書であれば、権利放棄を実施する側が承認者となる。売買文書の場合、売主が所有していた目的物の所有権が買主へと移動した——よって、目的物への売主の権利は消滅している——ことを売主が承認する、という形式で契約の内容が表現される。

以下、個々の証書種別の書式について解説した研究を紹介しておこう。まず、筆者が発表した論考として、売買文書の書式を解説したもの（磯貝健一 2009）と、買戻約款付売買文書の書式を解説したもの（磯貝健一 2002）がある。いずれも公刊から十数年を経ており、個々の訳語については訂正すべき箇所も散見されるが[3)]、参照する価値はあるだろう。先に触れた「古文書セミナー」の配布資料（磯貝健一・矢島 2006）でも、保護国期のヒヴァ・ハーン国に由来する売買、買戻約款付売買、権利放棄、金銭ワクフといった各種証書の書式が、ごく簡単に触れられている。また、中央アジアのワクフ文書末尾に現れる、架空の訴訟に言及した定型文言を扱う論考も存在する（Isogai 2003）。ハナフィー派では、ワクフ設定行為の法的拘束力の有無につき学説が対立していたが、上記の定型文言はこの学説の相違を乗り越えて、ワクフ設定の法的拘束力を担保する目的で記載された、というのがその結論である。このように法廷文書に現れる各種文言の意味を明らかにするためには、イスラーム法学の観点からの検討が不可欠となる。

本項目を締め括るにあたり、帝政期の証書台帳と一枚紙の証書の関係についても付言しておく。上述のように、ロシア現地当局は、領内のシャリーア法廷に勤務するカーディーに、毎年、証書と判決の両台帳を作成するよう義務付けており、以後、台帳は法廷が交付する証書と判決の正本としての扱いを受けた。

後述する判決台帳には、当事者に交付する謄本作成用のページが用意されており、このページに記入された判決文の謄本は、台帳から切り取られた上で勝訴者に渡された。当時、判決執行の責任は末端の地方行政官が担っていたが、判決の執行を要請するためには判決文の謄本を担当行政官に提出する必要があったのである。一方、証書台帳には謄本作成のためのページは存在せず、法廷で契約の認証を受けた当事者には、台帳の対応箇所と同一の内容を記載した一枚紙の証書が別途交付されていた。台帳に記録された一々の契

3）たとえば、本来「承認」と訳すべき iqrār の語は、これらの研究中で「陳述」と訳されている。また、誤訳というわけではないが、買戻約款付売買は、文書内での呼び方に倣い「合法売買」と訳されている。

約には通し番号が振られていたので、帝政期の一枚紙の証書には、台帳との紐付けのためヒジュラ暦のほかロシア暦（ユリウス暦）の日付と、台帳上の通し番号の両方が併記された。証書、判決の両台帳は毎年西暦の年初をもって更新され、それに伴い通し番号もリセットされたから、紐付けのためには西暦の日付と通し番号を併せて記載する必要があったのである。

（3）裁判文書

各種裁判文書を史料として利用するにあたっては、原告の提訴から判決に至る裁判の手順を把握し、そのうえで各文書の持つ機能を理解しておく必要がある。裁判の手順そのものについては筆者による簡単な説明があるが（磯貝健一 2006）、ここでは図を使いながら、各種別の文書が裁判におけるどの局面で、誰により作成、交付されたのかを解説しておきたい。

中央アジアのシャリーア法廷がいったいどのような人的構成を持ち、日常の業務に臨んでいたのかについては未だ不明な点も多いが、帝政期の以前と以後を問わず、カーディーと並びムフティーもまた法廷の運営に深く関与していたことはほぼ間違いない。図の内容から明らかなように、カーディーは裁判における進行役であり、原告の権利主張、被告による否認等々の局面において、反対当事者に次に行うべきことを指示し、最終的に判決を言い渡す役割を果たしていた。一方、ムフティーは、当事者の依頼を承けて、その主張の正当性を法学説に照らして検証し、さらに検証結果を文書化してこれを当事者に交付する役割を担当した。裁判に関連する各種の文書は、カーディーまたはムフティーのいずれかが交付したものである。

A．訴　状

裁判の前段階として、原告は訴状（maḥḍar）を準備した。訴状本文は、①係争物（muddaʿā bi-hi）、②原告（muddaʿī）、③被告（muḥḍar hādhā/ muddaʿā ʿalay-hi）、④提訴の理由、⑤原告の請求内容、という5つの要素で構成される。たとえば、未払いの給与の支払いを求める訴訟であれば、①には具体的な請求額、④には、原告が請求する金銭が未払いの給与であること、⑤には、被告がこれを支払うこと、がそれぞれ定型的な表現で簡潔に記載される。

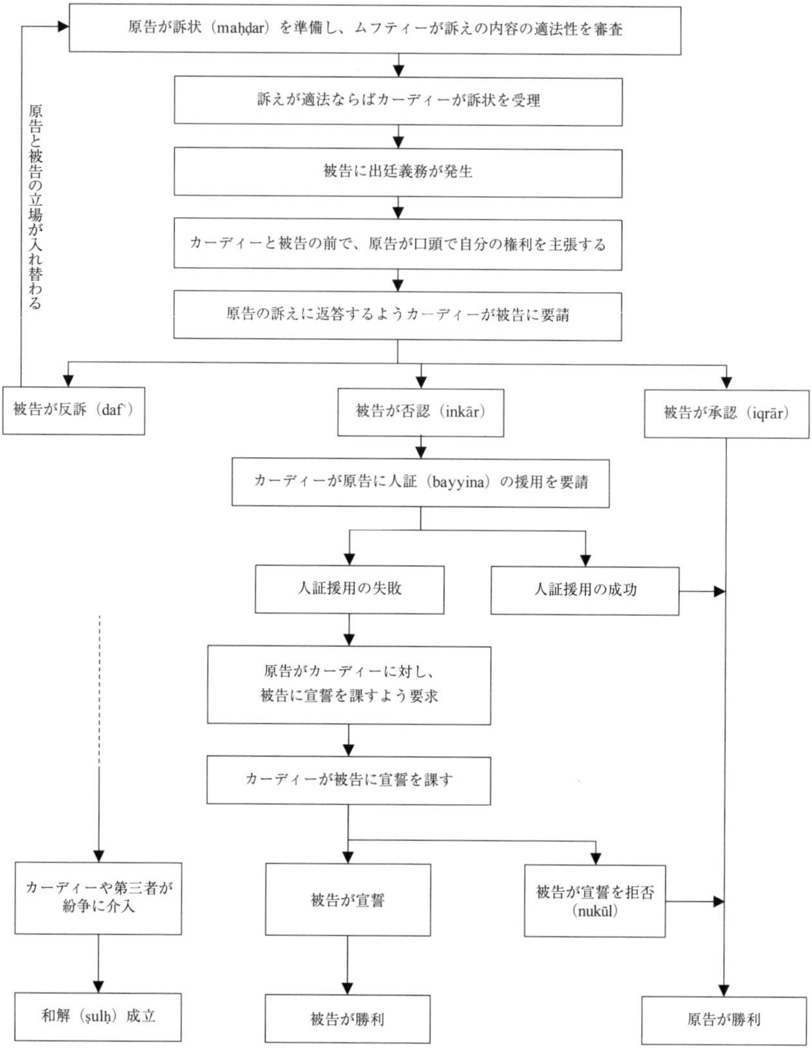

図　中央アジアのシャリーア法廷裁判

訴状の下余白部分には、この訴えが法律上適正なものである旨を宣告するファトワーが記載され、右または下余白部分にその典拠も引用される。上に挙げた未払い給与請求訴訟の例で言えば、この時、このファトワーの典拠として引用されるのは、用益を享受する可能性が提供されていた、または、実際にそれを享受したという場合、賃借人には賃料支払の義務が発生する、という法学説である。イスラーム法上の雇用契約は、労働者が自分の労働力を雇主に賃貸する賃貸借契約という形を取る。したがってこのファトワーは、使用人（＝賃貸人）が働いた分の給与を雇主（＝賃借人）が払うのは法律上の義務なのだから、原告の訴えは至極正当だと宣告していることになる。もちろん、ここで問題とされるのはあくまで訴えの形式上の正当性であり、原告の主張が認められるか否かは裁判での審理にかかっている。

このように、訴状は本文とそこに記載される訴えの適法性を審査するファトワーから成り立っており、下余白部には訴状の交付者であるムフティーが押印した。原告が法廷付きの書記に依頼して作成させたであろう訴状は、ムフティーの審査を経た後にカーディーに提出されたのであり、そこに押されたムフティーの印は、「審査済」のマークに相当する。

B. タズキラ

「タズキラ（tadhkira）」はアラビア語で「覚書」を意味する。中央アジアの法廷文書としてのタズキラは、訴訟当事者の依頼に応じてカーディーが作成、交付した、法廷での審理または判決内容の記録であり、後述するファトワー文書をムフティーが作成する際、資料として参照された。タズキラは、管見の限り帝政期になって初めて出現した文書種別である。

タズキラには2つの種類がある。1つは、原告の口頭での権利主張からタズキラ交付時点に至るまでの審理の過程を記録したもので、裁判の途中段階で交付された。この種のタズキラの背面には、訴状の謄本が記載されることがある。もう1つは、判決の内容を極めて簡潔な形で記録したもので、当然のことながら判決言渡し後に交付された。通常、その背面には訴状の原本あるいは謄本が記載されている。便宜上、前者を「審理記録のタズキラ」、後者を「判決記録のタズキラ」と呼んでおこう。このうち判決記録のタズキラは、帝政期以前は正規の判決文であったものが、帝政期になって判決台帳が導入されたことに伴い正式な判決文としての地位を喪失し、覚書へと変質してしまった文書と考えられる。

審理記録のタズキラは判決言渡し前のいずれの時点でも交付することができた。審理記録のタズキラに明確な書式は存在しないが、審理中の出来事を時系列順に記載し、原告・被告の発言は間接引用ではなく直接引用の形式で収録する点に特徴がある。したがって、当事者の発言がチャガタイ語でなされた場合には、ファトワーの本文がペルシア語であっても、発言の引用部分はチャガタイ語で記載される。この種のタズキラは、進行中の裁判を争う当事者が、自分の主張の正当性を法律的観点から裏付けるファトワーを獲得するため、交付を要請した文書であった。判決記録のタズキラにおいても審理の過程は必ず時系列順に記載される。ただし、既に言い渡された判決の内容を記録するという性格上、この種のタズキラは、当該裁判に勝利するためのファトワーを当事者が準備するために交付されたものではない。判決記録のタズキラは、当該裁判の係争物をめぐって後に別の訴訟が提起された場合に備え、将来の裁判に勝利するためのファトワーを速やかに獲得できるよう、当事者が先を見越して交付を要請した文書なのである。

C. ファトワー文書

本節で扱うファトワーは、裁判を優位に進めようとする当事者の依頼に応じて、ムフティーが文書の形で提示した意見を指す。ファトワーを交付したムフティーが、常に裁判が行われた法廷に所属するそれであったかは現時点では不明である。訴訟の当事者はムフティーからファトワーを受領してこれをカーディーに提出したが、ここから了解されるように、裁判文書としてのファトワーは、法律家であるムフティーの中立的な見解ではなく、交付を依頼した側の立場や利益を擁護する内容となっている。ファトワーは被告の反訴時に交付されるケースが多かったものの、それ以外にも裁判のほぼあらゆる局面で交付された。

裁判文書としてのファトワーは、内容的に2種に分かれる。1つは、裁判の進行にかかわるもので、もう1つは、判決にかかわるものである。いずれも交付依頼者の主張を支持する内容となっている点は変わらない。前者の典型例としては、ファトワーを獲得しようとする当事者のため、3日を期限として審理を中断すべきことを勧告するファトワーが挙げられる。ファトワー獲得の時間を確保するためにファトワーが提示されるというのも妙な話だが、この種のファトワーは、当事者が裁判の開始以前に予め獲得しておいたものなのだろう。このように、訴訟当事者はこれから始まる裁判を有利に進めるべく、想定される事態に備えファトワーを予め用意し、必要な時にあたかも手札を切るようにそれをカーディーに提出することがあった。

一方、判決にかかわるファトワーであるが、たとえば、原告が人証を援用できなかった場合、原告の主張が事実無根である旨被告が宣誓すれば、学説上、被告が勝利することになると述べるファトワーなどは、被告側が準備したファトワーの典型例である。このように、判決にかかわるファトワーの文面は、ある特定の状況を想定し、その場合にファトワー提出者が勝利することをカーディーに教示する内容となっている。なお、裁判では一方が法律上有効な証拠を提出したならば、既に相手に勝ち目はない。それゆえ、多くのファトワーは、当該事案における有効な証拠が何であるかを明示した上で、自分または相手がこれを提出できなかった場合の、自分の勝ち筋を提示するものとなる。

ファトワー文書は、①本文、②ムフティーの回答（ファトワー）、③ムフティーの印章、④典拠の引用、という4つの要素から成り立っている。また、①は、㋐定型的な導入文言、㋑状況説明、㋒ムフティーへの質問、という3つの部分に分かたれる。

上記①のうち〈㋐定型的な導入文言〉は、図案化された独特の書体で記載される。〈㋑状況説明〉には、訴訟の概要や反対当事者の発言、行動等が記載されるが、この箇所が記載されないファトワーも存在する。〈㋒ムフティーへの質問〉は、ファトワー文書の中心的な部分であり、イエス／ノーの二者択一の回答を求める付加疑問文の形を取る。上に挙げた例を使うならば、「当事者には3日の猶予が与えられるべきではないか？」というのがここに記載される文面である。後述する②は、この付加疑問文が肯定文であればイエス、否定文であればノーという回答を常に与えるので、上記の文面は形式こそ疑問文だが、実際には「当事者には3日の猶予が与えられるべきだ」という、ファトワーの具体的内容そのものとなる。

〈②ムフティーの回答〉は、①の下余白部に記載され、上述した①-㋒の主節の動詞１語を反復することで質問への回答とする。回答の直下には〈③ムフティーの印章〉が押される。複数のムフティーが回答を与える場合——といっても、すべてのムフティーが同じ回答を与えるのだが——は、人数分だけ回答が書かれ、それぞれの回答の下に各人の印章が押される。回答部の筆跡は、本文や次の④の筆跡に酷似していることが多い。ファトワー文書は通常、法廷付の書紀が起草し、ムフティーはこれに押印のみしたものと推定される。〈④典拠の引用〉は、ファトワーの典拠となった法学説を、各種の法学書からアラビア語原文のまま抜書きしたものであり、料紙の右余白部または下部に配置される。

D. 判決文

上に述べたように、判決文はもともと一枚紙の文書として交付されていたはずだが、帝政期になって判決台帳が導入されると、紙片状の判決文は「判決記録のタズキラ」へと変質した。ただし、帝政期以前の判決文は19世紀のものでさえ極めて稀にしか伝世しておらず、この時期の一枚紙の判決文の機能についても不明なままである。前述したように、帝政期の判決文——正確には、台帳から切り取られ、当事者に交付された判決文の謄本——には判決を執行させる機能が備わっていた。仮に帝政期以前の判決文にもこれと同様の機能があったとするならば、担当行政官がそこに記載される判決を執行した後、用済みになった判決文が廃棄されてしまい、一部の例外を除いて一枚紙の判決文は伝世しなかったと想定することも可能である。とはいえ、そもそも帝政期以前に判決文を作成、交付すること自体が一般的に行われていなかった可能性も排除することはできず、この時期の判決文の機能、および、その伝世数が極端に少ない理由については今後の研究を待たねばならない。ここでは、帝政期の台帳記載の判決文のみを取り上げ、その書式と史料上の特性について簡単に説明するにとどめる。

帝政期の判決文は、以下９つの要素から構成される：①日付、②担当カーディー、③原告と被告、④提訴の理由と原告の請求内容、⑤審理の過程、⑥判決理由、⑦判決、⑧敗訴者の判決への同意の有無、⑨証人。

判決文は、担当カーディーを一人称とする文体で記載される。③と④は、上述した訴状の該当箇所とほぼ同内容である。⑤には、原告の訴えを起点とする、審理における両当事者の発言、振舞が簡潔に記録される。⑥は、文字通り判決を導いた理由を記載する箇所であり、たとえば、原告勝訴の判決ならば、被告の承認や原告による人証援用の成功等がその理由として明記される。また、勝訴した側が審理の過程でファトワーを提出している場合は、判決を導いた要因の1つとしてファトワーの存在に言及されることもある。⑧は、帝政期になってシャリーア法廷に審級が導入されたという事情を反映している。これにより、第一審の判決を不服とする敗訴者に上訴の道が開かれたからである。

帝政期の判決文は情報量が豊富であるとはいえ、万能の史料ではない。ロシアの現地当局が各法廷に配布した判決台帳——とはいえ、台帳の購入費用はカーディーが負担した——は厳格なフォーマットをもち、1件の事案に配当されるのは4ページ、そのうち判決文を記載するスペースは1ページのみであった。判決文記載ページの後には判決文謄本の記載ページが続くが、後者は切り取って勝訴者に交付することが想定されているので、判決文がページを跨ぐことは許されない。つまり、台帳記載の判決文は、1ページ内に収まる字数で作成せねばならないという、物理的な制約を課されていたことになる。したがって、判決文を史料として利用する際には、紙幅の関係で記載が省略された事実が有り得ることを考慮せねばならない。また、判決台帳は、その法廷で1年間に言い渡されたすべての判決を収録しているわけではない。じつは、帝政期のシャリーア法廷で言い渡された判決の一部は、判決台帳ではなく証書台帳に収録されている。証書台帳に記載された判決の割合、および、それが証書台帳に収録された理由については現時点では不明だが、いずれにしても判決台帳のみでは任意の1法廷における年間の裁判全てを把握できないことは認識しておく必要がある。

以下、これまでに紹介した各種裁判文書を扱う研究を列記する。前出の「古文書セミナー」資料および筆者の論考内には、帝政期の訴状、判決記録のタズキラ、ファトワーの書式について簡単な説明がある（磯貝健一・矢島 2006; Isogai 2013）。また、審理記録のタズキラを取り上げ、その書式と機能、さらにタズキラを含む各種裁判文書の作成プロセスを考察した論考（磯貝健一 2014）や、判決記録のタズキラを台帳記載の判決文やファトワー文書と比較照合し、その史料上の性質を解明しようとした論考（磯貝健一 2022b）も存在する。ファトワー文書の機能を個別事例に即して検討する試みも行われている。筆者は、同一の裁判において原告、被告の双方が別個にファトワーを準備し、これをカーディーに提出した事例を紹介した（Isogai 2011）。また、サルトリは帝政期中央アジアにおける規範的法学説、および、これを運用するウラマーの在り方を考察する手掛かりとしてファトワー文書を利用している（Sartori 2016: 250–305）。

４．研究状況と今後の課題

最後に、帝政期またはこれに近接する時期のシャリーア法廷文書に関連した近年の研究動向を概観し、今後の課題を挙げておく。

（1）土地制度

中央アジアを統治するにあたり現地の土地をめぐる権利関係を把握する必要のあった帝政期、そして、封建諸侯による大土地所有と農民搾取の実態解明が歴史学の重要課題とされたソ連期の双方において、文書に依拠した土地制度研究は盛行した。君主の勅書を始めとする行政文書が、特定の土地に与えられた各種の税制上の優遇措置、あるいは、土地の徴税権の第三者への付与といった事実を伝える一方、法廷文書には特定の土地の法律上の範疇が明記されており、両者はイスラーム法の規定と現実の土地制度との間の隔たり、あるいは相関性を測定するための有力なデータを提供する。

現地の歴史的な土地制度の詳細には不明な点が多いが、帝政期前夜における土地区分については、その大枠が既に解明されている。即ち、ロシア進出時、この地域には①私有地（milk）、②国有地（mamlaka/ amlāk）、③ワクフ地（waqf）という3種の土地が存在していた。このうち①には課税されるものと非課税のものが存在し、前者は課される税の種別により、ハラージュ地とウシュル地に区分された。また、非課税の私有地は現地の用語で「免税私有地」（milk-i ḥurr-i khāliṣ/ milk-i ḥurr/ milk-i khāliṣ）と呼ばれた。ここでは、ハラージュ地とウシュル地の区分は一旦措き、前者を課税私有地、後者を免税私有地と呼び分けることにする。

ロシア当局は、当初から上記①〜③の土地範疇の存在を把握していた。また、帝国の現地行政官かつ東洋学者であったロスティスラヴォフ（？—1880年頃）は、すでに1875年の論文（出版は1879年）において、私有地の課税・非課税の別に加え、免税私有地の生成過程についても、後に述べる20世紀の研究を先取りする視点を披露している（Rostislavov 1879）。ただし、ロスティスラヴォフの議論が、あらゆる土地の所有権が究極的には国家に属し、その保有者は土地の使用収益権のみを保持する、との前提に立っていることには注意せねばならない。じつは、彼の言う「私有地」（milk）とは、課税・非課税の別にかかわらず、土地の「保有者」（vladetel'）が使用収益権を移転可能な土地を意味するに過ぎないのである。したがって、課税私有地と国有地は、納税を条件として保有者が使用収益権のみを享受するという点で税制上ほぼ同一の土地範疇となる。一方、ロシア当局は、課税地は国家的所有の対象、非課税地は私的所有の対象という見解を採用したようだが（Sartori 2016: 176–184）、この視点に立つ場合でも課税私有地と国有地の境界は曖昧となり、免税私有地の特殊性のみが際立つ。かくして、ソ連期に本格化した、主として法廷文書に依拠する土地制度研究は、課税私有地というカテゴリーの実在性、および、免税私有地の生成方法という２つの問題を軸に展開することになった。

中央アジア史研究の碩学バルトリド（1869—1930年）は、私有地とは君主から下賜された免税地であるとの見解を提示しており（Bartol'd［1927］1963: 368–369; 日本語訳 161–163）、この説は一定の影響力を持った。ただし、「私有地＝免税地」という定式は、20世紀後半になると否定される。たとえば、ブハラ・ハーン国期の税制、土地制度を網羅的に扱うアブドゥライモフや、ソ連期の文書研究をリードしたチェホヴィチにとって、課税私有地の存在は自明のものである（Abduraimov 1970; Chekhovich 1979）。また、免税私有地の生成が、君主の下賜によるものでなく法律的な手続きによっていたことは既に上述のロスティスラヴォフにより部分的に示唆されていたが、チェホヴィチは法廷文書に依拠してこれを完全に証明した（Chekhovich

1964a; Chekhovich 1979）。この手続は、課税私有地の所有者がその2/3の面積を国家に譲渡することで、残り1/3を免税私有地に転化させるというものである。さらに、このように課税私有地がその所有者――ここで想定されるのは、大土地所有者としての封建諸侯である――と国家の間で分割され得るのなら、もはやそれは私有財産とはいえず両者の「共有物」とみなすべきとの解釈も生まれた（Abduraimov 1970; Davidovich 1979）。この学説の主唱者ともいえるダヴィドヴィチによれば、少なくとも15世紀末以降、課税私有地を指し示す“milk”の語は、実態としては土地そのものというよりむしろそこから徴収され、土地所有者と国家の間で分配される地代を意味していたのだという。こうして20世紀後半のソ連学界では極めて抽象的なmilk像が構築されたが、その背景にあると思しきロシア法由来の独特な所有権理解については大江の示唆に富む論稿がある（大江 2014）。

このmilk理解は、近年サルトリにより継承された。彼の議論をごく簡単にまとめるならば次の様になるだろう。まず、帝政期前夜の中央アジアにおけるmilkは、ダヴィドヴィチの指摘するように、土地自体への権利ではなく、そこから獲得される収益への権利に転換済みであった。サルトリは、これを「所有権の体制（regime of property）から用益権（usufruct）の体制への移行」と表現する。そして、この用益権の体制のもと網の目のように張り巡らされた現地住民の諸権利は、帝政期においてもそのまま追認されたのだという（Sartori 2016: 157-210）。サルトリの所説は一定の説得力をもつが、帝政期以前の土地制度に関する彼の議論は、現地住民の土地への権利を規定した帝政期の「トルキスタン地方統治規程」第255条の独自解釈に立脚していることに注意せねばならない。一般にロシア法研究者は同条を、土地所有権を現地住民に認めるものと解釈するが（Pravilova 2011; 大江 2014）、サルトリはロシア法の用語法を敢えて無視しながら、本条文が認めるのは土地の所有権ではなく用益権であると主張する。ロシア当局が現地住民の既得権益を帝政期以前と同じ形で維持しようとした、という彼の結論はここから導出されている[4)]。したがって、帝政期以前の中央アジアに「用益権の体制」が出来

4）本条文の意図に関するサルトリの見解は、これより前に発表された彼自身の論考（Sartori 2010）におけるそれとは相当異なっている。先行する論考では、この条文

上がっていたとするサルトリの議論も、法廷文書をはじめとする同時代の史料から実証的に導かれたというより、彼自身が同条文に与えた解釈から逆算的に引き出されているような印象を与えてしまうのである。

以上の点を踏まえるならば、土地制度研究の現状は次の様にまとめられるだろう。①帝政期前夜の中央アジア地域に免税私有地、課税私有地、国有地、ワクフ地という４つの範疇の土地が存在していたことについては研究者間で合意が見られる[5)]。②帝政期前夜の法廷文書に現れる milk の語は、土地自体ではなく土地からの収益に設定される持分を意味した、というソ連期の学説は、現在も一定の影響力を維持し続けている。

（2）法廷の制度上の位置付け

大量の法廷文書が伝世しているにもかかわらず、シャリーア法廷のスタッフの構成、また、その具体的な運営実態については不明な点が多い。ただし、法廷の国家制度上の位置付けをめぐっては、近年幾つかの成果が発表されている。サルトリとアブドゥラスロフは、帝政期以前のシャリーア法廷が高い自立性を維持していたという従来のイメージを否定し、むしろ当時イスラーム法に則って司法を統轄していたのは君主とその宮廷を頂点とする行政機構であり、法廷はその指示を仰ぎながら業務を遂行していたと主張する（Sartori 2016; Sartori and Abdurasulov 2020）。行政文書に立脚した彼等の立論は十分に説得的であるが、シャリーア法廷の自立性の程度についてはなお議論の余地があるだろう。

一方、帝政期になると、現地シャリーア法廷はロシアの司法諸機関の末端を構成するものと位置付けられ、カーディーの公選制や審級が導入されるとともに、その裁判管轄も限定された。伊藤の一連の研究（1999; 2000; 2001）

は、都市域外の土地に対し現地住民が有していた所有権をたんなる占有権へと引き下げるものと評価されている。これは、帝政期前夜の中央アジアに「所有権の体制」が存在していたとの前提に立たなければ成立しない見解である。

5）ここで紹介した免税私有地に関する研究は、主としてブハラ・ハーン（アミール）国領を対象とするものであるが、アブドゥラスロフは隣接するヒヴァ・ハーン国領内にも免税私有地が存在していたことを証明している（Abdurasulov 2012）。なお、ヒヴァ・ハーン国の免税私有地生成文書は（Bregel 2007）にも収録されている。

は、1908年に行われたトルキスタン地方元老院視察の責任者パレンの報告書（Palen 1909）に依拠しながら、帝政期シャリーア法廷の裁判管轄やその運営体制、業務の実態について概観したものである。より個別・専門的な研究として、カーディー公選制の導入についてはサルトリの専論をまずは参照すべきである（Sartori 2008）。裁判管轄についてはサルトリの論稿（Sartori 2009）のほか、トルキスタン地方統治規程の関連条項から現地シャリーア法廷の地位を再構成した磯貝真澄らの研究（磯貝真澄・塩谷・磯貝健一2022: 29-34）がある。また、矢島はロシアの司法当局によるシャリーア法廷監督の実態について具体的な事例に即して議論している（矢島 2014; Yajima 2016）。先に述べたユスポフの研究（Yusupov 2016）は、現地での聞き取り調査にもとづき革命前のブハラの司法制度全般を描写したものだが、当時のシャリーア法廷の人員構成やその業務内容について説明する箇所は、革命前の法廷で実際に勤務していた人物を主なインフォーマントとしていることから非常に高い価値を有する。ただし、本書を資料として利用する際には、この聞き取り調査が行われた1940年のソ連という場の状況を常に想起する必要がある。

（3）今後の課題

本節の最後に、帝政期法廷文書研究の課題と展望について簡単に述べておきたい。

第1の課題として、法廷文書研究と法学研究の接続の必要性が挙げられる。たとえば、前述した土地制度の研究は、行政文書・法廷文書を用いた土地範疇や税制の分析に終始しており、免税私有地や国有地の法学説上の定義さえ曖昧なまま放置されている。法学書を参照しながら法廷文書を読み解くという基本的な作業が、ある意味新しい課題となっているのである。一方、上述したファトワー文書は、当時の規範学説を再構成するための有力な手掛かりと成り得よう。中央アジアにおいても法学説の標準化が進展していたことについては、すでにサルトリが言及しているが（Sartori 2016: 257-263; Sartori 2020）[6]、その具体的な内容を提示する研究は未だ存在しない。ファト

6）筆者は、前近代の中央アジアのマドラサで採用されたカリキュラムの再構成を試みているが（Isogai 2018）、その過程で明らかになった帝政期前夜の主要な法学分野の

ワー文書の余白部には根拠学説が記載されるが、筆者の見る限り、同内容の事案を扱うファトワー文書では、多くの場合、提示される根拠学説もほぼ同一となる。したがって、ファトワー文書に繰り返し現れる法学説を分析することで、当時の規範学説の相当程度の解明が期待される。

第2の課題は、オスマン帝国史研究との連動の必要性である。サルトリは、中央アジアのシャリーア法廷および当地における規範学説形成過程への国家の介入の有無に大きな関心を寄せる。これは、いわゆるシャリーアの領域への国家の介入を強調する近年のオスマン帝国史研究（Peters 2005; Burak 2013など）の動向を意識したものだろう。また、中央アジア土地制度研究史上の主要な論点の幾つかにつきコメントしたシュワルツは、ヨハンセンの研究（Johansen [1988] 2017）に言及しながら、マムルーク朝期からオスマン朝期のエジプトにおいて進行した私有地、ワクフ地の接収、国有地化という現象が、ティムール朝期以降の中央アジアにおいてもパラレルに展開したとの仮説を提示している（Schwarz 2010）。分厚い研究蓄積をもつオスマン帝国史研究との連動は、今後より重要となるだろう。その意味で、オスマン帝国史研究においてすでに多くの成果を産み出している、法廷文書を利用した家族史研究は有望な領域である。豊富な法廷台帳を利用可能な帝政期中央アジアならば、同様の研究を実施できる可能性が高いからである。未だ初歩的なものではあるが、現地の法廷文書に依拠した家族史研究も発表されている（Welsford 2013; 磯貝健一 2019）。

第3の課題は、ロシア帝国内の他のムスリム地域を対象とした研究との連動の必要性である。現在、ロシア帝国内のムスリム集住諸地域の研究は、相互参照を前提に進めるのがスタンダードとなっている。この傾向は近年の論集（Sartori and Ross 2020; 磯貝真澄・磯貝健一 2022）にも顕著であり、いずれも中央アジアのほか、ヴォルガ・ウラル地域、コーカサスといった帝国内の複数のムスリム集住地域をカバーしている。ロシア帝国領内で作成されたアラビア文字シャリーア法廷文書の研究は、これまで専ら中央アジア地域を

教科書は、サルトリが提示する当時の規範的法学書とは必ずしも一致しない。教育の現場で使用される法学書と、司法の現場で使用されるそれが別個のものであった可能性を想定する必要があるだろう。

対象としてきたが、近年ではコーカサスやヴォルガ・ウラル地域のシャリーア法廷および法廷文書を扱う研究も現れている。コーカサスの法廷文書を扱う塩野﨑の研究（2021a; 2021b; 2022）、ヴォルガ・ウラル地域のそれを扱う磯貝真澄の研究（2014; 2015; 2022）は、世界的に見ても他に類のない本格的なシャリーア法廷（文書）研究といえよう。近代ロシア帝国史研究の一環としても、帝国内各地で作成されたシャリーア法廷文書の比較研究の重要性は今後より一層高まるだろう。

5．文献目録

Abduraimov, M.A., 1970, *Ocherki agrarnyh otnoshenii v Bukharskom khanstve v XVI- pervoi polovine XIX veka*, vol. 2, Tashkent: Izdatel' stvo Fan Uzbekskoi SSR.

Abdurasulov, Ulfatbek, 2012, "Atā, ʾī-Mulk and Yārlīqlī-Mulk: Features of Land Tenure in Khiva," *Der Islam*, 88(2): 308-323.

Aminov, H.A. and O.ʿA. Sultonov, 2016, *Kolonial Turkistonda qozilar daftari: Toshkent, 1887 (Qāḍīs' Register in Colonial Turkestan: Tashkent, 1887)*, Tashkent: Navro'z.

アシルベク・ムミノフ／ナーディルベク・アブドゥルアハトフ／河原弥生編、2007、『新疆およびフェルガナのマザール文書（影印）-3-』東京外国語大学アジア・アフリカ言語文化研究所。

Bartol' d, V.V., [1927] 1963, "Istoriya kul' turnoi zhizni Turkestana," V. V. Bartol' d, *Sochineniya*, vol. II part I, Moscow: Vostochnaya literatura, 167-433.（小松久男監訳、2011、『トルキスタン文化史 2』平凡社。）

Bregel, Yuri, 2007, *Documents from the Khanate of Khiva (17th-19th centuries)*, Bloomington: Indiana University.

Burak, Guy, 2013, "The Second Formation of Islamic Law: The Post-Mongol Context of the Ottoman Adoption of a School of Law," *Comparative Studies in Society and History*, 55 (3): 579-602.

Chekhovich, O.D., 1964a, "Terminologicheskie zametki," *Narody Azii i Afriki*, 6: 69-74.

Chekhovich, O.D., 1964b, *Dokumenty k istorii agrarnykh otnoshenii v bukharskom khanstve, vypusk I, Akty feodal'noi sobstvennosti na zemlyu XVII-XIX vv.*, Tashkent: Akademiya nauk UzSSR.

Chekhovich, O.D., 1979, "V.V. Bartol' d i puti dal' neishego issledovaniya problemy milka," E. A. Davidovich et al. eds., *Formy feodal'noi zemel'noi sobstvennosti i vladeniya na blizhnem i srednem vostoke*, Moscow: Nauka, 146-158.

Davidovich, E.A., "Feodal' nyi zemel' nyi milk v Srednei Azii XV-XVIII vv.: Sushchnost' i transformatsiya," E. A. Davidovich et al. eds., 1979, *Formy feodal'noi zemel'noi sobstven-*

nosti i vladeniya na blizhnem i srednem vostoke, Moscow: Nauka, 39-62.

磯貝健一、2002、「中央アジア古文書学における書式研究の可能性——合法売買文書によるケース・スタディ」新免康編『中央アジアにおける共属意識とイスラムに関する歴史的研究』平成11年度～平成13年度科学研究費補助金・基盤研究 A(2)（課題番号：11691011）研究成果報告書、51-66。

Isogai, Kenichi, 2003, "A Commentary on the Closing Formula Found in the Central Asian Waqf Documents," Kondo Nobuaki ed., *Persian Documents: Social History of Iran and Turan in 15th-19th Centuries*, London: Routledge, 3-12.

磯貝健一、2006、「イスラーム法廷」小杉泰・江川ひかり編『イスラーム——社会生活・思想・歴史』新曜社、163-170。

磯貝健一、2009、「イスラーム法とペルシア語——前近代西トルキスタンの法曹界」森本一夫・前田弘毅編『ペルシア語が結んだ世界』北海道大学出版会、97-128。

Isogai, Kenichi, 2011, "Seven Fatwa Documents from Early 20th Century Samarqand: The Function of Mufti in the Judicial Proceedings Adopted at Central Asian Islamic Court," *Annals of Japan Association for Middle East Studies*, 27(1): 259-282.

Isogai, Kenichi, 2013, "The Judicial Documents Produced in the Shariʿa Courts of Russian Turkestan"『追手門学院大学国際教養学部紀要』7: 59-75.

磯貝健一、2013、「近代中央アジア・イスラーム法廷文書の世界」『歴史と地理——世界史の研究』661: 21-30。

磯貝健一、2014、「シャリーア法廷裁判文書の作成システム——帝政期中央アジアのカーディーと『タズキラ』」堀川徹・大江泰一郎・磯貝健一編『シャリーアとロシア帝国——近代中央ユーラシアの法と社会』臨川書店、130-165, xx-xxii。

Isogai, Kenichi, 2018, "Waqf as a Device for Sustaining and Promoting Education: A Case from Pre-modern Central Asia," Miura Toru ed., *Comparative Study of the Waqf from the East: Dynamism of Norm and Practices in Religious and Familial Donations*, Tokyo: The Toyo Bunko, 41-61.

磯貝健一、2019、「遺産の共有——19世紀後半から20世紀初頭中央アジアの家族と家産継承」『西南アジア研究』89: 87-116。

磯貝健一、2022a、「ロシア・ムスリム・Legal Pluralism——歴史学と法学の対話」磯貝真澄・磯貝健一編『帝国ロシアとムスリムの法』昭和堂、1-12。

磯貝健一、2022b、「二種の判決文——中央アジア・シャリーア法廷の文書作成業務」磯貝真澄・磯貝健一編『帝国ロシアとムスリムの法』昭和堂、107-138。

磯貝健一・矢島洋一、2006、「附録 中央アジア古文書研究セミナー配布資料」堀川徹編『中央アジアにおけるムスリム・コミュニティーの成立と変容に関する歴史学的研究』平成14年度～平成17年度科学研究費補助金・基盤研究 A(1)（課題番号：14201037）研究成果報告書、205-298。

磯貝真澄、2014、「ヴォルガ・ウラル地域におけるムスリムの遺産分割——その制度と事例」堀川徹・大江泰一郎・磯貝健一編『シャリーアとロシア帝国——近代中央ユーラシアの法と社会』臨川書店、103-129, xviii-xx。

磯貝真澄、2015、「19世紀後半ロシア帝国ヴォルガ・ウラル地域のムスリムの遺産分割争い――オレンブルグ・ムスリム宗務協議会による『裁判』とイスラーム法」『東洋史研究』74(2): 355-386。

磯貝真澄、2022、「ロシア帝国的『イスラーム法』の構造――ヴォルガ・ウラル地域のムスリムの婚姻・離婚」磯貝真澄・磯貝健一編『帝国ロシアとムスリムの法』昭和堂、47-77。

磯貝真澄・磯貝健一編、2022、『帝国ロシアとムスリムの法』昭和堂。

磯貝真澄・塩谷哲史・磯貝健一、2022、「中央ユーラシアのムスリムとロシア帝国法――宗務行政と植民地行政」磯貝真澄・磯貝健一編『帝国ロシアとムスリムの法』昭和堂、15-45。

伊藤秀一、1999、「中央アジアにおけるロシア人の統治［I］――パレン伯の勅命査察報告を中心に」『日本大学文理学部人文科学研究所研究紀要』57: 1-24。

伊藤秀一、2000、「中央アジアにおけるロシア人の統治［II］――パレン伯の勅命査察報告を中心に」『日本大学文理学部人文科学研究所研究紀要』60: 1-16。

伊藤秀一、2001、「中央アジアにおけるロシア人の統治［III］――パレン伯の勅命査察報告を中心に」『日本大学文理学部人文科学研究所研究紀要』61: 1-23。

Johansen, Baber, [1988] 2017, *The Islamic Law on Land Tax and Rent: The Peasants' Loss of Property Rights as Interpreted in the Hanafite Legal Literature of the Mamluk and Ottoman Periods*, London and New York: Routledge.

Karimov, El' er, 2007, *Regesty kaziiskikh dokumentov i khanskikh iarlykov khivinskogo khanstva XVII-nachala XX v.*, Tashkent: Fan.

Karimov, F. et al., 2009, *Sebzor dahasi qozisi faoliyatiga oid hujjatlar*, Tashkent: Uzbekistan.

Kawahara, Yayoi, 2012, *Private Archives on a Makhdūmzāda Family in Marghilan*, Tokyo: NIHU Program Islamic Area Studies.

Kawahara, Yayoi and Umed Mamadsherzodshoev, 2013, *Documents from Private Archives in Right-Bank Badakhshan (Facsimiles)*, Tokyo: NIHU Program Islamic Area Studies.

Kawahara, Yayoi and Umed Mamadsherzodshoev, 2015, *Documents from Private Archives in Right-Bank Badakhshan (Introduction)*, Tokyo: NIHU Program Islamic Area Studies.

Kurbanov, G.N., 1987, *Bukharskie pechati XVII-nachala XX vekov (katalogi)*, Tashkent: Uzbekistan.

Kurbanov, Golib, 2006, *Materialy po sredneaziatskoi sfragistike: Bukhara, XIX-nachalo XXvv.*, Tashkent: Izdatel' sko-poligraficheskii tvorcheskii dom imeni Gafura Gulyama.

Majalla, AH1305/ [1888-9], *Majallat al-Aḥkām al-ʿAdlīya*, Qusṭanṭinīya [Istanbul]: Maṭbaʿat al-Jawāʾib.

Mukhtarov, A., 1963, *Materialy po istorii Ura-tiube, Sbornik aktov XVII-XIX vv.*, Moscow: Vostochnaya literatura.

大江泰一郎、2014、「中央アジアにおけるロシア法とイスラーム法の交錯――土地所有権を中心として」堀川徹・大江泰一郎・磯貝健一編、2014、『シャリーアとロシア帝国――近代中央ユーラシアの法と社会』臨川書店。

Palen, K.K., 1909, *Otchet po revizii Turkestanskogo kraya, proizvedennoi po vysochaishemu poveleniyu senatorom gofmeisterom grafom K.K. Palenom/ Narodnye sudy Turkestansko-*

go kraya, St. Petersburg: Senatskaya tipografiya.

Peters, Rudolph, 2005, "What Does It Mean to Be an Official Madhhab: Hanafism and the Ottoman Empire," P. Bearman, R. Peters, and F. Vogel eds., *The Islamic School of Law: Evolution, Devolution, and Progress*, Cambridge MA: Harvard University Press, 147–158.

Pravilova, Ekaterina, 2011, "The Property of Empire: Islamic Law and Russian Agrarian Policy in Transcaucasia and Turkestan," *Kritika*, 12(2): 353–386.

Rostislavov, I.N., 1879, *Ocherk vidov zemel'noi sobstvennosti i pozemel'nyi vopros v Turkestanskom krae*, St. Petersburg: Tipografiya brat. Panteleevykh.

Sartori, Paolo, 2008, "Judicial Elections as a Colonial Reform: The Qadis and Biys in Tashkent, 1868–1883," *Cahiers du monde russe*, 49(1): 79–100.

Sartori, Paolo, 2009, "An Overview of Tsarist Policy on Islamic Courts in Turkestan: Its Geneology and its Effects," *Cahiers d'Asie centrale*, 17/18: 477–507.

Sartori, Paolo, 2010, "Colonial Legislation Meets Sharīʿa: Muslims' Land Rights in Russian Turkestan," *Central Asian Survey*, 29(1): 43–60.

Sartori, Paolo, 2016, *Visions of Justice: Sharīʿa and Cultural Change in Russian Central Asia*, Leiden and Boston: Brill.

Sartori, Paolo, 2020, "What We Talk About When We Talk About Taqlīd in Russian Central Asia," Paolo Sartori and Danielle Ross eds., *Sharīʿa in the Russian Empire: The Reach and Limits of Islamic Law in Central Eurasia, 1550–1917*, Edinburgh: Edinburgh University Press, 299–327.

Sartori, Paolo and Ulfat Abdurasulov, 2020, *Seeking Justice at the Court of the Khans of Khiva (19th - Early 20th Centuries)*, Leiden and Boston: Brill.

Sartori, Paolo and Danielle Ross eds., 2020, *Sharīʿa in the Russian Empire: The Reach and Limits of Islamic Law in Central Eurasia, 1550–1917*, Edinburgh: Edinburgh University Press.

Schwarz, Florian, 2010, "Contested Grounds: Ambiguities and Disputes over the Legal and Fiscal Status of Land in the Manghit Emirate of Bukhara," *Central Asian Survey*, 29(1): 33–42.

塩野﨑信也、2021a、「離婚裁判の上訴とエリザヴェートポリ県メジュリスの不適切な事務処理」『龍谷史壇』151/152: 29–49。

塩野﨑信也、2021b、「ロシア帝政期南東コーカサスの離婚裁判――２度結婚した後に２度離婚した未婚女性の事例」『東洋史研究』80(3): 513–548。

塩野﨑信也、2022、「『仲裁』するシャリーア法廷――南東コーカサスにおける裁判の制度と実態」磯貝真澄・磯貝健一編『帝国ロシアとムスリムの法』昭和堂、79–106。

菅原純・河原弥生編、2006、『新疆およびフェルガナのマザール文書（影印）-1-』東京外国語大学アジア・アフリカ言語文化研究所。

Urunbaev, A. et al., 2001, *Katalog khivinskikh kaziiskikh dokumentov XIX-nachala XXvv.*, Tashkent and Kyoto.

Urunbaev, A. et al., 2007, *Katalog sredneaziatskikh zhalovannykh gramot iz fonda Instituta vostokovedeniya im. Abu Raikhana Beruni Akademii nauk Respubliki Uzbekistan*, Halle:

Orientwissenschaftliches Zentrum.

Welsford, T., 2013, “Fathers and Sons: Re-readings in a Samarqandi Private Archive,” P. Sartori ed., *Explorations in the Social History of Modern Central Asia* (*19th - Early 20th Century*), Leiden and Boston: Brill, 299-323.

Welsford, Thomas and Nouryaghdi Tashev, 2012, *A Catalogue of Arabic-Script Documents from the Samarqand Museum*, Samarqand: International Institute for Central Asian Studies.

矢島洋一、2014、「ロシア統治下トルキスタン地方の審級制度」堀川徹・大江泰一郎・磯貝健一編『シャリーアとロシア帝国——近代中央ユーラシアの法と社会』臨川書店、166-187, xxiii-xxvi。

Yajima, Yoichi, 2016, “Russian Supervision over Islamic Courts in Early Twentieth-Century Samarqand,” *Annals of Japan Association for Middle East Studies*, 32(2): 21-32.

Yastrebova, O.M., 1999, *Persidskie i tadzhikskie dokumenty v otdele rukopisei Rossiiskoi natsional'noi biblioteki*, St. Petersburg: Rossiiskaya natsional' naya biblioteka.

Yusupov, M.S., [1941] 2016, *Sud v Bukhare: Sudoustroistvo i sudoproizvodstvo v Bukharskom emirate v kontse XIX - nachale XX v.* (*Tekst i vvodnaya stat'ya: Ul'fat Abdurasulov i Paolo Sartori*), Tashkent and Wien. (https://seeinglikeanarchive.files.wordpress.com/2014/09/sud-v-bukhare-sudoustroistvo-i-sudoproizvodstvo-v-bukharskom-emirate.pdf accessed on 8/11/2024)

4-4. カージャール朝期法廷文書（イラン）

阿部尚史

1. はじめに

ペルシアには表向きは法律の体系がある。しかし、実際はなきに等しい。衝動、熱情、腐敗、ご都合主義、権力といったものが法を動かしており、正しいことと誤ったことを事実上審判している。(Sheil 1856: 169)

19世紀半ばにイランを訪れたイギリス人女性（現アイルランド出身）シェイル夫人（1825—1869年）は、イラン社会における法の支配を懐疑的な眼差しで観察していた。しかし彼女が知っているイギリスや欧州大陸、さらには隣国オスマン帝国とも異なっているにせよ、いうまでもなく当時のイラン社会にも法秩序はあり、法廷と法廷文書も存在した。本節では、カージャール朝期（1796—1925年）の法廷文書を、法廷の在り方にも留意しながら通観する。

16世紀初頭にサファヴィー朝（1501—1736年）が成立し、12イマーム・シーア派を公式宗派と定めて以降、その支配領域であるイラン地域[1)]は徐々にシーア派化した。18世紀前半にサファヴィー朝がアフガン族の侵攻を受けて事実上崩壊すると、戦乱と一時的な平和が交互におとずれる不安定な時代が続いた。イランにおける混乱に終止符を打ち、1796年に成立したカージャール朝（1925年滅亡）は、12イマーム派信徒の庇護者という主張を支配の正統性の根拠に位置付けていた。ただしカージャール王家は預言者ムハンマドの子孫を称したサファヴィー朝と異なり、出自の点で特段の優位性を有していたわけではなく、サファヴィー朝を支えたトルコ系部族勢力のキジルバシュに直接の起源を有するに過ぎなかった。こうした背景もあってか、

1）イランの歴史的な領域理解については、羽田（2020）参照。

カージャール朝の地方行政府がサファヴィー朝期よりもシャリーアに忠実な傾向が見て取れる事例（中央部ヤズドのワクフの事例）も報告されている（岩武 1993: 10–14）。

サファヴィー朝成立以降のシーア派化に伴い、司法行政とイラン各地のシャリーア法廷業務がどのように変化したかについては、近藤信彰の最近の研究が包括的な見取り図を示している（近藤 2023: 90–103）。それによると、シーア派政権であるサファヴィー朝は、旧来のスンナ派王朝の司法行政枠組みを模倣した。一方、法学意見（fatvā）を発行する有資格の法学者を重視する12イマーム派法学（ジャアファリー派法学）の原則に従って、公的な組織の外にいた法学者が法律実務において影響力を伸張させる事態が徐々に生まれたという（近藤 2023: 95–96）。

18世紀末にカージャール朝が成立した時点では、支配地域の住民のシーア派化は国境周辺地域を除けばほぼ達成されていたとみられ、シャリーア法廷での実際の審理も12イマーム派法学に基づいていた。ただしシーア派化によって、それ以前の契約や法廷文書が無効化されたわけではない。たとえばサファヴィー朝以降においても、それ以前のワクフ文書などの法的効力は基本的に認められていた。たとえば、ティムール朝期（1370―1507年）15世紀からカージャール朝期19世紀までのヤズドのワクフ財の運用を論じる岩武の研究を見る限り、サファヴィー朝政権によってシーア派化以前のワクフが廃棄された形跡は見られない（岩武 1993）。イラン北西部のアルダビールにあるサファヴィー家祖廟（シェイフ・サフィー廟）はサファヴィー朝成立以降も、14世紀モンゴル期にも遡るシーア派化以前の財産も数多く保有していた。

２．カージャール朝期の法廷史料の研究動向

西アジア史という文脈でいうと、オスマン帝国支配地域に関しては、法廷文書・台帳を用いる研究は無数にみられるが（本書４－２参照）、イラン史研究では異なる。旧オスマン帝国支配地域のシャリーア法廷台帳はある程度系統的に遺され、古くから研究に用いられているのに対して、イランではよう

やく最近になって、法廷文書史料の収集・公刊が進展しつつある。本節でも利用する“Women' s World in Qajar Iran”というウェブサイトや主に既刊のペルシア語文書を収集して公開するAsnad.orgは、今後さらなる研究への活用が期待される（阿部 2019: 46）。また近年イランでは文書館の利用状況が改善され、またそうした機関に所蔵される文書の公開・出版のほか、私的に所蔵されていた文書の刊行事業も徐々に進められている[2)]。このように研究環境は整いつつあるものの、文書に基づく研究は、現地での調査（文書館や現地での文書の探索など）が欠かせない。豊富な資金力を背景にイラン史研究でも重要な役割を担うアメリカ在住の研究者や大学院生が、外交関係上の理由でイランでの調査を行えないことが、この分野の研究の進展の妨げとなっている（阿部 2019: 44）。加えて、現地イラン人研究者のなかでも、シャリーア法廷文書を含む文書史料を社会史、社会経済史、家族史などの研究につなげる関心が必ずしも高くなかった[3)]。

こうした事情もあって、18、19世紀のイラン史研究には、現在においても現地で作成された文書史料に基づく研究の蓄積が十分ではない。この時代のイラン地域にかんしては、どちらかといえば、王朝の興亡など政治史のほか、地域史、国家と宗教、中央・地方関係、近代化、教育、対外関係、遊牧部族、ナショナリズム、ジェンダー問題といった論点に関心が向けられる傾向が強かった。2000年以降になって法廷文書などを用いた社会史、社会経済史的な課題に取り組む本格的な研究が、現地イランも含めて世界的にも徐々に増えてきた。そして法廷文書の形態や文書作成にかかわる研究も（他地域と比較して遅れているが）、比較的最近になって積極的に著されるように

2）イラン中部の教学都市コムの出版社イスラームの遺産協会（Majma'-e Ẕakhā'er-e Eslāmī）は、イラン各地から収集した文書史料を続々と刊行している。また北東部マシュハドのシーア派第８代イマームのレザーの廟に付属するイスラーム研究財団（Bonyād-e Pazhūhesh-hā-ye Eslāmī）も主にレザー廟やマシュハドにかかわる文書史料集を公刊している。このほか、日本でも東京大学東洋文化研究所が東洋学研究情報センター叢刊として「ペルシア語文書集成」と題するハーシェム・ラジャブザーデ氏による私蔵文書の写真と翻刻の出版事業を行っており（2024年２月時点で10巻まで刊行済み）、そこにはイランのシャリーア法廷文書が多数含まれている。

3）2007年にイランのテヘラン大学人文学部歴史学科内に写本・歴史文書研究専攻が設置されたため、今後の研究進展が期待されている。

なってきたのである（Werner 2003; Werner 2021; Reżāʾī 2008; 近藤 2005a; Bhalloo 2023）。

以下においては、これまでの研究成果を参考にカージャール朝期のシーア派法学者と司法制度を概観したうえで、カージャール朝期の法廷文書[4)]の特徴を説明したい。

3．カージャール朝期イランの法学者

カージャール朝イラン社会において、シーア派ウラマーは、スンナ派地域と同様に法学者をはじめ、裁判官、モスクの導師、学院の教授、神学者、哲学者など多岐にわたる職業に就いていた。広くイスラーム知識人を意味する「ウラマー」をどのような人間集団と想定するか議論されることもあるが、本節ではそのうちの法学者としての役割を主に取り上げるため、基本的に「シーア派法学者」として記述を進める。シーア派法学者のなかでは、特にイジュティハード（法解釈権）を行使する法学権威（モジュタヘド）の役割が大きい。カージャール朝期において、彼らは基本的に国家から独立しており、いわゆる裁判官や法曹としての法律実務にかかわる活動は、政府の監督下になかった。旧来よりウラマーと政治権力との関係については、西アジア史研究でたびたび取り上げられてきた。たとえば初期イスラーム時代にかんしても、（この場合スンナ派）ウラマーが裁判官として国家権力に取り込まれることを拒否した逸話なども知られている（堀井 2004: 60）。18世紀末のカージャール朝成立以前から、12イマーム派法学にかかわる教学の中心地はイランから離れて、オスマン帝国内イラクの中部のアタバートと呼ばれるシーア派聖地（具体的にはイマームの聖廟のあるナジャフ、カルバラー、サーマッラー、カーズィマイン）に移っていた。そして、最高位のシーア派法学権威

4）カージャール朝期イランの人口のかなりの部分はシーア派化していたと考えられるが、現在に至るまでスンナ派住民も存在している。本節では主にシーア派法学者が作成した法廷文書を取り上げ、イランのスンナ派法学者による法廷文書は取り上げない。なおカージャール朝期スンナ派による法廷文書に関して、レザーイーはカージャール朝前期コルデスターン地方のシャーフィイー法学派の売買文書を取り上げ、そこにみられる特徴的な語彙を分析している（Reżāʾī 1388sh/2009）。

（模倣の源泉を意味するマルジャア・タクリードと呼ばれる）たちは主に聖地アタバートに居住しており、そもそもカージャール朝から直接的な介入を受けにくい環境にあった。一方で彼らの法学意見（ファトヴァー）や法勧告(ḥokm)[5]はイラン国内における法判断を左右した（近藤 2004: 135-136）。特に有名なのは、19世紀末のタバコボイコット運動におけるサーマッラー在住の最高位の法学権威であったモハンマドハサン・シーラーズィー師による外国資本煙草の喫煙禁止の法学意見であろう。これによって民衆の政府批判は勢いづき、最終的にカージャール朝政府は英資本への煙草専売利権譲渡の撤回に追い込まれたのである。

聖地アタバート在住のシーア派法学権威は、イラン国内の信徒ネットワークによって人的・物的に支えられていた。世襲よりも学識を重視するアタバートの学究環境は、新規参入者を歓迎し、イランから多くの法学者の卵を迎え入れた。彼らはアタバートで学んだ後、さらなる学究を志して同地に残る一部の者を除いて、故地に戻ったり、師の代理として各地に派遣されたりして、アタバートとイラン各地を結んだのである（Litvak 1998: 42-43）。アタバートの法学権威たちの経済的な基盤は、ワクフ財からの収益よりもこうした弟子を介して信徒（特にバーザール商人）からもたらされるイマームの取分（ホムス）と呼ばれる宗教的喜捨であった（Litvak 1998: 25-27, 36-38, 103-104）。ホムス（アラビア語の発音ではフムス）は原義としては５分の１で、預言者に支払う収入の５分の１税を意味するようになった。その後シーア派信徒にはイマームに支払うものと理解され、さらにイマーム不在時にはイマームの代理人たる高位法学権威に支払うことになっていた。

５）法学意見は、事案を抽象化した問答形式をとり（基本的に日付はない）、ホクムはスンナ派法学では裁判の判決を意味する。本節で法勧告と翻訳したカージャール朝期イランのホクムは、具体的な事案を実態に即した形（地名、人名など実名で、また日付も付される）で記される（裁判の判決より幅広い勧告）。またカージャール朝期には、ホクムとファトヴァーという語がほぼ同義で用いられるようになった（近藤 2005a: 182-184）。本節で述べた通り、カージャール朝期の個々の法学権威はそれぞれ法廷を主宰し、執行のための強制力は有しないものの、それぞれの法学権威が下す法勧告には法的拘束力を有したことがその背景にあると考えられる。実際に、法学意見は法勧告に包摂されるものとして理解されており、レザーイーが刊行した史料集(Reżāʾī ed. 1383sh/2004）は『51の質問と法勧告』という題目のもと、両方の形式の文書を含む。

シーア派法学者には、学生（ṭalabe）を出発点としアタバートの最高位の法学権威たちを頂点とする位階構造が存在する。この位階構造は19世紀前半にはほぼ形成されていたと考えられる。彼らはイスラーム法学の知見を深めて、他の法学者たちに認められていくなかで、セカトル＝エスラーム（イスラームの権威）、ホッジャトル＝エスラーム（イスラームの証拠）、ホッジャトル＝エスラーム・ヴァル＝モスレミーン（イスラームと信徒の証拠）、アーヤトッラー（神の徴）といった称号で呼ばれるようになる。イラン国内またはアタバートで学んだ法学者たちのなかでイジュティハードに達した法学権威がイラン各地で法廷を主宰し、契約締結の仲介者となり、また民事上の紛争解決に従事していたのである。

4．カージャール朝期のシャリーア法廷

カージャール朝期のシャリーア法廷とは、有識の法学者が契約等の認証、法勧告の発行、紛争の審理など法的な手続きを行うその現場を指す。したがって、具体的な建築物のなかに法廷が設置されているような物理的な環境や秩序ある制度を必ずしも必要とはしていなかったといえる。これまでの研究から、法学者の私邸で審理が行われた事例（近藤 2004）、地方知事の私邸に法学者や関係者が集められて審理された事例（阿部 2020: 288）が知られている。またイラン南部ファールス地方の中心都市シーラーズで18世紀以来代々法廷を運営し、シェイホルエスラーム（下参照）の称号を有していたタンマーミー家も、私邸で法廷業務も行っていたが（Reżāʾī 1390sh/2011: 69）、そこで作成された法廷文書には「イスラームの固き法廷（maḥkame-ye moḥkame-ye Eslāmīye）において契約が締結された」と記されている（Reżāʾī 1385sh/2006a: 81）。

このようなカージャール朝期シャリーア法廷の実態理解は、2000年以降の研究によって大きく変化したものである。1990年代までは、カージャール朝期の司法制度はシャリーア法廷と世俗法廷の二元体制をとり、シャリーア法廷は政権の一定の管轄下に階層的な秩序をとって運営されていたとするのが一般的な理解であった。こうした理解を定式化したオランダのウィレ

ム・フロールによれば、主要都市には中央政府から任命されたシェイホルエスラーム（原義は「イスラームの長老」）がいるが、さらに大都市にはシェイホルエスラームの管轄下にカーディー（裁判官）が配置されていた。小都市にはカーディーのみ、また村落にはアーホンドと呼ばれる下位の法学者がいたという（Floor［1983］1992: 113）。他方フロールは、法学者たち自身は、俸給を受け取りつつも国王の影響下に置かれていると見られることを好まなかったとも指摘している（Floor［1983］1992: 113）。ここからは、フロールが19世紀末以降のタバコボイコット運動や立憲革命、さらに1979年のイスラーム革命を意識して、シーア派法学者の独立性や政権との微妙な関係を折衷的に取り入れていることがうかがえる。近藤によれば、カージャール朝の司法制度を二元的とし、シャリーア法廷を階層構造と捉える分析枠組みは、現地のペルシア語法廷文書ではなく19世紀初頭にイランを訪れたイギリスのジョン・マルコムの著作に依拠したもので、基本的にサファヴィー朝期の司法制度解釈の延長線上にある（近藤 2005a: 180）。

フロールに代表される旧来の理解の枠組みに対して、ドイツのヴェルナーが2000年に刊行したタブリーズの社会史的研究（Werner 2000）や、近藤によるテヘランを中心としたワクフや司法制度に関する研究（近藤 2004; Kondo 2017）は、従来のカージャール朝期の司法制度、法廷に関する理解に重大な変更を迫った。ペルシア語法廷文書史料に基づく両者の研究によると、イラン社会においては遅くともカージャール朝成立前の18世紀後半の時点では、契約締結にかかわる公証業務および民事紛争解決などの裁判業務は、独立したシーア派法学権威個人が主宰する法廷で実施されており、法学権威たちはその業務を行うに際して、国家からの任命や委託を受けているわけではないというものだった。ただしシーア派法学者たちは必ずしも政府と対立関係にあったわけでない。法学権威・法学者の側は、民事案件であっても強制執行に際しては政府の協力を必要とした。カージャール朝政府としても、民事にかかわる案件を処理する際に、有力な法学権威に諮問した例も見られ、両者の一定の協力関係が前提となっていた。一方で、殺人や窃盗などの刑事事件は、地方知事の裁量でイスラーム法を尊重しながら、基本的には行政の一貫として処理されていたという（近藤 2009: 289–291）。

このように、カージャール朝およびその直前の18世紀後半におけるイランのシャリーア法廷は、行政の一部として機能していたオスマン帝国の事情とは大きく異なる。オスマン帝国支配下にあった地域では、司法および地域行政の記録としてシャリーア法廷台帳が多数作成され、伝存している（大河原 2005: 143）。他方そうした制度的な背景がないイランでは、法廷台帳はあまり残されておらず、基本的に法学権威個人の記録として個別に偶然残されているに過ぎない[6)]。カージャール朝イランにおいては、法廷を主宰する個々の法学権威が、遅くとも19世紀頃から自身が作成した法廷文書を記録し、控を作成したとみられる。20世紀初頭の立憲革命に活躍したファズロッラー・ヌーリーの1303/1885―1306/1889年の契約を記録する台帳（Etteḥādīye and Rūḥī eds. 1385sh/2006）や、19世紀後半テヘランの高名な法学権威サイエド・サーデク・サンゲラジーの1284/1867年と1285/1868年の契約を対象とする台帳の一部（Reżāʾī ed.1387sh/2008）などがこれまでに刊行されている。イランのシャリーア法廷文書の記録と控作成の古い例として南部のファールスの中心都市シーラーズで法廷を営み、シェイホルエスラームの称号を有したタンマーミー家の例がある。レザーイーは、このタンマーミー家が恐らく19世紀半ば以前に自身の運営する法廷で作成したり認証したりした文書を登記していたことを指摘し（Reżāʾī 1385sh/2006a: 81）、この法廷で作成されたとみられる1274/1857年付の小ぶりな料紙状の文書控3点（および1321/1904年付の巻子状の控1点）を紹介している（Reżāʾī 1387sh/2008）[7)]。

5．カージャール朝期のシャリーア法廷文書

オスマン帝国のシャリーア法廷は、一般的に想定される法廷としての役割

6）バルーはサファヴィー朝期16世紀後半のシャリーア法廷文書における登録の印と書込みを紹介し、当時の司法においても文書の登録手続きが行われていた一端を明らかにしている（Bhalloo 2023: 30-37）。
7）バルーは、小ぶりな料紙（ファルド）による法廷文書の控の作成を、おそらくサファヴィー朝期の財務行政における控作成技術に淵源を持つのではないかと推測している（Bhalloo 2023: 86-88）。

に加えて地方行政の拠点としても機能していた。そのため、そこで作成されまた処理される文書は、必ずしも狭義の契約文書や裁判文書に限らなかった（大河原 2005: 147-148）。他方、カージャール朝期イランのシャリーア法廷は、政府から直接監督を受けない独立した法学権威によって個人的に主宰されており、法学権威が法的な手続きを行うその場が事実上の法廷であった（承前）。彼らの許で作成されたり、認証されたりする文書は、現地イランの研究では「シャリーア文書（asnād-e sharʿī）」と呼ばれ、基本的に契約証書、身分関係、民事紛争にかかわる広範な文書群である。契約文書には、売買契約文書を筆頭として、賃貸借契約文書、ワクフ設定文書、贈与文書、代理契約文書、婚姻契約文書、離婚文書などが含まれる（イスラーム法では婚姻は契約）。法廷においてはこのほか、遺産分割にかかわる文書や、訴訟・紛争にかかわる証言文書（shahādat-nāme）、（承認）陳述文書（eqrār-nāme）、法勧告（ホクム）、法学意見（ファトヴァー）なども作成された[8)]。これまで述べてきたとおり、カージャール朝期に関しては法解釈権を有する法学権威の存在そのものが法廷であるといえるため、法学意見も法廷文書に含まれるのである。カージャール朝期の法廷文書にかんしては、これまでにレザーイーの包括的な概説書（Reżāʾī 2008）において主要な法廷文書18種類が紹介されているほか、ヴェルナーは売買文書と合意契約文書について個別に詳細に考察している（Werner 2003; Werner 2021）。合意（moṣāleḥe）とは19世紀後半以降イランで広く用いられた契約で、売買や賃貸借から紛争の和解まで幅広い契約に適用された（Werner 2021: 869）。

イスラーム法の原則では法廷においては口頭の証言が証拠として重視され、書かれたものは二次的な意味しか持たないとされていたが、実際上は書面の証拠も利用されていた（Schacht［1964］1982: 82-83）。たとえばオスマン帝国では既に16世紀ごろから、法廷で保管されていた過去の契約等を記載する台帳が、裁判時に証拠として参照されていたという（Peirce 2003:

8）レザーイーの研究では、シーア派の法学権威に作成された法関連文書がまとめて「シャリーア文書（asnād-e sharʿī）」と呼ばれている。同書では、上記のほか、財産分割文書、協業契約文書（sherkat-nāme）、借用証書（ẕemme-nāme）、喜捨文書（naẕr）、代理巡礼証明文書、遺言なども解説されている。Reżāʾī（2008）参照。

102)。公的な法廷台帳が存在せず過去の契約文書が容易に参照できないカージャール朝期のイランでは、当事者が自らの権利を裏付ける証書等を保持し、裁判に際して法廷に提出していたようである。筆者が分析した19世紀半ばの裁判例では、実際に紛争当事者が法廷で証拠となる文書・証書を求められ、紛争当事者がそれを提出していた（阿部 2020: 285-293)。またこの裁判の結果下された判決書には、提出された文書の梗概が記載されることもあった（阿部 2020: 285-287)。近藤とバルーは法学者の認証の効力をめぐる問題を、ワクフ地をめぐる紛争を題材に論じている（近藤 2004; Bhalloo 2023: 151-221)。

（1）カージャール朝法廷文書の書式上の特徴

カージャール朝期の法廷文書のレイアウトとして、基本的には、認証をはじめとする法学者などによる書込みが、本文より上の余白に記されることが一般的である。特に重要な契約締結の認証（sejell-e voqūʿī）は、本文の左上余白に記されることが多い（Reżāʾī 2008: 14-15)。契約締結の認証はじめとする法学者による書込みは、定型化され、アラビア語で書かれることが多かった。認証以外の証言や付加的情報は、法学者以外に書き込まれることもあり、主にペルシア語で書かれていた。

こうしたイランの法廷文書のレイアウトが、サファヴィー朝期やそれ以前から共通しているとみるか、変化・断絶があると見るか、研究者の間で意見が分かれている。ヴェルナーはサファヴィー朝期およびそれ以前の法廷文書においては、法学者による認証や証言書込みなどが基本的に本文の下の余白に記されると主張し、18世紀後半以降に本文上部に認証が移動するという変化を見る（Werner 2003: 38-40)[9)]。たしかにこうした古いレイアウトは、たとえば中央アジアなどのシャリーア法廷文書とも共通している。一方で、最近のバルーの研究は、既にイルハン朝支配期14世紀にはカーディーによ

9）本文の下に認証などが記されるサファヴィー朝期までの法廷文書のレイアウトは、同じくペルシア語を主として用いる中央アジアなどの法廷文書にも共通している。認証などの書込みの位置の変化は、18世紀以降イランにおいて独自に発生したとみなしうる。

る認証は本文の左上余白に記されるようになり、サファヴィー朝期にも（左上に限らないが）本文の上部の余白に認証は書き込まれると説明しており、イルハン朝期14世紀からシャリーア文書のレイアウトに一定の継続性があると見ているようである（Bhalloo 2023: 23–27）。

次に、法廷文書の本文部分を概観してみよう。この部分はアラビア語の定型句や法学用語を数多く織り込みながらも、基本的に当時のイランの文語として圧倒的に優勢なペルシア語で書かれていた[10)]。ペルシア語で書かれている一方で、契約にかかわる重要な文の語順は一般的なペルシア語と異なり、アラビア語文法に従って冒頭に動詞が記される（一般的なペルシア語文では文末に動詞が記される）。たとえば契約文書の雛型的な位置づけにある売買文書の場合、動詞（過去形）「売却した（be-forūkht）」が冒頭に記され、そのあとで、主語（一般的なペルシア語では冒頭に来る）となる売主の名が記され、次に買主（間接目的語）、売買対象物件（目的語）、続いて対価の金額が記されるという語順をとる（動詞が過去形で記されるのも、イスラーム法学の基準とアラビア語の契約文書の書式に準じている）。そして最後に契約不履行を禁ずる定型句が挿入される。こうした書式上の雛形は、売買契約とは距離があるかに見える婚姻契約文書でもおおむね踏襲されている。

イランの法廷文書の特徴として挙げられるのが、「スィヤーク」と呼ばれイランをはじめとしてオスマン帝国支配地域やインドでも用いられていた特殊な財務数字を多用していることである。たとえば、売買文書における代金の表記に際して、（算用数字ではなく）アラビア文字で書かれるのに加えて、しばしばスィヤークによる表記も併記される[11)]。売買文書に限らず、賃貸借文書、婚姻契約文書、遺産相続にかかわる計算など数値を表記する際に幅広

10）イランにおいては、イルハン朝支配期以降、法廷文書もペルシア語で書かれる傾向が強まった（Gronke 1984: 161）。ただし文書余白の書込みにかんしては、カージャール朝期においても法学者による内容の認証などはアラビア語で記された。また、アゼルバイジャン地方においては現在も日常生活上の口語はトルコ語系のアゼリー語であるにもかかわらず、19世紀半ばの判決書や（承認）陳述文書においても、法廷などにおける村民の発言はペルシア語で記録されていた（阿部 2020: 300–301）。

11）アラビア文字による数値表記の上部にその額がスィヤークで書かれる。加えて下に「念のために半額（niṣf tākīdan）」と付記して半分の額が挿入されることもある。

くスィヤークが用いられており、カージャール朝の法廷文書を研究するうえで、スィヤークの基礎的な知識が欠かせない[12]。

以下、基本となる売買契約文書と婚姻契約文書を取り上げて、カージャール朝期の法廷文書の特徴を具体的に考える材料としたい。売買文書については、過渡期的な形態を紹介する意図もあって、18世紀の文書を取り上げる。

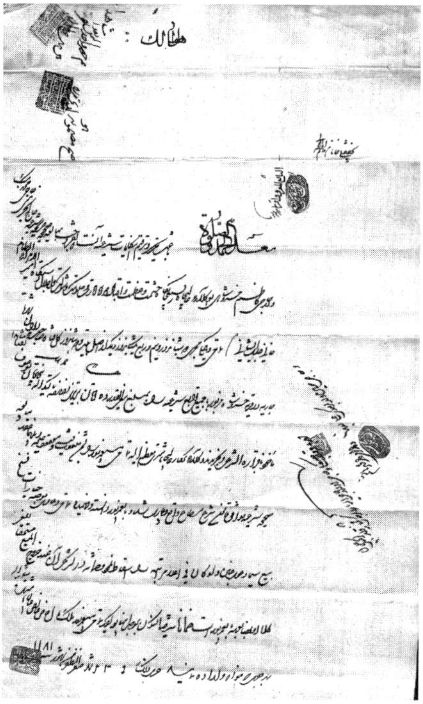

Sāzmān-e Asnād-e Mellī: 2960-12487
（画像）

（2）売買文書例

本文

彼は所有者（mālik）である。

祝福と祈りのあとに。このシャリーアの言葉を記述する原因は以下のとおりである。適法かつ明白で正しい売買によって、ハージー・カーゼム・ホスロウシャーヒーの子である両聖都の巡礼者ハージー・モハンマド・ベグが、偉大なるアミールのなかのアミール、ナジャフコリー・ハーン・ベグラルベギ様――その偉大なる栄光が続きますように――の代理人に、ホスロウシャー村に流れるサーヘブ・ディーヴァーンのカナートとして有名なカナートの22昼夜のうちの2昼夜と4分の3昼夜の水利権を法的な従物と併せて、10タブリーズ・トマン――念のために半額は5トマン――で売却した。対価は、適法な（承認）陳述（eqrār-e sharʿī）によって取得された。そして、前記偉大なる買主殿の代理人は

12）オスマン帝国においてもイランのスィヤークと同根の財務数字は用いられたが、高松洋一氏によればほぼ財務行政に限定され、シャリーア法廷で作成される文書に用いられることはあまり見られないとのことである。

前述の売買目的物をすべて契約上定められた対価で購入した。両者の間に従うべきシャリーアの規定に従って適法な契約と売買が成立した。前記の売主は判断力がある状態で、たとえば詐欺の主張――もしそれが最も高い程度であるとしても――を理由とした売買取消選択に基づくあらゆる権利主張を放棄した。追奪担保責任については、売買目的物の一部または全部に対する第三者の権利が発生した場合、適法な保証にもとづき売主の責任である。現在、この売買契約に基づき、前述の売買目的物は前記買主の完全なる所有物（māl-e khāṣṣ-e khāleṣ）となった。いかなる方法で望み意図するにしても。これは1181年サファル月23日 /1767月21日に書かれた。

印：神のしもべモハンマド1177年

認証

1．その（＝本文）内容は正しい。祈願者（＝法学者の自称）が書いた。なにも必要としない神に頼る者、アサドッラー・ホセイニー
2．そして彼は出廷し、代価を現金で取得した。私はその証人である。なにも必要としない神に頼る者、アサドッラー・ホセイニー
3．既知の売主は文書に書かれた内容を私の前で承認した。モハンマドシャフィー、1175年

証人

キャルブアリーの子モハンマドバーケル（印：ムハンマド家のサイイド、［モハンマド］バーケル）、ハージー・アッラーヤールの子ハージー・モハンマド、キャルバラーイー・アリー・ハーンの子キャルバラーイー・モフタール、キャルバラーイー・アリー・ゾブデ？の子ハージー・ホセイン、両聖都巡礼者ハージー・モハンマドハーシェム（印：ムハンマド家のサイイド［モハンマド］ハーシェム）

1767年に作成された本文書は、認証が文書本文の上に書き込まれるカージャール朝期に一般的なレイアウトをとると同時に、「その内容は正しい」というサファヴィー朝前期まで一般的だった認証定型句（Werner 2003: 40）を契約締結の認証の場所（本文の左上余白）に有する。つまりこの文書には、古い要素も残す過渡期的な様態を観察できるのである。

文書学的考察を除いて、この文書の本文から読み取れる情報は、以下の通りである。

・文書の種類：売買契約
・売主：ハージー・モハンマド・ベグ（ホスロウシャー村在住）
・買主：ナジャフコリー・ハーン・ベグラルベギ
・売買対象物：ホスロウシャー村のサーヘブ・ディーヴァーンのカナートの22昼夜のうちの2昼夜と4分の3昼夜の水利権
・対価：10トマン
・文書作成日付：1181年サファル月23日／1767年7月21日

このほか本文で書かれているのは、取消権の放棄や追奪担保責任など契約締結にかかわる定型句である。つまり、まず通常の売買文書かまたは買戻約款付売買かどうかを確認し、通常の売買の場合、上記の情報を引き出すことが求められる（19世紀イランの買戻約款付売買については近藤 2005b に詳しい）。定型句は必ずしも熟読する必要がないことが多い。なお任意の通常の売買文書1、2点から読み取れる情報だけでは、研究として成立させることは容易ではない。文書の分析をどのような文脈・議論に結び付けていくかが、研究者の手腕の見せ所といえる。

本文分析と併せて重要なのは、認証をはじめとする余白の書込みである。ここで紹介している売買文書では、3名の認証と6名の証人の名前が書き込まれている。こうした情報も研究の可能性を秘めており、売買文書に限らず広くシャリーア法廷文書の認証者を抽出して分析した、本文内容の考察にとどまらない研究例もある。たとえば、レザーイーは19世紀後半のテヘランで活躍し、シャリーア法廷台帳を残すサンゲラジーによるシャリーア法廷文書への書込みや印章を検討し、サンゲラジーの法廷業務の一端（台帳への記録や法廷書記）を明らかにした（Reżāʾī 1385sh/2006b）。また彼はシーラーズのシャリーア法廷における契約文書等の控作成業務を再構成している（Reżāʾī 1385sh/2006a）。

(3) 婚姻契約文書

次に19世紀の婚姻契約文書を取り上げる。イランでは婚姻契約文書は比較的良く目にする[13)]。前出の売買文書に比べて、文章的にも外見上も装飾性が強いものが多く（枠線に金絵具を使用するなど）、骨董的価値および鑑賞目的も含めて伝存しているとみられる。ここでは、“Women's World in Qajar Iran”で公開されている1253/1837年の婚姻文書[14)]を取り上げる。一部判読不能な箇所もあるが、文書の訳文を以下に提示しよう。

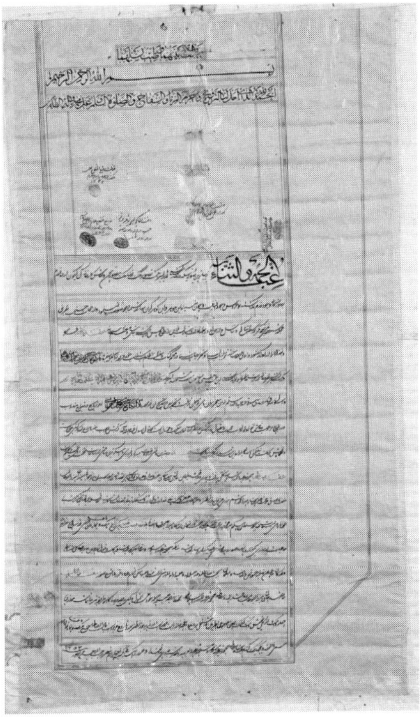

彼・彼女らの間を結び付け、彼・彼女らの子孫を良きものとしたまえ。

慈悲深く慈愛あまねく神の御名において。

我々のために婚姻を許し、姦通を禁じた神に祈りあれ。ムハンマドと彼の清浄なる一族に祈りと平安あれ。

祝福と賛美のあとに。

最も美しい顔は、運命という画室において、比類なき画家の天命のごとき筆描写の指先で[描かれ]、「在れといって生まれた（＝創造）」工房の絵師は、無における消滅から存在という表現の部屋に足を踏み入れると、人間の存在という新婦がいる。そして、この高価な宝石の光のように、少しの存在から像を結ばず、隠蔽というヘジャーブから証明（shohūd. 美人の意味も含まれる）という小部屋への

13）オスマン帝国では国家による結婚管理（結婚税徴収）の必要から、婚姻許可状が存在し、台帳に登録されていた。オスマン帝国末期ダマスクスの婚姻許可状台帳を用いた研究として、大河原（2007）参照。

14）https://nrs.lib.harvard.edu/urn-3:fhcl:11002399（“Women's World in Qajar Iran”より。2024年11月８日最終閲覧）。

道を示さなかった。相互婚姻、生殖、結婚、儀礼的関係、魂の間の結合によることを除いては。かくして、惜しみなく与えるお方（＝神）――その位に栄光あれ、その統治権よ偉大であれ――は、婚姻契約をお命じになった。そして、彼らの契約締結を最も固く最も確かな契約・取決めとした。多数の誘惑と無数の艱難の出現を、ご自身の堅固に書かれたものと卓越した偉大なお言葉のなかでおっしゃり、以下の文言で仰せになる。「あなたがたがよいと思う２人、３人、または４人の女を娶れ」（婦人章／第４章３節）。そして、貧困と欠乏を掻き立てることで、弱い心を映す鏡から、この偉大なる恩寵の古の宝石を、クルアーンの高貴なる節「あなたがたの中独身の者、またあなたがたの奴隷の男と女で廉正な者は、結婚させなさい。かれらがもし貧しければ、アッラーは恩恵により裕福にされよう。アッラーは寛恩深知であられる」（御光章／第24章32節）を含む活き活きとした内容で磨いた。そして、誠実で真正な預言者――彼と彼の一族に祈りと平安あれ――は奇跡を解明し啓示を説明する舌によって、それ（クルアーンの節）を奨励し、鼓舞し、解明して、「結婚はわが慣行である。それから背くものは、わが慣行から外れたものである」とおっしゃった。［つまり］結婚というものは様々な規則、法則において求められ、望まれており、それを防衛することは、心ある者の許で愛され受け入れられ、それを放棄する者は、礼を解する人の視点において打ち砕かれ、見捨てられるのである。神の使徒――彼と彼の一族に［祈りあれ］――がおっしゃったように、結婚とは善と公益の門を開くことであるので、婚姻の救済に取り掛かり、幸運と正義という恩恵のご命令を、吉兆の輝けるこの慣習の実施に結び付けた。かくして恩恵と勝利について最も良い時に、そして才能ある占星術師の選んだ最も素晴らしい折に、イスラームに基づく恒久的かつ適法で正しい婚姻契約が実現し成立した。そして、高貴にして幸運で誠実で力強く崇高で、書記官職の若き園の果実の輝きであるミールザー・アブーターレブ――ナタンズ近郊ボルズ出身の故ミールザー・モハンマドハーシェム・ボルズィーの息子――と清浄にして純潔で貞節で女性の精華であり、理性を備え成年で未婚であり熟慮があり自己決定権のある女性ハディージェ・ソルターン・ベゴム――故ミールザー・アリーコリー・エスファハーニーの娘――の間で、あらゆる条件を包摂し、違反、不正、無効が一切ない永遠なるシャリーアの申込みと受諾からなるイスラーム上適法で真正な婚姻と明朗な信徒共同体上の結婚が成立した。婚資の額は通用している貨幣で150トマン、１枚1000ディーナール相当のモハンマド・シャー貨ルピー1500枚からなる。新婦が新郎にとって許されたもの（ハラール）となり、輝ける聖法に定められたとおり、妻が婚資を求めたら夫はいつでも支払わねばならず、妻はその対価として夫の要求を実行しなければならない。そしてその契約のあと、前記新郎のミールザー・アブーターレブ殿は出廷して、自身の高貴なる妻と妻の代理人の受諾に基づき、イスラーム上拘束力のある適法な正しい合意を行った。聖法の定めの通りに、ナタンズ郊外のボルズ村にある前記の新郎が相続した果樹園と邸宅などからなる不動産6ダーング中4ダーング（6分の4のこと）を150トマンの婚資と1チャーロク（約750グラム）の重さの小麦と交換して、イスラームの合法的で神聖な合意契約とアラビア語・ペルシア語でシャリーアにおける契約が成立し、実現した。

1253年ラジャブ月14日（1837年10月14日）の日曜日にこれは書かれた。

書込み

1．私の前で婚姻締結が確立した。私（al-dāʿī）が書いた。1253年シャッヴァール月。印：「マフディーの子モハンマドハサン・ホセイニー」
2．書面に書かれた通り、イスラーム法上真正で恒久的な婚姻が成った。そして、［合意］契約が成立した。1253年ラジャブ月。印：「モハンマドアリー、モハンマドエスマーイールの子1245？年」
3．恒久的な婚姻と拘束力のある合意が成立した。私の前で書面にあるとおり宣誓したように？契約が成った。私が書いた。1253年ラジャブ月。印：「私自身のことは神にゆだねています。モハンマドハーシェム1240？年」
4．書面で起こったことが実現した。起こったことに関して偽りはない。私が書いた。1253年シャッヴァール月。印：「おおムハンマドよ1241年」
5．吉兆なる婚姻と合意が成った。この記述者の前でそこに書かれた通りに。印：「神のほかに神はなし。神のしもべ、モハンマドホセイン。モハンマドサーデクの子。」

この婚姻契約文書では冒頭に3行にわたって神と預言者への祝福が述べられており、本文開始を示す「祝福と賛美のあとに」（前出売買文書では、「祝福と祈りのあとに」）という定型句の意味が理解できる。つづく本文において、前出売買文書では速やかに契約の必要事項が記載されているが、この婚姻契約文書では、クルアーンの婚姻に関する章句2節（婦人章／第4章3節と御光章／第24章32節）と預言者の伝承[15]を挿入しながら、婚姻の意義を直接的および比喩的に表現する美辞麗句が8行にわたって記されている。ようやくペルシ語文書9行目に「イスラームに基づく恒久的かつ適法で正しい婚姻契約が実現し成立した」と書かれ、新郎新婦の名前がそれぞれ1行以上の修飾表現とともに明示される。なおこの婚姻契約には、現金で提示していた婚資を不動産と交換する合意契約が続いている。合意契約によれば、新郎が相続した不動産の持分を、150トマンの婚資と1チャーロク（約750グラム）の小麦と交換して支払われることになっている[16)]。

本文書から読み取れる情報を抽出すると以下になる。

・文書の種類：婚姻契約＋合意契約
・婚姻契約
新郎：ミールザー・アブーターレブ（ナタンズ近郊ボルズ出身の故ミールザー・モハンマドハーシェム・ボルズィーの息子）
新婦：ハディージェ・ソルターン・ベゴム（故ミールザー・アリーコリー・エスファハーニーの娘)。成年に達し、理性・熟慮がある。未婚。
婚資：150トマン
・合意契約：150トマンの婚資と1チャーロク（＝約750グラム）の重さの小麦を、ナタンズ郊外のボルズ村にある前記の新郎が相続した果樹園と邸宅などからなる不動産6ダーング中4ダーングと交換。

この婚姻契約文書には、新郎新婦の（特に新婦側の）後見人・代理人および証人が記載されていない点が興味深い（売買文書と同じく証人は右余白に書き込まれる)。イスラームにおける婚姻には、基本的に後見人の承諾や証人の臨席が求められている。新婦ハディージェ・ソルターン・ベゴムの形容で、「成年で（bāleghe)、理性があり（ʿāqele)、熟慮がある（rashīde)」ことが明記されているが、これは、後見人の承諾を必須としない12イマーム派法学の婚姻契約上の要件と関係しているのだろう。12イマーム派法学では、理性と熟慮のある成年女性には、後見人および証人を必要とせず婚姻が許可される（Ḥellī 1368sh/1989: 2:443)。実際に当該文書には婚姻に際して新郎新婦の後見人の承諾が明記されず、証人も見られない。スンナ派法学で

15）ここに引用されている預言者の発言は、ムハンマド・ブン・ムハンマド・ブン・ハイダル・シャイーリー（ヒジュラ暦6世紀／西暦12世紀の人）が編纂した『伝承集成（*Jāmiʿ al-akhbār*)』にみられる（Shaʿīrī n.d.: 101)。

16）19世紀イランでは、結婚時に速やかに支払われる即時払いの婚資は少なかったとみられる（阿部 2020: 211-213)。

は、ハナフィー派のみ理性のある成年女性の後見人によらない結婚を認めるが、証人は全学派で必要とされており、シーア派法学とは相違している（スンナ派各法学派の婚姻締結にかかわる規定については、柳橋 2001: 28-177参照）。

婚資については、続く合意契約において、婚姻契約で規定されていた現金150トマンを新郎の所有する不動産と交換している[17]。このように合意契約は融通の利く契約であり、個別の契約に付随する厳格な形式を遵守する必要なく様々な条件を組み込めるため、19世紀後半のイランでは便利に多用されたのである（Werner 2021: 875-876）。

6．結びにかえて――カージャール朝法廷文書を用いた研究の現状

以上、カージャール朝期の法廷文書にかかわる法学者と法廷を概観し、法廷文書の実例を紹介した。シーア派法学の教学拠点がカージャール朝領域外のアタバートであったゆえに、イランにおけるシーア派法学者の独立性と、民事司法が基本的に国家の管轄下にないという独特な環境を作り出した。こうした事情が、法学者に生み出された法廷文書の作成・伝存にも一定程度反映されているのである。隣国オスマン帝国とは、シーア派・スンナ派という宗派・法学派の差異に加えて、司法制度においても顕著な違いが見いだせる。このようなカージャール朝の法慣習は、好奇心旺盛ではあるが、19世紀のイギリス社会を基準としがちなシェイル夫人には理解しづらかったのかもしれない。

最後にカージャール朝期の法廷文書を用いた研究の現時点での成果と今後の可能性を考えてみたい。すでにたびたび取り上げたヴェルナーと近藤の研究は、ワクフ文書のほか多様なシャリーア文書・法廷台帳にかんする文書学的考察や解読に関わる手法も含むため、イランのシャリーア文書そのものを学ぶためにも有意義である。また最近のバルーの研究は、上述のサンゲラ

17）婚資は現金である必要はなく、不動産を含む有価物や場合によっては使用利益も可能である（柳橋 2001: 201）。18、19世紀イランでも、不動産などを婚資とする例は見られる。ミールザー・アブーターレブとハディージェ・ソルターン・ベゴムの婚姻で当初から不動産による支払いとせずに、わざわざ追加の合意契約によって現金と不動産を交換した理由は文書からは読み取ることができない。

ジーの台帳を題材に、ペルシア語シャリーア文書のなかの（とくに認証部分を中心に）、アラビア語の要素を詳しく分析しており（Bhalloo 2023: 122-145）、カージャール朝期の法廷文書研究の新しい一面を切り拓いている[18]。

またシャリーア法廷文書は多様な研究に用いられてきたが、その1つは筆者も関心を寄せる女性史、ジェンダー史、家族史研究への利用である。これまで特にオスマン帝国を中心に、近世西アジア社会における女性や家族の実態に迫る重要な材料として活用されてきた（本書4-2参照）。カージャール朝期イランに関しても、法廷文書を用いた女性史・家族史研究が現れている。たとえばイランの法社会史的研究の開拓者であるヴェルナーは、婚姻契約文書に基づいて婚資を研究し（Werner 2008）、19世紀テヘランの女性によるワクフ設定も論じている（Werner 1378sh/1999）。イラン国内では、アフマディーがワクフ設定にかかわる女性（サファヴィー朝期）を研究している（Aḥmadī 1390sh/2011）。またハサン・ハビービーは19世紀末テヘラン中心部のチャーレメイダーンで活動していた法学権威ハンダクアーバーディーのシャリーア法廷台帳の婚姻・離婚の契約を分析している（Ḥabībī 1387sh/2008-9）。これまで、ワクフ文書を用いた家族に関わる研究はイランでも見られたが、筆者は相続の現場に注目し、シャリーア法廷文書と行政文書や書翰など多様な文書を照合し比較検討することで、家族内の人間関係や権利関係の推移と家族の財産の変遷を明らかにした（阿部 2020）。

また、イランや中央アジア、アフガニスタンなどではワクフによって運営される大規模な墓廟の社会的影響力が大きい。シーア派第8代イマーム、レザーの廟をはじめとする廟研究（Werner 2009; 杉山 2022）も、ワクフ文書をはじめとする法廷文書を利用して進められている[19]。ヴェルナーはとくに廟などワクフ寄進対象を（イスラーム法上原則的には認められていない）法人

18）ただし、彼の著作には史料的根拠に欠ける論理の飛躍や、既出の研究に過度に依拠する部分があるなど問題点も見られるため、やや注意を要する。

19）レザー廟に付属する研究機関で多数の研究が刊行されている。杉山（2018）参照。やや古くなったが、マクチェスニーによるアフガニスタン北部マザーリシャリーフにある伝アリー廟研究も紹介しておく（McChesney 1991）。また、アルダビールのサフィーッディーン廟のワクフ財等の不動産目録に関わる論集が最近刊行された（渡部編 2022）。サフィー廟不動産目録はシャリーア法廷文書の保存、管理、利用を考えるうえで興味深い史料である。

的に理解して論じる意義を提起している（Werner 2015: 42-45）。

本節でも取り上げたレザーイーの研究は、文書学的な分析から文書作成にかかわる人や制度的側面を明らかにする労作である。こうした研究の重要性は言を俟たないが、文書にかかわる総合的な知見と卓越した読みの能力が求められ、かつ現文書へのアクセスも必須であるため、イラン国外在住の外国人研究者にはかなり敷居が高い。

カージャール朝期法廷文書を分析した研究は多くの発展可能性を残している。現地での史料調査に困難がある一方で、“Women’s World in Qajar Iran”に代表される大規模なデジタルアーカイヴの発展で史料自体はある程度身近になった。現在はカージャール朝前後のシャリーア法廷文書を探す・入手する段階から、これらをいかに利用し研究につなげていくのかを、関心を持つ研究者らとより幅広く議論していく段階に入っているといえるだろう。

７．文献目録

阿部尚史、2019、「『不安定』に満ちた文書調査――イランにおける文書館利用と文書調査」『歴史学研究』980: 43-47。

阿部尚史、2020、『イスラーム法と家産――19世紀イラン在地社会における家・相続・女性』中央公論新社。

Aḥmadī, Nozhat, 1390sh/2011, *Darbāb-e Owqāf-e Ṣafavī*, Tehran: Ketābkhāne, Mūze, va Markaz-e Asnād-e Majles-e Showrā-ye Eslāmī.

Bhalloo, Zahir, 2023, *Islamic Law in Early Modern Iran: Sharīʿa Practice in the Sixteenth to Twentieth Centuries,* Berlin: De Gruyter.

Etteḥādīye, Manṣūre and Saʿīd Rūḥī eds., 1385sh/2006, *Dar Maḥżar-e Sheykh Fażl Allāh Nūrī: Asnād-e Ḥoqūqī-ye ʿAhd-e Nāṣerī*, Tehran: Nashr-e Tārīkh-e Īrān.

Floor, Willem, [1983] 1992, “Change and Development in the Judicial System of Qajar Iran (1800-1925),” Edmond Bosworth and Carole Hillenbrand eds., *Qajar Iran: Political, Social, and Cultural Change 1800-1925*, Costa Mesa: Mazda Publishers.

Gronke, Monika, 1984, “La rédaction des actes privés dans le monde musulman méviéval: théorie et pratique,” *Stvdia Islamica*, 59: 159-174.

Ḥabībī, Ḥasan, 1387sh/2008-9, *Jāmeʿe-shenāsī-ye Ḥoqūqī: Namūneʾī az Yek Barrasī va Towṣīf va Taḥlīl-e Jāmeʾe-shenākhtī va Mardom-shenākhtī va Āmārī-ye Asnād-e Ezdevāj va Ṭalāq-e Maḥżar-e Khandaq-ābādī-hā (Tehrān, 1313-1324q)*, Tehran: Enteshārāt-e Eṭṭelāʿāt.

羽田正、2020、「『山川セレクション イラン史』への序文」羽田編『山川セレクション イラン史』山川出版社、iii-xii。
Ḥellī, Moḥaqqeq, 1368sh/1989, *Tarjome-ye Fārsī-ye Sharāye' al-Eslām*, 4 vols, Abū al-Qāsem b. Aḥmad Yazdī trans., Moḥammad-Taqī Dāneshpazhūh ed., Tehran: Enteshārāt-e Dāneshgāh-e Tehrān.
堀井聡江、2004、『イスラーム法通史』山川出版社。
岩武昭男、1993、「イランにおけるワクフの継続――ヤズドにおけるアミール・チャクマークのワクフの事例」『イスラム世界』42: 1-19。
近藤信彰、2004、「『二重のワクフ』訴訟――19世紀イランのシャリーア法廷」『日本中東学会年報』19(2): 117-142。
近藤信彰、2005a、「ウラマーとファトワー――近世イランを中心に」林佳世子・桝屋友子編『イスラーム地域研究叢書 8　記録と表象――史料が語るイスラーム世界』東京大学出版会、171-192。
近藤信彰、2005b、「19世紀テヘランの高利貸――約款売買証書をめぐって」『西南アジア研究』63: 14-40。
近藤信彰、2009、「イスラーム法と執行権力――19世紀イランの場合」佐々木有司編『法の担い手たち』国際書院、287-306。
Kondo, Nobuaki, 2017, *Islamic Law and Society in Iran: A Social History of Qajar Tehran*, London and New York: Routledge.
近藤信彰、2023、「サファヴィー帝国におけるシーア派法秩序の形成」林佳世子編『岩波講座世界歴史13 西アジア・南アジアの帝国 16-18世紀』岩波書店、85-113。
Litvak, Meir, 1998, *Shi'i Scholars of Nineteenth-Century Iraq: The 'Ulama' of Najaf and Karbala'*, Cambridge: Cambridge University Press.
McChesney, Robert, 1991, *Waqf in Central Asia: Four Hundred Years in the History of a Muslim Shrine, 1480-1889*, Princeton: Princeton University Press.
"Marrige contract of Khadiah Sultan Baygum and Mirza Abu Talib," 1837, Kasravi Collection, Women's Worlds in Qajar Iran Digital Archive, Middle Eastern Division, Widener Library, Harvard Library, https://nrs.lib.harvard.edu/urn-3:fhcl:11002399（accessed on 8/11/2024).
大河原知樹、2005、「イスラーム法廷と法廷史料」林佳世子・桝屋友子編『イスラーム地域研究叢書 8　記録と表象――史料が語るイスラーム世界』東京大学出版会、143-170。
大河原知樹、2007、「歴史人口学で見たシリアの都市社会――ダマスカスの結婚性向の計量分析」『東洋史研究』65(4): 760-730。
Peirce, Leslie, 2003, *Morality Tales: Law and Gender in the Ottoman Court of Aintab*, Berkeley, Los Angeles, and London: University of California Press.
Reżā'ī, Omīd ed.,1383sh/2004, *Panjāh va Yek 'Arīże va Ḥokm-e Shar'ī: Majmū'e-'ī az Porsesh-hā-ye 'Olamā-ye Barjaste-ye Dowre-ye Qājār dar Mowżū'-e Vaqf*, Tehran: Mo'āvenat-e Farhangī-ye Sāzmān-e Owqāf va Omūr-e Kheyrīye.
Reżā'ī, Omīd, 1385sh/2006a, "Selsele-ye Sheykh al-Eslāmīye-ye Tammāmī-ye Shīrāz: Pīshgām dar Thabt-e Neveshtejāt-e Shar'īye-ye Dowre-ye Qājār," *Faṣlnāme-ye Vaqf-e Mīrāth-e Jāvīdān*, 54: 77-94.

Reżāʾī, Omīd, 1385sh/2006b, "Āqā Sayyed Ṣādeq-e Mojtahed-e Sangelajī va Neveshtejāt-e Sharʿīye," *Faṣlnāme-ye Vaqf-e Mīrāth-e Jāvīdān*, 56: 57-68.

Reżāʾī, Omīd, 1387sh/2008, "Thabt va Ekhrāj-e Qabāle-hā-ye 1274q-e Shīrāz," *Faṣl-nāme-ye Vaqf-e Mīrāth-e Jāvīdān*, 63: 12-35.

Reżāʾī, Omīd ed., 1387sh/2008, *Asnād-e Maḥkame-ye Sayyed Ṣādeq Ṭabāṭabāʾī* (*Sangelajī*) *Mojtahed-e ʿAṣr-e Nāṣerī: Marbūṭ be Sāl-hā-ye 1284 va 1285* (*hejrī qamarī*), Tehran: Nashr-e Ābī.

Reżāʾī, Omīd, 2008, *Dar Āmadī bar Asnād-e Sharʿī-ye Dowre-ye Qājār*, Tokyo: Research Institute for Languages and Cultures of Asia and Africa.

Reżāʾī, Omīd, 1388sh/2009, "Naẓarīye-ʾī bar Sabk-e Mobāyeʿ-nāme-negārī-ye Foqahā-ye Shāfeʿī dar Kordestān," *Faṣlnāme-ye Vaqf-e Mīrāth-e Jāvīdān*, 66: 38-47.

Reżāʾī, Omīd, 1390sh/2011, "Ḥerfe, Hamzīstī va Peyvand-hā-ye Maḥallī: ʿAvāmel-e Rīshe-davīdan-e Selsele-ye Tammāmī dar Shīrāz-e Dowre-ye Qājārīye," *Moṭāleʿāt-e Tārīkh-e Eslām*, 3 (11): 61-84.

Sāzmān-e Asnād-e Mellī: 2960-12487.

Schacht, Josef, [1964] 1982, *An Introduction to Islamic Law*, Oxford: Clarendon Press.

Shaʿīrī, Muḥammad b. Muḥammad b. Ḥaydar, n. d., *Jāmiʿ al-akhbār*, Najaf: al-Maṭbaʿa al-Ḥaydarīya.

Sheil, Mary Leonora Woulfe, 1856, *Glimpses of Life and Manners in Persia with Note on Russia, Koords, Toorkmans, Nestorians, Khiva, and Persia*, London: John Murray.

杉山隆一、2018、「イマーム・レザー廟の研究部門の出版物をめぐって――同廟の歴史に関する研究書の紹介」『イスラーム地域研究ジャーナル』10: 97-107。

杉山隆一、2022、「カージャール朝期作成のイマーム・レザー廟に関するワクフ関連史料をめぐって」『アジア・アフリカ言語文化研究 別冊』1: 111-127。

渡部良子編、2022、『アジア・アフリカ言語文化研究別冊 1（サファヴィー朝祖廟と廟不動産目録――財の運営から見るイスラーム聖者廟）』。

Werner, Christoph, 1378sh/1999, "Zanān-e Vāqef dar Tehrān-e ʿAhd-e Qājār," Nasīm Ma-jīdī Qahrūdī, trans., *Mīrāth-e Jāvīdān*, 28: 115-122.

Werner, Christoph, 2000, *An Iranian Town in Transition: A Social and Economic History of the Elites of Tabriz, 1747-1848*, Wiesbaden: Harrassowitz.

Werner, Christoph, 2003, "Formal Aspects of Qajar Deeds of Sale," Nobuaki Kondo ed., *Persian Documents: Social History of Iran and Turan in the Fifteenth-Nineteenth Centuries*, London and New York: RoutledgeCurzon, 13-49.

Werner, Christoph, 2008, " 'Die brautschmückende Feder verbreitet Moschusduft' : Eheverträge im Iran des 19. und frühen 20. Jahrhunderts," Markus Ritter, Ralph Kauz, and Birgitt Hoffmann eds., *Iran und iranisch geprägte Kulturen: Studien zum 65. Geburtstag von Bert G. Fragner*, Wiesbaden: Reichert Verlag, 284-296.

Werner, Christoph, 2009, "Soziale Aspekte von Stiftungen zugunsten des Schreins von Imām Riżā in Mašhad, 1527-1897," Astrid Meier, Johannes Pahlitzsch, and Lucian Reifandt eds., *Islamische Stiftungen zwischen juristischer Norm und sozialer Praxis*, Berlin: Akademie

Verlag, 167–189.
Werner, Christoph, 2015, *Vaqf en Iran: Aspects culturels, religieux et sociaux,* (Studia Iranica, Cahier 56), Paris: Association pour L' avancement des Études Iraniennes.
Werner, Christoph, 2021, "Flexible Forms of Contracts: Transactions Through Fictitious Settlements (*ṣulḥ/muṣālaḥa*) in Iran," *Journal of the Economic and Social History of the Orient,* 64: 864–893.
柳橋博之、2001、『イスラーム家族法――婚姻・親子・親族』創文社。

column：アミールカビーリヤーン文書

筆者は2020年に『イスラーム法と家産――19世紀イラン在地社会の家・相続・女性』（中央公論新社）という本を刊行したが、そこで主に利用した史料はイラン国立公文書館北西支部に所蔵されているアミールカビーリヤーン文書である。筆者は2003年から2006年までイランに留学しており、その期間にイラン国立公文書館テヘラン本館閲覧室に頻繁に通った。イランの国立公文書館は各省庁から移管された文書に加えて、寄贈を受けた文書、または文書館が独自に購入した文書を所蔵している。ただしこのイラン国立公文書館は、たとえばトルコの大統領府古文書館がオスマン帝国の中枢文書をそのまま引き継いでいるような、伝存経路の明確で由緒正しい古文書を大量に集積してない。

留学当時カージャール朝期に関してどのような文書史料が国立公文書館に所蔵されているのか十分な情報がなかったため、とりあえずやみくもに検索して閲覧していた。通常なら請求した文書が出納され閲覧するわけだが、筆者が請求した文書はマイクロフィルムの一部であり、当然マイクロフィルムごと閲覧することになった。なにげなく閲覧希望を出した文書は、本文でも取り上げた18世紀後半のナジャフコリー・ハーン・ドンボリーによる水利権購入文書（本節で紹介した文書とは別）だった。筆者は当時カージャール朝の文化史にも興味を持っており、カージャール朝前期の有名な文人アブドッラッザーク・ベグ・ドンボリーの父親がナジャフコリー・ハーンだったので、興味を惹かれたのである。たった1点の文書が出されただけならその場で読んで複写申請をしただけだっただろうが、マイクロフィルムだったため、前後の文書も見ることができたのである。実際に前後にも類似の水利権購入文書

が複数あり、さらにこの家族にかかわる様々な文書がこのマイクロフィルムに含まれていることに気づいた。事前の多少の知識とある種偶然の組合せが私にとってのアミールカビーリヤーン文書との出会いであり、私の研究をその後方向付けることになった。一連の文書がマイクロフィルム化されていたのは、原文書は北西支部（タブリーズ）に所蔵されていた。ちなみにマイクロフィルムの質は良くなく、原文書を閲覧する必要を痛感した筆者は、北西支部に問い合わせて、当時の館長モハンマドマスウード・ナキーブ氏と接触し、現地で面会してお願いしたところ原文書を利用させてもらえた。

北西支部はテヘランの本館とは異なり、外国人の閲覧者をあまり想定しておらず、史料の閲覧や利用は館長の一存であり、大量の史料の閲覧や複写は好まれなかった。留学終了後も毎年同館を訪問したのだが、筆者も交渉やお願いの中でいろいろな失敗を重ねた。一度の利用なら歓迎してくれるが、回を重ねると徐々に嫌がられる。利用の都度ヒヤヒヤしながら館長や館員に事情を説明し、時にはやらかしてしまった無礼を必死に謝罪しながら、なんとか史料を利用した。タブリーズでは文書館での調査のほか、文書に出てくる建物や村を訪れてみた。当時の苦労も今思えば研究が形作られる過程の良い思い出である。史料をめぐる苦しい経験は、外国人研究者が現地である程度大量な史料を閲覧し複写しようとする場合にイランに限らず多くの場合付きまとうだろう。コロナ禍前には二重国籍の欧米在住イラン出身研究者や外国出身のアメリカの大学院生等が閲覧しにくさなどをはるかに超える困難に直面する事件が相次いでいた。もっとも、イランや中東など独特の苦労もある。幸い私を含めた日本人研究者は無事に研究活動を遂行できたのは誠に幸いであった。

4-5．モロッコの公証人文書 ～東洋文庫所蔵皮紙文書を中心に

佐藤健太郎

1．はじめに

我が国を代表する東洋学の専門図書館である東洋文庫（東京都文京区）には、16―19世紀のモロッコで作成された皮紙の公証人文書が計19点所蔵されている。これらは、前節までで紹介されてきたようなカーディー法廷において作成・保管された文書ではなく、何らかの事由で文書を必要とした当事者が、公証人に作成させて自らの手元で保管していたと考えられるものである。東洋文庫では、2009年に三浦徹氏をリーダーとしてこの皮紙文書の研究プロジェクトを立ち上げ、本稿の筆者もその一員に加わった（他に原山隆広氏、吉村武典氏、亀谷学氏の計5名）。文書のアラビア語テクスト校訂を含むその研究成果は2015年と2020年に出版されている（Miura and Sato eds. 2015―2020）。本節では、この東洋文庫所蔵皮紙文書を通して、前近代のモロッコにおいてイスラーム法にもとづく公証人文書がどのように作成され、また保管・利用されたのかについて見ていきたい。

2．モロッコの公証人文書

一般に、売買契約や婚姻契約の際に公証人が作成する文書そのものは、契約当事者が契約の証として自らの手元で保管するものであろう。したがって、一旦作成された公証人文書は、法廷台帳のように制度的・組織的に整理・保管されることなく、そのまま散逸してしまうことがしばしば起こる。とりわけ、保管をおこなう契約当事者が市中の個人の場合には、この傾向が強いといえるだろう。文書作成の記録が台帳として法廷や公証人事務所に残っていれば、そうした文書もある程度は復元可能であろうが、モロッコにおいて公証人文書の台帳への登記が義務づけられたのは20世紀の植民地期

以降である（Buskens 1995: 141）[1)]。それ以前に作成された前近代の公証人文書を法学研究や歴史研究に利用するのは、決して容易ではない[2)]。

とはいえ、公証人文書そのものは、前近代のモロッコ社会においても広く存在していたはずである。ウラマーの伝記集をひもとけば、アドルすなわち公証人の経歴をもつ知識人は数えきれないほど見つかる。公証人になることは、法学を学んだ者にとって主要なキャリアの１つであった。文書を作成する公証人という職業はモロッコにおいても古くから社会生活に欠かせない存在だったのである。

また、彼らの業務マニュアルともいうべき書式集も残されている。西地中海地域で最初にこのジャンルを発展させたのはアンダルスの法学者たちで、10世紀というきわめて古い時代に書かれたイブン・アッタール（Ibn al-ʿAṭṭār, 330/941-2—399/1009年）のもの（Ibn ʿAṭṭār 1983）をはじめ、多くの書式集の存在が知られている。モロッコの書式集もこのアンダルスの伝統に連なる。また、ブスケンスによれば、モロッコには古都フェスの他、タールーダント、スースといった都市名・地域名を冠した書式集もあり、ここからは地域の慣行を反映した多様性が見て取れるという。フェスの書式集に関しては、19世紀のベンナーニー・フィルアウン（Bennānī Firʿawn, 1261/1845年没）が集成したものが有名である。その注釈書として20世紀にサンハージー（1299/1882—1365/1946年）が著した書式集は、植民地期の新制度に目配りしつつも、フェスの公証人業務の伝統をよく伝えている。収録されている例文の文言も一語一句丹念に解説されており、研究者が公証人文書を読み解く際にも便利であろう（Ṣanhājī［1964—1968］1995; Buskens 1995: 138-139; Buskens 2020: 105-111）。

1）名目上オスマン帝国の宗主権下にあったチュニジアにおいても、法廷台帳への登記が制度化されたのは植民地化の直前、1860—1870年代の近代化改革の際である（Bargaoui 2011: 182-183）。

2）モロッコの対岸に位置するアンダルスでは、例外的に15世紀グラナダで作成された公証人文書が比較的多く知られている。これは、15世紀末のキリスト教徒による征服の際にまとまった形で教会や王権のアーカイブに収められた文書が、整理・利用されているからである。代表的な文書集成（Seco de Lucena 1961）の刊行後も、新出文書の刊行が継続的におこなわれているほか（直近の例では Arias Torres and Espejo Arias 2020）、多くの研究者による研究成果がある（例えば Zomeño 2011）。

こうして大量に作成されたはずの公証人文書の中には、現在でもモロッコの旧家に眠っているものが少なからずあると思われる。実際、偶然の機会にそうした文書に出くわすこともあるし（column 参照）、古物市場に出回ることもある（Buskens 2017）。もちろん、こうした古文書を収集して歴史叙述に活用しようという試みも古くからある。時代をさかのぼれば、19世紀末から20世紀初頭のフェスで活躍した系譜学者・歴史家アブドゥルカビール・カッターニー（1266/1850—1350/1932年）は、公証人やカーディーを務めるかたわら古文書の収集にも熱心で、彼が著したフェスの旧家の歴史『フェスの名家についてのミルテの花』ではしばしば古い公証人文書が引用されている（Kattānī 2002）。モロッコ北部の都市テトワンの著名な歴史家ムハンマド・ダーウード（Muḥammad Dāwūd, 1318/1901—1404/1984年）も公証人文書の収集で知られる。

現代のモロッコ政府もこうした古文書の学術的価値は認識しており、1970年代以降、当時の国王の名を冠した「ハサン２世手稿本・古文書賞（Jāʾizat al-Ḥasan al-Thānī lil-Makhṭūṭāt wa-l-Wathāʾiq）」を制定し、手稿本や古文書の収集を進めている。この取り組みは、国内各地の旧家から、所蔵している手稿本・古文書を提供してもらい、写真撮影の後に原本は所有者に戻して「ハサン２世賞」を授与するというものである。この取り組みでマイクロフィルム化された古文書画像は首都ラバトの国立図書館に収蔵されており、この中には公証人文書も含まれている。ただし、筆者が2012年に調査した際にはカタログ化が充分ではなく（その後改善されたかも知れない）、必ずしも利用しやすくはなかった。また画質も鮮明とは言いがたく判読は容易ではない。

このように公証人文書は、かなりの数が伝存していることは確実であっても、その性質上、必然的に各所に散らばって所蔵され、しかも無数に存在するため、その情報を網羅的に把握することは容易ではない[3)]。当面は、世に

3）比較的点数の限られる15世紀以前に関してはミュラー（Christian Müller）が主宰する地域横断的なデータベース CALD：Comparing Arabic Legal Documents（8th to 15th centuries）（http://cald.irht.cnrs.fr）のような試みがある。ここでも15世紀グラナダの公証人文書はかなりのウェートを占めている。

出たものを一つ一つ地道に紹介していくしかないであろう（例えばBūsalām 1994; Boum 2014）。東洋文庫所蔵皮紙文書もそうした文書の１つである。

3．東洋文庫所蔵皮紙文書の来歴と概要

東洋文庫所蔵皮紙文書は合計19点の皮紙文書から成っており、そのうち16点はフェス、残り３点はその西約60kmに位置するメクネスで作成されたものである。時期的には、ヒジュラ暦10世紀から13世紀、すなわち西暦16世紀から19世紀にかけての文書である。現時点で校訂テクストと研究成果が公刊されているのはフェス文書のうち15点のみであるので、以下の記述も主にこの15点に依拠している。

東洋文庫がこれらの文書を入手した経緯は、２つの段階から成る。最初は1989年に東京の輸入書籍商から購入した時で、この際はフェス文書８点が東洋文庫にもたらされた。この輸入書籍商の仕入れ元はオランダの老舗学術出版社ブリル社の古書部門である。さらに、ブリル社にこの文書を持ち込んだのは当時ライデン大学教授だったとある人物で、もともとは彼が1980年代初頭にフェスで購入したものだという。次は2014年で、残りのフェス文書８点、およびメクネス文書３点の計11点がもたらされた。入手先はあるヨーロッパの研究者であるが、やはりもとはモロッコで入手したものであるという。残念ながらここから先の来歴は不明であるが、先にも述べたようにモロッコでは多くの旧家にこの種の文書が眠っている。東洋文庫の文書も、何らかの理由で文書を手放した旧家に由来するものと考えて間違いないだろう。

これらの文書は、すべて皮紙（ただし何の動物の皮かは不明）に書かれており、動物１頭分あるいはそれを縦に半裁して整形したものが多い。したがって、サイズは比較的大きく、そのほとんどは縦60cm以上、横30cm以上（最大は縦93cm、横74cm）である。この大きな料紙の中には文章がいくつかの塊をなして書かれており（図２参照）、この塊それぞれが１件の公証人文書、すなわち証書となっている。皮紙の周縁部には右・上・下に余白がとられることが多いが、左は不正な追加を防ぐために余白をとらず端のぎりぎ

りまで文面が書かれる。余白には新たな証書が追記されることがあり、さらには裏面にまで追記が及ぶこともある。以下の説明では、各皮紙にはローマ数字の番号を、その中に含まれる各証書にはアラビア数字の番号を振り、例えば皮紙文書 VIII の第 4 証書であれば証書 VIII-4のように示すこととしよう。

皮紙文書は、東洋文庫に到着した時は短冊状に折りたたまれていた。文字の書かれている面を内側にして、上下方向にくるくると巻き取った後につぶしたような格好である[4)]。多くの場合、皮紙文書の裏側には 1 つまたは複数の標題が見られるが、これらは折りたたんだ際にちょうど外側に来るような位置に書かれている。おそらく保管しやすいように折りたたんだ後に、整理検索に便利なように標題をつけたのであろう。標題には、都市フェスやその近郊に位置する不動産物件への言及が見られる。皮紙文書の中の証書はいずれも何らかの形でこの物件に関連している。

したがって端的に言えば、東洋文庫所蔵皮紙文書とは、公証人が作成した複数の証書の集合体であり、これらが全体として標題に記された不動産の所有権を示していると言うことができよう。

4．証書の構成

次に証書 1 件がどのような要素から構成されているかを見てみよう（Sato 2015: 9–12）。1 件の証書は、冒頭句として必ずハムダラすなわち「神に称えあれ（al-ḥamd li-Allāh）」という文言から始まっている。サンハージーの書式集でもこの文言から始めるのが好ましいと述べられており（Ṣanhājī 1964—1968: 1:3）、ある時期以降のモロッコではこれが通例となっていたようである。もっとも、多くの書物がそうであるように、物事の最初はバスマラすなわち「神の名において（bi-ism Allāh）」を用いるのが一般的と感じる向

4）皮紙には動物の毛側と肉側の両面があるが、肉側はインクの吸い込みがよく、毛側は耐水性に優れる（八木 2021: 144–149）。東洋文庫所蔵皮紙文書も、両面使用の場合を除けば、肉側に証書を書いたうえで、毛側が外にくるように折りたたんで湿気による劣化から文面を保護するようになっている。

きもあるかも知れない。実際、他の時代・地域ではバスマラから始まる文書も多いので、これは時代的・地域的多様性の現れというべきだろう。

冒頭句の後、本文として当事者による法律行為が記される。法律行為の主文は三人称を主語とする完了形の動詞で表現される。例えば、購入証書であれば「購入した（ishtarā）」、遺言証書であれば「遺言を残した（awṣā）」といった具合である。つまり、当事者が自らの法律行為について述べるという主観的な表現ではなく、第三者である公証人が自ら立ち会った法律行為について証言するという客観的な表現である。

本文の後には、定型的な表現が続く。当事者が証書の内容を承知している旨を示す文言、当事者の行為が自発的な意志によるなど適正な状態でなされたことを示す文言、公証人が当事者の身元確認をしたことを示す文言などである。身元の確認に関しては、女性や不在者（例えばメッカへの巡礼者）のように、公証人が直接面会していない人物の場合には、直接目的語ではなく前置詞 bi- を用いて示している（cf. Ṣanhājī 1964—1968: 1:14）。

続いて、ヒジュラ暦により日付が記される。日付は公証人が法律行為に立ち会った時点を示すものであり、必ずしも文書が物理的に書き記された時点を示すものではない。したがって、皮紙上の証書の配置は上から日付順に並んでいるとは限らない。数日あるいは数週間にわたる一連の法律行為に立ち会ったうえで、後日まとめて皮紙上に書き記していたように思われる。ただし、書き記すのが大幅に遅れた場合には、法律行為の日付と書き記した日付の両方が記されることもある。例えば、証書 X-12は一旦日付を記した後で、「証言を保持しつつ（maʻa ḥifẓ al-shahāda）」遅れて書き記したとして2年後の日付をも記している。公証人の記憶あるいは何らかの覚書に依拠して書き記されたのであろう（Miura and Sato eds. 2020: 261）。

証書の最後には、公証人の署名が付される。原則的には2つの署名が記されており、これによって、万が一係争などが生じた際には、2名のアドル（公正）な人物からの口頭証言を得る、すなわち証書に記された法律行為が事実であることの立証が期待できるのである。署名は公証人の名をもとに様式化したもので、「形（shakl）」あるいは「甲虫（bakhkhūsha）」などと呼ばれる。署名の形がコガネムシやカブトムシなどのように見えるのであろうか。特別な知識がなければ、このような署名から公証人の名を読み取ることはほぼ不可能であるが、公証人たちの間では同業者の署名についての知識は共有されており、誰が作成した証書であるかは分かったらしい。署名のスクラップブックのようなものがあったことも知られている（Buskens 2017: 193）。署名の主を特定することは署名を「解く（ḥalla）」と呼ばれており、公証人にとって必要な技能の1つであった。フェスの名家の歴史を書いた前述のアブドゥルカビール・カッターニーは、彼の同時代人の評価によれば、昔の公証人やカーディーたちの署名の知識にかけては当代随一だったという（Kattānī 2002: 9）。

以上をまとめると、冒頭句（ハムダラ）に始まり公証人2名の署名で終わるのが1件の証書で、全体としては、公証人2名が、ある日付において、ある法律行為について証言するという構造になっている。

なお証書作成の際には、誤記の発生が避けられないが、その際の訂正方法には一定のルールが見られる。語句を挿入する場合には、該当箇所の行間に挿入すべき語句を記したうえで、証書末尾に「付加された（ulḥiqa）」や「付加語句によって（bi-l-mulḥaq）」などという文言とともに挿入された語句を明示する。誤りを上書きする場合には、該当箇所に直接あるいは皮紙を削って正しい語句を記し、証書末尾には「修正された（uṣliḥa）」や「修正語句によって（bi-l-muṣlaḥ）」などという文言とともに上書きされた語句を明示する。こうした証書末尾の訂正記事は、署名によって証書が閉じられる前に記すのが原則である。これによって、訂正が改竄ではなく公証人の手によるものであることが担保されるのである。万が一、訂正の必要に気づいたのが署名を付した後だった場合は、訂正事項を記した後にもう一度署名を付さなければならない。

5．証書の内容

次に、どういった内容の法律行為が証書化されたのか、その種類をいくつか見てみよう（Sato 2015: 12-15）。証書の種類は多岐にわたるが、東洋文庫所蔵皮紙文書の場合は不動産の所有権を示す文書なので、不動産の購入証書が最も主要な役割を果たしている。しかし、購入証書はそれ単独では充分ではなく、いくつかの関連証書を必要とする。サンハージーの書式集によれば、不動産購入証書は、物件に対する売主の所有権を示す証書の下方や裏側、あるいはそうした証書の謄本とともに書かれなければならないという(Ṣanhājī 1964—1968: 1:206)。例えば、売主が過去に当該物件を購入したときの証書や相続したときの証書などである。これによって、売主に物件を売却する資格があることが示されるのである。また売主が、第三者から委任されていたり、孤児の遺言指定管財人（waṣī）であったりして、代理人として他者の所有物件を売却することもある。この場合も、遺言証書や委任証書など売主の資格を示す関連証書が必要となる。不動産の所有権を示すはずの皮紙文書が購入証書のみならず多種多様な証書から構成されるのは、こうした関連証書が記されているからでもある。

当事者が証書として書き留めたい事実の中には、証書を作成する公証人の知識が及ばないものもある。公証人の立ち会いのもとで結ばれる売買契約や婚姻契約とは異なり、ある家族の遺産相続や不動産の所有実態などに関する過去の経緯や状況などは、必ずしも公証人が知識を持っているとは限らない。こうした場合、状況をよく知る一定数以上の人間による「多人数の証言(shahādat al-lafīf)」を証書化する仕組みがあった。必要な証人の人数としては12名という数字が書式集などに現れるが、東洋文庫所蔵皮紙文書においては数名から十数名まで幅がある。彼らは公証人ではないので当然署名を記さないが、その名前だけは公証人の手により判読可能な文字で記される。この「多人数の証言」の後には、これをカーディーが認証した旨の証書が必ず添付される。公証人が署名を付して証言するのは直接的にはこの認証手続についてのみであるが、これによってアドルの資格を持たない者たちの証言も証書化することができるのである。非公証人の証言にも一定の効力を与える「多人数の証言」は、アドルの資格を有する者を見いだすことが難しい非都市部では特に大きな需要があった（Buskens 2020: 101-103)。

「多人数の証言」と類似する証言に「知識と見識ある者（ahl al-maʿrifa wa-l-baṣar)」すなわち専門家の証言がある。例えば、家屋の瑕疵、価格査定、土地の境界線など家屋や土地についての専門知識を必要とする証言で、これも法学者である公証人たちの知識が及ばない分野である。専門家の場合は「多人数の証言」と異なり証人の人数は2名のみであるが、彼らの名前はやはり署名ではなく判読可能な文字で記されている。東洋文庫所蔵皮紙文書では、彼らの名前の前には「親方（al-muʿallim）」という肩書きが、名前の後には「建築職人（al-bannā）」や「園丁（al-jannān）」といった職業名が付されており、専門家であることが示されている。カーディーの認証が必要なことは「多人数の証言」と変わらない。

これら非公証人の証言を証書化する手順は、サンハージーの書式集に詳しく説明されている。「多人数の証言」の場合、まず証書を必要とする依頼人が一定数の証人を伴って公証人のもとを訪れる。一度にまとめて連れてきても構わないし、何回かに分けても構わない。公証人はこれら証人たちの証言内容を書き留めた後、その全員の名前を記す。続いて、カーディーが直筆で認証文言（後述）を書込めるように空白をもうけたうえで、カーディーが認証したことを公証人が証言する旨の証書も作成する。ここにはカーディーの署名も必要なのでそのための空欄も用意しておく。こうしてできあがった2通の証書をカーディーに提示して空欄に必要な書込と署名をしてもらった後、最後に公証人2名が署名をして証書は完成となる。「専門家の証言」も、専門家が直接カーディーの面前で証言をおこなうこと以外は、ほぼ同じ手順である（Ṣanhājī 1964—1968: 1:20-21, 346-348）。

他にも様々な類型の証書が東洋文庫所蔵皮紙文書には見られるが、もう1種類だけ遺産分割（mukhāraja）に関する証書を挙げておこう。イスラーム相続法は均分相続を原則とするため、1つの不動産物件を複数の相続人が共有するようなことがしばしば起こる。こうした相続が何度も繰り返されると、その持分所有権は複雑な分数でしか表現できない極度に細分化された状態となる。こうした「共有の害（ḍarar al-sharika）」を避けるため、細分化が進んだある段階で相続人の間で遺産分割をおこない、共有状態の解消がはかられることがある。具体的には、遺産を構成する動産や不動産1件ずつの評価額を査定したうえで、ひとつの物件の所有者が1人（あるいはごく少数）になるように相続人の間で遺産物件を割り当てる。当然、各相続人の計算上の割当相続額と実際に手にした物件の評価額との間には差額が生じるが、これは将来的に清算されるべき債務・債権として処理する。この過程を計算を含めて記すのが遺産分割証書である。

この遺産分割証書には、遺産一覧やその分割過程を分かりやすく示す遺産分割目録（zimām al-tarika）が付表として作成されることがある。例えば東洋文庫所蔵皮紙文書 VIII の右余白上部に書かれた VIII-2である（図 2 参照）。ここでは、遺産となる不動産・動産の一覧を評価額とともに書き出した後に、それがどのように相続人の間で分割され、最後に相続人同士の債務・債権額がいかほどになったかが独特の数字を用いて表されている。

この遺産分割目録にはいくつか興味深い点がある。まずは、金額を表記するためのフェス数字（al-qalam al-Fāsī）である。これは、一の位、十の位、百の位それぞれに 9 つの数字を割り当て、その組み合わせで数を表現する独特の数字である。千以上の数や分数を表記する方法もある。仕組み自体はアラビア文字を流用するアブジャド数字と似ているが、用いる数字はまったく独自のもので、13—14世紀頃のアンダルスやマグリブではすでに用いられていたと考えられている（Kameya 2015）。ウラマーの伝記集によれば、公証人としての経歴を持つ知識人の中には遺産分割学（farāʾiḍ）とともにフェス数字に通じていた者もおり、公証人業務に役立つ知識の 1 つと見なされていたようである。

もう 1 つは、目録の表現方法である。この目録では、アラビア文字の文字同士をつなぐ線を伸び縮みさせて「総額」「某の持分」といった項目名の幅を調整し、親項目と子項目の関係を可視化している。一見すると、モンゴル期イランで確立し、後のオスマン帝国でも広く用いられたいわゆる「イラン式簿記術」に類似している（高松監修 2013）。もちろん相違点も多く、そもそも用いている数字が違うのだが、まだまだ不明な点の多いイスラーム世界の帳簿の歴史を考えるうえでの材料にはなろう。

6．他料紙の参照

実は東洋文庫所蔵皮紙文書にみられる証書は全てが原本というわけではなく、他の料紙から書き写された証書もある。このように他料紙を参照して作成された証書には2種類あるが、以下ではそれぞれ「転記」と「謄本」と呼ぶことにしよう（Sato 2015: 15-18）。

まず転記とは、原本を作成した公証人自らが写しを作成し、原本と同じ公証人2名が署名を付したものである。転記であることは、2つの署名の間に「転記した（wa-naqala）」という文言があることで判断できる。この点を除けば、基本的には原本と一字一句違わない。例えば、原本に含まれていた誤記の訂正は、仮に転記の際に誤記が発生していなくてもそのまま書き写される。また日付も、仮に原本作成後何年も経ってから転記されたとしても、原本の日付が維持される。もっとも、日付は書き記された時点ではなく法律行為に立ち会った時点を示すという原則からすれば、これは当然のことと言うべきかも知れない。このような転記は、公証人2名が署名を付しているため、必要があれば2名のアドルな人物の口頭証言を期待できるという点では、原本と同一の効力を有していると言える。

一方、謄本は、必ずしも原本を作成した公証人本人が書き写すわけではなく、別の公証人が作成する。したがって、原本の公証人の署名はない。代わりにカーディーの認証手続きが必ず書かれており、これによって謄本は効力を得ていると言える。また、複数件の証書がまとめられることが多いのも謄本の特徴である。以下、東洋文庫所蔵文書とサンハージーの書式集に依拠して、少し詳しく謄本の書式と作成過程をみてみよう（Ṣanhājī 1964—1968: 1:31-32）。

まず冒頭のハムダラすなわち「神に称えあれ」に続いて、「x件の証書の謄本（nuskhat x rusūm）」のように書き写される証書の件数が記される。各証書の文面は「第1証書の文面（naṣṣ al-awwal）」「第2証書の文面（naṣṣ al-thānī）」のような見出しの後に書かれる。見出しはしばしば大きな文字で書かれており、各証書の区切りが分かりやすくなっている。また、原本の位置（下、余白、裏面など）や料紙（皮か紙か）の情報が記されることもあり、これによってある程度は、原本の形態を復元することができる。各証書の文面は基本的には原本と違わないが、原本にあった公証人の署名は「解いて（taḥullu al-shaklayn）」すなわち署名の主を特定したうえで、その名を記す。全ての証書の文面を書き写した後、これを原本と照合してカーディーが認証

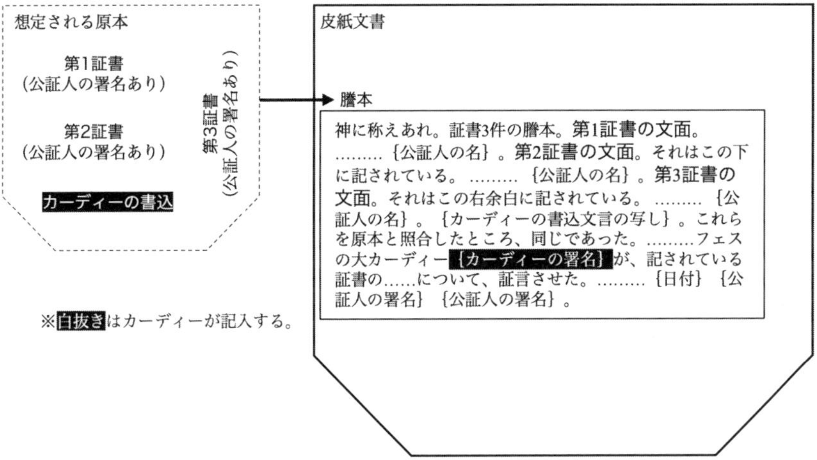

図１　謄本の作成

した旨の証言を記す。その際、カーディーの署名欄など適宜空白を設けておく。あらかじめここまで用意したうえで、謄本を原本とともにカーディーのもとに持参する。カーディーは、原本に認証した旨の書込をするとともに、謄本には自らの署名を付す。最後に、謄本を作成した公証人が日付と署名を付して完成となる。

このように謄本は、それ自体がハムダラから始まり日付と２つの署名で終わる１つの証書となっている。ただし、これを作成した公証人は、直接に原本の内容について証言するのではない。あくまで、原本の内容をカーディーが認証したことについて証言するという体裁である。

これら転記や謄本とは別に、原本の文面をそのまま書き写すのではなく、要約のみを記した証書もある。多くの場合、「この証書の証人２名が別におこなった証言によって（bi-shahādat shahīday-hi fī ghayr-hi）」のような文言で始まる。日付や署名は記されているので形式的には証書の体裁をとっているが、必要最小限の情報のみで詳細は記されない。覚書程度の役割のみを担っていたのだと思われる。

7．カーディーの認証

すでに何度か見てきたように公証人文書にはカーディーが書込をすることがある。このような書込は、アラビア語で「語りかける」という意味の動詞khāṭabaの動名詞で、ヒターブkhiṭābと呼ばれる。グラナダの法学者イブン・アースィム（760/1359—829/1426年）の韻文によるカーディー手引書に注釈を付したフェスの法学者マイヤーラ（999/1591—1072/1662年）によれば、ヒターブとはカーディーが別の町のカーディーに宛てて記す書込のことを指し、証書に記された権利が口頭証言などにより法廷で立証された旨を通知するものである。証書の持ち主の求めに応じてその余白や裏面に書かれ、これを受け取った宛先カーディーは、証書を作成した公証人からあらためて口頭証言を得ずとも、証書とヒターブに依拠して自らの任地で判断を下すことができる。例えば証書の持ち主が、ヒターブの書かれた証書を持参して宛先カーディーの任地に住む人物に対して訴訟を起こすような場合が想定できる。元来ヒターブは差出カーディーから宛先カーディーへ向けたある種の書簡なので宛名や挨拶[5)]を必要としていたが、次第に簡略化していったようである。宛名がない場合には、他都市や後世など任意のカーディーに宛てた通知と見なされる。

ヒターブの基本的な書式は「某が…について通知した（aʿlama bi-... fulān）」というもので、「某」の箇所にはカーディーの署名が、「...」の箇所には認証を示す文言が書かれる。認証を示す文言には「十分（iktifāʾ）」「立証（thubūt）」「受理（qubūl）」「単独で有効（istiqlāl）」「真正（ṣiḥḥa）」などがあるが、その使い分けや序列については時代や地域によって様々だったようである。一方、宛先カーディーがヒターブに依拠して判断を下す際には、その下に「私が適用した（aʿmaltu-hu）」と一人称の完了形動詞で書込をおこなっ

5）14世紀のイフリーキヤでは、首都チュニスのカーディーはヒターブに挨拶を書かないが、格下の他都市のカーディーは「これをを目にする方に平安がありますように、神の慈悲と恩寵がありますように」と挨拶を書くのが通例だったという。あるときチュニスのカーディーのもとにビジャーヤのカーディーからヒターブが届いたが、挨拶がなかったので受理しなかったという逸話が伝えられている（Mayyāra 2011: 1:105）。

た。いわば証書をめぐって２人のカーディーがコミュニケーションをとっているような格好である（Sato 2020: 128–130; Mayyāra 2011: 1:103–112; cf. Hallaq 1999）。

このようなカーディー間の意志疎通に用いられる本来のヒターブの他に、「充分である（iktafā）」「立証された（thabata）」など認証を示す完了形動詞一語のみの書込がなされることもある。この場合は、宛先カーディーに「通知した」という文言や差出カーディーの署名がないので厳密にはヒターブではなく、他のカーディーへの効力はない。あくまで書込をしたカーディー本人にとっての覚書に過ぎないが、それでもそのカーディーの法廷でさらに証言を重ねる必要はないという点では一定の意味を有していた（Sato 2020: 130–132; Mayyāra 2011: 1:109–112）。

先に述べたように、非公証人の証言や謄本の作成に際してはカーディーが認証した旨を書込むことになっていた。この際には、「通知」を伴わない書込が用いられた。東洋文庫所蔵皮紙文書にもそのような書込を見いだすことができる。例えば、フェス郊外のある土地の境界線に関する「専門家の証言」が記された証書 VI-3では、２名の農夫（al-fallāḥ）の名前の下に「２名が証言を提示し、立証された（addayā fa-thabata）」という書込が見える（Miura and Sato eds. 2015: 211–212）。

イスラーム法の原則に従えば、証書は口頭証言を得てはじめて証拠として機能するはずである。しかし、現実には署名を付した公証人が不在だったり（例えばメッカ巡礼など）あるいは死亡したりして、口頭証言を期待できなくなってしまった証書もある。こうした場合には、一定の条件の下、証書に付された署名が確かに公証人某のものであることを別の公証人が証言することができた。その際にもカーディーが認証し書込をしている。例えば証書 XV-1には公証人２名の署名の下に、ハムダラに続いて「２人の不在ゆえに２人の筆跡について公証人が証言し、受理された（shahida ʿalā khaṭṭ-himā li-maghīb-himā ʿadl fa-qubila）」とあり、さらにカーディーの署名とともに「この件について通知した（aʿlama bi-hi）」とヒターブが書込まれている。さらにその下には別の筆跡で「私が適用した（aʿmaltu-hu）」という書込も見える。この証書は農地の購入証書だが、作成後しばらく経ってから何らかの理由で証拠として用いる必要が生じたようである。しかし、証書を作成した公証人が２名とも不在のため、口頭証言が得られない。そこで別の公証人が筆跡とりわけ署名について証言をし、それを受理したカーディーが認証したことで証拠として用いることができるようになったのである。この証書はさらに別のカーディーによって「適用」されているので、おそらくは離れた場所での案件で利用されたのであろう（Miura and Sato eds. 2020: 185）。

このような書込からは、公証人業務が時にカーディーの関与を必要としていたことがうかがえる。そもそも公証人は証人審査や裁判などでカーディーと深い関わりのある職業だが、文書の作成や活用においてもカーディーと緊密に連携し、しばしば法廷に出向いていたのである[6)]。

８．文書の成立と展開過程

最後に今まで述べてきたことを踏まえながら、複数の証書から構成される１つの皮紙文書がどのようにして成立し、どのように保管され、そしてどのような追記の過程を経て今ある状態に至ったのかその展開過程を見ていきたい。例として取り上げるのは東洋文庫所蔵皮紙文書 VIII である（Miura and Sato eds. 2015: 176–194）。文書 VIII の裏面には「ハバーラートのバヌー・ムサーフィルの果樹園（Jinān Banī Musāfir al-Ḥabālāt）」と標題があり、フェス郊外の果樹園のことを扱った文書であることが分かる[7)]。縦69cm、横51cm のこの皮紙には、計15件の証書が記されており、これらを日付で分類すると、図２のようにおおむね５つのグループに分かれる。したがって、５つの段階を経てこの皮紙は現在の状態に至ったのだと考えられる。

６）前近代のフェスの公証人たちは、町の中心部に位置するカラウィーイーン・モスクの西壁に沿った「公証人並び（simāṭ al-ʿudūl）」と呼ばれる通りに仕事場を構えていた。カーディー法廷はカラウィーイーン・モスクやそれに隣接する建物におかれたので、両者は空間的にもきわめて密接な関係にあったと言えよう（Le Tourneau 1949: 215–216; 佐藤 2016: 84–85）。

７）ハバーラートとはフェスの北東に広がる近郊農業地帯で、バヌー・ムサーフィルはそのハバーラート方面に通じるフェスの城門の名である。

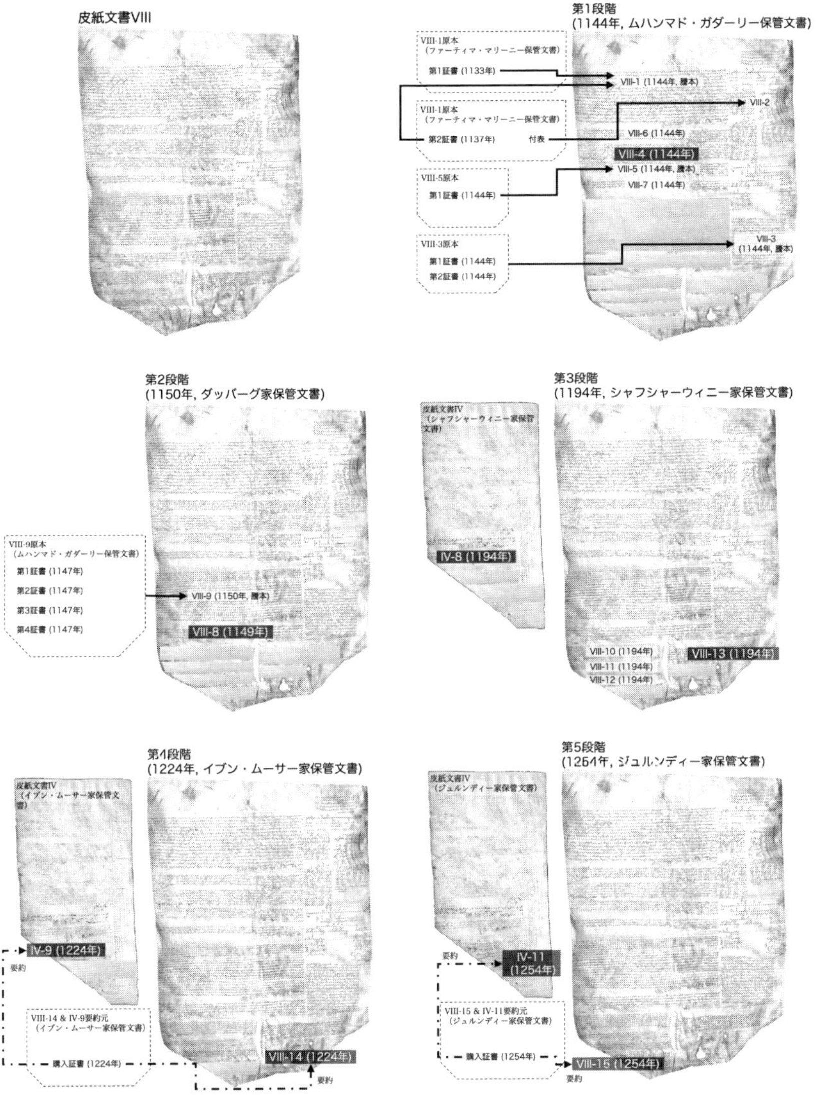

図２　皮紙文書 VIII の成立と展開

まず第1段階は1144/1731年である。この年のムハッラム月中旬／7月付の購入証書 VIII-4で、買主ムハンマド・ガダーリーが売主ファーティマ・マリーニーからハバーラートに位置する果樹園を購入している。おそらくこの皮紙文書 VIII は、買主ガダーリーが自らの果樹園に対する所有権を示すために、公証人に依頼して作成させたのであろう。

この際に関連証書として用意されたのが証書 VIII-1である。これは2件の証書の謄本から成っており、そのうち第1証書は売主ファーティマの夫による11年前の遺言証書で、妻（すなわち売主ファーティマ）を娘の遺言指定管財人に、甥をその後見監督人（mushrif）に指名するものである。一方、第2証書は売主ファーティマが夫と死別した後に作成された遺産分割証書で、果樹園は売主とその娘が相続したことが記されている。その中では、右側に記されているという付表の遺産分割目録への言及があり、これも証書 VIII-2として皮紙文書に書き写されている（ただし写しであることは明記されていない）。これらによって、売主が相続によって果樹園の正当な所有権を有していること、そして娘の代理としてその持分を売却する資格も有していることが示されているのである。おそらくは、売主ファーティマが手元に保管していた古い遺言証書や遺産分割証書を原本として謄本が作成されたのだろう。マリーニー家による果樹園所有の経緯と相続状況については、証書 VIII-6でも売主の夫を生前からよく知る5名の証言が記されている。

関連証書は他にもある。証書 VIII-3は果樹園の価格査定証書とカーディーによるその認証証書の謄本である。価格査定証書は全ての不動産売買に添付されるわけではないが、この場合は父を失った孤児の持分が含まれているため適正価格であることを示すべく添付されたのであろうか。証書 VIII-5は、遺言指定管財人として娘の持分を売却した売主の行為を、後見監督人が承認した旨の証書の謄本である。一方、証書 VIII-7は、買主側の事情を記している。これによるとムハンマド・ガダーリーは買主であると同時にヤーザギーという名の家系に属する兄弟2名の代理人でもあり、したがって買主自身の購入物件に対する持分は半分であったという。

これら一群の証書は、しばしば別証書を参照している。例えば購入証書 VIII-4はマリーニー家の遺産分割について「上によれば（ḥasaba-mā aʿlā-hu)」として証書 VIII-6を参照し、証書 VIII-7は買主ガダーリーを「すぐ上のそのまた上で所有者として述べられている（al-madhkūr mālikan aʿlā aʿlā-hu yalī-hi」として購入証書 VIII-4を参照している。購入証書とその関連証書群は有機的に関連し合いながら、各々の機能を果たしているのである。

これらの証書に付された署名を見てみると、1人の公証人の署名が繰り返し現れることに気付く。この署名の主は購入証書を作成するのみならず（VIII-4)、売主から古い証書を提示されてその謄本を作成したり（VIII-1およびその付表 VIII-2)、過去の経緯を知る人物から証言を聞いたり（VIII-6)、後見監督人から承認を得たり（VIII-5）と、様々な活動をおこなっている。その過程では謄本作成のためにカーディー法廷も訪れている。おそらくこの公証人が法学の知識を活かして、適宜当事者たちに助言をしながら、売買契約に必要な業務全般を請け負っていたのであろう。

この1144/1731年の一連の証書作成によって成立した皮紙文書 VIII は、果樹園の持分半分に対する所有権を示す文書として、買主ムハンマド・ガダーリーがその手元に保管したと思われる。裏面の標題もおそらくはこの段階で書き記されたのだろう。しかし、この段階では皮紙の表面はまだ上半分しか用いられていない。下半分にも証書が書き記されていくのは、この後である。

第1段階の買主ムハンマド・ガダーリーは5年後に果樹園を手放してしまう。この経緯を示すため1150/1737年に2件の証書が皮紙文書 VIII に書き足されるが、これが第2段階にあたる。1149年シャウワール月上旬／1737年2月付（ただし、実際に書き記されたのは8ヶ月遅れの翌1150年ジュマーダー第2月下旬／1737年10月とも述べられている）の購入証書 VIII-8では、買主アブドゥルハーディー・ダッバーグがこの果樹園を購入している。購入証書には関連証書として売主ムハンマド・ガダーリーの所有権を示す証書が必要になるはずだが、彼自身の持分に関しては皮紙の上半分に記されている過去の購入証書と一群の関連証書で充分である。しかし、この物件にはヤーザギー家兄弟という共有者がいた。彼らの持分に関連して作成されたのが証書 VIII-9である。

この証書 VIII-9は4証書の謄本で1150年ジュマーダー第2月下旬／10月

に作成されている。購入証書 VIII-8を書き記すのが遅れたのは、この謄本を作成するのに手間取ったからかも知れない。VIII-9原本を構成する4証書のうち第2証書が1147/1734年付の購入証書になっており、ここではムハンマド・ガダーリーが買主として、ヤーザギー家の成員から持分を購入している。これによって、彼がヤーザギー家の過去の持分も含めた果樹園全体の所有者であることが示されるのである。おそらくはムハンマド・ガダーリーが保管していた原本から謄本を作成したのであろう。

この第2段階を構成する証書 VIII-8と証書 VIII-9には、いずれも同じ2つの署名が付されている。おそらくこれらの署名の主の公証人が二人一組で、手続き全般を請け負っていたのであろう。この段階で皮紙文書 VIII は果樹園の新たな所有者アブドゥルハーディー・ダッバーグの手に渡ったと考えられる。ダッバーグ家はこの後40年以上にわたってこの果樹園とその権利証書である皮紙文書 VIII を保持し続けることになる。

第3段階は1194/1780年である。この年のムハッラム月／1月からシャアバーン月／8月にかけて4件の購入証書が皮紙 VIII に書き足された。そのうち証書 VIII-10、VIII-11、VIII-12は、アブドゥルハーディー・ダッバーグ死後の相続状況とともに、相続人の1人である息子ムハンマドが他の相続人たちから持分を買い集めていったことを記す購入証書である。しかし買い集めが完了すると彼は、購入証書 VIII-13で果樹園全体を新たな買主ムハンマド・シャフシャーウィニーに売却してしまう。この4件の証書でも、ある1人の公証人の署名が共通して現れている。ムハンマド・ダッバーグは、この公証人の協力を得ながら、最初からこの果樹園を売却するつもりで持分を買い集めていたのであろう。こうして、皮紙文書 VIII は果樹園の新所有者ムハンマド・シャフシャーウィニーが保管する文書となった。

実は、この新所有者ムハンマド・シャフシャーウィニーは東洋文庫が所蔵する別の皮紙文書 IV にも登場する。やはり1194/1780年付の証書 IV-8によれば彼は同じくハバーラートに位置する果樹園を購入しているのだが、皮紙文書 VIII と皮紙文書 IV に見える果樹園の位置関係を子細に見ると、これら2つの果樹園は隣接していたらしい。この年、ムハンマド・シャフシャーウィニーは隣接する果樹園を相次いで購入し、それとともに2つの皮紙文書も保管することになったのである。

第４段階は、これまでとはいささか様子が異なる。30年後の1224年ラジャブ月上旬／1809年８月付の証書 VIII-14は、新たな買主ムハンマド・ブン・ムーサーがシャフシャーウィニー家の相続人からこの果樹園を購入したことを記す。しかし、この証書は購入証書の書式ではなく、要約形式になっている。正式の購入証書は我々の手元に伝わっていない別料紙に記されたのである。皮紙文書 VIII にはもはやスペースがわずかしか残されていないため、別料紙を用いざるを得なかったのであろう。

その一方で、これとほぼ同一文面の要約が皮紙文書 IV の中にも証書 IV-9として現れる。日付と署名も同一なので、同じ購入証書を参照したはずである。第３段階以降、シャフシャーウィニー家は隣接する２つの果樹園を所有していたが、この時は一度の売買契約で１つの果樹園として売却されたのであろう。果樹園が１つの物件として扱われるようになったこの段階では、その権利を示す文書も、２枚の古い皮紙文書ではなく、新たに作成された１枚の料紙に集約した方が好都合だったのかもしれない。

第５段階も同様である。さらに30年後の1254年ムハッラム月中旬／1838年４月付の証書 VIII-15がやはり別料紙の購入証書の要約となっており、ムハンマド・ブン・ムーサーの相続人からムハンマド・ジュルンディーが果樹園を購入したことが記されている。同様の要約は皮紙文書 IV にも証書 IV-11として現れる。

皮紙文書 VIII から追えるのはここまでである。皮紙文書 IV の方もこの段階で終わっている。19世紀前半に皮紙文書 VIII を保管していたジュルンディー家が、その後もこの文書を保管し続けたのか、それとも果樹園とともにさらに他人の手に渡ったのかは分からない。しかし、要約が書かれるようになった第４段階以降、ハバーラートの果樹園の所有権を直接的に示す役割は新たに作成された別料紙の購入証書の方へと移ったことは間違いない。皮紙文書 VIII は遠い過去の経緯を記録するだけの文書として、次第にその重要性を減じていったのではないだろうか。

このように皮紙文書 VIII の成立と展開の過程を時系列に沿って追っていくと、各段階の果樹園所有者の必要と思惑に応じて100年以上の期間にわたって次々に証書が書き足され、その結果として文書の外見や役割が変化していったことが分かる。また、これらの証書はしばしば他の証書を参照するなど互いに関連付けられていた。そうした証書間の関係は、皮紙文書 VIII という 1 枚の皮紙の中だけで完結するものではなく、皮紙文書 IV や、あるいは我々の手元にはない想定上の原本や要約元にも及んでいた。もしかすると、皮紙文書 VIII には痕跡が残っていなくても、これを原本として別の料紙に写しが作成された可能性もあるだろう。公証人文書は 1 件の証書だけで完結するものではなく、複数の証書や料紙との複雑な関係性の網の目の中に位置づけて理解されるべきなのである。

9．おわりに

ここまでもっぱら東洋文庫所蔵文書に依拠して、モロッコの公証人文書について説明してきた。しかし、これはあくまで一例に過ぎない。そもそも東洋文庫所蔵文書は、裏面の標題から分かるように不動産の権利証書として機能していた文書である。だが、書式集をひもとけばすぐに分かるように、公証人たちは婚姻証書をはじめ、他にも様々な証書作成にたずさわっていた。こうした証書がどのように作成・利用されていたかは、ここでは扱うことができなかった。

また、大きな皮紙を用いて複数の証書の関係性の中で不動産の権利を示すという形式がどれくらい一般的なのかという問題もある。確かにモロッコでは、この種の皮紙文書は他にも例があるし、19世紀以前のチュニスにもあったことが知られている（Bargoui 2011: 167）。その一方で、東洋文庫所蔵文書の中にも小さなサイズのものはあり、皮紙文書 XV のように 1 件しか証書が書かれていないものもある。15世紀グラナダの例を見ると、むしろこの時代・地域では 1 枚の小さな料紙、それも皮紙ではなく紙に証書を書くことの方が一般的だったようにも見える（Seco de Lucena 1961）。こうした場合に、関連証書がどのように参照されたのか、また必要とされたのかは検討すべき課題だろう。

このように、マーリク派の書式集の伝統を共有するマグリブ・アンダルス地域に限っても、公証人の文書作成には時代・地域によって多様性があったことは確かである。まだまだ多くの事例を集積し、比較研究を続ける必要があると言えるだろう。

10. 文献目録

Arias Torres, Juan Pablo and Teresa Espejo Arias eds., 2020, *La colección de documentos árabes del Archivo Histórico Provincial de Granada: estudio, edición y facsímil digital*, Sevilla: Junta de Andalucía.

Bargaoui, Sami, 2011, "Les titres fonciers dans la régence de Tunis à l' époque modern: interrogations autour d' une mutation documentaire," *Revue de l'Institut des Belles-Lettres Arabes*, 208: 165-185.

Boum, Aoumar, 2014, "Dusting off the Family Archives: Akka as a Case Study of Regional Historiography of the Anti-Atlas Oases," *Hespéris-Tamuda*, 49: 155-183.

Būsalām, Muḥammad b. al-Bashīr, 1994, "Musāhamat al-wathāʾiq al-ʿadlīya fī kitābat baʿḍ al-jawānib min tārīkh al-bādiya (namūdhaj Tādlā fī al-qarn 19)," *Hespéris-Tamuda*, 32: 7-25.

Buskens, Léon, 1995, "Mālikī Formularies and Legal Documents: Changes in the Manuscript Culture of the *ʿUdūl* (Professional Witnesses) in Morocco," Yasin Dutton ed., *The Codicology of Islamic Manuscripts: Proceedings of the Second Conference of al-Furqān Islamic Heritage Foundation, 4-5 December 1993*, London: Al-Furqān Islamic Heritage Foundation, 137-145.

Buskens, Léon, 2017, "From Trash to Treasure: Ethnographic Notes on Collecting Legal Documents in Morocco," Maaike van Berkel, Léon Buskens, and Petra M. Sijpesteijn eds., *Legal Documents as Sources for the History of Muslim Societies: Studies in Honour of Rudolph Peters*, Leiden: Brill, 180-207.

Buskens, Léon, 2020, "Writers and Keepers: Notes on the Culture of Legal Documents in Morocco," Toru Miura and Kentaro Sato eds., *The Vellum Contract Documents in Morocco in the Sixteenth to Nineteenth Centuries*, Part II, Tokyo: Toyo Bunko, 98-124.

Gharnāṭī, Abū Isḥāq al-, 1988, *al-Wathāʾiq al-mukhtaṣara*, Muṣṭafā Nājī ed., Rabat: Markaz Iḥyāʾ al-Turāth al-Maghribī.

Hallaq, Wael B., 1999, "Qāḍīs Communicating: Legal Change and the Law of Documentary Evidence," *al-Qanṭara*, 20: 437-466.

Ibn al-ʿAṭṭār, 1983, *Kitāb al-wathāʾiq wa-l-sijillāt*, Pedro Chalmeta and Federico Corriente eds., Madrid: Instituto Hispano-Árabe de Cultura.

Kameya, Manabu, 2015, "*Fāsī* Numerals in the Vellum Documents," Toru Miura and Kentaro Sato eds., *The Vellum Contract Documents in Morocco in the Sixteenth to Nineteenth Centuries*, Part I, Tokyo: Toyo Bunko, 134-144.

Kattānī, ʿAbd al-Kabīr al-, 2002, *Zahr al-ās fī buyūtāt Fās*, 2 vols., Casablanca: Maṭbaʿat al-Najāḥ al-Jadīda.

Le Tourneau, Roger, 1949, *Fès avant le Protectorat: étude économique et sociale d'une ville de l'Occident musulman*, Casablanca: Société Marocaine de Librairie et d' Édition.

Mayyāra, 2011, *al-Itqān wa-l-aḥkām fī sharḥ Tuḥfat al-ḥukkām*, 2 vols., Muḥammad ʿAbd al-Salām Sālim ed., Cairo: Dār al-Ḥadīth.

Miura, Toru and Kentaro Sato eds., 2015—2020, *The Vellum Contract Documents in Morocco in the Sixteenth to Nineteenth Centuries*, Part Ⅰ&Ⅱ, Tokyo: Toyo Bunko.

Ṣanhājī, Abū al-Shitāʾ al-, [1964—1968] 1995, *al-Tadrīb ʿalā* [taḥrīr] *al-wathāʾiq al-ʿadlīya: wathīqa wa-sharḥ* [*: kayfīyat taḥrīr-hā wa-bayān fiqh-hā*], 2 vols., 2nd ed., Rabat: Maṭbaʿat al-Umnīya.

Sato, Kentaro, 2015, "Form and Use of the Vellum Documents," Toru Miura and Kentaro Sato eds., *The Vellum Contract Documents in Morocco in the Sixteenth to Nineteenth Centuries*, Part I, Tokyo: Toyo Bunko, 8-22.

佐藤健太郎、2016、「古文書から見る過去の都市空間――モロッコの古都フェスとその郊外」田山忠行編『空間に遊ぶ――人文科学の空間論』北海道大学出版会、53-86。

Sato, Kentaro, 2020, "Apostilles by Qadi in the Vellum Documents," Toru Miura and Kentaro Sato eds., *The Vellum Contract Documents in Morocco in the Sixteenth to Nineteenth Centuries*, Part II, Tokyo: Toyo Bunko, 126-138.

Seco de Lucena, Luis, 1961, *Documentos Arábigo-Granadinos*, Madrid: Instituto de Estudios Islámicos.

高松洋一監修、渡部良子・阿部尚史・熊倉和歌子訳、2013、『マーザンダラーニー著（14世紀）簿記術に関するファラキーヤの論説』東洋文庫研究部イスラーム地域研究資料室。

Zomeño, Amalia, 2011, "From Private Collections to Archives: How Christians Kept Arabic Legal Documents in Granada," *al-Qanṭara*, 32: 461-479.

八木健治、2021、『羊皮紙のすべて』青土社。

column：インテリアとしての古文書

2014年2月、東洋文庫所蔵皮紙文書の研究プロジェクトの一環として、他のメンバーとともに、文書の舞台となったフェス市内外の実地調査をおこなった。宿はフェス旧市街のとあるホテルにとったが、選択の決め手になったのは住所にあるサブウ・ルーヤート（Sabʿ Lūyāt）通りの名が皮紙文書にも見えていたことである。

宿に到着し、袋小路に面した門をくぐって中を進んでいくと、廊下の壁に大きな額がかけられている。目を向けてみるとガラスの向こう側に収まっているのは、驚いたことに皮紙の古文書だった。東洋文庫所蔵文書と同じように下部を斜めに整形した多角形の皮紙文書で、大きさは長さ数十センチといったところであろうか。思いもかけない場所で新たな皮紙文書と出くわしたのである。

近年、モロッコ各地の都市では旧市街の旧家を改修してリヤードと呼ばれるホテルとして開業することが増えている。かつて旧市街に居を構えていた富裕層が近代的な生活環境を求めて新市街に出て行く一方、美しいモザイク・タイルや化粧漆喰で飾られた伝統的な家屋は観光客を引きつける格好の観光資源として注目されるようになったのである。我々の宿泊先もこの種のホテルで、宿の従業員の話では売りに出されていた旧家の家屋をノルウェー人の現オーナーが買い取り、数年間の改修作業を経て開業するに至ったのだという。飾られていた皮紙文書も家屋とあわせて買い取ったものとのことだが、旧所有者の家名と文書内の契約当事者の家名は必ずしも一致しておらず、実際のところはよく分からない。それでも、古色蒼然とした古文書は、この種の宿にふさわしいインテリアとして、いかにももっともらしい雰囲気をかもし出しているのは間違いない。その後、チュニジアでも、我々の研究メンバーの１人が同種のホテルで似たような古文書に出くわしている。

そもそも文書は、不動産の所有権を示すなど、当事者に何らかの必要があって作成され、そして保管されるものである。しかし、その必要性がなくなってしまえば、ただの反故紙に過ぎなくなる。その後、そうした文書はどうなるのだろうか。もちろん我々研究者にとっては、貴重な資料である。図書館なり文書館なりに整理されて収蔵されるのが望ましい。しかし、それとは異なる価値を見いだされて、宿のインテリアとして飾られる文書もある。旧所有者にとっては、何であれ反故紙に価値を認めて買い取ってくれる人がいればめっけものといったところであろう。

こうした、モノとしての文書が持ちうる様々な価値とそれを取り巻く社会的文脈の転変を、モロッコの法文化を専門とする文化人類学者ブスケンスは「がらくたからお宝へ（from trash to treasure）」と表現し、その現実を受け入れようとする。一方、そのことを頭では理解しつつも、どうしても研究資料として文書を見てしまう自分は、どこかもやもやした気持ちをぬぐいきれずにいる。

事項人名索引*

あ

アイドゥン……203, 205
曖昧性 shubha……8, 35
アウザーイー al-Awzāʿī……93, 120
アウザーイー派……120, 128
アウラングゼーブ……50
アグモン……175
アサド・ブン・フラート Asad b. al-Furāt……67
アザミー……147, 148
アシュアリー派……51, 84, 89, 90, 95, 132
アージュッリー……108
アシュハブ……66
アスユーティー……169
アッバース朝……4, 17, 30, 45, 46, 54, 65, 86, 91-93, 103, 105, 109, 124, 127, 154
アッラーマ・ヒッリー al-ʿAllāma al-Ḥillī……110
アドゥドゥッダウラ ʿAḍud al-Dawla……132
アドル. → 公証人
アーハード……130
アブー・アッバース・アサンム……95
アブー・アブドゥッラフマーン・シャーフィイー Abū ʿAbd al-Raḥmān al-Shāfiʿī……126
アブー・アワーナ……152
アブー・イスハーク・イスファラーイニー Abū Isḥāq al-Isfarāʾinī……89
アブー・イスハーク・シーラーズィー……69, 88, 90, 91, 121, 128, 131-133
アブー・サイード・イスタフリー Abū Saʿīd al-Iṣṭakhrī……86, 87
アブー・ザフラ……20-22, 135
アブー・ズルア・サカフィー Abū Zurʿa al-Thaqafī……93
アブー・タイイブ・タバリー……108
アブー・ダーウード……105, 151, 152
アブー・バクル・ハッラール……27, 103, 107
アブー・バクル・ブン・アラビー……71
アブー・バクル・マルワズィー……107
アブー・ハサン・バズダウィー……50, 53
アブー・ハサン・ブン・サムウーン……108
アブー・ハーズィム……47
アブー・ハニーファ……5, 14, 26, 28, 43, 44, 46, 47, 57, 83, 84, 92, 105, 118, 150
アブー・ハフス・カビール Abū Ḥafṣ al-Kabīr……92
アブー・ハフス・サギール Abū Ḥafṣ al-Ṣaghīr……92
アブー・フライラ……143, 149
アブー・ヤァラー（伝承家）……151
アブー・ヤァラー・ブン・ファッラー……107, 108
アブー・ユースフ……5, 30, 43-46, 105, 150
アブー・ユスル・バズダウィー……50
アブドゥ，ムハンマド……112
アブドゥッラー・ブン・アフマド・ブン・ハンバル……106
アブドゥッラッザーク・サンアーニー……29, 149, 150, 157
アブドゥッラフマーン3世 ʿAbd al-Raḥmān al-Nāṣir……132
アブドゥライモフ……233
アブドゥラスロフ……219, 235
アブドゥルアズィーズ ʿAbd al-ʿAzīz b. Saʿūd（サウジアラビア初代国王）……111
アブドゥルワッハーブ（マーリク派）……68, 69
アフマド・ブン・トゥールーン Aḥmad b. Ṭūlūn……92
アブラハム……1
アボット……148
アマル ʿamal……6, 31, 94
アーミディー……72, 90
アリー（・ブン・アビー・ターリブ）ʿAlī b. Abī Ṭālib……145
アルズ. → 請願の上呈文書
アルスラーン家……198
アルナルデス……136
アンマーティー al-Anmāṭī……86

＊ 人名の原綴りは、原則として、本文・注・文献目録のいずれにもないもののみに付した。

い

イィラーム……200
→ 報告の上呈文書
『イィラーム（署名者の通知）』……111
五十嵐大介……173
偉業伝. → 讃
イクター iqṭāʿ……23
「生ける伝統」living tradition……16, 155
遺言指定管財人 waṣī……275, 284
遺産分割文書 defter-i kassâm, tereke/tarika, metrûkât/matrūkāt, muhallefât/mukhallafāt……194, 199
イジャーレテイン icâreteyn……188
移住者たち al-muhājirūn……65
イジュティハード ijtihād……2, 17, 20, 22, 28, 84, 86, 106, 110, 112, 123, 246, 248 → イジュティハードの門の閉鎖，完全イジュティハード，限定イジュティハード，ムジュタヒド，モジュタヘド
「イジュティハードの門の閉鎖」insidād bāb al-ijtihād……17, 20, 22
イジュマー ijmāʿ……2, 3, 12, 84, 85, 94, 122, 126, 136
イスタフリー. → アブー・サイード・イスタフリー
イスタンブル・ムフティー局文書館……203
イスタンブル・ワクフ局文書館……205
イスティスラーフ istiṣlāḥ……3
イスティフサーン istiḥsān……3, 44, 46, 51, 123, 129
イスナード isnād……16, 130, 141, 145, 153, 155-159
イスナードの遡行的成長 backward growth of *isnāds*……155
イスナード－マトン分析 *isnād-cum-matn* analysis……158
イスハーク・ブン・ラーフワイヒ……124
イスファラーイニー Abū Isḥāq al-Isfarāʾinī……89
イスマイル・ガスプリンスキ図書館……204
イスマーイール・ブン・イスハーク Ismāʿīl b. Isḥāq……27
イスマーイール派……72, 136
イスラミケート islamicate……32
イスラーム研究所……189
異端審問. → ミフナ
イッラ ʿilla……3, 122, 123
イナルジュク……189, 209
イバーダート ʿibādāt……112
→ 神事
イブン・アキール……108, 117
イブン・アースィム Ibn ʿĀṣim……75, 76, 280
イブン・アッタール Ibn al-ʿAṭṭār……269
イブン・アッバース Ibn ʿAbbās……147, 148
イブン・アビー・ザイド・カイラワーニー……67
イブン・アビー・シャイバ……150
イブン・アビー・ハーティム……107, 153
イブン・アビー・ヤァラー……104
イブン・アビー・ライラー Ibn Abī Laylā……43
イブン・アービディーン……55-57, 181
イブン・アブドゥース……67
イブン・アブドゥッサラーム……74
イブン・アブドゥルハカム……66
イブン・アブドゥルバッル……70, 71, 74, 129, 154
イブン・アラビー. → アブー・バクル・ブン・アラビー
イブン・アラファ……74-76
イブン・ウスマーン・タージューリー……75
イブン・ウマル……64
イブン・ウヤイナ. → スフヤーン・ブン・ウヤイナ
イブン・カイイム・ジャウズィーヤ……107, 110, 111, 113
イブン・カースィム……66, 67
イブン・カーディー・シュフバ……86
イブン・クタイバ……147
イブン・クダーマ……107, 109-111
イブン・サーアーティー……53, 55
イブン・サァド……153
イブン・サウード Ibn Saʿūd……111
イブン・サフル……70
イブン・サムウーン. → アブー・ハサン・ブン・サムウーン
イブン・サラーフ……90, 96
イブン・ジャウズィー……109, 117
イブン・シャース……71
イブン・ジャッラーブ……68
イブン・ズィヤード……70
イブン・スィーリーン Ibn Sīrīn……144, 156
イブン・スライジュ Ibn Surayj……26, 27, 86-88, 127
イブン・タイミーヤ……102, 103, 107, 110-113

イブン・タウク……169
イブン・ダーウード Ibn Dāwūd … 126, 127, 130, 136
イブン・ナキーブ……91
イブン・ナスル・マルワズィー……117
イブン・ナディーム……120, 124–126, 128
イブン・ヌジャイム……7, 8, 53, 55–57
イブン・ハージブ……72, 73
イブン・ハジャル・ハイタミー……91
イブン・ハズム……13, 121, 127, 129–137
イブン・バッザーズ……54
イブン・バッタ・ウクバリー……108
イブン・バドラーン……104
イブン・ハビーブ……67
イブン・ハーミド……108
イブン・ハルドゥーン……134, 135, 168
イブン・ハンバル……17, 27, 102, 103, 105–107, 109, 117, 118, 120, 125, 147, 150, 152
イブン・ヒッバーン……152
イブン・ヒラール Ibn Hilāl ……128, 129
イブン・ファルフーン……73
イブン・フザイマ……87, 151
イブン・フバイラ……109
イブン・フマーム……53
イブン・マウワーズ……68
イブン・マーザ……49
イブン・マージャ……151, 152
イブン・ムガッリス Ibn Mughallis …… 127, 128, 130, 131
イブン・ムバーラク……145, 146, 150
イブン・ムフリフ……111
イブン・ユーヌス……69
イブン・ラジャブ……104, 111
イブン・ラーフワイヒ. → イスハーク・ブン・ラーフワイヒ
イブン・ワフブ……66
イマーム・アル＝ハラマイン. → ジュワイニー
意味における伝達（ハディースの）al-naql bi-l-maʿnā……147
イムラーニー……90, 94
イラク派（シャーフィイー派）……86, 89
イラクリオン市図書館……205
イラン国立公文書館……266
イルミエ……7

う

ヴィシャノフ……125, 130, 137
ウィーン国立図書館……204
ウェイキン……19
ヴェルナー……175, 249, 251, 252, 261, 262
ウシュル地……232, 233
ウズベキスタン国立中央文書館……221
ウスマーン ʿUthmān b. ʿAffān（第 3 代正統カリフ）……145
ウズンチャルシュル……189
ウトゥビー……67
ウマル・ブン・アブドゥルアズィーズ ʿUmar b. ʿAbd al-ʿAzīz（ウマイヤ朝第 8 代カリフ）……145
ウラマー……2–5, 7, 13, 17, 20, 32, 75, 93, 246
ウルケル……203, 205
ウルチャイ……209
ウンマ umma……1
『ウンム（模範の書）』…… 6, 30, 83, 85, 95, 100, 150

え

英印法 Anglo-Muhammadan law……11
営業権 khulū wa gedik……181
永代賃貸借 ḥikr……10
エジプト国立文書館……207
「枝の学」（実定法学）furūʿ al-fiqh ……10
エビュッスウード……56
エルギン……209
エルゲネ……174, 176, 179
援助者たち al-anṣār……65

お

追剥罪 qaṭʿ al-ṭarīq……8
大河原知樹……175
オーストリア国立図書館……170
親子関係 nasab ……8

か

カァナビー……66
買戻約款付売買 bayʿ al-wafāʾ ……9, 224, 256
革新者 mujaddid……22
学説接合 talfīq ……73
学説評定 taṣḥīḥ …… 50, 52, 53, 55, 57
学派内ムジュタヒド mujtahid fī al-madhhab……22

カーサーニー……51
ガザーリー……71, 88–90, 95, 113
ガージー・フスレヴ・ベイ図書館……204
カースィム・ブン・クトゥルーブガー……53
課税私有地……233–235
カッターン……175
カッファール・シャーシー al-Qaffāl al-Shāshī（大カッファール）……88
カーディー qāḍī/kadı……5, 46, 56, 92, 167, 168, 170, 174, 178, 180, 191, 194–196, 198, 201, 202, 210–231, 235, 236, 249, 252, 270, 274–276, 278–282, 284 → カーディー法廷，シャリーア法廷，大カーディー
カーディー・ヌゥマーン al-Qāḍī al-Nuʿmān……136
カーディー・ハーン……49, 52, 54
カーディー法廷……5, 19, 73, 167–170, 268, 282, 285 → シャリーア法廷
カーヌーン qānūn……4, 56
神の権利 ḥuqūq Allāh……7, 8
カラダーウィー……113
カラーフィー……73, 113, 118
カリフ khalīfa……4, 13, 18, 28, 32
カルダー……30
カルヒー……27, 47
慣行 ʿāda……3, 32 → メディナ慣行
慣習 ʿāda……3, 56, 57
完全イジュティハード ijtihād kāmil……20
姦通罪 zinā……8

き

寄進……9 → ワクフ
キヤース qiyās……2, 3, 12, 13, 84, 85, 122, 123, 126, 134
旧説（シャーフィイーの）al-qawl al-qadīm, al-qadīm……83, 85, 100, 126
キュトゥクオール……196–198
ギュナイ……203, 205
教友 al-ṣaḥāba……12, 16, 17, 32, 44, 64, 88, 122, 126, 141–143

く

口伝者編年学 ʿilm taʾrīkh al-ruwāt……146
クドゥーリー……48, 52
クラン……174, 179
グリーブ……137
『クルアーン』al-Qurʾān……1, 2, 8, 10, 12, 15, 29–32, 34, 105, 106, 122, 123, 125, 142, 143, 146, 168, 258, 259
クルアーン被造説（創造説）……93, 105, 125
クローン……28, 30

け

契約文書の書式集 shurūṭ……19, 168
ゲオニーム，単数形 ガオン……33
結節口伝者 common link……16, 156–159
限定ムジュタヒド mujtahid muqayyad……22

こ

合議体 shūrā……70
後期ハナフィー派 mutaʾakhkhirūn, late Ḥanafīs……54–57
後継者／後継世代 al-tābiʿūn……12, 16, 44, 64, 144, 149, 158
公証人……168, 169, 178, 268–270, 272–279, 282, 284, 285, 288
合法売買．→ 買戻約款付売買
国事 siyāsa……5, 13
「国事のシャリーア適合性原則」al-siyāsa al-sharʿīya……5
国有地 mamlaka, amlāk……232, 233, 235–237
国立イチャン・カラ博物館……219
「個人的見解の徒」aṣḥāb al-raʾy, ahl al-raʾy……5, 12, 14, 26, 44, 84
古代末期……29, 33, 34
国家アーカイブ庁オスマン文書館……203
国家ムフティー……7
コールソン……20, 23, 24, 28
ゴルトツィーエル……13–16, 29, 31, 125, 135, 154, 155
近藤信彰……175, 176, 244, 249, 252

さ

サイエド・サーデク・サンゲラジー．→ サンゲラジー
ザイトゥーナ……75
裁量刑 taʿzīr……8
サウリー．→ スフヤーン・サウリー
ザカート（公共福祉税ないし浄財）zakāt……7
ササン朝ペルシア……15

ザッハウ……11-13
サハヌーン……27, 30, 67
ザハビー……154
サファヴィー朝……93, 243, 244, 249, 250, 252, 255, 262, 265
サマルカンディー，アブー・ライス……47
サマルカンディー，アラーッディーン……50
サライメ……32
サラフスィー……49, 50
サーリフ・ブン・アフマド・ブン・ハンバル……106
サルトリ……219, 222, 232, 234-237
讃 manāqib……46, 109
サンアーニー．→ アブドゥラッザーク・サンアーニー
サンゲラジー……250, 256, 261
サンハージー al-Ṣanhājī……269, 272, 275, 276, 278
サンフーリー，アブドゥッラッザーク……21

し

シェイヒュルイスラム şeyhülislâm（イスラームの長，オスマン帝国）……7
シェイホルエスラーム（イスラームの長，イラン）……248
シェイル夫人……243, 261
ジェニングス……24
シェハタ……20- 23, 34
シェフヌ……136
シェーラー……157
ジェリーデ / ジャリーダ cerîde/jarīda……189, 193
→ シャリーア法廷記録簿
資格保証人 muzakkī……171-173
字義主義……122, 125, 127, 133, 137
シジッル sicil/sijill……188, 189
四大テクスト（後期ハナフィー派の）al-mutūn al-arbaʿa）……54
示達文書 mürâsele/murāsala……197, 201, 202
実定法学 furūʿ al-fiqh「法学の枝」……3
ジハード jihād……7
ジハード団 Tanẓīm al-Jihād……112
シャウカーニー al-Shawkānī……135
ジャッサース……47
シャーティビー……113
シャハト……13, 15-21, 23-26, 28-32, 155-158
シャーヒド shāhid……168, 172
→ 証人
シャーフィイー……6, 15-17, 25, 65, 83, 84, 87, 89, 93-96, 100, 105, 117, 126, 147, 150, 152, 155
シャラフッディーン……169
シャリーアによる統治 siyāsa sharʿīya……73
シャリーアの目的 maqāṣid al-sharīʿa……73, 90, 112, 113
シャリーア法廷……5, 24, 111, 167, 170, 174, 176, 188, 189, 217, 222, 224-226, 231, 232, 235-238, 244, 248
シャリーア法廷関係史料……188
シャリーア法廷記録簿 jarīda/cerîde……201
シャリーア法廷台帳．→ 法廷台帳（台帳，シャリーア法廷台帳）
シャリーア法廷文書 sakk, ṣakk……188, 196, 217, 250
ジャリール派……117, 120, 127
ジャルフ jarh……146
集団的義務 farḍ kifāya……22
私有地 milk……232-234
12イマーム派，12イマーム・シーア派……93, 120, 243, 244, 246, 260
ジューズジャーニー……153
ジュワイニー……22, 89, 95, 113
状況の証人 şühûdü’l-hâl/shuhūd al-ḥāl……198
商事裁判所……173, 195, 206, 211
「小シャーフィイー」al-Shāfiʿī al-Ṣaghīr……92
上呈文書……199
承認 iqrār……223, 224, 226, 231
証人 shāhid……19, 168, 169, 171-173, 178, 230, 256, 260, 279, 282
→ 状況の証人，当座証人
照明学派……90
使用利益 manfaʿa……9
初期法学派 the ancient schools of law……16, 17, 155
贖罪 kaffāra……8
神事 ʿibādāt……7
人事 muʿāmalāt……8
新説（シャーフィイーの）al-qawl al-jadīd, al-jadīd……83, 85, 86
人物学 ʿilm al-rijāl, ʿilm rijāl al-ḥadīth……126, 141, 145
人物評定学 ʿilm al-jarḥ wa-l-taʿdīl……146
「人民の家」halk evleri……189
審理記録のタズキラ……227, 228, 231

す

スィグナーキー……50
スィジスターニー，アブー・バクル……107
スィヤーク……253, 254
ズィヤード・ブン・アリー……65
推論（ラーイ）ra'y……5, 12, 14, 43, 44
スィンジー al-Sinjī……89
スチュワート……136
スーフィズム……90, 110, 111, 220
スブキー……86, 88, 90
スフヤーン・サウリー Sufyān al-Thawrī……117, 120
スフヤーン・ブン・ウヤイナ Sufyān b ʿUyayna……105, 148, 150
スフラワルディー al-Suhrawardī……90
ズフリー al-Zuhrī……64, 145-147
スユーティー……91
ズルカーニー……74
スルタン・バイバルス Sulṭān Baybars……118
スレイマニエ写本図書館……196
スレイマン１世……56
スンナ al-sunna……2, 6, 10, 12, 13, 16, 29, 32, 84, 93, 95, 102, 106, 112, 141, 143, 145, 155

せ

請願の上呈文書……200
請願文書 ʿarzhâl……202
聖キリル・聖メトディウス国立図書館……205
制定法裁判所……173, 195, 206, 211
「正伝」ẓāhir al-riwāya……45, 48-50, 57, 66
セズギン……148
世代伝記集 ṭabaqāt……25
窃盗罪 sariqa……8
セルジューク朝……93, 108

そ

相承（シャーフィイー派における）ṭuruq. 単数形 ṭarīq……100

た

タァディール taʿdīl……146
第一次内乱……144, 145
大カッファール al-Qaffāl al-Kabīr……88
大カーディー……45, 72-74, 132, 221
台帳. → 法廷台帳（台帳，シャリーア法廷台帳）
第二次内乱……156
ダヴィドヴィチ……234
ダーウード・ブン・ハラフ・イスファハーニー Dāwūd b. al-Khalaf al-Iṣfahānī……121, 123-126
タク……190
タクリード taqlīd……17, 87, 123, 134
タージューリー……75
タズキラ tadhkira……227, 228, 230-232
→ 審理記録のタズキラ，判決記録のタズキラ
ダットン……30
ダード・アルハキーム……171
タハーウィー……19, 27, 47, 48, 147, 152
タバカート ṭabaqāt……153
→ 世代伝記集
タバコボイコット運動……247, 249
タバラーニー，アブー・カースィム（ハンバル派）……108
タバラーニー，スライマーン・ブン・アフマド（伝承家）……152
タバリー，アブー・タイイブ……108
タバリー，イブン・ジャリール……87, 117, 120, 127, 151
ダフタル／デフテル daftar/defter……198
ダマスクス（ダマスカス）歴史文書館……171, 173, 206
タムドアン……180
タヤーリスィー……149
ダーラクトゥニー……152
タラフ ṭaraf. 複数形 aṭrāf……154
ターリーフ ta'rīkh……153
ダーリミー……150-152
男系男性血族 ʿaṣaba……10
タンジマート，タンジマート改革……173, 195, 201, 211
タンマーミー家……248, 250

ち

チェホヴィチ……219, 233
「知識探訪の旅」riḥlat ṭalab al-ʿilm, riḥla……145
→ リフラ
地租 kharāj……9, 23
チーデム……190
長老府 Bâb-ı Meşîhat……201
賃約 ijāra……9

て

ティアン……19, 24, 168
ティルミズィー……151, 152
デッバーザーデ……196, 197, 200
伝承経路……16, 28, 130
　→　イスナード
伝承主義 traditionalism……84, 93, 105
　→　ハディース主義
伝承主義者 traditionalist……84, 105, 108, 125
　→「ハディースの徒」

と

当座証人……171, 172, 179
導出 takhrīj……47, 48
統治者による立法……56
　→　カーヌーン
トゥーフィー……111, 113
トゥルキー……136
トゥールーン朝……92
独立ムジュタヒド mujtahid muṭlaq……22
トルコ宗教財団……189
トルコ世界研究財団……190
ドルーズ派……198

な

ナーイブ nâib/nāʾib……191
中田考……103, 104, 109
永田雄三……203
ナサーイー……151, 152
ナサフィー，ナジュムッディーン……51
ナサフィー，ハーフィズッディーン……53
ナッザーム al-Naẓẓām……125
ナッジャード……108
ナーフィィ Nāfiʿ……64
ナワウィー……11, 89, 91, 100, 118

に

ニフタワイヒ Nifṭawayh……127
人間の権利 ḥuqūq al-ʿabd/al-ʿibād/al-nās, ḥaqq ādamī……7

ね

「根の学」（法理学）uṣūl al-fiqh……10

の

ノーサップ……169

は

廃棄 naskh……65, 130, 147, 148
バイハキー……95, 96, 152
バガウィー……96
ハーキム・ナイサーブーリー……152
バグダード派（シャーフィイー派）……88
バージー……69, 71, 131, 136
ハスカフィー……56, 57
パスカル……174
バズダウィー．→　アブー・ハサン・バズダウィー，アブー・ユスル・バズダウィー
バスラ派（シャーフィイー派）……88
ハッサーフ……30, 168
バッザール……151
ハッターブ……74
ハッド刑 ḥudūd. 単数形 ḥadd……8
ハッラーク……21-25, 27, 28, 31-33, 168
ハディース主義……5, 6, 16, 17, 25, 26, 28
　→　伝承主義
「ハディースの徒」ahl al-ḥadīth, aṣḥāb al-ḥadīth……5, 12, 14, 25, 26, 51, 84, 85, 105, 117, 118, 120-122, 125, 135
ハティーブ・タブリーズィー……152
ハバル khabar……157
バーバルティー……53
ハブス．→　ワクフ
バフーティー……109
ハラージュ地……232, 233
ハラズィー al-Kharazī……132
バラーズィイー……69
ハラビー……55, 56
ハリーファ・ブン・ハイヤート……153
ハリール・ブン・イスハーク……74
バルー……250, 252, 261
バルトリド……233
バルバハーリー……107
ハールーン・ラシード Hārūn al-Rashīd（アッバース朝第5代カリフ）……45
ハワーリジュ派……120, 125
判決記録のタズキラ……227, 228, 232
「半ハナフィー派」semi-Ḥanafīs……46
ハンマード・ブン・アビー・スライマーン

Ḥammād b Abī Sulaymān……43

ひ

ピアス……175
ヒジュラ hijra……1
ビシュル・ブン・フサイン Bishr b. al-Ḥusayn……128, 132, 133
ヒターブ khiṭāb……280, 281
『ヒダーヤ』……53
必要不可欠性 ḍarūra……3
ビドア bidʿa……111, 144
「人々の慣行」ʿamal al-nās……64
ヒヤル ḥiyal. 単数形 ḥīla……18, 19, 44, 45, 51, 104, 108
ヒュルフローニュ……12, 13
ヒラキー……107, 109

ふ

ファズロッラー・ヌーリー……250
ファーティマ朝……69, 72, 86, 107, 136
ファトヴァー……247, 251
→　ファトワー
ファトワー fatwā/fatvā/fetvâ……4, 20, 23, 24, 48, 49, 70, 75, 90, 110, 142, 179, 180, 209, 220, 222, 227-232, 236, 237
ファトワー集……24, 47-49, 52, 54, 70, 75-77
ファーミー al-Fāmī……133
ファン・デン・ベルフ……11, 13
フィクフ fiqh……2
フィトナ fitna……144, 156
フェス数字 al-qalam al-Fāsī……277
ブカレスト国立公文書館……205
福利. →　マスラハ
フジャーウィー……104, 109
フッジェト / フッジャ hüccet/ḥujja……197
ブハーリー，アブドゥルアズィーズ（ハナフィー派）……50
ブハーリー（伝承家）……36, 109, 148, 149, 151-154
部分的結節口伝者 partial common link……157
フマイディー……150
ブルズリー……75
フロール……248, 249
ブワイフ朝……107, 108, 132, 134
分益小作 muzāraʿa……23
分益栽培契約 musāqāt……181

へ

ヘイド……24
ベール……25
ベンナーニー・フィルアウン……269

ほ

法学意見……4, 14, 244, 247, 251
→　ファトワー
法学ギルド……24
法格言 qawāʿid fiqhīya……55, 56, 73
「法学の枝」furūʿ al-fiqh……3
「法学の根」uṣūl al-fiqh……3
法学派 madhhab……2, 5, 6, 16, 17, 22, 24-27, 31
法勧告 ḥokm……247, 248, 251
報告の上呈文書 iʿlâm/iʿlām,……192, 194, 197, 200
報告の上呈文書台帳 sijill al-iʿlāmāt……193
法廷台帳（台帳，シャリーア法廷台帳）……167ff
意義……172, 188-191
法廷付諮問官 mushāwar……70
法理学 uṣūl al-fiqh「法学の根」……3
ホジソン……32
ホムス（イマームの取分）……247
ホラーサーン派（シャーフィイー派）……86, 89
堀井聡江……104
ボルドウィン……180

ま

マァマル・ブン・ラーシド Maʿmar b. Rāshid……145
マイヤーラ Mayyāra……280
マウスィリー……54
マウラー mawlā……64, 94
マウワーク……74
マクディシー……24-26
マケドニア歴史文書館……205
マーザリー……68
マザーリム法廷 maẓālim……54, 167, 211
マズハブ. →　法学派
マスラハ maṣlaḥa……3, 112, 113
マートゥリーディー al-Māturīdī……50, 93
マートゥリーディー派……50, 93
マトン（本文）matn……141
マフディー al-Mahdī（アッバース朝第 3 代カリフ）……124
マフブービー，ウバイドゥッラー……52

マフブービー，ブルハーヌッシャリーア……52
マームーン al-Maʾmūn（アッバース朝第 7 代カリフ）……93, 105
マーリク．→　マーリク・ブン・アナス
マリク・シャー……93
マーリク・ブン・アナス……6, 14, 30, 45, 64–67, 83, 117, 118, 149, 150, 152
マリノ……175
マルギーナーニー……11, 51–53
マルコム，ジョン……249
マルジャア・タクリード……247
マルダーウィー……109
マーワルディー……88, 118
マンスール al-Manṣūr（アッバース朝第 2 代カリフ）……65
マンスール Yaʿqūb al-Manṣūr（ムワッヒド朝第 3 代カリフ）……132

み

三浦徹……268
「右手の所有」……8
ミッズィー……153
ミフナ miḥna……93, 105
『ミンハージュ（学生の導きとムフティーの手引き）』……11, 91, 92

む

ムアーウィヤ Muʿāwiya b. Abī Sufyān（ウマイヤ朝初代カリフ）……145
ムアーマラート．→　人事
ムゥタズィラ派……51, 93, 105, 125–127, 133, 134
ムカッリド muqallid……17
ムガル朝（帝国）……50, 102, 170
ムザニー……26, 30, 85–89, 95, 128
ムサンナフ muṣannaf……146
ムジュタヒド mujtahid……17, 22, 23
→　学派内ムジュタヒド，独立ムジュタヒド
ムスナド musnad……146
『ムスナド』（イブン・ハンバルの）……6, 106, 150
ムスリム（・ブン・ハッジャージュ）……109, 151, 152
『ムダウワナ（撰集・集成）』……27, 30, 64, 67–69, 73, 74
ムタワッキル al-Mutawakkil（アッバース朝第10代カリフ）……93
ムタワーティル……130
ムデハル……68
ムハンマド・アリー（ウラマー）……148
ムハンマド・ハーシム・カマーリー……113
ムハンマド・ブン・アブドゥルワッハーブ……111
ムハンマド・ブン・サハヌーン……67
ムフティー muftī……4, 7, 24, 44, 56, 70, 73, 222, 225–230
ムラービト朝……70
『ムワッター（踏みならされた道）』……6, 14, 30, 31, 45, 64–68, 70, 149, 150, 154
ムワッヒド朝……70, 132, 134
ムンズィル・ブン・サイード Mundhir b. Saʿīd al-Ballūṭī……129, 132, 133

め

酩酊物摂取罪 shurb……8
明文 al-naṣṣ……2, 3, 84, 106, 122
明文（シャーフィイー派における）al-naṣṣ, al-manṣūṣ ʿalay-hi……100
「明文のない福利」al-maṣlaḥa al-mursala……113
『メジェッレ』Mecelle（オスマン近代民法典）……56, 57, 223
メシェル……181
メディナ慣行……64, 65
→　「我々の流儀」，「人々の慣行」
メルチャート……26, 28, 86, 103, 134
メロン……20–22
免税私有地……232–236

も

文字通りの伝達（ハディースの）al-naql bi-l-lafẓ……146
モジュタヘド mojtahed……176–178, 180, 246
モツキ……29, 30, 141, 157, 158
物自体 raqaba……9
モハンマドハサン・シーラーズィー……247
モリスコ……68
モンタダ，プイグ……136

や

柳橋博之……34–36, 104
ヤフヤー・ブン・ヤフヤー・ライシー……65

ゆ

ユインボル……156–158
優劣判断 tarjīḥ……48, 49, 51, 52, 54

湯川武……103
ユスポフ……219, 236
ユダヤ法……2, 8, 15, 21, 29, 33

よ

用益（権）……9, 23, 227, 234
ヨハンセン……23, 24, 237
ヨルダン大学文書・写本センター……207

ら

ラーイ. → 推論（ラーイ）
ライス・ブン・サァド al-Layth b. Saʿd……120, 146
ラーイ派，ラーイの徒. → 「個人的見解の徒」
ラズィーン・ブン・ムアーウィヤ Razīn b. Muʿāwiya……152
ラビーア族……143
ラビーィ・ブン・スライマーン・ジーズィー al-Rabīʿ b. Sulaymān al-Jīzī……85
ラビーィ・ブン・スライマーン・ムラーディー al-Rabīʿ b. Sulaymān al-Murādī……85
ラビーィ・ムアッズィン al-Rabīʿ al-Muʾadh-dhin……85
ラーフィイー……90, 91
ラーフェク……190, 210
ラフミー，アブー・ハサン……69, 74
ラムリー……92

り

立法理由. → イッラ
リトル……169
リナン・ド・ベルフォン……136
リバー ribā……9, 35, 123
リビア文書・歴史研究センター……208
リフラ……67, 68
→ 「知識探訪の旅」

る

ルトフィー……169
ルナン Renan, Joseph Ernest……14

れ

レイスィー……169

ろ

六大ハディース集……141, 146, 151
ロシア国民図書館……221
ロスティスラヴォフ……233
ローマ法……2, 13-15, 29, 155
『論考』（シャーフィイーの）……83, 85

わ

ワクフ waqf, ḥabs……9, 15, 244
ワクフ財への融資 murṣad……181
ワクフ地 waqf……10, 232, 235, 237, 252
ワクフ文書 waqfīya/vakfiye/vakıfnâme,……167, 194, 197, 224, 244, 261, 262
ワジュフ wajh. 複数形 wujūh……86
ワジュフ適格者 aṣḥāb al-wujūh……86, 87
ワッザーニー……76
ワッハーブ主義……102, 111
ワッハーブ派 al-Muwaḥḥidūn……6
「我々の流儀」al-amr ʿinda-nā……64
ワンシャリースィー……75, 76

A

ʿāda 慣行……3
ahl al-ḥadīth「ハディースの徒」……5, 84
ahl al-raʾy「個人的見解の徒」……5, 44, 84
ʿamal アマル……6
ʿamal al-nās「人々の慣行」……64
amlāk 国有地……232
al-amr ʿinda-nā「我々の流儀」……64
the ancient schools of law「初期（ないし前期）法学派」……16, 155
Anglo-Muhammadan law 英印法……11
al-anṣār 援助者たち……65
ʿaṣaba 男系男性血族……10
al-aṣḥāb アブー・ハニーファの直弟子……48
al-aṣḥāb ワジュフ適格者（シャーフィイー派における）……86
aṣḥāb al-ḥadīth「ハディースの徒」……5, 84
aṣḥāb al-raʾy「個人的見解の徒」……5, 84
aṣḥāb al-wujūh（シャーフィイー派における）ワジュフ適格者……86

B

Bâb-ı Meşîhat 長老府……201
BOA. → 国家アーカイブ庁オスマン文書館

C

cerîde/jarīda ジェリーデ / ジャリーダ……189, 193

common link 結節口伝者……156

D

ḍarūra 必要不可欠性……3
defter/daftar 法廷台帳，シャリーア法廷台帳，台帳……188
defter-i kassâm 遺産分割文書……199

F

farḍ kifāya 集団的義務……22
fatvā 法学意見……244
fiqh フィクフ……2
furūʿ al-fiqh 実定法学，「法学の枝」……3

G

gharar 射幸性……9

H

ḥabs ワクフ……9
halk evleri「人民の家」……189
ḥaqq ādamī 人間の権利……7
ḥikr 永代賃貸借……10
ḥiyal ヒヤル……18, 44
ḥokm 法勧告……247
hüccet/ḥujja フッジェト／フッジャ……197
ḥudūd ハッド刑……8
ḥuqūq al-ʿabd/al-ʿibād/al-nās 人間の権利……7
ḥuqūq Allāh 神の権利……7

I

ʿibādāt 神事……7
icâreteyn イジャーレテイン……188
ijāra 賃約……9
ijmāʿ イジュマー……3
ijtihād イジュティハード……2
ijtihād kāmil 完全イジュティハード……20
ʿilla イッラ，立法理由……3
ʿilm al-ḥalāl wa-l-ḥarām「合法・不法判断の学」……4
ʿilm al-jarḥ wa-l-taʿdīl 人物評定学……146
ʿilm al-rijāl, ʿilm rijāl al-ḥadīth 人物学……145
ʿilm taʾrīkh al-ruwāt 口伝者編年学……146
insidād bāb al-ijtihād「イジュティハードの門の閉鎖」……17
İSAM. → イスラーム研究所
isnād イスナード，伝承経路……16
istiḥsān イスティフサーン……3, 44
istiṣlāḥ イスティスラーフ……3

J

al-jadīd 新説（シャーフィイーの）……83
jihād ジハード……7

K

kaffāra 贖罪……8
khabar ハバル……157
khalīfa カリフ……4
kharāj 地租……9
khiṭāb ヒターブ……280
khulū wa gedik 営業権……181

L

late Ḥanafīs 後期ハナフィー派……54
living tradition「生ける伝統」……16, 155

M

madhhab 法学派……5
maḥḍar 訴状，審理記録……200, 225
mamlaka 国有地……232
manāqib 讃……46
manfaʿa 使用利益，用益……9
manṣūṣ ʿalay-hi 明文（シャーフィイー派における）……100
al-maṣlaḥa al-mursala「明文のない福利」……113
mawlā マウラー……64
maẓālim マザーリム法廷……54
Mecelle『メジェッレ』（オスマン近代民法典）……56, 177
metrûkât/matrūkāt 遺産分割文書……199
miḥna ミフナ……93
milk 私有地，所有権……232-237
milk-i ḥurr-i khāliṣ/milk-i ḥurr/milk-i khāliṣ 免税私有地……232
muʿāmalāt 人事……8
muftī ムフティー……4
al-muhājirūn 移住者たち……65
muhallefât/mukhallafāt 遺産分割文書……199
mujaddid 革新者……22
mujtahid ムジュタヒド……17
mujtahid fī al-madhhab 学派内ムジュタヒド……22
mujtahid muqayyad 限定ムジュタヒド……22

mujtahid muṭlaq 独立ムジュタヒド……22
mürâsele/murāsala 示達文書……201
murṣad ワクフ財への融資……181
muṣannaf ムサンナフ……146
musāqāt 分益栽培契約……181
mushāwar 法廷付諮問官……70
musnad ムスナド……146
mustaftī ファトワーの請託者……4
al-mutūn al-arbaʿa「四大テクスト（後期ハナフィー派の）」……54
muzakkī 資格保証人，同席者……172
muzāraʿa 分益小作……23

N

nâib/nāʾib ナーイブ，カーディー代理……191
al-naql bi-l-lafẓ（ハディースの）文字通りの伝達……146
al-naql bi-l-maʿnā（ハディースの）意味における伝達……147
nasab 親子関係……8
naskh（ハディースの）廃棄……147
naṣṣ 明文……2, 100

P

partial common link 部分的結節口伝者……157

Q

qāḍī/kadı カーディー……5
al-qadīm 旧説（シャーフィイーの）……83
al-qalam al-Fāsī フェス数字……277
qānūn カーヌーン……4
qaṭʿ al-ṭarīq 追剥罪……8
qawāʿid fiqhīya 法格言……55
al-qawl al-jadīd 新説（シャーフィイーの）……83
al-qawl al-qadīm 旧説（シャーフィイーの）……83
qiṣāṣ 同害報復刑……8
qiyās キヤース……3, 84

R

raqaba 物自体……9
raʾy 推論，個人的見解……5
ribā リバー……9
riḥla リフラ，「知識探訪の旅」……67
riḥlat ṭalab al-ʿilm「知識探訪の旅」……145

S

al-ṣaḥāba 教友……12
sakk/ṣakk 証書，シャリーア法廷文書……188
sariqa 窃盗罪……8
semi-Ḥanafīs「半ハナフィー派」……46
şeyhülislâm シェイヒュルイスラム，「イスラームの長」……7
shubha 曖昧性……8
shurb 酩酊物摂取罪……8
shurūṭ 契約文書の書式集……19, 168
sicil/sijill シジッル，法廷台帳，証書……188
sijill al-iʿlāmāt 報告の上呈文書台帳……193
siyāsa 国事……5
al-siyāsa al-sharʿīya「国事のシャリーア適合性原則」……5
şühûdü' l-hâl/shuhūd al-ḥāl 状況の証人……198
al-sunna スンナ，預言者のスンナ……2
al-sunna al-nabawīya 預言者のスンナ……2

T

ṭabaqāt 世代伝記集……25, 153
tadhkira タズキラ……227
takhrīj（法規定の）導出……47
talfīq「学説接合」……73
taqlīd タクリード……17
ṭaraf タラフ……154
tarjīḥ（学説間の）優劣判断……48
taṣḥīḥ 学説評定……50
taʿzīr 裁量刑……8
TDAV. → トルコ世界研究財団
tereke/tarika 遺産分割文書……199
traditionalism 伝承主義……84
traditionalist 伝承主義者……84
ṭuruq 相承（シャーフィイー派における）……100

U

uṣūl al-fiqh 法理学，「法学の根」……3

V

vakfiye ワクフ文書……197
vakıfnâme ワクフ文書……198

W

wajh ワジュフ……86
waqf ワクフ……9

Z

あとがき

監修者という立場であとがきを書くことになった。ただ、監修者という肩書はもらったものの、第1・2章に関しては多少の見識はあるが、第4章となると各執筆者の方がはるかに知識も経験もあり、監修といってもほぼ名ばかりになってしまった。それに本書の目的や構成については「刊行にあたって」で説明されているので、ここでは本書については語らない。むしろ本書が「研究入門」と銘打っていることから、研究者や研究者を目指す読者を念頭に、研究や研究論文について感じているところを雑論風に述べることにする。

そこで、私が気に入っている話を一つ紹介しておきたい。1995年に、スミソニアン協会の運営する国立アメリカ歴史博物館において、ガンマ線バーストの起源が銀河系内部にあるのか、それとも銀河系外の遠い天体にあるのかをめぐる公開討論が行われた。その筋ではスミソニアン論争として知られているらしい。当然、その時点では最新の観測結果を基に討論が繰り広げられ、その結果、参加者の多くは、銀河系内部説を支持した。しかし、後日、観測技術の進歩に伴い、銀河系外部説が正しいことが分かったという[1)]。

どのような学問分野であれ、研究者は斬新な見解を発表したい、またあわよくば通説を覆したいと考えている（はずである）。そのための方法は3つある。第1の方法は、論争に勝つことである。ただ、議論に強いというのは、それ自体は結構なことであるが、スミソニアン論争に見るように、それ単独では儚い面がある。ちなみに、本書にも登場したシャーフィイーは、ある主張を掲げて論敵を論破した後、攻守を変えてその論敵と自分の説を交換し、再び論敵を打ち負かしたという。論争により勝ち負けは決められても、真実は決められない（正確には当座の真実というべきか）。

第2の方法は、他人の持っていないデータを得ることである。観測技術

1）村上敏夫『宇宙最大の爆発天体ガンマ線バースト：どこから来るのか、なぜ起こるのか』講談社、2014年。特に第2章参照。

を開発したり、写本や文書を求めて時として数千里の旅をしたりするのはそのためである。しかしこの方法は、個人的な印象では、単独では存外に研究者に対する評価に結びつかない。

そこで第3の方法の出番となる。データの解釈における、新規のあるいはある分野ではそれまであまり用いられていなかった分析方法がそれに当たる。例えば、新種の羽毛恐竜を発見するのを第2の方法とすれば、第3の方法は、解剖学や空気力学の知識を動員して羽毛恐竜ないしその末裔が進化のどの段階で、あるいは端的にどの年代に空を飛べるようになったのかを推定することがこれに当たる（論文名を仮に「羽毛恐竜天空に羽ばたく」としておく）。

この点は、研究や論文で扱う問題を設定する局面において重要である。例えばあなたが「羽毛恐竜天空に羽ばたく」において、羽毛恐竜の復元図を20枚並べて、現生鳥類に似てきた段階で羽毛恐竜が空を飛べるようになったという推論を行っても、根拠薄弱な印象論として片づけられ、不掲載の査読結果となるであろう（ただし復元図を描くこと自体は重要な業績であろう）。しかし、確立された理論に基づいて空中を飛べる条件を確定して、その条件を羽毛恐竜が満たすかどうかを検討すれば、論文の評価はかなり上がるはずである。私のあるかつての同僚は、「論文の価値は問題設定によって半分決まる」と言ったが、この言葉は、意義のある問題を設定し、かつそれに答えるだけの方法論を備えた論文だけが掲載され、学界の評価の対象となるという意味において正しい[2)]。読者におかれては、野心的な思惑で論文を書こうとするならば、ぜひ第3の方法を、頭の片隅といわず中心に置いてもらいたいと思う。

最後になったが、本書は多くの人たちの手により完成した。執筆者各位、編集委員の皆さん、そして成文堂の飯村晃弘さんには深く御礼を申し上げたい。

草草不一

2024年10月

柳橋博之

2）もっとも、これは査読者がそれなりの知識を有している場合の話である。

執筆者紹介

阿部　尚史（あべ　なおふみ）

東京大学大学院人文社会系研究科博士課程修了。博士（文学）。お茶の水女子大学文教育学部准教授。

専門分野：イラン史

業績：『イスラーム法と家産――19世紀イラン在地社会における家・財産・相続』中央公論新社、2020年；“Creating a Family Property in Early Modern Iran: Socio-economic Activities of Najafqulī Khān Dunbulī of Tabriz in the Eighteenth Century,” in *Families, Authority and Transmission of Knowledge in the Early Modern Middle East*, C. Werner, M. Szuppe, N. Michel, A Fuess（eds.）, Turnhout: Brepols, 2021.

磯貝　健一（いそがい　けんいち）

京都大学大学院文学研究科博士後期課程修了。博士（文学）。京都大学大学院文学研究科教授。

専門分野：中央アジア史、イスラーム法廷文書

業績：共編著『シャリーアとロシア帝国』臨川書店、2014年；共編著『帝国ロシアとムスリムの法』昭和堂、2022年。

大河原　知樹（おおかわら　ともき）

慶應義塾大学大学院文学研究科後期博士課程修了。博士（史学）。東北大学大学院国際文化研究科教授。

専門分野：オスマン時代シリア社会史

業績：共編著『イスラーム法の「変容」――近代との邂逅』山川出版社、2014年；“Reconsidering Ottoman *Qāḍī* Court Records: What Are They? Who Produced, Issued, and Recorded Them?” *Lire et écrire l’histoire ottomane*, sous la direction de Vanessa Guéno et Stefan Knost, Beyrouth - Damas: Institut Français du Proche-Orient, Orient-Institut Beirut, 2015；「イスラーム財産法・手続法の「法典化」：メジェッレ（オスマン民法典）を中心に」共著『多様な法世界における法整備支援』（アジア法整備支援叢書）旬報社、2021年。

小野　仁美（おの　ひとみ）

東京大学大学院人文社会系研究科博士課程修了。博士（文学）。東京大学大学院人文社会系研究科助教。

専門分野：イスラーム法、ジェンダー史

業績：『イスラーム法の子ども観――ジェンダーの視点でみる子育てと家族』慶應義塾大学出版会、2019年；共編著『結婚と離婚（イスラーム・ジェンダー・スタディーズ 1）』明石書店、2019年；共編著『「社会」はどう作られるか？――家族・制度・文化（〈ひと〉から問うジェンダーの世界史第 2 巻）』大阪大学出版会、2023年。

狩野　希望（かのう　のぞみ）

東京大学大学院人文社会系研究科博士課程単位取得退学。学習院大学文学部哲学科非常勤講師。

専門分野：イスラーム法学

業績：「イブン・ハズムの法理論における啓示と理性の調和」共著『イスラームの内と外から――鎌田繁先生古稀記念論文集』ナカニシヤ出版、2023年；「イブン・ハズムの思想にみる宗教性――宗教と法学の関係を中心として」共著『アジア・アフリカにおける諸宗教の関係の歴史と現状』上智大学イスラーム研究センター、2019年。

佐藤　健太郎（さとう　けんたろう）

東京大学大学院人文社会系研究科博士課程修了。博士（文学）。北海道大学大学院文学研究院教授。

専門分野：マグリブ・アンダルス史

業績点：共編著『モロッコを知るための65章』明石書店、2007年；Toru Miura and Kentaro Sato eds., *The Vellum Contract Documents in Morocco in the Sixteenth to Nineteenth Centuries*, 2vols., Tokyo: Toyo Bunko, 2015-2020;「アンダルスの形成」共著『岩波講座世界歴史 8　西アジアとヨーロッパの形成　8～10世紀』岩波書店、2022年。

早矢仕　悠太（はやし　ゆうた）

東京大学大学院人文社会系研究科修士課程修了。修士（文学）。日本貿易振興機構アジア経済研究所図書館ライブラリアン。

専門分野：イスラーム法、土地法制史

堀井　聡江（ほりい　さとえ）

東京大学大学院人文社会系研究科博士課程単位取得退学、ケルン大学大学院修了(Ph.D)。桜美林大学リベラルアーツ学群教授。

専門分野：イスラーム法学、中東の近現代法制史

業績：『イスラーム法通史』山川出版社、2014年；共著『イスラーム法の「変容」近代との邂逅』山川出版社、2014年；共編著『現代のイスラーム法』成文堂、2016年。

三浦　徹（みうら　とおる）

東京大学大学院人文科学研究科（修士課程）修了。お茶の水女子大学名誉教授。（公財）東洋文庫研究員。

専門分野：アラブ・イスラーム史、都市研究

業績：共編著『イスラームの都市世界』山川出版社、1997年；共編著『比較史のアジア：所有・契約・市場・公正』東京大学出版会、2004年；『イスラーム世界の歴史的展開』放送大学教育振興会、2011年。

柳橋　博之（やなぎはし　ひろゆき）

東京大学大学院人文科学研究科修士課程修了。修士（文学）。東京大学名誉教授。

専門分野：イスラーム法、ハディース学

業績：*Studies in Legal Hadith*, Leiden: Brill, 2019;『イスラーム財産法』東京大学出版会、2012年；*A History of the Early Islamic Law of Property*, Leiden and Boston: Brill, 2004;『イスラーム家族法―婚姻・親子・親族』創文社、2001年.

イスラーム法研究入門

2025年３月10日　　初　版第１刷発行

監　修　柳　橋　博　之

編集委員　小　野　仁　美
狩　野　希　望
早　矢　仕　悠　太
堀　井　聡　江

発行者　阿　部　成　一

〒169-0051　東京都新宿区西早稲田１-９-38
発行所　株式会社　成　文　堂
電話 03(3203)9201　FAX 03(3203)9206
https://www.seibundoh.co.jp

印刷・製本　藤原印刷

ISBN978-4-7923-3455-0 C3032

定価（本体3000円＋税）